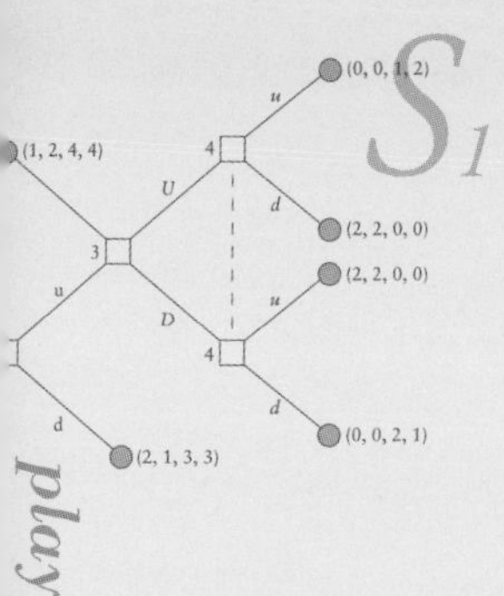

James D. Morrow

# 政治学のためのゲーム理論

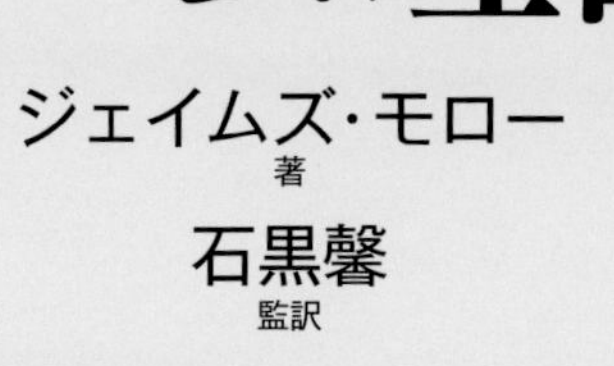

ジェイムズ・モロー 著

石黒馨 監訳

Game Theory for Political Scientists

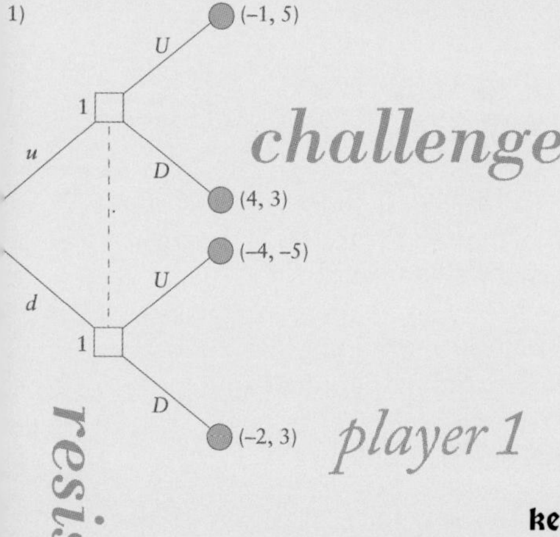

keiso shobo

GAME THEORY FOR POLITICAL SCIENTISTS
by James D. Morrow


Japanese translation published by arrangement with Princeton University Press through The English Agency (Japan) Ltd.

# 目　　次

# はしがきと謝辞

本書は，数学について広範な知識を必要とすることなく，ゲーム理論のエッセンスを全体として注意深く政治学者に紹介しようとするものである。本書の目的は，読者が自分でモデルを解けるようになることである。読者がゲーム理論の基本的な概念を理解し，ゲームを解く能力を身につけ，政治学で利用される基本的なモデルの知識を習得することを期待している。

明確で崇高な目的が設定されているが，実際にはいくつかのただし書きがある。そもそもゲーム理論は，1冊の著書では扱いきれないほど広い研究分野になっている。本書では，展開形の非協力ゲーム分析を詳細に検討している。ゲーム理論についてのこのような分析の仕方は，政治学におけるゲーム理論の応用ではいまや一般的である。また，効用理論とともにゲームの戦略形の基礎についても扱っている。本書では3つの理由で，展開形の分析を中心にすることにした。第1に，古典的ゲーム理論のわかりやすく優れた解説書は存在するが，非協力ゲーム理論の原典は主として経済学者のために書かれている。そのため，多くの政治学者には少し難しい数学的知識が求められる。第2に，展開形の分析は，政治学における数理分析の主要な分析道具になってきている。第3に，展開形の分析は，古典的ゲーム理論よりも本質的に直感的であり，それゆえ理解しやすい。古典的ゲーム理論をもっと詳細に知りたい読者には，各章の文献案内で引用文献を示している。

本書は，1986年以降に筆者が教鞭をとってきたミシガン大学のICPSR（Inter-University Consortium for Political and Social Research）夏期プログラムの政治学者のためのゲーム理論のコースから生まれたものである。当時，利用できる教科書がなかったので，そのコースのためのノートを私は作成した。講義における経験をもとに，そのノートを何回も改訂した。読者は，これまでの多くの学生たちの勉強から便益を享受することができる。

本書の作成を支えてくれた多くの人々に私は感謝したい。ICPSR夏期プログラムのHank Heitowitはゲーム理論を教える機会を何度も与えてくれた。その教育経験とHankの励ましがなければ，本書は存在しなかったであろう。ミシガン大学政治学センターのBill ZimmermanとKen Organskiは，教鞭のためにアン・アーバーに私が滞在中，オフィスを提供してくれた。Peter Barsoom，Bruce Bueno de Mesqita，David Dessler，David Epstein，Jim Fearon，Hein Goemans，David LeBlang，Bob Powell，Albert Yoon，Frank Zagare は本書の草稿を読みコメントをくれた。プリンストン大学の査読者，Jeff Banks，Tom Gilligan，Mark Hansen，Bob Keohane，Howard Rosenthal は下書きの草稿に詳細で鋭いコメントをくれた。彼らの注意深い助言がなければ，私は多くの誤りを犯していただろう。本書の執筆と改訂において辛い日々を送ったが，私の妻 Karen は愛に満ち励ましてくれた。

本書は私の先生や学生たちによって具体化したものである。私の先生は政治学のフォーマル理論を私に教え，政治学の理解にゲーム理論を適用するために必要な知識を与え導いてくれた。学生たちによって，ゲーム理論に関心を持つすべての人々がそれを容易に手にできることの重要性を私は知り，彼らによってゲーム理論の有益な本を書くことを促された。彼らすべてに私は感謝したい。

本書を，類い希な教師であり人格者であった故 William H. Riker に捧げる。Bill は政治学を変えた。彼の研究や構想力がなければ，本書は書けなかった。学生たちは彼によって真実の探求に目覚めた。彼は友愛に満ち溢れ，学生たちの知的能力を認めた。彼は，科学的貢献ができるように学生の能力を高めた。政治学についての彼の構想を人々が理解するのに，本書が役立つことを願っている。

# 第1章

# 概　　観

戦略は政治の本質である。戦略なき政治家は目的を達成できない。戦略的思考をする時間も訓練も関心もない政治学者は，政治における戦略的な機微を理解するための備えができないことになる。候補者は選挙において議席を得ようと競争する。選挙活動が終わると，複数政党制の民主主義のもとでは，政党は政府を発足させようとする。議員は自分の法案を推進しつつ，反対する法案を阻止しようとして争う。議会は官庁を監督して，自ら通した法案が自分の意図通りに官僚によって実施されているかどうかを確かめようとする。各国の指導者は，国際的な危機において相手に勝とうとするが，同時に戦争を避けようともする。各国は自国の貿易障壁を上下させることによって，外国の貿易障壁を低めようとする。これらすべての状況やその他多くの政治的状況はいずれも戦略的である。行動は他のアクターの選択に影響を及ぼそうとしてとられ，そしてどのアクターも単独では状況の結果を決定することはできない。したがって，すべてのアクターは，自分の行動を選ぶ際に，他のアクターが何をしようとするかを考えなくてはならない。

## *1.1*　ゲーム理論とは何か？

戦略的状況は社会的状況の一部をなしている。社会的状況には主体間の相互作用が含まれている。この社会的状況を研究し理解するためには，主体の意思決定がどのように相互作用し，その意思決定がどのように最終結果を導くかを説明する理論が必要になる。ゲーム理論はそうした理論の1つである。それは相互依存的な意思決定についての理論である。相互依存的とは，2人もしくはそれ以上の主体の決定がともにその状況の最終結果を決めることを指す。ここで「主体」は個人もしくは集合的な存在を指し，矛盾のない選択をするものとされる。

主体の選択はまた社会環境によっても形成される。社会環境はしばしば社会科学者が「構造」と呼ぶものである。「構造」に含まれるものは幅広く，国際政治における軍事力のように意思決定から最終結果を導く要因もあれば，人々が自分に選択肢があると考えるかどうかという認識のようなものまである。ゲーム理論が与えるのは，社会構造をいかに定式化し，その構造が主体の意思決定にいかなる影響を及ぼすかを検討するための方法である。あるゲームについてその構造を特定するには，プレイヤーがどのような選択に直面し，それらの選択がどのような結果を導き，そしてアクターがそれらの結果をどのように評価するかを明らかにしなくてはならない。ゲーム構造の選び方次第で，異なる社会理論が示されることになる。本書の第1の主題は，主体の選択は相手の選択にも左右されるということであるが，第2の主題は，ゲームの構造の取捨選択を通じて競合する社会理論をもそれぞれ取り込むことができるということである。ゲーム理論が明らかにするのは，ある理論が世界を正確に描写しているかどうかではなく，各理論から最終結果としてどのような行動が予想されるか，ということである。

ゲーム理論は経済的状況，政治的状況，あるいはより一般的な社会的状況をもモデル化することができる。経済的状況には市場・寡占的競争・交渉などがある。市場では多数の選択が価格を変動させ，その影響は市場全体に及ぶ。寡占的競争では，少数の企業が市場で下す意思決定が価格を変動させる。交渉では，2人もしくはそれ以上の売り手と買い手が駆け引きを繰り広げる。政治的状況には，候補者間の選挙運動，委員会における法案成立のための投票，国際政治における国家間交渉がある。社会的状況には，さまざまな場面における集団間の相互作用が含まれる。本書は政治学者向けの本であり，説明の例としてもっぱら政治的状況をとりあげる。しかしながら，本書で提示される手法は広範囲の社会的相互作用に関連している。

## 1.2 ゲーム理論で何ができるか？

ゲーム理論は1920年代のミニマックス定理から始まった。この定理は，2人ゼロ和ゲームという純粋な対立状況における基本的な解について最初に述べたものである。初期の発展は首尾一貫した一体の数学理論へとまとめあげられ，1943年にフォン・ノイマン（Von Neumann）とモルゲンシュテルン（Morgenstern）によって『ゲーム理論と経済行動』（*Theory of Games and Economic Behavior*）として出版された。この本はすぐさま古典の地位を得て，数学者と経済学者の中にゲーム理論への急速な関心を呼び覚ました。フォン・ノイマンとモルゲンシュテルンは，2人ゼロ和ゲームの解法や $n$ 人ゲーム（すなわち2人以上の間のゲーム）に対する古典的なアプローチなど，古典的なゲーム理論の基礎を築いた。

第2次世界大戦後，米国では社会科学への政府の支援が激増し，ゲーム理論は1つの研究分野として開花した。1945年から1955年の10年間にゲーム理論は，その土台にある数学部分と，社会的・軍事的状況への応用という両面において成熟した。この間に，ゲーム理論の基礎的な数学的手法の多くが開発され，また社会的状況にゲーム理論が応用されることによってその開発が促された。ある意味でこの時期はゲーム理論の黄金時代であった。1950年代半ば以降，使われる数学がいっそう技巧性を強め，応用分野が最先端とはいえなくなるにつれ，ゲーム理論の研究領域は数学者向けと社会科学者向けに分岐していった。

この分岐の後，ゲーム理論を社会的状況へ応用しようとする試みが一般化した。経済学では基礎理論の多くがゲーム理論の言葉で再構成された。たとえば，一般均衡理論は，均衡における経済全体の特性を吟味するものであるが，$n$ 人ゲーム理論に基づいている。このような応用は1960年代から1970年代に広く行われた。しかし同時に，ゲーム理論の成果はその期待を裏切ることになる。当初約束した夢をゲーム理論はかなえておらず，社会科学の重要な問題の大半はゲーム理論が答えるには荷が重い，と多くの人が考えるようになった。経済学以外では，ゲーム理論は社会科学における主要な方法論というよりは単なる骨董品になり下がってしまった。

ゲーム理論はそうした弱点に取り組むべく抜本的に変貌を遂げてきた。いまやゲーム理論は，あらゆる社会科学者が関心を寄せる多くの問題に対して，それなりの解答を持ち合わせている。均衡概念が数理的に開発されたことによって，ゲーム理論は開花当初には予想もされなかった方向へと発展していった。非協力ゲーム理論として知られているこうした発展は，社会科学における本質的な問題によって促された。本書の目的は，ゲーム理論の伝統的な基礎と非協力ゲームにおける最近の展開の両方を政治学者に紹介し，その両者を扱う能力を身につけてもらうことである。

政治学の数多くの中心的問題に数理的に取り組むための分析道具が，いまやかつてないほどそろってきている。非協力ゲーム理論は，2 大政党制や多党制下の選挙，立法に関する意思決定，官僚政治，国際危機，国際組織などに適用されてきた。政治制度がどのように機能するのか，なぜそれらは存在するのか，そしてなぜ変化するのかといった一般的な問題が，ゲーム理論のモデルを用いて取り組まれてきた。こうしたモデルはさまざまな状況におけるコミュニケーションのあり方についても検討してきた。

本書のもう 1 つの目的は，政治学における多くの基本的なモデルを読者に紹介することである。雑誌論文を読みこなすには，その分野において適切な訓練を受け，その背景について広く理解していないと難しいことが多い。それでも，そうした論文の考え方がより単純なモデルで表現できて，広い読者層に理解可能となることはめずらしくない。政治学で用いられるいくつかの基本的なモデルが本書全体に組み込まれている。適用する技法を変えていくことによって，そうしたモデルがどのように発展していくのか，読者は見ることができるだろう。

## *1.3* 政治学における 4 つの問題

本書がとりわけ注意を向けるのは政治学における 4 つの問題である。すなわち，立法ルールの役割，国際危機における抑止，大衆選挙における投票，交渉である。これらの状況に共通する戦略的な論理とはいったい何だろうか。これらどの問題にも唯一絶対のモデルは存在しない。むしろ理論は一連のモデルによって前進する。初期のモデルが提示した問題に対して，何とかそれに答えようとするモデルもあれば，その問題の別の側面に取り組もうとするモデルもある。本書は，これら 4 つの問題に対する複数のモデルを各章にまたがって提示していく。読者は，この 4 つの問題の研究がどのように発展してきたかがわかるだろう。ここで一般的な用語によってこの 4 つの問題について説明し，以下で登場するモデルのための準備作業としたい。本書では，この 4 分野以外からのモデルも提示されるが，この 4 つの問題は本書で繰り返し登場する。

議会は，ルールを制定することによって法案を提案・検討するやり方を規定しようとする。米国議会では委員会制度が法案の提案・修正・投票の方法を規定する。実態を観察していてすぐ気づくのは，委員会や委員長は法案の作成と採択に絶大な影響力を持っているということである。特定の投票ルールは委員会の影響力を守る方向に働いている。ある政策領域において一部の議員に強い影響力を与えるようなルールを議会がわざわざ採用するのはなぜだろうか。

この疑問に対して，立法ルールに関する3つの異なるモデルを提示しよう。これらのモデルは，なぜルールが採用されるのか，それらのルールがどのような帰結をもたらすのかについて異なった議論を反映している。第1の議論は，委員会制度とは，連邦議会議員の間で利益誘導（pork barrel）法案を支持し合う際に，その取引に強制力を持たせるための1つのやり方であるとするものである。議員は，自分の選挙民がとくに関心を寄せる争点を扱う委員会に席を得ようとする。本会議では皆が各委員会の決定に従うことによって，各自の特定の利害を扱った法案については死守するという暗黙の取引を皆で支持するのである。立法ルールは，委員会が提案する法案を修正させないために採用される。第5章の構造誘発的均衡についての節はこの議論を展開する。

第5章では，立法ルールについて第2の議論を紹介する。利益誘導法案は分配上の結果をともなう。便益はある地域に集中する一方で，その負担はすべての地域に拡散する。議員は，利益誘導の取引から一部の議員を排除することによって，自分の選挙民の純便益を増やそうとするかもしれない。しかし，排除された議員は，その取引の背後にある提携関係の瓦解をねらって，別の議員にもっと有利な取引を提案することができる。その結果，議員の間で取引の連鎖が際限なく続くことになるかもしれない。このような見方からすれば，立法ルールはそうした取引を抑制する方法を与えるものにほかならない。投票ルールは，議員の間でどのような取引が行われるのか，また排除された議員がどれくらいそうした取引をひっくり返しやすいかなどに影響を与える。

第8章は立法ルールに関する第3の議論を示す。連邦議会の議員は，ある立法がどのような結果をもたらすかについて確信が持てない。一部の議員に異なる政策領域において専門知識を積ませることができれば，それは誰にとっても悪くない話である。専門分野を持つ議員はその専門領域の法案を提案する委員会に属し，これらの委員会が提案する法案を立法ルールが保護する。そうすることによって議員はある専門領域にはじめて特化しようという気になる。

以上の3つの見解は，議会のルールや委員会について異なるモデルを提示している。どのモデルも立法ルールの論理が持つある側面を捉えている。モデルは，3つの異なる見解がどのような帰結を持つかを理解するのに役立つだろう。

第2の問題は国際危機における抑止である。2つの国が危機に巻き込まれるとき，各国は相手国を脅すことによって相手国の行動に影響を与えようとする。何がそうした脅しを成功へと導くのだろうか。脅しを実行するには，脅される側だけでなく，脅す側にも負担を強いる。したがって，脅される側は，自分が脅しに従わなくても，脅しが実行されることはないと考えるかもしれない。脅しの信憑性は，強いられる負担の大きさと，脅す側がどれだけ本気でその脅しを実行する気があるかという両方に左右される。

第2章は意思決定理論の視点から抑止の論理を示す。脅しを実行する確率がどのくらいあれば，ある国の行動を抑止するのに十分だろうか。このモデルでは脅しの信憑性（脅しが実行される確率で捉えられる）は所与とされている。しかし，抑止は，孤立した国家の決定ではない。相手国がどのように反応してくるかを，脅しをかけようとする国は考えに入れなければならない。第3章では抑止を利用してゲームの基本的な要素を紹介する。このゲームは第7章で解くことになる。そのモデルでは，危機の際にどのように脅しが意図を伝えるために利用されるかを考察する。脅しをかけたり，脅しを撤回したりするためにコストがかかるならば，脅しを実行する気のないアクターに比べて，それを実行する気のあるアクターはよりいっそう脅しをかけようとするはずである。このとき，脅しが実行される確率は，意思決定理論のようにモデルの外部から与えられるのではなく，モデルの内部で決定されることになる。

第6章と第8章は抑止に関する別のモデルを提示する。核抑止は抑止の特殊ケースである。どれほどみじめな平和でも全面核戦争よりはましであるならば，アクターはいったいどのようにして核による脅しに信憑性を持たせられるだろうか。第6章のモデルは1つの解答を提示する。それは奇襲攻撃の相互恐怖である。先制攻撃が有利な状況では，相手国による先制攻撃を恐れ，どのアクターも攻撃しようとするかもしれない。第8章のモデルは，起きなかった事象からどのような推論が導かれるかについて検討する。コストのかかる脅しを相手がかけてこなかった場合，それは弱さのシグナルなのだろうか，それとも強さのシグナルなのだろうか。このモデルは，決意に関する評判がどのように形成されるかについての重要な問題を取り上げ，それらについて考察を始める。

第3の問題は大衆選挙における投票である。投票者は，候補者をどのように選択するだろうか。候補者は，どのように投票者の選択に影響を及ぼすだろうか。第2章では，なぜ人は投票するのか（正確にはなぜ人は投票すべきでないか）に関する古典的な意思決定モデルを扱う。第4章では，2人の候補者が競争する場合の候補者の戦略に取り組む。ここでは，2人ゼロ和ゲームにおける中位投票者定理を提示する。しかし，これらのモデルでは投票者の決定と候補者の戦略が切り離されている。第7章は，この2つの問題を結びつける簡単なモデルを示す。このモデルは，投票するかしないかの決定を投票者間の戦略的な問題として考える。もし自分以外の誰もが投票するなら，投票のコストがかかるだけで結果は変わらないので，自分が投票に行くのはばからしい。しかし，自分以外の誰も投票しないなら，自分が結果を決定することができることになり，それならば投票したいと思う。第9章では業績評価投票モデルを示す。それに対するのは事前評価投票モデルであるが，このモデルでは投票者は当選後に実行する公約に基づいて候補者を選択する。これに対して，業績評価投票モデルでは，投票者は，現職が残した数字からその将来の活躍ぶりを判断しようとする。

第4の問題の交渉は，多くの政治状況において一般的なものである。交渉が行われるのは，2人以上のアクターがいくつかの合意のうちのどれかでまとまろうとするが，その中のどれが最善かについて意見が分かれるときである。彼らは交渉によってその不一致を解決する。第4章はナッシュ交渉解について述べる。これは2人協力ゲーム理論における基本的な概念である。この解は，交渉が満たすべき4つの条件を仮定した上で，どのような交渉結果に至ることになるかを特徴づける。さらに，第5章は交渉に対する別のアプローチとしてルービンシュタイン（Rubenstein）交渉モデルを示す。このモデルは交渉内の提案を戦略的な手番として取り扱い，どのような提案が行われ，どのような提案が受け容れられるのかを解明する。このアプローチは，第8章において，相手側がどのような取引を受け容れるのかを，どちらの側も知らないような交渉モデルへと拡張される。以上の3つの例は，交渉に関するゲーム論的研究についての紹介である。

## 1.4　なぜモデルなのか

以上のような4つの問題は，みな数理モデルによって検討されてきた。数理モデルは多くの政治学者にとって馴染みのない研究手法である。社会的・政治的な世界は途方もなく複雑である。数理モデルという大胆な単純化は，そうした複雑な世界についていかにして洞察をもたらすのだろうか。

数理モデルの主な利点は，議論の厳密さと正確さを要求する点にある。議論を数式で書くには，モデルの作成者は，議論の前提が何なのかを正確に詰めていかなければならない。政治学における叙述的な議論の多くは，多種多様なやり方で定式化が可能である。叙述的な議論では前提や主張が十分に明確になっているとは言えない。こうした議論を定式化するとき，隠された前提が明らかになることもあるだろう。隠された前提に依存しているがゆえに，議論の結論が当てはまらない場合が見つかることもある。数理モデルの厳密さがないと，叙述的な議論の中に潜む一般化できない結論がつい見逃されてしまう。

同様に，数理モデルによって，なぜモデルの結論がその前提から導かれるかが正確にわかるようになる。前提から導かれないような補助的な議論は排除される。叙述的な議論の中には，互いに矛盾するような補助的な議論を積みあげていき，その論争的な理屈の山によって読者を圧倒しようとするものもある。また仮定から結論を導くことは，新たな議論の方向を示し，それが追加的な結論につながることもある。こうした議論は当のモデルの出発点となった最初の直観を越えるような結論につながることもある。

数理モデルはまた論理的な構造物を構築する。そこでは一連のモデルが，しだいに一般化していく問題を扱いつつ，積み上げられていく。数理モデルから得られる結論の中には観察結果と合致しないものも多い。モデルの論理的構造物は拡張することができる。そのような拡張によって，既存のモデルに合わない観察結果も説明できるような新たな結論が導かれる。成功した数理モデルからは数多くの研究が派生し，元の研究からは思いもよらない分野につながっていく。肝に銘じるべきことは，どのようなモデルも一連の研究の中の1つの輪でしかないが，それでも輪の1つ1つにはそれ自身重要性がなければならないということである。一連の研究の中の個々のモデルは，新たな知見をもたらしたり，既存のモデルの問題点を明確化したりするものでなければならない。

概念の明確さや厳密な議論はもちろん望ましいに違いない。しかし，モデル化によって過度に「現実性」を犠牲にすることはないだろうか。そもそもモデルは抽象的なものである。モデルは，ありのままの社会的な相互作用をもっとも単純な言葉で表そうとする。単純化は美徳なのである。モデルは社会的状況の本質を捉えようとする。いかなる議論も，たとえそれがどれほど言葉多く叙述されていようと，途方もなく複雑な世界についての単純化でしかない。この単純化のために，歴史上の証拠は，収集されないまま失われてきたもののほうが，いままでに公表されてきたものよりもはるかに多い。

ある議論が「現実的」か否かを判断する適切な基準は，その結論の明確さである。数理モデルは，ある議論から観察可能な帰結を定めていく上で有用である。その上で現実世界に照らして，これらの仮説の検証が可能になる。数式のない議論はより複雑な世界を連想させるため，そこから実際にどのような結論が導かれるのかを確定するのはしばしば難しい。数式のない議論からも，つねにではないが多くの場合に，結論らしきものを導くことができる。ただし，そうした数式のない議論は，運が良くても検証困難，悪ければ検証不可能である。いったいどの証拠が結論を否定しているのかを判別できないからである。これとは対照的に，数理モデルは，一般的に用いられる理論の検証方法が不適切になることをしばしば示している。有名な数理モデルの中には，ほぼあらゆる行動が結果として生じるものがある。こうしたモデルやそこから生じる議論は，特定の行動を調べることでは検証できない。どのような証拠もその主張を裏付けてしまうからである。

実り豊かなモデルは，政治問題についての直観，モデル分析の技術，常識，これらを慎重に結びつけている。筆者の場合，数理モデルのおかげで直観が鍛えられ，政治に関する理解が進んだ。モデル分析に取り組むことによって，ある議論についての読者の当初の理解は否応なく深まるはずである。モデルの数学部分を解くことによって，なぜある議論は論理的に正しく，別の議論はそうでもないのかがわかるようになる。こうして，モデル分析の鍛錬を通じて，読者の直観も変化していくことだろう。モデルは当初の直観に厳密さを与えてくれるが，やがて磨かれた直感が今度は新しいモデルを導き，さらなる知見をもたらしてくれるだろう。

## 1.5　社会のモデル化へ向けた合理的選択アプローチ

政治学には合理性の概念に頼らないモデルもあるが，ゲーム理論には合理性の仮定が必要である。合理性の仮定は，経済学者にとっては非常に馴染みがある。しかし，政治学者や心理学者にとってはいくらか馴染みがある程度で，たいていの社会学者にとってはおそらく縁のないものであろう。ここでの仮定は，人々は目標を持ち，行動によってその目標の実現をはかるということである。ここでの焦点は，目標を達成しようとする主体の行動が互いの行動やゲームの構造によってどのように制約（あるいは支援）されているか，という点にある。

合理的選択アプローチの特徴は以下の点にある。第 1 に，合理的選択論者は，人々が目標を持ち，それを達成しようとすると仮定する。このとき，アクターの目標の道徳的価値については問わない。もちろん，それらの目標は達成が難しいこともあるし，また目標を達成するためにとられた行動がどのような帰結をもたらすかが不透明なこともある。第2に，合理的選択論者は，人々がある程度の選択の自由を持つと仮定する。もちろん構造は，ゲームの木としてよく表現されることからもわかるように，そうした選択に制約を課す。しかし，それでもアクターは，自分がある程度の選択肢を持つと信じるのである。アクターにとっては選択肢が不快なこともあるだろうし，選択肢への評価が信条によって影響を受けることもあるだろう。しかし，いずれにしても何らかの選択肢は存在する。第3に，合理的選択論者は，目標を達成すると信じる行動を人々が選ぶと仮定する。そうでなければ，目標という概念は無価値なものとなる。第4に，合理的選択論者は，モデルにおいてあえて現実を単純化したり抽象化したりする。ゲームのモデルは，社会のありとあらゆる複雑性を取り扱おうなどとは決してしない。むしろ，社会的状況のうち特定の要素に焦点を当て，動機や行動がどのように相互作用しているかを明らかにする。それゆえ，ゲーム理論的分析は時として単純過ぎるきらいがあるが，そうした単純化が複雑な相互作用を明らかにするのに役立つのである。

社会現象の理解において合理的選択アプローチは均衡概念を用いる。均衡では，どのアクターも単独ではその行動を変えようとはしない。均衡における行動は，現在の状態や知識を所与とすると，どのアクターも単独で自身の状況を改善することができないという意味で，安定的である。均衡には，アクターにとっての公正さやバランスの良さや，何らかの倫理的な基準からする望ましさは想定されていない。往々にして，モデルの均衡はあるアクターにとってかなり不公平であったり，社会的には次善の結果しかもたらさなかったりする。また均衡は，社会において永続すると想定されることもない。長期にわたる大局的な変化に取り組んでいるモデルはごく少数にすぎない。むしろ，均衡状態というのは，そのモデルの制約条件のもとでどのアクターも自分の選択を変えようとはしないということを述べているに過ぎない。

本書は，均衡概念が何を意味するのかをあらゆる角度から説明する。あるモデルから予測を導くためには，どのアクターも自身の行動を変えようとしないことが求められる。このような発想は，単純な見かけとは異なり，かなり巧妙である。均衡はモデルの予測に役立つのである。ただし，モデル化しようとする諸条件が複雑化するにつれ，それに合わせて均衡の概念も複雑化する。均衡という一般的な発想は単純明快であるが，さまざまな均衡が満たすべき諸条件は単純ではない。本書は，もっとも素朴な均衡の定義から始め，より精緻な定義へと進む。しかし，それらすべての定義の基礎にある均衡という考え方は同じである。異なるのは，均衡という考え方をどのように理解するかという点である。

## *1.6*　本書の使い方

本書には 3 つの目的がある。第 1 は，政治学を学ぶ一般的な読者にとって理解可能な水準でゲーム理論を紹介することである。第 2 は，ゲーム理論の概念を教えるだけではなく，簡単なモデルを解く方法も教えることである。第 3 は，政治学でよく用いられるモデルの基本型を紹介することである。政治学者に必要な能力は，政治学における数理モデルの文献を読み，理解し，批評する能力にとどまらない。自分なりのモデルを構成し，それを解く能力も必要となる。モデル分析は議論を鍛える。それこそがモデル分析の重要な意義である。政治学の多くの議論は，基本モデルを大幅に単純化したものからでも得るものがあるだろう。そのようなモデルを解くには技術的に高度な熟練は必要ない。

しかしながら，若干の数学はゲーム理論のモデルを解くにあたって必要になってくる。補論 1 は，本書で用いられる基本的な数学の復習となっている。代数から始まり，集合論，確率論，微分と積分へと進む。最後に，数学的証明の考え方について簡単に触れている。これらの分野のすべてに自信がある者以外は，この補論を先に復習しておくことをお勧めする。本書の多くは代数と確率論しか必要としない。代数以上のことが必要になる節では，節の冒頭でどのような数学が必要となるのかを注記してある。

読みやすさと正確さのどちらをとるかについては，ほどよい中庸に落ち着いたと考えている。説明は丁寧かつ明快になるよう心がけた。どちらかを犠牲にせざるをえないときには，技術的表現は最小限にとどめた。このために，一部で数理的な研究の大半に要求される数学的水準に達していない箇所もある。本書はこの分野の入門書であり，決定版になることは意図していない。

本書の補論 3 には，読者の一助になればとゲーム理論の用語一覧を付した。その一覧では，本書全体を通じて繰り返し現われる重要用語について，言葉で説明してある。数式での定義については，本文を参照してほしい。

さらなる読書への手引きとして，各章末尾に注釈付きの参考文献一覧を用意した。これら「文献案内」の節には，政治学の諸分野に関する文献解題が含まれている。これら文献解題は，当該分野におけるゲーム理論モデルを用いた研究について概観している。ただし完全さを企図するものではなく，諸文献へのとっかかりを与えようとするものである。この作業は私自身にとり有意義で興味深かった。文献解題にある書物や解説論文はなるべく利用するように心がけた。こうした著作は，数理的な文献の入り口に立った読者にとってより有意義であると考えられるからである。文献解題は目次にも載せ，読者がとくに関心ある分野を見つけやすいようにした。これらの話題をより深く扱った研究に関心のある読者は，こうした追加の情報源にあたられるとよい。参考文献一覧では，引用された各研究がどの程度数学的に難解かについて評価がつけられている。＊のない文献は比較的理解しやすく，せいぜい代数しか必要としない。＊の文献はより高度な数学が必要となるか，または数理的な議論をより注意深くたどることが必要となる。＊＊の文献は非常に数理的であり，丁寧に読む必要がある。

読者には簡単なモデルは解けるようになってもらいたい。そこで本文中に練習問題を入れた。練習問題のところまで来たらぜひ解いてほしい。問題の大半は難しくはなく，大概は本文の内容からすぐ導くことができる。問題の多くには補論2において解答が用意されている。ただし読者に注意しておくが，自力で悪戦苦闘しないうちに本書の後ろにある解答を見てしまうと，問題はあまり役立たないものになってしまうだろう。苦労なくして，得るものなしである。

## *1.7* 本書の計画

本書は大きく2部に分かれている。第2章から第4章までの前半では，効用理論，ゲームの特定化，古典的なゲーム理論について簡潔に概説する。第5章から第9章までの後半では，非協力ゲーム理論の最近の発展を扱う。本書は，ゲーム理論の歴史的な発展の跡をたどりながら進んでいく。古典的なゲーム理論について概説するのは2つの理由からである。第1に，読者が均衡の論理を理解する上で役に立つからである。均衡の考え方は古典的なゲーム理論においてより説明しやすい。均衡の考え方を精緻化していくのは後半部分の仕事になる。第2に，古典的なゲーム理論の基本概念について，現場にかなりの混乱があるように思われるからである。多くの問題は古典的なゲーム理論の分析ツールを用いて分析することができるし，よく知られたゲームは古典的なゲーム理論由来のものである。にもかかわらず，これらのゲームを政治学に応用するにあたって，古典的なゲーム理論の均衡概念は往々にして用いられていない。

先に述べたように，第 2 章は効用理論をとりあげる。これは主体の意思決定についての理論であり，ゲーム理論の土台をなす。2 つの例として，抑止の例と，なぜ人は投票するのかという例をとりあげ，効用理論の応用を示す。第 3 章はゲームを展開形と戦略形で定義する。ここでは抑止をとりあげ，ある状況をゲームとしてモデル化する方法を例示する。第 4 章は古典的なゲーム理論を扱う。純粋対立（2 人ゼロ和ゲーム）状況における均衡が，混合動機（2 人非ゼロ和ゲーム）状況における均衡と比較される。これらのゲームは戦略形で分析される。第 4 章の締めくくりに，協力ゲームについて簡単に触れる。

第 5 章では非協力ゲーム理論の議論を始める。ここでの分析対象は，戦略形よりも展開形である。後向き帰納法が第 5 章の中心である。展開形ゲームに対するこの単純な解法は，政治学において広く用いられている。議会政治や交渉の例で後向き帰納法を説明する。第 6 章では信念という概念と完全ベイジアン均衡という概念が加わる。この章は，確率論におけるベイズの定理から出発する。バイアスのある情報が好まれるという事例は，意思決定理論におけるベイズの定理の有用性を示すものである。信念とは，ゲームの中の不確実性についてプレイヤーの考えをモデル化した確率である。不確実性に直面したプレイヤーが，将来の手番についてどのような先読みをするかは重要な問題である。信念は，そのような先読みの特定化に役に立つ。完全ベイジアン均衡は，プレイヤーがゲームの中でとる手番と，プレイヤーがゲームについて抱く信念とを結びつける。手番と信念の両方が，互いに均衡になっていなければならない。核抑止理論の例で完全ベイジアン均衡を説明する。第 7 章では，2 つの関連した概念である完全均衡と逐次均衡を扱う。この章では抑止と大衆選挙の例が示される。第 8 章では情報が限られたゲームを検討する。そこではゲームの一部がプレイヤーにとって不確かになっている。完全ベイジアン均衡を用いて，議会ルール・交渉・抑止・コミュニケーションに関する具体的なモデルを解く。完全ベイジアン均衡のさらなる精緻化である信念への制約についても簡単に触れる。第 9 章では繰り返しゲームを議論する。繰り返しゲームの主要結果としてフォーク定理があるが，この定理を 4 種類に分けて示す。繰り返し囚人のジレンマがこの章における主要な例となる。この章の最後では，定常性の概念，繰り返しゲームの別解法，業績評価投票モデルを扱う。

第 10 章は，この第 1 章で指摘した要点に立ち戻って本書を締めくくる。ゲーム理論のモデルの長所と短所が評価される。本章で提示した 4 つの問題を扱ったモデルが，この議論に光を当てるのに用いられる。結論部では，最先端のゲーム理論についても簡単に触れる。

本書は，講義であれ自習であれ，複数の科目の学習に使えるだろう。本書が作られた場所は，私が8年にわたって授業を受け持ったミシガン大学のICPSR夏期講座である。私の場合，講義は本書に沿って進められる。古典的なゲーム理論に関する第4章は，非協力ゲームのみに焦点を当てた講義をする場合は省略できる。効用理論に関する第2章は，受講生や読者がすでに厳密な効用理論を知っているならば，無視しても構わない。しかし個人的意見としては，第2章はぜひ読んでほしい。というのは，多くの政治学者は効用理論の厳密な基礎については馴染みがないからである。同時に，ゲーム理論を用いた近年の研究論文を本書と並行して読むように勧めたい。関心のある文献を読むことは，本書の内容が近年の研究においてどのように用いられているかを知るのに役に立つだろう。

各章のまとめでは，その章の要点を簡単に振り返っている。そこではその章の主要な概念を再確認しており，各章の要点を理解するのに役立つはずである。

## 1.8 文献案内

各章の末尾では，さらに読み進めていくための情報源について議論している。これらの情報源は包括的なものではなく，さらなる読書のための手引きである。本章においては，本書以外のゲーム理論の教科書について少しだけ触れよう。また，補助資料，奥義書，ゲーム理論を用いた研究を掲載している雑誌についても触れる。

### 教科書

古典的なゲーム理論を含む教科書から始めよう。真面目な初学者にとってもっとも有益な教科書は，Luce and Raiffa (1957) であり，最近 Dover からペーパーバックで再版された。Davis (1983) はその副題通り技巧的ではない入門書である。Owen (1982) は，ゲーム理論の数学的入門に関心がある人向きの本である。Shubik (1983) は，ゲーム理論を用いて政治経済の問題を検討する2巻本であり，もっぱら経済学者向けである。第1巻は古典的なゲーム理論に徹し，第2巻はその応用例を紹介している。

Riker and Ordeshook (1973) と Ordeshook (1986) は，効用理論やゲーム理論を用いて政治を分析している教科書である。前者は絶版でいまでは古くなってしまっている。どちらもある程度ゲーム理論を扱っているが，数理的な政治理論の紹介に主眼をおいており，意思決定理論やゲーム理論がどのように政治分析に用いられているのかを知りたい研究者にお勧めできる。

いまや非協力ゲーム理論の教科書にはお勧めできるものがいくつかある。非協力ゲーム理論についての書きぶりはいずれも概して見事というほかないが，実例は経済学から引かれており，経済学の大学院生向けに書かれている。これらの教科書を読むのに必要な数学の水準は大半の政治学者には荷が重い。

強くお勧めしたい2冊として，Kreps（1990a）とFudenberg and Tirole（1991）がある。Krepsの本はミクロ経済学の教科書である。第11章と第12章で非協力ゲーム理論を取り扱い，第14章から第18章までは非協力ゲーム理論を用いたモデルをとりあげている。効用理論に関する第3章もかなり優れている。他の章はミクロ経済学を扱っている。Fudenberg and Tiroleの教科書は，ゲーム理論の講座一つ分には収まりきらないほど内容豊富である。その最大の強みは，取り扱う話題の広さと深さにある。

Binmore（1992）は学部生と大学院生の双方向けの教科書である。彼の書き方は，難しくはないが数学をしっかりやる覚悟が求められる。この本の章立ては私の歴史的なアプローチとは異なっている。Friedman（1990）は，寡占理論を専門とする著者によるものであり，ゲーム理論とその経済学への応用についての優れた教科書である。Myerson（1991）は，かなり高水準の数学を要求するが，専門的な書き方を苦にしない読者にとっては素晴らしい説明を提供してくれる。Myersonはメカニズムデザインの分野における中心人物であり，言うまでもなくこの分野での彼の説明は素晴らしい。Rasmusen（1989）は，さまざまなモデルを用いて非協力ゲーム理論の世界へと経済学者を案内する。この本は，読者が効用理論と経済学を相当程度知っていることを前提としている。

Ordeshook（1992）は，政治学におけるゲーム理論や数理分析をわかりやすく説明しようとしている。彼は非協力ゲーム理論に力点を置き，数理分析における重要な洞察の多くを説明している。読者にとっては私の本に加えOrdeshookの本も有益な情報源になるだろう。

### 補助資料

まったく数学的ではない2冊の補助資料としてSchelling（1960）とDixit and Nalebuff（1991）がある。Schelling（1960）は，政治学に絶大な影響を与えてきた書物である。『紛争の戦略』(*The Strategy of Conflict*) は偉大な著作であり，ゲーム理論における非常に重要かつ説得力ある洞察を含んでいる。ただしこの本は，読者にゲームを解かせるものではなく，その論点には非協力ゲーム理論の登場によって時代遅れになったものもある。Dixit and Nalebuff (1991) は，一般読者に非協力ゲーム理論の考え方を伝えようとしている。この本はかなり読みやすく，月間優良図書にも選ばれた。取り扱っているのは戦略的相互作用の主な論理や多くの重要な応用である。この本は，経済モデルの背後にある直観を理解するにはよいものである。

Kreps (1990b) と Gibbons (1992) は経済学者に向けたゲーム理論の非数学的な入門書である。Kreps (1990b) のもとになったのは，Kreps が 1990 年に行ったゲーム理論に関する連続講義である。ゲーム理論の限界や最先端を議論した箇所は見事である。Gibbons (1992) は本書よりも数学的であるが，上に紹介した教科書ほどではない。実例は経済学から引かれている。

*The New Palgrave* (Eatwell, Milgate, and Newman 1989, 1990) は経済学の辞書である。経済学における多くの話題を扱った論文から構成され，その執筆は専門家による。そのうちの 2 巻である *Game Theory* と *Utility and Probability* は，さらに読み進めていく上で有益な出発点となる。各論文は通常 10 頁に満たない。*The New Palgrave* には，概念を扱った論文だけではなく歴史を扱った論文も収録されている。Robert Aumann による「ゲーム理論」は，同名の巻に収録された解説論文であるが，この分野とその歴史的な発展についてのすばらしい解説論文となっている。

### ゲーム理論の奥義書

以下に紹介する本は，興味深くはあるが，いまやゲーム理論の主流からは外れている。何がゲームの解となるかについて，非主流派の考え方を示したものもある。どの本も技巧上の要求が高く，かなり綿密に数学的な議論を追っていかなければならない。Von Neumann and Morgenstern [1943] (1953) は，この分野を切り拓いた本であるが，時代遅れになっている。私自身はこの本を学部生の頃に読み，かなりの思い入れがある。この本にはたくさんの着想がつまっており，この分野の最初の本で著者たちがこれほど先まで進んでいたのにはいまでも驚かされる。それはまた，一見定式化不可能なものを定式化するにはどうしたらいいかについて，実に素晴らしい知恵を与えてくれる。しかし，いまやゲーム理論の入門には他の本のほうが向いている。

Harsanyi (1977) は，意思決定理論やゲーム理論に関する興味深い入門書であり，意思決定理論についての Harsanyi の見解を発展させている。この本は，ゲーム理論の基礎に始まり，均衡概念の発展，意思決定理論と倫理との関係にまでその範囲は広がる。しかし，ゲーム理論という分野を完全に網羅する教科書としての意図はない。1970 年代半ば以降のゲーム理論の進展によって，この本の議論の中には時代遅れになったものもある。

Harsanyi and Selten (1988) は均衡に対する独自のアプローチを開発しているが，一般には受け入れられていない。彼らはどんなゲームに対しても適用できる一意的な解を定義しようとした。Harsanyi と Selten は，ゲーム理論の 2 大巨頭であり一読の価値はある。ただし前もって断っておくが，この本が想定する数学能力はかなりの高水準である。

Greenberg (1989) はゲーム理論に対する別のアプローチを示す。その前提にあるのは，ゲームを解くための均衡概念は，ゲームのルール自体と同じく，ゲームをとりまく状況について記述したものの一部をなすというものである。この本はとても難しい。

**雑誌**

ゲーム理論による研究がもっとも浸透しているのは，米国の国内政治とりわけ議会研究と国際政治である。*American Political Science Review* は，全分野における数理分析の最高傑作について，その大半を掲載している。*American Journal of Political Science* もまた数理分析家にとって主要な雑誌である。*American Journal of Political Science* の内容面での主眼は米国の国内政治におかれているが，数理モデルを用いた国際政治や比較政治の重要な論文も掲載されることがある。*Journal of Politics* も数理的研究を載せることがある。*Public Choice* は政治学者や経済学者向けの学際的な雑誌であり，政治学における数理分析の発展に重要な役割を果たしてきた。議会研究は数理的な理論から多大な影響を受けてきたので，*Legislative Studies Quarterly* はゲーム理論モデルに強く影響された研究を掲載している。*Journal of Theoretical Politics* は，他の理論的なアプローチに加えて，数理的な理論も扱っており，より読みやすい論文を提供しようとしている。国際関係については *Journal of Conflict Resolution* がもっともゲーム理論的な研究を掲載している。*World Politics*, *International Studies Quarterly*, *International Interactions* もゲーム理論を用いた研究を掲載することがある。比較政治については *Compara-*

*tive Politics* や *Comparative Political Studies* にゲーム理論を用いた研究がときおり載ることがある。

経済学では，*Econometrica* と *Journal of Economic Theory* がゲーム理論の主たる掲載誌である。ともに専門的な訓練を受けた経済学者が主たる著者であり読者である。これらの雑誌に出る論文は，高水準の数学的技巧でもって丁寧に読んでいく必要がある。*Games and Economic Behavior* はゲーム理論専門の掲載誌であり，*Econometrica* や *Journal of Economic Theory* よりも読みやすい。*American Economic Review*，*Review of Economic Studies*，*Quarterly Journal of Economics* は経済学における一流誌である。ゲーム理論が経済学研究にとって主流になるにつれ，これらの雑誌でもゲーム理論を用いた論文の掲載が増えてきた。*Journal of Economic Literature*，*Journal of Economic Perspective*，*Journal of Economic Surveys* はどれも経済学の解説論文を掲載している。これらの雑誌においてゲーム理論の解説論文が載ることはあまりないが，読みやすい解説についての優れた情報源となっている。*Theory and Decision* は意思決定理論やゲーム理論に関する論文，そしてそれらの手法を用いた論文を掲載しているが，概してさほど数学的には難しくない。*International Journal of Game Theory* は数学者や数理経済学者向けである。

# 第2章

# 効用理論

ゲーム理論の基礎にあるのは効用理論である。これは意思決定を表すための単純な数学理論である。効用理論では，アクターはとりうる行動のうちから1つを選ぶ状況に直面していると仮定される。1つ1つの行動について，起こりうる結果すべての発生確率が与えられる。効用とは，最終結果に対するアクターの選好を表す尺度である。そこには望ましい結果を得たり，望ましくない結果を避けたりするために，アクターがどこまでリスクをとる気があるかが反映されている。ある行動をとったときに各結果が得られる確率は，その行動がどのような帰結をもたらすかについての不確実性を表すものになる。

ある行動から得られる期待効用は次のように計算する。まず，ありうる結果1つ1つについて，その行動から得られる効用に，その行動がとられた場合にその結果が生じる確率を掛け合わせる。その上で，ありうる結果すべてについてそれらを足し合わせる。結果に対する効用を決めるときは期待効用を計算したときの大きさが行動に対する選好の強さと一致するようにする。すなわち，期待効用の大きい行動ほど選好されるようにする。行動から結果が生じる確率と行動に対する選好を所与とすれば，結果に対する効用は，期待効用の大きな行動ほど選好されるというように，数値化することができる。

効用理論は，確率論と深いつながりがあり，確率論と同じくらい歴史が古い。確率論の場合と同じく，草創期の効用理論を発展させた原動力は，賭け事についての厳密な分析であった。ダニエル・ベルヌーイ[1]は初めて効用理論に取り組み，なぜ賭け事の魅力が必ずしもギャンブラーが抱く金銭的期待に一致しな

1 ベルヌーイ家の人々を混同しないようにしなければならない。ケネディ家の人々がみな政治家になるように，ベルヌーイ家の人々はみな数学者になるのだから。

いのかを説明しようとした。この最初の観察の後，ジェレミー・ベンサムが1800年代に哲学として功利主義を発展させるまで，効用理論は停滞期にあった。数学的に言うとベンサムの効用理論はかなりいい加減で，意思決定の厳密な理論を発展させるには役に立たなかった。結果的に20世紀の半ばまで，効用理論は有益な概念としては認められていなかった。

フォン・ノイマンとモルゲンシュテルンは『ゲーム理論と経済行動』(Von Neumann and Morgenstern [1943] 1953) の付録の中で，効用理論の概念に対して厳密な数学的基礎を与え，効用理論を再生させた。この本の出版後，効用理論の厳密な説明がいくつか生まれた。それ以来，経済学者は経済理論を主体の行動を描く効用理論とゲーム理論によって定式化しなおした。

本章は合理性の概念から始める。合理的選好の特徴を示した上で，合理性についてのありがちな誤解をいくつか議論する。厳密な意思決定の要素を述べ，期待効用の考え方を紹介する。こうした考え方を2つの例によって示す。1つはとるに足らない例であり，もう1つは歴史的な例である。その後，効用理論の厳密な基礎である期待効用定理を示す。この定理によれば，効用関数が行動についての選好を表すのは，その選好が6つの条件を満たす場合である。効用理論へのよくある誤解に対しても反論をしておく。次に，リスクに対する態度や時間に対する選好が異なるとき，効用関数がそれらをどのように表すかを考える。効用理論の応用として2つの簡単な例をあげる。1つは抑止であり，もう1つは人がいつ投票するかに関するものである。本章の最後には，効用理論の限界について議論する。

## *2.1* 合理性の概念

ゲーム理論は合理的な行動を仮定する。しかし，合理性とは何を意味するのだろうか。日常の話し言葉では，合理的行動と言うとき，その意味としては，道理に合った行動，思慮深い行動，内省的な行動，賢い行動，正しい行動，分別のある行動などである。一般に，狭い横道を時速80マイルで運転する人は合理的ではないと考えられる。しかし，ここでの目的からすると，合理的行動は一般的な意味よりもずっと狭いことしか表していない。簡単に言えば，合理的行動が意味するのは，あらかじめ決められた目的を達成するために最善の手段を選択するということでしかない。それは選択の整合性に関する評価であり，思考過程に関する評価ではない。また，与えられた目的を達成することに関する評価であり，その目的が倫理的かどうかに関する評価ではない。

効用理論では，合理的なアクターは特定の目的を持ち，選択可能な行動の集合を持つ。そして，その目的を達成する最善の行動を選択する（この時点では「最善」と「達成」が正確には何を意味するのかは明確ではない）。合理的な行動は目的指向的であり，アクターは望ましくない結果よりも望ましい結果を得ようとする。

しかし，どうすればアクターの目的が何かがわかるだろうか。一般的には，アクターの過去の行動を観察したり，実験したりして，アクターの目的を推測する。そして，過去においてアクターが達成しようとしていたと推測される目的を，今後もアクターが達成しようとし続けると仮定するのである。アクターの選好を固定しつつ，アクターが持つ情報とアクターが直面する状況を変化させれば，アクターの行動に変化が生まれる。

こうした目的を定式化するために，**結果**という言葉から説明しよう。結果とは，アクターの意思決定によって最終的にもたらされるものを指す。それは意思決定者にとって関わりのある影響すべてを含む。この結果の集合は網羅的かつ相互排他的である。つまり，結果のうち必ずどれかが，それも1つだけが起きるということである。結果をどのように定義するかは，モデル作成者にゆだねられている。モデル作成者の選択次第で簡単にも複雑にもなりうる。たとえば，大統領選挙の結果は，共和党もしくは民主党が勝つかどうかとして簡単に描写できるであろう。選挙の結果は，勝利した候補が就任してから実施する政策として表すこともできる。勝ったときの票差や特定の個人が投票したか否かといったことも，見方によっては選挙に関連する一側面とみなすことができるだろう。

アクターは結果の集合に対して選好を持つ。$C$をすべての結果の集合とし，特定の結果は添え字をつけて示すものとする。選好は2つの結果の間の関係$R$によって与えられ，$C_iRC_j$としたときには「結果$i$は少なくとも結果$j$と同じくらい好ましい」[2]と読む。アクターは1つめの結果を2つめの結果より弱く選好するので，$R$は**弱選好関係**と呼ばれる。言い換えると，1つめの結果は2つめの結果と少なくとも同程度に望ましいか，ことによるとそれよりも望ましいかもしれない。**無差別**$I$は$C_iRC_j$かつ$C_jRC_i$のときに起こり，$C_iIC_j$と表される。両方の結果ともお互いに少なくとも同程度には望ましく，アクターの目

2　関係$R$は，ときに添字をつけてどのアクターの選好を表しているのかがわかるようにする。等号つき不等号$\geq$が$R$のかわりに用いられることがある。

には等しく望ましいと映る。**強選好関係** $P$ は1つめの結果は2つめの結果よりも良いということを意味する。言い換えると，$C_iPC_j$ は（$C_iRC_j$ であり，かつ $C_jRC_i$ ではない）と同じである。

それぞれのアクターは，結果の集合に対して，完備かつ推移的な選好の集合を持つと仮定される。完備性は，アクターがあらゆる2つの結果同士を比較できることを意味する。

> **定義**：ある順序づけが**完備**であるとは，あらゆる $C_i$ と $C_j$ に対し，$C_iRC_j$ または $C_jRC_i$ のどちらか，または両方が成り立つときであり，かつそのときに限られる。

アクターは，一方の結果を他方の結果よりも選好するか，または2つの結果の間で無差別になる。完備性からは，選好順序の反射性，すなわちすべての $C_i$ について $C_iRC_i$ であることが導かれる。換言すると，すべての結果はそれ自身と少なくとも同程度に好ましい。選好はまた推移的である。

> **定義**：ある順序づけが**推移的**であるとは，$C_iRC_j$ かつ $C_jRC_k$ が $C_iRC_k$ を意味するときであり，かつそのときに限られる。

推移性の意味するところは，1つめの結果（$C_i$）が2つめの結果（$C_j$）と少なくとも同程度に好ましく，2つめの結果が3つめの結果（$C_k$）と少なくとも同程度に好ましいならば，1つめの結果は3つめの結果と少なくとも同程度に好ましくなければならないということである。

完備性と推移性は選好順序の基本要素である。各アクターは，結果の間で無差別を認めつつ，最善の結果から最悪の結果まで結果を序列化することができる。完備的かつ推移的な選好は，結果を順序づけることから，**序数的選好**と呼ばれる。これら2つの仮定は合理性にとって必要である。完備的な選好がなければ，アクターは比較不能な結果を前にしてたちまち選択不能になってしまう。しかし，そもそも比較できない選好をともなう状況というのは奇妙である。たとえば，1ブッシェルの洋梨を食べるのと，ケネディ上院議員が大統領に選出されるのと，どちらを選好するかをどうしても述べなければならない場合がある[3]。たしかに，それらの結果は比較可能とは思えない。しかし，同時にそのような選択はもっともらしくもない。ふつうは，比較不能な結果をともなう状況を除外して結果の集合を限定し，アクターが結果の全集合に対して完備な選好を持つようにする。モデル化する問題に適した結果の集合を選ぶことによって，不完備な選好にならないように結果を定義することができる。

推移的な選好は，強選好関係における循環の発生，たとえば $C_iPC_j$，$C_jPC_k$，$C_kPC_i$ のような堂々巡りを排除する。強選好の循環は整合的な選択を妨げてしまう。この循環におかれたとき，アクターは3つのうちのどの結果を選好するだろうか。たとえ結果のペアそれぞれにおいてアクターが一方の結果を選好していても，明確なことは言えない。循環がある場合には，どの結果が選ばれるかは，結果が提示される順序に左右される。最初に $C_i$ と $C_j$ を比較し，その後にその結果と $C_k$ を比較するときは，$C_k$ が選好される。$C_j$ と $C_k$ をはじめに比較し，その後にその結果を $C_i$ と比較するときは，$C_i$ が選好される等々。このような選好はよく定義づけられていると言えるだろうか。

推移性に違反した選好の古典的な例はコーヒーの甘さについてのものである。コーヒーの中の1粒の砂糖は無糖と少なくとも同じであり，2粒の砂糖は1粒と少なくとも同じであり，以下どの場合も自分にとっては無差別である。1粒の砂糖でコーヒーが甘くなっているかどうか区別がつかないからである。コーヒーの甘さについて自分の選好が推移的であるならば，コーヒーの中の砂糖の量について自分は無差別のはずである。しかし，実際には無差別ではない。無糖，もっとも好きな砂糖の量，数ポンドの砂糖というコーヒー1杯あたりの3択を考えればよい。自分としては，コーヒー1杯につきティースプーン2杯ぐらいの砂糖が好きである。それよりも少なければもう1粒の砂糖を加えるほうが好ましく，それより多ければもう1粒の砂糖を加えないほうが好ましい。このように，実際には自分のコーヒーに1粒の砂糖を加えることについて自分は無差別ではない。このパラドックスが起きるのは，比較の際にどのカップにより多くの砂糖が入っているか区別できないことによる。こうした無差別のパラドックスを取り除くためには，アクターに区別可能な結果を選んでおくことである。

結果に対する選好は所与と仮定される。選好は，決定が検討の対象となっている間は変化しない。選好の変化を議論する者もいるが，ここでは選好の変化

3　筆者の大学院時代の友人の1人（リベラルな民主党員）が，もう1人の友人（保守的な共和党員）にこの選択を持ち出したことがあった。後者の友人は，植物性の食品よりも肉を好み，とりわけ洋梨を嫌っていた。前者の友人はこの選択によって，1980年選挙でテッド・ケネディが大統領に選出されるという予測を後者の友人がどれほど嫌っているかを知ろうとした。後者の友人にとってこれは苦渋の選択であった。

は認めないこととする。なぜなら，選好の変化を認めれば，理論から説明力が奪われるからである。選好は観察不能であり，行動の観察によって選好を推測するしかない。しかしそのとき，選好の変化は確かめようがないので，モデルと矛盾した行動が観察されるとき，選好が変化したと言う誘惑にかられる。しかし行動が変化したときに，選好の変化を主張するならば，モデルを検証することはできない。なぜなら，選好が変化したのだと主張することによって，自分の仮説に合わない証拠が無視されてしまうからである。そのかわりにここでは，選好は固定されており，行動の変化は状況の変化とアクターに利用可能な情報の変化によるものと仮定しておく。

固定的な選好という仮定は，モデル化できる状況を限定する。しかし，それは見かけほど限定的というわけではない。というのは，自分の目的に合うように結果を選ぶことができるからである。結果に対する選好は，行動（または戦略）に対する選好とは区別される。結果とは最終的な帰結であるのに対して，行動とはいくつかの結果のうちから1つを導く選択である。結果に対する選好は固定的であると仮定する。これに対して，さまざまな行動の効果に関してアクターが新しい情報を得るとき，行動に対する選好は変化しうる。慎重に結果を選び出せば，「選好の変化」は，いくつかある行動に対する選好の変化とみなすことができるので，結果に対する選好が変化したと考えなくてもすむ。たとえば，選挙の結果で言えば，1988年の大統領選挙におけるブッシュ対デュカキスのように，どちらの候補者が選ばれるかというようにモデル化される。しかし，このとき選挙運動中にどの候補者に投票するかについて自分の意思を変化させた投票者は，結果についての選好が変化したように見える。ここで，選挙の結果を，勝利した候補者が採用する政策としてみたらどうだろう。そうすれば，各候補者が当選後にどの政策を採用するかについて知識を得たときに，投票者が候補者に対する選好を変化させることはありうる。候補者に対する選好の変化だったものが，いまやブッシュへの投票とデュカキスへの投票という行動に対する選好の変化になる。

**序数的選好**は大きい順にならぶ数によって表される。もっとも大きな数字はもっとも選好する結果に対応し，次に大きな数字は選好順序の次の結果に対応するという具合に続けていき，最小の数字はもっとも好ましくない結果に対応する。2つの結果が無差別のときには，等しい数字が必要となる。結果に対応する数字の順序が選好の順序を反映したものになっているのであれば，たとえそれがどのような数字の並びであっても，その選好順序を表している。これらの数字を**効用** $u$ と呼ぶ。さまざまな結果とそうした結果に対する主体の選好を表す数字とを対応させる関数は**効用関数**である。序数的選好のもとでは，数字が大きければ大きいほど結果は好ましくなるが，2 つの結果に対する数字の差は意味を持たない。たとえば，$u(C_1)=1$，$u(C_2)=2$，$u(C_3)=0$ という関数と，$u(C_1)=1$，$u(C_2)=104$，$u(C_3)=-4$ という関数は，$C_2PC_1PC_3$ という選好順序を表す効用関数である。この表現では数字の順序のみが選好を表し，それゆえ序数的選好と呼ばれる。これらの数字の間隔が意味を持つ場合は基数的選好になる。基数的効用は，結果に対する序数的選好だけでなく，望ましい結果を得るためにはアクターが負ってもよいと考えるリスクをも表すことができる。後に示すように，そのような基数的効用を算出することは可能である。

### 合理性概念についての誤解

ゲーム理論的に定義された合理性は，直感的な定義よりも狭いので，しばしば誤解される。ありがちな誤解と，その誤解に対するより適切な回答をいくつか示そう。第 1 に，意思決定過程は文字通りの計算とは想定されていない。そうではなく，人々は，基本的な目的と各自の状況を表す制約をもとに選択をする。そうした制約を所与として，その行動を表す効用関数が作られる。効用理論は主体の認知過程を説明しようとするものではない。それは，意思決定を支える重要な思考を，数学的に操作可能な一般的な枠組みの中に捉えようとする試みである。それは同時に，主体の選択がそれぞれ異なることを認めている。目的は認知を説明することではなく，政治的行為を理解することにある。ここでは，政治的状況における主体の選択を表現するために，選択に関する抽象的なモデルを用いる。戦略的な論理は，こうした単純な認知モデルにおいてさえ複雑である。合理的選択モデルがしようとしているのは，ある状況の重要な側面を捉え，アクターの意思決定を状況の制約のもとでの選好の帰結として検討することである。そのために，合理的選択モデルを用いて，現実の認知の複雑さを単純化して捨象しようとするのである。

第 2 に，合理性は，結果に対するアクターの選好については何も語らない。そうした選好とアクターの直面する状況とを所与として，アクターの選択を語るにすぎない。ここでの古典的な例はアドルフ・ヒトラーである。合理性についての一般的な見解によれば，彼は狂人であった。彼は理屈に合わない目的を追求し，莫大な政治的なリスクを冒して，最終的に彼自身とナチスドイツの崩壊を招いた。しかし，効用理論の観点からすると，彼の行動は合理的に説明できる。彼は一貫してドイツの民族主義的な拡張を追求し，自分が直面する環境とそれがもたらす機会に反応していった。多くの点でヒトラーは他のどの指導者よりも1930年代の国際情勢を理解していた。

第3に，同一の状況に直面したときでも，複数の合理的なアクターは全員が同一の意思決定を行うとは限らず，おそらくは行わないだろう。合理的アクターの持つ結果に対する選好は多様でありうる。チェスの達人は，自分の子供と遊ぶときに，ゲームに勝とうとプレイすることはないだろう。むしろ，彼は子供とゲームを楽しもうとするだろう。チェスの競争相手と試合をするときには非合理的にみえる手番も，子供と遊ぶときにはきわめて合理的かもしれない。なぜなら，チェスの達人の目的が異なるからである。さらに言えば，2人のアクターが同じ序数的選好を持っていたとしても，この2人がリスクや不確実性に対して異なる反応をし，それが選択可能な行動に対する2人の異なる評価につながるということがありうる。リスクに対するさまざまな反応は効用関数で捉えられる。不確実性に対するさまざまな反応は，各行動が生み出す結果に関してアクターが持つ主観的確率分布で表される。誰しもルーレットで負けるよりも勝つことを望む。しかし，ゲームに参加して進んでリスクをとろうとする人もいれば，そうでない人もいる。どちらの人も負けるよりは勝つことを望むが，ゲームへの不参加者はリスクを回避している。この選好は，結果に対する効用関数によって捉えられる。後の議論でリスクに対する態度とそれが効用関数でどのように捉えられるかをとりあげる。最後に，アクターが異なると，手持ちの情報も異なり，それにより望ましい結果を導くと信じる一連の行動も異なってくる。特定のレースでどの馬が勝つかがわかるなら，リスク回避的な主体であっても競馬で賭けに出ることがあるかもしれない。

第4に，合理的なアクターは3つの理由で間違いを犯す。すなわち，望ましくない結果を達成してしまうこともある。合理性は，間違いのない意思決定を意味するものではない。第1に，状況はリスクをともなう。運任せの行動をとったときに，不運にも悪い結果が起きるかもしれない。第2に，アクターにとって利用可能な情報は限られている。アクターは行動の結果を確定させることができないので，何らかの判断を下さなければならないが，その判断が正しくないこともある。第3に，アクターは，行動の結果について正しくない信念を抱いているかもしれない。目的の達成に効率的ではない方法を効率的であると信じているかもしれない。ここで重要な点は，後知恵はつねに正しいが，アクターが行動を選択する時点では，行動の結果がどのようなものになるかはわからないということである。適切な意思決定は，その決定がなされる条件を考慮に入れて初めて可能になる。悪い意思決定は，結果がわかった後でわかるものである。しかし，アクターは未来を知りえないのである。起こりそうな未来について判断を下し，その判断に従って行動するしかない。効用理論はこのような問題を捉えようとする。

第5に，**事前**の理由づけと**事後**の理由づけの違いが最後の注意点である。行動に合うようにアクターの目的を選択できるときには，循環論法に容易に陥る。たとえば，「彼がビルから飛び降りたのは，そうしたかったからだ」という説明は，自殺の説明としてはあまり満足のいくものではない。この種の循環論法を避けるには，選好について仮定をおくか，または十分な事前情報の上に仮定をおくかである。しばしば，両方のアプローチが同時に用いられる。ある種の一般的な仮定がアクターの選好についておかれる。そこにアクター間で異なる値をとる項を入れ，アクターの以前の行動を検討することによって個々の値を決めるのである。一般に経済学者は消費財に対して「多ければ多いほどよい」と仮定する。しかし，どの財がどれだけ多ければ望ましいのかは，購買行動をする特定の主体の経験的な問題となる。

## 2.2　効用関数はどのように行動を予測するのか

どのような意思決定問題も次のように定式化して記述することができる。

1）**行動**の集合 $A$，そのうちの1つが意思決定として選択される。
2）**世界状態**の集合 $S$，どの状態も相互排他的でかつ重複がない。すなわち，ただ1つだけが起こりうるのであり，またどれか1つは必ず起こらなければならない。「世界」は意思決定者の制御が及ばない問題に関わるすべての事柄を含むように定義される。**事象**とは状態の部分集合である。
3）**結果**の集合 $C$，行動と状態のそれぞれの組み合わせに対して1つの結果がある。
4）結果に対する**選好順序** $P$，この選好は完備的で，推移的であり，所与である。

結果は，意思決定者が選択した行動と，意思決定者が制御できない他の要素によって生み出される。後者の要素は**世界状態**としてまとめられる。世界状態は，結果に影響を及ぼすが，意思決定者の制御が及ばないすべての要素から成る。アクターは一般的には世界状態を知らない。しかし，アクターはいくつかの生じうる世界状態に直面することになる。もしアクターが世界状態を知っていれば，どのような行動をとれば，どのような結果が生じるかが確定し，最善の結果を導く行動を選ぶことができる。しかし，実際には意思決定者は世界状態を知らず，行動の結果を確定することができない。それぞれの行動が望ましい結果と望ましくない結果のどちらを生み出すかは世界状態に依存する。意思決定者は，それを考慮しながら，どの行動が最善の結果をもっとも導くかを評価しなければならない。こうした評価のために必要となるのは，各状態が起きる可能性に対する判断や，アクターの選好に関するより詳細な尺度である。この尺度は，結果に対する単なる序数的選好にとどまらない。

このより細かな尺度こそ，**フォン・ノイマン＝モルゲンシュテルン効用関数**である。この効用関数は，アクターにとってある結果がどれくらい魅力的かという度合いを，その結果を得るためにどの程度のリスクをとってもよいと考えているかによって測る。状態に関する確率分布が，それぞれの状態がどのくらい起きる可能性があるかについてのアクターの評価を捉えたものとなる。ある行動に対する期待効用を求めるには，それぞれの状態が起きる確率と，その状態とその行動から生じる結果の効用とをかけ合わせ，その積をすべての可能な状態について合計する。もっとも高い期待効用を持つ行動が選択される。数学的には次式のようになる。

$$EU(A) = \sum_{\text{all } S} p(s)u[C(S, A)]$$

$EU(A)$ が最大化されるように，$A$ を選択せよ。

ここで $EU$ は期待効用，$A$ は選択可能な行動，$P$ は確率，$S$ は状態，$u$ は効用，そして $C(S, A)$ は状態 $S$ で行動 $A$ のときに生じる結果である。それぞれの行動は，それがもたらす結果が起きる可能性と，それらの結果のアクターにとっての望ましさの両方から評価される。可能な行動集合の中で，もっとも高い期待効用を持つ行動が選択される。

簡単な例によってこれらの概念を明確にしよう[4]。意思決定理論を必死に勉強した後で，あなたは一息ついて元気を回復する必要がある。そこで Classic

---

4　この例を考えついたのはメリーランド大学のデビッド・ラルマン（David Lalman）である。ここで披露したのは筆者なりの改訂版である。

Coke，Diet Coke，Sprite（すべてコカ・コーラ社の登録商標）を扱っている自動販売機に向かう。集中力を回復するためにはカフェインと砂糖が必要なのである。もしカフェインと砂糖の両方を摂れないなら，あなたは砂糖よりカフェインを選好する。あなたの序数的選好では，Classic Coke $P$ Diet Coke $P$ Sprite の順である。あなたがお金を入れ Classic Coke のボタンを押そうとしたとき，あなたの友達が近づいてきて言う。「自動販売機の業者が Classic Coke と Sprite の缶を混ぜて入れたのを知っているかい。彼は，両方の缶ケースを落としてね，ケースが開いて中の缶をそこいらに落としたよ。彼は急いでいて，どれがどの缶かを見ないままスロットの中に詰め込んだよ。メアリーが Classic Coke のボタンを押したら，Sprite が出てきたよ」。こうなると，あなたの選択はさほど単純ではなくなってくる。Classic Coke のボタンを押すと，もしかしたら Sprite が出てくるかもしれない。Diet Coke のボタンを押せば，確実に Diet Coke が出てくることはわかっている。このとき，状況は 2 択である。確実に Diet Coke を選ぶか，あるいは Classic Coke と Sprite のどちらが出てくるかわからない賭けを選ぶかである。

ここでの結果は，あるボタンを押した後に出てくる飲料，Classic Coke，Diet Coke，Sprite である。とりうる行動は自動販売機にある 3 つのボタンである[5]。1 つの行動を選ぶと，この自分の選択と，自分にはどうしようもない他の要素との組み合わせによって，結果が生じる。これら他の要素を世界状態と呼ぶ。この場合の世界状態は，各スロットで次にどの飲料が出て来るかである。Classic Coke のスロットに Classic Coke，Diet Coke のスロットに Diet Coke，Sprite のスロットに Classic Coke，というのは 1 つのありうる世界状態である。

どのボタンを押すかを決定するために判断しなければならないのは次の点である。それぞれの世界状態が起きる可能性がどのくらいか，そして確実に Diet Coke を得ることに対して，Classic Coke を得るために Sprite を得てしまうリスクをどの程度受け入れられるかである。前者は状態に関する確率分布であり，後者は結果についての効用関数である。両者を用いて，各行動に対する期待効用を計算することになる。そしてもっとも高い期待効用を得られる行動が選択される。以下のような効用関数と確率分布を仮定する。世界状態は，

---

5　友人の言葉を聞いたら，自販機を蹴り飛ばしたくなるかもしれない。そのような行動をとれば別の結果が実現し，そこでは蹴るという行為そのものあるいは蹴ってから生じる事態が，自分を満足させてくれるかもしれない。しかし，自分の欲しい飲料は手に入らない。

Classic Coke のスロットに入った飲料，Diet Coke のスロットに入った飲料，Sprite のスロットに入った飲料とする。他に考えられるすべての状態の確率は 0 である。

$u$(Classic Coke)＝1, $u$(Diet Coke)＝0.4, $u$(Sprite)＝0
$p$(Classic Coke, Diet Coke, Classic Coke)＝0.15
$p$(Classic Coke, Diet Coke, Sprite)＝0.3
$p$(Sprite, Diet Coke, Classic Coke)＝0.2
$p$(Sprite, Diet Coke, Sprite)＝0.35

各行動の期待効用を計算する。Classic Coke のボタンを押して，もし前 2 者のどちらかが世界状態であったら，Classic Coke を手に入れるだろう。後 2 者のどちらかが世界状態であったら，Sprite を手に入れるだろう。このように，あなたが Classic Coke を手に入れる確率は，前 2 者の世界状態の確率の合計すなわち，$p$(Classic Coke, Diet Coke, Classic Coke)＋$p$(Classic Coke, Diet Coke, Sprite)＝0.15＋0.3＝0.45 である。そして，Sprite を手に入れる確率は，後 2 者の状態の確率の合計 $p$(Sprite, Diet Coke, Classic Coke)＋$p$(Sprite, Diet Coke, Sprite)＝0.2＋0.35＝0.55 である。Classic Coke のボタンを押して，Diet Coke を手に入れる確率は 0 である。というのも，どの状態においても Classic Coke のボタンを押して Diet Coke が出てくることはないからである。このような確率は，条件付き確率，すなわちある行動をとったことを所与としてある結果が起きる確率である。条件付き確率は $p$(結果｜行動) というように書く。Classic Coke のボタンを押すときの期待効用は，各結果に対する効用に，Classic Coke のボタンを押すことによってその結果が生じる条件付き確率を掛けたものの合計である。計算は次のようになる。

$EU$(Classic Coke を押す)
＝$p$(Classic Coke|Classic Coke を押す)$u$(Classic Coke)
＋$p$(Diet Coke|Classic Coke を押す)$u$(Diet Coke)
＋$p$(Sprite|Classic Coke を押す)$u$(Sprite)
＝(0.45)(1)＋(0)(0.4)＋(0.55)(0)＝0.45

同様にして，Diet Coke のボタンを押すことの期待効用は 0.4 であり，Sprite のボタンを押すことの期待効用は 0.35 である。あなたの選択は，もっとも高い期待効用を伴う行動であり，この場合は Classic Coke のボタンを押すことである。

## 2.3　例題：ニクソンのクリスマス空爆

実際の意思決定から抽象化された簡単な例として，1972年12月におけるニクソンの北ベトナムに対するクリスマス空爆を考えてみよう。ベトナム戦争に対する米国の介入を終結させるための最初の合意の後，その正確な合意内容に関して米国と北ベトナム間で不一致が生じた。ニクソン政権から見ると，北ベトナム政府は合意書の調印を遅らせることによって追加的な譲歩を引き出そうとしていた。しかしながら，本来の合意の解釈に悪意のない誤解がある可能性もあった。これら2つの可能性それぞれが**世界状態**である。ニクソン政権は，どうすべきかを決定しなければならなかったとき，実際の世界状態がどうかを知らずに，どちらの状態がよりありそうかを判断せざるをえなかった。第1の状態を「ベトナム人の空脅し」$S_1$，第2の状態を「空脅しなし」$S_2$とする。これらの状態は相互に排他的で重複はない。北ベトナム政府は空脅しをし，同時に空脅しをしないということはできない。2つのうち一方は起きなければならなかった。

2つの可能な**行動**を考えよう。すなわち，1）空爆による軍事力の誇示，2）北ベトナム政府の求める追加的な譲歩への合意である。明らかに，この2つ以外にもとりうる選択肢はあるが，説明の便宜上状態を単純化することにする。第1の行動を「爆撃」または$A_1$，第2の行動を「爆撃せず」または$A_2$とする。状態と行動の両方が合わさって**結果**が生じる。ニクソン政権が$A_2$を選択する場合，ニクソン政権は追加的な譲歩をすることになり，北ベトナム政府が空脅しをするか否かにかかわらず，合意内容が更新されると仮定する。この結果を$C_2$とする。ニクソン政権が$A_1$を選択する場合，結果は，北ベトナム政府が爆撃にどのように対応するかに依存するだろう。もし北ベトナム政府がはったりをかけていた（つまり$S_1$が世界状態である）なら，もとの合意が再確認されると仮定する。この結果を$C_1$と呼ぶ。しかし，もし単なる誤解であったなら，爆撃は北ベトナム政府を怒らせ，対話は打ち切りとなり，地上戦が再開されてしまう（簡単化のために，再開された地上戦には米国の陸軍は巻き込まれないとする）。この結果を$C_3$と呼ぶ。表2.1は選択と状態と結果を並べている。

ニクソン政権から見て（あくまで想定にすぎないが），結果はそれぞれの下つき文字の順$C_1PC_2PC_3$に並んでいる。ニクソン政権は追加的な譲歩をするよ

**表 2.1 北ベトナムへのクリスマス爆撃における行為・状態・結果**

| | | 状態 | |
|---|---|---|---|
| | | 空脅し（$S_1$） | 空脅しなし（$S_2$） |
| 行為 | 爆撃（$A_1$） | 北ベトナムは交渉復帰；すぐに合意妥結（$C_1$） | 交渉決裂；戦争継続（$C_3$） |
| | 爆撃せず（$A_2$） | 追加の譲歩により合意妥結（$C_2$） | 追加の譲歩により合意妥結（$C_2$） |

りも，譲歩をしないことを好むが，戦争の継続は追加的な譲歩よりも望ましくない。この順序は，結果に対するひとまとまりの序数的選好を与える。しかし，結果に対する効用関数は，アクターがより好ましい結果を得るために受け入れてもよいと考えるリスクがどの程度になるかについても明らかにする。ニクソン政権は，追加的な譲歩を非常に望ましくないものと見ており，追加的譲歩を避けられるものならそうしたいと考えていた。ここで，$u(C_1)=1, u(C_2)=0.3, u(C_3)=0$ とする。各状態に対する確率分布は，ニクソン政権から見て，自分がどう出たら相手がどう来るかという信念を要約したものである。ニクソン政権は，北ベトナム政府が空脅しをしていると信じていた。$p(S_1)=0.7, p(S_2)=0.3$ としよう（これら2つの状態は重複がないので，両者を合計すると1になる)。期待効用を計算すると，ニクソン政権が $A_2$ よりも $A_1$ を好むことがわかる。

$$EU(A_1)=p(S_1)u(C_1)+p(S_2)u(C_3)=(0.7)(1)+(0.3)(0)=0.7$$
$$EU(A_2)=p(S_1)u(C_2)+p(S_2)u(C_2)=(0.7)(0.3)+(0.3)(0.3)=0.21+0.09=0.3$$

$EU(A_1)>EU(A_2)$ なので，$A_1PA_2$ となる。

ハノイやハイフォンを爆撃する意思決定は米国の中で激しい論争を呼んだ。ニューヨークタイムズは爆撃についてニクソン政権を強く批判した。ニューヨークタイムズの序数的選好は，ニクソン政権が3つの結果に対して持つと仮定した序数的選好と同じであった。しかし，ニクソン政権のように戦争再開のリスクを受け入れる気もなければ，北ベトナム政府が空脅しをしているというニクソンの評価を受け入れてもいなかったのである。

**練習問題 2.1**：上の例において，次の変化のうち，どれが行動に対する意思決定者の選好を逆転させるのに十分かを示せ。1) $u(C_2)=0.8$, 2) $p(S_1)=0.2, p(S_2)=0.8$。

最終的な期待効用の比較は，各結果に対する効用と，各状態の確率の両方に左右される。どちらかを変えると，上の練習問題のように選択は変わる。

結果・行動・状態を定義することがモデル化につながる。アクターのとりうる選択とその選択によって生じる結果をどのように表現するかは，モデル化する際にもっとも重要な点である。上の例はあえて単純化しており，さらに多くの行動や状態や結果を追加することができる。もちろん，追加していけば，この簡単なモデルは複雑になっていく。意思決定問題の構築は，単純なものから複雑なものまでさまざまな水準がある。適切な複雑さを選ぶことは，どのようなモデルを作るときでも重要な問題である。あまりにも複雑すぎると，問題は手におえないものになる。あまりにも単純化しすぎると，大した成果は得られない。ここで重要な点は，そのモデルで何を言いたいのか，どうしたらその主張ができるのかということである。モデルの複雑さの水準は，より詳細なモデルが持つ追加的な複雑性をとるか，簡単なモデルが持つ明快さをとるかという選択によって決まる。単純なモデルは，多くの本質的に重要な論点を示すのに適している。より複雑化し数学的に精緻化したとしても，優れた政治学的洞察が導かれるとは限らない。

**練習問題 2.2**：上の意思決定問題を，もう 1 つ別の行動 $A_3$，すなわち米国陸軍の再介入を加えて計算し直せ。$A_3$ がとられた場合に生じる結果は，$S_1$ が世界状態であれば $C_1$ であり，$S_2$ が世界状態であれば $C_4$ である。これは，南北ベトナム軍に加え米国も巻き込んだ新たな戦争（新しい結果）である。$C_3PC_4$ とする。$u(C_1), u(C_2), u(C_3), p(S_1), p(S_2)$ に関しては，上の例で用いた値をそのまま用いる。

a）$A_3$ の期待効用について解け。ただし，$u(C_4)=x$ とする。

b）$A_2PA_3$ のもとで，$u(C_4)$ の値を求めよ。

この例の最後の注意点について述べよう。北ベトナムの行動を固定し，世界状態によってそれが決まるように扱うのは奇妙に見えるかもしれない。たしかに奇妙である。北ベトナム政府は，それ自体別のアクターとして扱われなくてはならない。そうすることによって，ニクソン政権とハノイ政府の間のゲームが生まれる。この例によって，意思決定理論とゲーム理論が相似関係にあることを示そうとしたのである。ゲーム理論における他のプレイヤーの行動は，意思決定理論における世界状態に相当する。しかし，他のプレイヤーもまた自分自身の期待効用を最大化するように行動を選択するので，双方の意思決定は，相手が選択する行動をどう予想するかにかかってくる。これは，意思決定理論における行動の選択よりも複雑な問題である。しかし，どちらの形の意思決定も，この章で提示された効用の概念から出発する。

## 2.4 確実性・リスク・不確実性

確率分布は，どの行動がどのような結果を導くかについてのアクターの信念を表す。これらの信念は，状態についてのアクターの知識から生じる。意思決定は以下のような別々の3つの状況のもとで行われる。それぞれの状況は，世界状態についてアクターがどの程度知っているかを表している。

1）確実性——行動を選択する前に世界状態がわかっている。したがって，もっとも選好される結果を導く行動が選択されるだろう。意思決定理論の観点からは，確実性のもとでの意思決定は自明である。実際には，各行動から生じる結果を求める計算が複雑すぎて，確実性のもとでの意思決定も計算上かなり複雑になることはある。
2）リスク——各世界状態の発生確率は既知であり，すべて確率の法則に従っている。これらの確率は，多くの繰り返しによって得られた頻度にもとづくと仮定される。リスクという状況は，たとえばクラップスやルーレットのような大抵のギャンブルで生じる。そうしたギャンブルでは，さまざまな結果の確率が計算できることが知られている。
3）不確実性——各世界状態の発生確率は未知か，あるいは何らかの長期的な発生頻度を表すという点から見てその確率に意味がない。

たいていの意思決定は不確実性の状況のもとで行われる。ありうる世界状態について事前情報が利用可能なこともあるが，将来の結果の可能性を決定する上で，結果についての長期的な頻度は参考にならない。たとえば，一般的な理解では，普通のコインを投げると，表・裏の確率は半々になる。したがって，コイン投げにどのように賭けるかという意思決定はリスクのもとで行われる。フットボールや競馬のように，賭け事の対象となる偶然性を持った他のゲームは，十分に確立された長期的な頻度を持たない。それでも，人々はゲームについて事前情報を持っており，どの結果が起こりそうかという信念を形成することができる。将来の結果に賭けるこのような意思決定は，不確実性のもとで行われることになる。不確実性下では，アクターは主観的確率によって推測する。主観的確率は，背後にある世界状態についての信念の度合を表す。リスク状況と不確実状況の違いは，世界状態について意思決定者が抱く確率分布の違いにある。リスクのもとでは，分布が既知なので，すべての意思決定者は同じ確率分布を持たなければならない。一方，不確実性下では，基本的な世界状態について信念が意思決定者によって異なるので，各意思決定者の抱く確率分布は異なるだろう。

モデルにおいて情報の条件をどのように選ぶのかということは，そのモデルで何を扱いたいかという問題である。たいていの政治学者にとって興味ある意思決定は不確実性下で行われる。そのような事象には長期的な頻度が存在しないからである。それでも，自分の論点を説明するにはリスク下の意思決定のモデルで十分なこともある。たとえば，選挙は投票者にとっても候補者にとっても不確実性下の意思決定である。たしかに長期的傾向が算出され，世論調査も蓄積・分析されてはいるが，実際の結果は唯一無二の事象であり，そうした現象に対する信念はアクターごとに異なる。それでもリスク下の問題として選挙をモデル化することは，選挙競争や選挙行動についてある種の論点を立証するには十分である。不確実性の影響を反映させるように，リスクの仮定を後に緩和することもできる。

## 2.5　リスクのもとでの効用理論

効用関数の論理的基礎をまだ説明していない。結果に対する効用関数と，行動から結果への確率分布を所与とすれば，選好される行動が確定する。では，効用関数はどこからやって来るのだろうか。効用関数は，好ましくない結果を得るリスクを扱う。アクターは，より選好する結果を得るために，このリスクを受け入れる。結果に対する序数的選好は，フォン・ノイマン＝モルゲンシュテルン効用関数を構成する上で十分ではない。リスクがあるすべての可能な選択に対する選好が必要になる。抽象的には，諸結果に対するリスクある選択を**くじ**として表す。このくじでは，ある1つの結果が所与の結果集合の中から選択され，各結果の選択確率は既知である。もし個人が結果に対するすべての可能なくじを序列づけることができ，くじに対する選好がある規則的な条件を満たすならば，そうした選好を表す効用関数を導くことができる。

**定義：くじ**（または**ギャンブル**）とは，確率の集合（$p_1, p_2, \cdots\cdots, p_n$）と賞金の集合（$Q_1, Q_2, \cdots\cdots, Q_n$）（これらの賞金は結果にも他のくじにもなりうる）との対になった組である。ここで

$$\sum_{i=1}^{n} p_i = 1$$

であり，$p_i$ は賞金 $Q_i$ を得る確率を与える。賞金として単一の結果だけからなるくじは**単純くじ**，賞金として別のくじを含むものは**複合くじ**である。くじは（$p_1Q_1, p_2Q_2, \cdots\cdots, p_nQ_n$）と書く。

行動はくじとして表される。それぞれの結果が賞金となる確率は，その行動のもとでその結果が起きる確率を表す。複合くじは，リスクがさらなるリスクをもたらすような意思決定問題を考えるための1つの方法である。もし諸結果に対するすべてのくじについてアクターの選好がわかるなら，こうした選好は効用関数にまとめられる。期待効用定理は，くじに対する個々人の選好が満たさなければならない整合性の条件を与える。これにより選好を表すように効用関数を計算することができる。

**定理（期待効用定理）**

1）結果に対する選好順序は，推移的かつ完備である（便宜上，結果につけられた添字は選好順序 $C_1PC_2PC_3 \cdots\cdots PC_n$ を与える）。
2）複合くじは，単純くじに還元することができる（くじはそれぞれ独立と仮定する）。
3）それぞれの結果 $C_i$ に対して，$C_1$ と $C_n$（もっとも選好する結果ともっとも選好しない結果）を含む $\hat{C}_i$ が存在する。ここで，アクターにとって $C_i$ と $\hat{C}_i$ は無差別である。
4）どのくじも $C_i$ を $\hat{C}_i$ に置き換えることができる。
5）くじに対する選好は完備かつ推移的である。
6）確実性原理（the Sure Thing Principle）［$pC_1, (1-p)C_n$］が［$p'C_1, (1-p')C_n$］よりも選好されるための必要十分条件は $p>p'$ である。

1)〜6) が満たされるならば，ある数の集合 ($u_1, u_2, \cdots\cdots, u_n$) が，それらと関連する結果の集合 ($C_1, C_2, \cdots\cdots, C_n$) とともに存在する。任意の 2 つのくじ $L$ と $L'$ に対して，期待される価値の大きさ ($p_1u_1+p_2u_2+\cdots\cdots+p_nu_n$) と ($p'_1u_1+p'_2u_2+\cdots\cdots+p'_nu_n$) はそれらのくじの間でどちらを好むかという選好を表したものになる。

もし上の 6 つの条件が満たされ，くじに対するアクターの選好がわかるならば，効用関数を計算することができる。その効用関数のもとでは，期待効用の大きさはくじの間のアクターの選好を表す。

ところで，これら 6 つの条件によって何を受け入れることになるのだろうか。第 1 の条件によれば，アクターは結果に対して選好順序を持つ。この仮定については前に議論した。第 2 の条件によって，確率の法則を使って複合くじを賞金として単純くじに還元できる。行動には複数のリスクを伴うものもあり，それらは複合くじとして考えられる。複合くじを単純くじに還元できれば，それらに対する選好を示すことができる。というのは，他の 5 つの条件から単純くじに対する選好がわかるからである。複合くじの還元は，くじの確率がそれぞれ独立であるという想定のもとで，確率の法則に従って行われる。たとえば，$L_1=(0.4C_1, 0.6C_2)$，$L_2=(0.5C_1, 0.5C_3)$ としよう。このとき $L_3=(0.6L_1, 0.4L_2)$ は，$L'_3=(0.6(0.4C_1, 0.6C_2), 0.4(0.5C_1, 0.5C_3))=[(0.24+0.2)C_1, 0.36C_2, 0.2C_3]=(0.44C_1, 0.36C_2, 0.2C_3)$ と同じである。

**練習問題 2.3**：複合くじ ($0.3L_1, 0.4L_2, 0.3L_3$) を $C_1$，$C_2$，$C_3$ の間の単純くじに還元せよ。くじはそれぞれ上の例のように定義される。

第 3 の条件から，最善と最悪の結果からなるくじを作ることができる。このくじが意思決定者にとって確実な結果と無差別になるようにすることができる。第 4 の条件が述べているのは，同等なくじによって確実な結果は置き換えられるということである。これら 2 つの仮定によって，複合くじも単純くじも，それを最善と最悪の結果からなる単純くじに還元することができる。すなわち，初めに複合くじをすべての結果からなる単純くじに還元する。次に単純くじの中の最善と最悪の結果以外のそれぞれの結果を同等なくじに置き換える。最後に新しい複合くじを最善と最悪からなる単純くじに還元する。

しかし，第3の条件はまた，きわめて重要な対となる仮定を含んでいる。すなわち，いくら最善の結果が良いといっても限度があり，最善の結果がきわめてわずかな可能性でしか起きないならば，確実に生じる他の結果よりも受け入れても良いとは思わないということである。また，いくら最悪の結果が悪いといっても，その最悪の結果がきわめてわずかな可能性でしか起きないならば，確実に起きるどのようなくじよりも悪いということにはならない。換言すれば，第3の条件は結果に対する無限大の効用を排除している。無限大の効用は非常に奇妙な行動を生み出す[6]。たとえば，核戦争は負の無限大の効用を持つという人がいる。この立場を受け入れるならば，核戦争がない確実な結果ならどんなものでも（ここで各自が核戦争以外の悪夢を想像せよ），わずかでも核戦争の可能性のあるいかなるくじよりも選好しなければならない。地球上のすべての人が同時にコインを投げ，50億以上のすべてのコインが表ならば核戦争，1つでも裏ならば世界平和（または何でも各自が幸福だと思うこと）というくじよりも，核戦争以外の悪夢のほうが選好されることになる[7]。しかしこのくじよりも，核戦争以外の悪夢が確実に実現する結果を選択するということは信じがたい。ここで言おうとしているのは，無限大の効用が「存在」しないということではなく，無限大の効用は選択に奇妙な結果をもたらすということである。

第5の条件は，くじ同士の選好の推移性についての仮定である。第6の条件は，確実性原理である。最善と最悪の結果からなる2つの単純くじを比較するとき，最善の結果により大きな確率（それゆえ，最悪の結果にはより小さい確率）を与えるくじが選好される。それは「確かなこと」である。この確実性原理によって，あらゆるくじを比較することができる。それぞれの結果に関して同等のくじを使って，それらを最善と最悪の結果からなる単純くじに還元する。もっとも選好される結果により大きな確率を与えるくじが確実性原理によって選好される。

これら6つの条件によって，以下のように効用を推定することができる。最初に第3の条件によって，各結果と同等なくじを見つける。第2と第4の条件によって，どのようなくじもその結果を同等なくじによって置き換えることができる。それによって得られた複合くじは，最善と最悪の結果 $C_1$, $C_n$ のみか

6 とりあえず「無限」量とは何かを定義するという数学の問題は無視しておく。「無限」は，見かけよりもはるかに繊細な考え方なのである。

7 ここでは，世界平和を至福の典型として選んでいる。筆者の住むカリフォルニアでは多くの車が「Visualize World Peace」のステッカーを貼っているからである。しかし同意できない者もいるようで「Visualize Whirled Peas」というステッカーを貼っている車もある。

らなる単純くじに還元することができる。そして確実性原理に従って，この還元されたくじの中から，最善の結果を得る確率によってすべてのくじを序列化することができる。ここで最善の結果の効用を $u(C_1)=1$，最悪の結果の効用を $u(C_n)=0$ としよう。すると第3の条件から，それぞれの結果の効用は，同等なくじにおいて $C_1$ を得る確率にちょうど等しくなる。

期待効用定理は，基数尺度上に意思決定者の選好を表す方法を提供する。結果間の効用の相違によって，意思決定者がどのようなリスクを受け入れるかがわかる。効用は，意思決定者が負ってもよいと考えるリスクから計算されるので，異なる結果を得る確率によって結果間の相対的選好を表す。そのような効用関数は，最初に期待効用定理を証明した2人に敬意を表して**フォン・ノイマン＝モルゲンシュテルン効用関数**と呼ばれる。

**練習問題 2.4**

a）以下の選好と一致するフォン・ノイマン＝モルゲンシュテルン効用関数を計算せよ。：$C_1PC_2PC_3PC_4$ で，$C_2$ と $C_3$ はそれぞれ $\hat{C}_2=(0.65C_1, 0.35C_4)$，$\hat{C}_3=(0.4C_1, 0.6C_4)$ と同等である。

b）この効用関数を使って，以下の2つのくじの中でどちらが選好されるかを決定せよ。：$L_1=(0.3C_1, 0.2C_2, 0.2C_3, 0.3C_4)$，$L_2=(0.03C_1, 0.4C_2, 0.5C_3, 0.07C_4)$。

効用関数は，起こりうる結果をもとにしたくじに対する個人の選好を表す。意思決定者の選好を表す効用関数や，各行動によって起きる各結果の確率がわかっているならば，個人の意思決定を予測することができる。各行動の期待効用を計算すればよい。そのとき，最大の期待効用をもたらす行動が選択される。

## *2.6*　効用理論に関する誤解

効用の概念は一見単純だが，しばしば誤解される。この節では，効用に関する簡単な誤解をいくつか述べ，なぜそれが誤りであるかを説明する。

**誤解 1**：$L$ が $L'$ より好まれるのは，$L$ の期待効用が $L'$ の期待効用より大きいからである。

この誤解では因果関係が逆転している。効用は選好を表すように作られるのであり，選好が効用から生まれるのではない。効用理論を用いて研究するほぼすべての人が，どこかの時点でこの誤りに陥る。これは，効用の計算と効用モデルにおける意思決定とを同一視してしまうからである。効用は，あくまで行動に対する選好を表すための作り物であり，意思決定過程そのものではない。理論が示すような期待効用をアクターは計算しないと主張する合理的選択アプローチへの批判は，この点で間違っている。効用が個々人の認知過程を反映すると主張しているのではない。むしろ，観察された行動と整合的に効用関数が構成されるのである。

**誤解2**：$A, B, C, D$ を $APBPCPD$ となる結果とする。$u(A)+u(D)=u(B)+u(C)$ と仮定する。そのとき，たとえ全く同じ期待効用であったとしても，$L=(\frac{1}{2}B, \frac{1}{2}C)$ は $L'=(\frac{1}{2}A, \frac{1}{2}D)$ よりも選好される。なぜなら，前者 $L$ の効用の分散のほうが小さいからである。

もし2つのくじの期待効用が同一であれば，意思決定者は両者の間で無差別でなければならない。そうでなければ行動は整合性を失う。$L$ の期待効用は $(1/2)u(B)+(1/2)u(C)$ である。$L'$ の期待効用は $(1/2)u(A)+(1/2)u(D)$ であり，仮定より $L$ の期待効用と等しい。したがって，意思決定者は2つのくじに関して無差別である。効用関数は，リスクのある状態に対してどのような反応をするかを期待効用のかたちで表すことができる。思い出してほしいのだが，ある結果に対する効用は，その結果と同等となるような最善の結果と最悪の結果からなるくじにおいて，意思決定者が受け入れてもよいとするリスクに基づいて選ばれていた。また，期待効用定理のもう1つの仮定によれば，もしその選好が整合的ならば，効用の数値はくじに対するあらゆる選好を表していた。そうなると，くじにおけるリスクに対してどのような反応をするかは，すべて期待効用に含まれることになる。期待効用の分散は効用理論において何ら意味を持たない。

**誤解3**：$A, B, C, D$ を $APBPCPD$ となる結果とする。$u(A)-u(B)>u(C)-u(D)$ と仮定する。このとき，$B$ から $A$ への移行は $D$ から $C$ への移行よりも望ましい。

効用関数は，ギャンブル間の選好を表すにすぎない。ある結果から別の結果へ移る場合の最終的な望ましさについて何らかの結論を導くものではない。もしくじによってこの変化を表すことができるのなら，どのくじが選好されるかを判断できるだろう。しかし，効用は，結果間の変化に関する最終的な望ましさを与えるものではない。効用は，可能な行動の集合の中で意思決定者がどのようなリスクを選好するのかを明らかにするものである。

> **誤解 4**：$A$ と $B$ を結果，$i$ と $j$ をアクター，そして $u_i(A)-u_i(B)>u_j(A)-u_j(B)$ とする。このとき，$i$ は $B$ から $A$ への移行を $j$ よりも強く好む。

効用理論は個人間の効用を比較することはできない。効用関数は，ギャンブルに対するある個人の選好を表すだけで，各人の選好の「正確な」強さを表すわけではない。たとえば，$u_i(\mathrm{A})=1$, $u_i(\mathrm{B})=0$, $u_j(\mathrm{A})=1/2$, $u_j(\mathrm{B})=0$ とする。一見すると，$B$ から $A$ への移行を $i$ は $j$ よりも強く好むように見える。しかし，同等なくじから効用を作り出したやり方を想い起こせば，最善と最悪の結果の効用がそれぞれ 1 と 0 なのは，そうなるように恣意的に選んだからである。もし $j$ の効用の尺度の端点が 10 と 0 になるよう改めて選び直せば，すべての $j$ の効用は 10 倍され，$u_j(\mathrm{A})=5$, $u_j(\mathrm{B})=0$ となる。しかしこうなると，$B$ から $A$ への移行について，$j$ は $i$ よりも選好しているように見える。

個人間の効用の比較は，この簡単な例からわかるように，見た目よりも難しい。たとえすべてのアクターについて最善と最悪の結果に同等の効用を与えたとしても，各アクターの最善の結果が各人に同じだけの「至福」をもたらすかどうかはわからない。ヘロインの注射一本が最善の結果であると，すべてのアクターが認めているような結果の集合を考えてみよう。ヘロイン中毒者はこの結果を，ヘロインがもたらす効能に何の興味もない者や中毒になることを恐れる者に比べ，ずっと望ましいと考えるだろう。すべてのアクターについてこの結果に同じ効用を割り当てたからといって，全員がその結果を同じように望ましいと考えていることにはならない。

## 2.7 効用関数と選好のタイプ[8]

効用をいかに計算するかについての技術的な詳細や，効用の概念に対するよくある誤解について説明したので，ここで効用関数をどのように使うかについて実際の用例を示そう。しばしば結果は連続集合として扱われ，それらに対して効用関数が定義される。結果が連続的であることはめったにないが（貨幣でさえ実際にはペニーより小さくは分けられない），大きい結果集合は連続集合として扱うほうが容易である。たとえば，ある問題に対して候補者がとることができる立場は多いが，おそらく有限の数しかない。立場の数が多ければ，たとえば100以上あるとすれば，その問題に対する政治的立場を極左から極右までの連続した集合として表すことができる。それぞれの政治的立場の効用を関数によって表すことができる。ある政治的立場の効用とは，その立場における効用関数の値である。

たとえば，$x$を$-10$から10までの数とする。$u(x)=ax+b$, $a>0$とすると，$x$が大きいほどよい。つまり，効用$u(x)$は$x$の増加関数である。確実な$x=2$は，$L=(0.5, x=1; 0.5, x=3)$よりも選好されるであろうか。

$$u(2)=a(2)+b=2a+b$$
$$u(L)=0.5[a(1)+b]+0.5[a(3)+b]=0.5a+0.5b+1.5a+0.5b=2a+b$$

この意思決定者は，確実な結果2とくじ$L$の間で無差別，すなわち$u(2)=u(L)$である。

いま$L'=(0.5, x=-1; 0.5, x=5)$と$L^*=(0.3, x=-10; 0.7, x=8)$とすると，どちらが選好されるであろうか。

$$u(L')=0.5[a(-1)+b]+0.5[a(5)+b]=2a+b$$
$$u(L^*)=0.3[a(-10)+b]+0.7[a(8)+b]=2.6a+b$$

ゆえに，$L^*PL'$である。

どちらの答えも$a$（ただし$a>0$）や$b$の値に依存しない。効用関数は，線形変換を加えるだけであれば，元の選好関係を保存するよう決定される。効用関数にどのような数を加えても，どのような正の数を掛けてもよい。そのようにして得られた関数は，くじに関して同一の選好を表すことになる。この性質は，個人間の効用比較がなぜ許されないかという理由の一端を明らかにしている。もしいつでも自分の効用関数に任意の正数を掛けることができ，それでも

8　この節では微分を使う。

変わらず自分の選好を表すことができるならば，任意の 2 つの結果における効用の差の大小は無意味となる。効用関数にいくらでも大きい数を掛ければ，好きなだけその効用の差を大きくすることができるからである。

しかし，それでは効用関数はどのようにしてリスクに対する態度の相違を扱うのであろうか。その答えは効用関数の形状にある。上の効用関数 $ax+b$ は，ギャンブルをその数学的期待値をもとに評価する（数学的期待値の定義については補論 1 を見よ）。1 組目のギャンブルでは期待値は等しく 2 である。2 組目の 1 番目のギャンブルでは期待値が 2 であるのに対して，2 番目では期待値は 2.6 である。この効用関数のもとでは，任意のギャンブルの期待効用は $a$（ギャンブルの期待値）$+b$ となる。**リスク中立的**なアクターは，リスクのあるギャンブルに対して好き嫌いはとくになく，リスクのあるギャンブルをその期待値だけによって評価する。リスク中立的な効用関数は線形になる。

**練習問題 2.5**：あるギャンブル $G$（$G=(p_1x_1, p_2x_2\cdots\cdots p_nx_n)$ とする）の期待効用は，効用関数が $u(x)=ax+b$ であるとき，$aE(G)+b$ となることを示せ。ここで，$E(G)=\sum_{i=1}^{n} p_ix_i$ は $G$ の期待値である。

リスクを好む選好やリスクを嫌う選好は，効用関数の形状で表される。リスクをとりたがらない意思決定者の効用関数は，ある線から上側に曲がり，お椀をひっくり返したような形になる。数学用語では下に凹といい，効用関数の 2 階導関数が 0 より小さい（$u''(x)<0$）。このようなアクターは**リスク回避的**と呼ばれる。リスク回避的なアクターは，期待値が同じギャンブルの中で，結果の分散がより小さいものを選好する。さらに，リスク回避的なアクターは，他のギャンブルに比べリスクも小さいが期待値も小さいギャンブルを選好することがある。**リスク愛好的**な選好は，ある線より下側に曲がる効用関数によって表される。数学用語では上に凹といい，効用関数の 2 階導関数が 0 より大きい（$u''(x)>0$）。リスク愛好的なアクターは，期待値が同じギャンブルの中で，リスクの高いものを好む。彼らはまた，他のギャンブルに比べリスクは大きいが，期待値は小さいギャンブルを選好することがある。リスク愛好的であっても，またはリスク回避的であっても，そのようなアクターがいつでもリスクのより大きい，またはリスクのより小さいギャンブルを選好するというわけではない。あるアクターが他のアクターよりもリスク愛好的であるというのは，他のアクターが受け入れるギャンブルをすべて受け入れた上で，他のアクターが

図 2.1 異なるリスク態度をもつ 3 つの効用関数

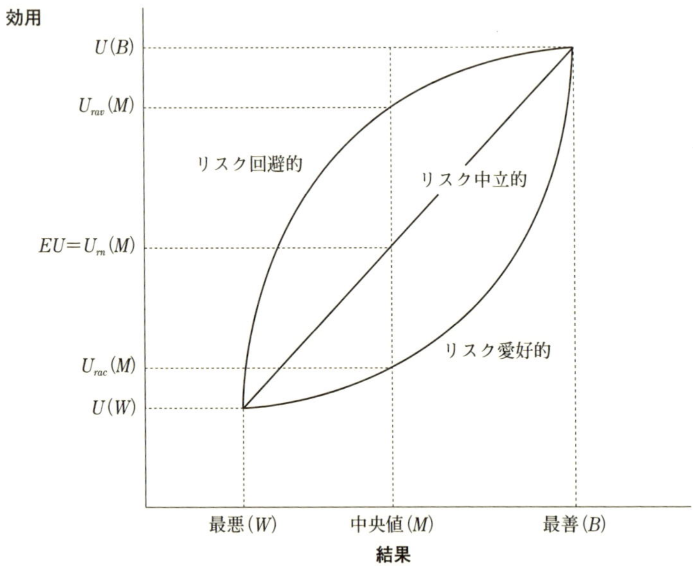


受け入れないギャンブルをリスク愛好的なアクターが受け入れることがあるということである。

図 2.1 は 3 つの効用関数を示している。すなわち，リスク中立的 $u_{rn}$，リスク回避的 $u_{rav}$ リスク愛好的 $u_{rac}$ である。結果は水平軸に，効用は垂直軸に図示してある。不確実性のない中央値の結果 $M$ と，確率 $p$ で最善の結果 $B$ か確率 $1-p$ で最悪の結果 $W$ となるギャンブルとの間の選択を考えよう。最善と最悪それぞれの結果について，3 人の意思決定者の効用はみな同じである。リスク中立的な意思決定者にとって，このくじと不確実性のない中央値の結果が無差別，すなわち $u_{rn}(M)=pu(B)+(1-p)u(W)=EU$ となるように $M$ をとろう。リスク中立的な効用関数は上述のように線形である。リスク回避的な効用関数はリスク中立的な効用関数の上に弧を描く。リスク回避的な効用関数は，くじよりも不確実性のない中央値の結果を選好する。これは中央値の結果の効用のほうがくじの期待効用よりも高い（$u_{rav}(M)>EU$）からである。リスク愛好的な効用関数はリスク中立的な効用関数の下に曲線を描く。リスク愛好的な効用関数は，不確実性のない中央値の結果よりもくじを選好する。くじの期待効用が，不確実性のない中央値の結果の効用を上回るためである（$u_{rac}(M)<EU$）。

**練習問題 2.6**：次のギャンブルの期待効用を，それぞれの効用関数について計算せよ（全部で 9 回の計算になる）。

| ギャンブル | 効用関数 |
|---|---|
| $L=(0.5, x=0; 0.5, x=2)$, | $u_1(x)=x$ |
| $L=(1, x=1)$, | $u_2(x)=x^2$ |
| $L=(0.8, x=0; 0.2, x=4)$, | $u_3(x)=\sqrt{x}$ |

各効用関数について，もっとも魅力的なギャンブルからもっとも魅力的でないギャンブルまで序列づけよ。3 つの効用関数のうちどれがリスク愛好的で，どれがリスク回避的で，どれがリスク中立的か（ヒント：3 つの関数をそれぞれ描いてみるとわかりやすい）。

効用関数は全範囲でリスクに対する態度が同じである必要はない。ある範囲ではリスク回避的，ある範囲ではリスク愛好的もしくはリスク中立的であってもよい。

### 時間選好

多期間にわたって賞金を得る場合，アクターの間で時間に対する選好が異なることがある。モデルではよく，アクターが一定の長さの期間を多期にわたって選択すると仮定される。このとき，それぞれの期間の長さは，固定されていて事前に知られている。同じ望ましい結果でも，より早い時点のほうが選好される。**割引因子**が表すのは，報酬に対する意思決定者の気短さである。アクターの割引因子は，ふつう $\delta$ と書き，0 から 1 の間の値をとる。割引因子が小さいほど，後の報酬は低く評価され，現在の報酬が選好される。もしある結果に対する効用が現在 $x$ であるなら，現在から 1 期後の結果の割引現在価値は $\delta x$ であり，現在から 2 期後の結果の割引現在価値は $\delta^2 x$ などと続く。

**練習問題 2.7**：近代初期のヨーロッパ政府，とくにオランダ政府は，年金を販売することで資金を集めていた。購入者はお金を一括で，たとえば 100 ギルダー払い，以後年 1 回 $G$ ギルダーを受け取る。購入者はリスク中立的，すなわち $u(x)=x$ とする。

a）ある意思決定者の割引因子が 1 年あたり 0.9 であるとき，一括での支払いとこの年金が無差別となるような毎年の受け取り額を計算せよ（ヒント：$\sum_{i=1}^{+\infty} x^i = x + x^2 + x^3 + \cdots\cdots = \frac{x}{1-x}$ を知っていると役に立つ。補論1を見よ)。

b) 意思決定者の割引因子が $\delta$ のとき，一括での支払いとこの年金が無差別になるような1年あたりの受け取り額を計算せよ。

## 2.8　簡単な例：抑止の計算

以上の例は，実際的な関心からは離れた計算である。効用理論の応用として簡単な例——国際関係における抑止の論理——に話を向けよう。抑止とは広義には，ある国（防衛国と呼ぶ）が他の国（挑戦国と呼ぶ）にコストを負わせるという脅しによって，予想される後者の行動を未然に防ぐ試みである。この点について議論するために，この基本的な論理に関係する国際関係における多くの派生的な議論についてはここでは検討しないことにする。ここで示すのは，簡単な効用理論のモデルであり，抑止の論理をこのような広い意味において表したものである。本節の練習問題では，別の定式化にも触れることができる。ここでの数学はみな非常に簡単である。バリー・ネイルバフが皮肉ったように，「実のところ，抑止の計算は抑止の算数と言うほうがふさわしい」(Nalebuff 1991, 313)。

抑止の一般的な論理は，政治学における多くの状況に及んでいる。たとえば，経済制裁の脅し，同盟国を守るための軍事力の行使，核戦争の一般抑止などが国際関係における抑止の例である。抑止は国内政治でも生じる。たとえば，米国では議会が行政機関に対する脅しとして監督権を行使し，その政策を左右しようとする。犯罪者に処罰を与える根拠の1つは，予想される他の犯罪を抑止することにある。

このモデルでは，挑戦国の意図について防衛国の誤解はまったくない状況を仮定する。換言すると，抑止の脅しがなければ，挑戦国は予想される行動をとる。また両国とも，確率がわかっているくじとして相手の反応を扱うとしよう。

防衛国が抑止の脅しをかけた後の，挑戦国による意思決定について検討しよう。挑戦国は2つの選択肢に直面する。すなわち，意図した行動を強行するか，撤退するかである。挑戦国が撤退すれば，結果は現状のままとなる。このとき，挑戦国は，その観衆すなわち他国または国内の選挙民から見て，評判をいくらか落とすだろう。この結果を $BD$，「撤退」と呼ぶ。このとき，挑戦国の効用

は $u_{CH}(BD)$ となる（添字 $CH$ は，撤退という結果に対する挑戦国の効用を示す)。もし挑戦国が意図した行動を強行すれば，確率 $p$ で防衛国が抑止の脅しを実行する。挑戦国はこの報復によりコストを負うことになる。この結果を $TC$,「脅しの実行」と呼ぶ。このとき，挑戦国の効用は $u_{CH}(TC)$ となる。防衛国は確率 $1-p$ でその脅しを実行しない場合があり，そのとき挑戦国は意図した行動をとることになる。この結果を $CS$,「挑戦国の成功」と呼ぶ（挑戦国から見れば，それは成功である)。このとき，挑戦国の効用は $u_{CH}(CS)$ となる。挑戦国は，撤退よりは成功を選好し，防衛国に脅しを実行されるよりは撤退を選好する。よって，$u_{CH}(CS) > u_{CH}(BD) > u_{CH}(TC)$ である。

抑止が機能するのは，意図した行動を強行するよりも撤退を挑戦国が選好するときである。すなわち，挑戦国が抑止されるのは，以下の場合である。

$$u_{CH}(BD) > pu_{CH}(TC) + (1-p)u_{CH}(CS)$$

$p$ について解くと，次式を得る。

$$p > \frac{u_{CH}(CS) - u_{CH}(BD)}{u_{CH}(CS) - u_{CH}(TC)}$$

$p$ は，防衛国が脅しを実行しようとする意図の信憑性を表すと考えることができる。$p$ が大きければ大きいほど，防衛国が脅しを実行するであろうという挑戦国の信念は強くなる。上の不等式の右辺は挑戦国の臨界リスクである。防衛国の意図の信憑性である $p$ が臨界リスクよりも小さければ，挑戦国は意図した行動を強行する。$p$ がそれよりも大きければ，その行動は抑止される。挑戦国の臨界リスクの分子は，意図した行動の成功と撤退との差である。それは，挑戦国が自分の望む行動をとる場合に得られる利益である。分母は成功と脅しの実行との差である。それは，挑戦国が強行し，防衛国が脅しを実行する場合の挑戦国の損失である。

上の不等式のすべての項が明らかならば，脅しに対して意図した行動を挑戦国がいつ強行するかを決定することができる。しかし，これらの項の測定は難しい。というのは，歴史上の人物に尋ねて，可能なすべてのくじに対する完備した選好を教えてもらうことはできないからである。そのかわりに，どのようなときに抑止が機能しやすいかという仮説を導くことにする。$p$ が一定に維持されるならば，臨界リスクの上昇は抑止の可能性を低め，その低下は成功の可能性を高める。挑戦国の臨界リスクを一定とするならば，防衛国が抑止を実行する意図の信憑性が高ければ高いほど（すなわち，$p$ が大きければ大きいほど），抑止が成功する可能性は高まる。

結果に対する挑戦国の効用が変化する場合，抑止が成功する確率にどのように影響するだろうか。比較静学分析によってこの問題に答えることができる。比較静学分析は，ある変数が行動に与える効果を，他のすべての変数を一定に維持しながら説明しようとする[9]。防衛国が挑戦国に負わせるコストが大きいほど，抑止が成功する可能性は高くなる。$u_{CH}(TC)$ が減少するにつれ，分母は大きくなり，臨界リスクは低下する。$u_{CH}(BD)$ が大きいほど，抑止が成功する可能性は高くなる。防衛国は，少なくとも2つの方法で $u_{CH}(BD)$ に影響を与えることができる。現状が挑戦国にとって魅力的であるほど，$u_{CH}(BD)$ は大きくなる。撤退するときの観衆コストが低いほど，挑戦国は撤退するだろう。それゆえ，もし挑戦国が撤退するなら譲歩すると提案することによって，抑止の可能性を高めることができる。そのような譲歩は，撤退の観衆コストを減らし，結果として実現する状況の魅力を高める。$u_{CH}(CS)$ が大きいほど，抑止が成功する可能性は低下する。$u_{CH}(CS)$ の上昇は，臨界リスクの分子と分母の両方を大きくし，全体として臨界リスクを上昇させる。挑戦国にとって望ましい行動が抵抗なく行われ，そうしたことの価値が大きくなるほど，抑止が成功する可能性は低下する。

これらの結果には2つの点に留意する必要がある。第1に，3つの関連した項目は，どれも結果に対する挑戦国の効用であり，結果それ自体ではないということである。抑止の成功は，防衛国が挑戦国に与える客観的な損害には依存せず，その損害の可能性を挑戦国がどのように受け取るかに依存する。また防衛国が譲歩を提案して挑戦国に撤退させようとしても，その譲歩に挑戦国が価値を見出さなければ，成功しないだろう。第2に，無限の効用を仮定しない限り，防衛国による脅しの実行の意図を挑戦国がそれほど高く評価していなければ，抑止は失敗するだろう。たとえ脅されるコストが高く，行動を強行する利益が小さかったとしても，防衛国による脅しの実行を挑戦国が信じない場合には，抑止は機能しない。

**練習問題 2.8**：抑止は，挑戦国の行動を阻止する脅しだけではなく，撤退すれば挑戦国を攻撃しないという防御国による約束も含んでいる，と議論

9 比較静学分析では，多変数関数の微分における偏微分を多用する。偏微分の簡単な説明について補論1を参照せよ。

する人もいる。場合によっては，撤退すれば，防御国に攻撃されるかもしれないと恐れて，挑戦国は行動しようとする。上の意思決定問題を作り直し，挑戦国が撤退しても，確率 $q$ で防御国が挑戦国にコストを負わせるようにせよ。この作り直されたモデルからどのような仮説が導けるか。$q>p$ の場合でも，抑止は機能するか。

防衛国は，これより前の段階で抑止の脅しをするか否かという選択に直面する。その脅しがいつもうまく機能するならば，防衛国はみな脅しをかけようとするだろう。もし脅しがうまく機能しないならば，挑戦国にコストを負わせることによって利益を得る防衛国だけがそのような脅しをかけるだろう。しかし，脅しに対して挑戦国がどのように反応するかが不確実なとき，防衛国は何をすべきだろうか。防衛国が挑戦国を処罰によって脅さない場合，挑戦国が何らかの行動をとる，と防衛国が信じていると仮定しよう。その結果を $NT$ とし，「脅しなし」と呼ぶ。脅しなしという結果においては，挑戦国は行動を強行することになり，この結果に対する防衛国の効用を $u_D(NT)$ とする。防衛国が抑止の脅しをかけるとき，挑戦国は，撤退もしくは意図した行動の強行を選ぶことができる。挑戦国が実行する確率を $r$ としよう。この確率は，挑戦国の意図に関する防衛国の認識として考えられる。$r$ が大きいほど，抑止の脅しがどうであれ，挑戦国は行動を強行しようとする，と防衛国は確信する。確率 $1-r$ で，脅しに直面して挑戦国は撤退する。上と同じように，この結果を $BD$ とし，「撤退」と呼ぶ。もし挑戦国が撤退するならば，現状が維持され，防衛国の効用は $u_D(BD)$ となる。もし挑戦国が強行するならば，防御国は脅しを実行するか，または実行しない。上と同じように，脅しを実行できなければ $CS$，実行できれば $TC$ が結果となる。ここでは，挑戦国が実行するときに，防衛国が何をするかという問題を無視し，その結果を $CP$,「挑戦国の実行」と呼ぶ。この結果に対して防衛国の効用は $u_D(CP)$ となる。このとき，$u_D(CP)$ は $u_D(CS)$ か $u_D(TC)$ の大きいほうである。防衛国は $BD$ を $NT$ よりも，$NT$ を $CP$ よりも選好するとしよう。つまり，$u_D(BD)>u_D(NT)>u_D(CP)$ と仮定する。

防衛国は，以下のとき抑止の脅しをかける。

$$u_D(NT)<r[u_D(CP)]+(1-r)[u_D(BD)]$$

$r$ について解くと，次式を得る。

$$r<\frac{u_D(BD)-u_D(NT)}{u_D(BD)-u_D(CP)}$$

意図した行動を実行するか否かという挑戦国の意思決定の場合と同じように，比較静学によって防衛国がいつ抑止の脅しをかけるかを明らかにしよう。防衛国の臨界リスクは上の不等式の右辺によって与えられる。防衛国の臨界リスクが一定に保たれるならば，$r$が小さいほど，すなわち挑戦国を抑止可能であると防衛国が確信するほど，抑止の機会は高まる。

防衛国の臨界リスクの上昇は，防衛国が抑止の脅しをかける機会を増やす。脅さないほうが防衛国の効用が大きいならば，防衛国は抑止をしないだろう。抑止がない場合の挑戦国の意図した行動が脅威でないほど，つまり$u_D(NT)$が大きいほど，防衛国は抑止するリスクを冒そうとはしない。挑戦国が強行する場合の結果が魅力的でなくなるほど，防衛国は抑止をしなくなる。$u_D(CP)$が減少するにつれ，分母は大きくなり，抑止は試みられなくなる。$u_D(CS)$と$u_D(TC)$が変化するときに$u_D(CP)$が減少するかどうかは，抑止が挑戦を受けたときに，防衛国がどのような選択をするかに依存する。防衛国が抑止を実行しないならば，すなわち$u_D(CP)=u_D(CS)$ならば，脅しを実行するコスト$u_D(TC)$の上昇は，防衛国が抑止をしようとするかどうかに影響しない。同様に，脅しを実行しない観衆コストが変化しても，すなわち$u_D(CS)$が変化しても，防衛国が本気で脅しを実行するなら，すなわち$u_D(CP)=u_D(TC)$ならば，問題にならない。最後に，挑戦国の撤退に対する防衛国の効用が増大すると，抑止が試みられる機会は増える。このとき，臨界リスクは上昇する。

**練習問題 2.9**：抑止の脅しがかけられるような状況では，挑戦国は本気で行動を実行する意図はないことが多い，と議論されることがある。この可能性を捉えるようにモデルを再考せよ。脅しが実行されない場合，確率$s$で挑戦国は懸念された行動をとらないとして，この結果と$BD$を同一であると考えよう。このモデルでは，どのような場合に抑止の脅しがかけられるかを議論せよ。

**練習問題 2.10**：上の分析では，選好についての仮定が大きな役割を果たした。$u_D(CP)>u_D(NT)$の場合には，どのような条件で抑止が実施されるかを検討せよ。また，$u_D(TC)>u_D(BD)$の場合には，どのような条件で抑止が成功するだろうか。これら代替的な仮定でモデル化されているのはどのような状況であろうか。

不思議なのは，両者の意思決定が関係していないように見えることである。抑止は双方の間での相互作用として一般に考えられている。抑止の理論家は，脅しの信憑性を高めることをよく薦める。しかし，$p$は，防衛国が脅しを実行しようとする意図の信憑性を測っているが，このモデルでは固定されている。$p$を大きくするような行動を防衛国はとることができない。これは抑止の計算の限界を示すものであり，意思決定理論によって抑止をモデル化することの帰結である。抑止理論家の考えでは，相互作用を通して双方が互いの意図についての認識を変える。脅しの信憑性は行動次第で変わるのである。挑戦国は，防衛国が脅しをどの程度実行しそうかについての判断を変えるかもしれない。防衛国は行動を選択するにあたり，自国の意図についての挑戦国の判断にその行動が影響を及ぼすことを頭の隅におくべきだろう。挑戦国は，防衛国の意図を探るためだけに，本音では実行する気がない行動をとるぞ，とほのめかすかもしれない。そのとき防衛国が抵抗を示さなければ，挑戦国は他の価値のある紛争領域にも挑戦してくるだろう。このような相互作用し合う意思決定をモデル化するには，後の章の主題であるゲーム理論のモデルが必要になる。

## 2.9 もう1つの簡単な例題：投票の意思決定

選挙において投票するかどうか，もし投票するならどの候補者に投票するかという個人の意思決定の問題を考えよう。候補者1と候補者2という派手な名前の2人の候補者がいるとしよう。投票者は，候補者1（$C1$）を候補者2（$C2$）よりも好み，候補者1が候補者2を下して当選した時の投票者の純利益を$B$としよう。$u(C1\text{当選})=B$であり，$u(C2\text{当選})=0$である。この純利益に含まれるのは，候補者が実現すると投票者が信じる政策，候補者が公職に就いたときの能力に対する判断，また候補者が投票者にもたらすと約束する物質的な利益である。どのようにして自分にとって好ましい結果を候補者がもたらすと投票者が判断するかという問題は，いまは脇においておく。意思決定理論には，候補者の評価をどうすべきかについて多くの興味深い問題があるが，ここでは投票者がどのような場合に投票するべきかという問題に焦点を当てる。

投票行動には何らかのコスト$C$（ただし$C>0$）がかかり，投票から得られ

る利益から差し引かれるものとする。これらのコストには，投票所に足を運んだり，投票のために登録したりするのに費やす時間が含まれる。投票者の行動 $A$ を所与としたときに，候補者 $i$ が勝利する確率を $p(Ci\ \mathrm{wins}|A)$ とする。ここで，行動 $A$ とは，候補者 $i$ に投票する，候補者 $j$ に投票する，棄権する，のいずれかである。候補者への投票は，その候補者が勝利する可能性を増やす。よって，以下が成り立つ。

$$p(Ci\ \mathrm{wins}|Ci\ \text{に投票})>p(Ci\ \mathrm{wins}|\ \text{棄権})>p(Ci\ \mathrm{wins}|Cj\ \text{に投票})$$

3つの行動（候補者1に投票，候補者2に投票，棄権）について期待効用を計算しよう。

$$u(C1\ \text{に投票})=p(C1\ \mathrm{wins}|C1\ \text{に投票})B+p(C2\ \mathrm{wins}|C1\ \text{に投票})0-C$$
$$u(C2\ \text{に投票})=p(C1\ \mathrm{wins}|C2\ \text{に投票})B+p(C2\ \mathrm{wins}|C2\ \text{に投票})0-C$$
$$u(\text{棄権})=p(C1\ \mathrm{wins}|\ \text{棄権})B+p(C2\ \mathrm{wins}|\ \text{棄権})0$$

$B>0$ より，候補者1への投票は，候補者2への投票よりもつねに望ましい。どのようなときに投票者は労をいとわず自分の選好する候補者に投票しようとするだろうか。2つの行動の期待効用を比較しよう。投票が選好されるのは，

$$u(C1\ \text{に投票})>u(\text{棄権})$$

すなわち，以下の場合である。

$$[p(C1\ \mathrm{wins}|C1\ \text{に投票})-p(C1\ \mathrm{wins}|\ \text{棄権})]B>C$$

投票のコストは，小さいながらもゼロではない。この2つの確率の差は，候補者の勝つ可能性に対して1票が寄与する限界効果である。この差の大きさは，選挙における他の投票者の数に依存し，およそ 1/[2×(他の投票者の人数)] に等しい。米国の大統領選挙では，$p$ はきわめて小さい（およそ 0.00000002)。たとえ $B$ が比較的大きくても，期待利益よりも投票のコストのほうが大きくなるだろう。それゆえ，問題はなぜあえて投票するのかということになる。

投票のパラドクスは，政治学への効用理論の応用において重要な問題をもた

らす。たとえ野犬捕獲員や蚊駆除地区委員のような役職についての選挙でさえ，どのような選挙でも投票するという人は多い。このパラドクスの解決法をいくつか検討してみよう。最初の点は，効用関数はあくまで行動を反映したものであり，その逆ではないという観察に関係している。投票のコストは，私たちが考えているほど大きくないかもしれない。たとえば，誰に投票するかとは無関係に，投票それ自体からも利益（$D$とする）を得るという個人は多いのかもしれない。投票しなければという気に市民をさせるのは，市民としての義務感，漠然とした政府への支持の表明，単に投票機が素敵だから，選挙の娯楽的な価値を評価しているからなどである（私は最後の分類に入る）。したがって，もし$D>C$ならば（すなわち，投票行動の利益と投票それ自体の利益が投票コストよりも大きければ），投票は合理的である。

しかしこのような説明で，なぜ人が投票するかについて，何らかの経験的な手がかりが得られるだろうか。$C$と$D$はそれぞれ選挙の費用と便益であり，これらは候補者を選ぶという選挙の価値とは独立であり，観測不能である。どのような投票行動もこの説明でつじつまを合わせられる。投票に行った者はみな$D>C$であり，行かなかった者はみな$C>D$である。それらの値を確認しようがない。後ほど，投票のパラドクスに対して別の解決法を議論する。

## 2.10　なぜ効用理論はうまく機能しないのか

効用理論は，たしかに非常に柔軟であり，行動における整合性を表すうえで役に立つ。しかし，心理学の実験は，人々の行動が効用理論に反していることを示している。手始めにもっともよく知られている例としてアレのパラドクスを紹介しよう。

**例題**：次の2組の対になったギャンブルにおいて，それぞれ2つのうちどちらかを選べ（それぞれの場合に，どちらのギャンブルを選んだかを書き留めておくことをお勧めする）。

選択1：

$L_1=\$500{,}000$（確実）

もしくは

$L_2=\$2{,}500{,}000$（確率0.1）

$500,000（確率 0.89）
$0（確率 0.01）

選択 2：
$L_3$＝$500,000（確率 0.11）
$0（確率 0.89）
もしくは
$L_4$＝$2,500,000（確率 0.1）
$0（確率 0.9）

もし偶数番号のギャンブルを1つ選び，奇数番号のギャンブルを1つ選ぶならば，その選択は確実性原理に反し，効用理論と整合的ではない。その非整合性を確認するために，4つのギャンブルの期待効用を計算してみよう。

$$u(L_1)=u(\$500{,}000)$$
$$u(L_2)=0.1[u(\$2{,}500{,}000)]+0.89[u(\$500{,}000)]+0.01[u(\$0)]$$
$$u(L_3)=0.11[u(\$500{,}000)]+0.89[u(\$0)]$$
$$u(L_4)=0.1[u(\$2{,}500{,}000)]+0.9[u(\$0)]$$

もし $L_1$ が $L_2$ より選好されるなら，そのとき

$$0.11[u(\$500{,}000)]>0.1[u(\$2{,}500{,}000)]+0.01[u(\$0)]$$

両辺に $0.89[u(\$0)]$ を加えると，以下のようになる。

$$0.11[u(\$500{,}000)]+0.89[u(\$0)]>0.1[u(\$2{,}500{,}000)]+0.9[u(\$0)]$$

先の結果を代入すると $u(L_3)>u(L_4)$ が導かれ，$L_3$ が $L_4$ より選好されることを意味する。

アレのパラドクスをもとにした心理実験でよくあるのは，2組の選択において偶数番号のギャンブルを1つ，奇数番号のギャンブルを1つ選ぶというものである。アレのパラドクスでは，人は初めの組のギャンブルでは可能性よりも確実性を選好し，次の組のギャンブルでは大きなお金を求める。もう1つの例，エルズバーグのパラドクスは主観的確率を用いる[10]。このパラドクスをもとに

した実験では，人は既知の確率を好み，未知の確率を避ける傾向がある。しかしながら，これらは行動における傾向ではあるが，絶対的な規則ではない。これらのパラドクスにおいて整合的な選択を行う人も多い。

このことは効用理論にとって何を意味するだろうか。まず人は，必ずしも理論が要求するように確率に対して反応するわけではない。非常に確率の高い，あるいは確率の低い事象（つまり，$p$がそれぞれ1か0に近い）に直面するとき，奇妙な反応を示す人がいる。こうした人は，非常に確率の低い事象の確率を過大視したり無視したりする。非常に確率は高いが，確実ではない事象に直面するとき，人はそれらの確率を主観的に低く見る傾向がある。その結果，確実な結果を得るために，人は過度に注意を払おうとする。

こうした観察から，なぜ人が投票するかの説明がつくかもしれない。ある選挙の結果を自分の票が決定する確率は実際には非常に小さいが，投票者の頭の中ではそれほど小さくないかもしれない。もし人がこの確率をたとえば0.00000002ではなく，0.1として扱うならば，コストと利益が適切な値であれば，投票は合理的なものとなる。しかし，そのような説明は，投票の利得を追加した議論と同じように，満足のいくものではない。$D$という項を入れた場合と同様に，この議論では誰が投票したかを観察する以外に，投票者と非投票者を区別することはできない。投票参加のパターン以外のものを扱う仮説がなければ，その証拠によってどの仮説が支持されるかは決められない。どのような証拠も2つの説明を区別できないだろう。

意思決定における参照点の利用もまた効用理論を逸脱している。選好は，結果をどのように表現するかに左右されてはならない。残念ながら選好は，人が結果を判断するために用いる参照点によって形成されることがある。次の例はQuattrone and Tversky（1988）から抜粋したものであるが，参照点というアイデアを示している。

**例題**：ある選挙に候補者としてブラウン氏とグリーン氏の2人が出馬し，両人とも経済政策を提示している。それぞれの候補者の政策が採択された場合に，向こう2年間の生活水準について2人の高名な経済学者が予測している。経済学者はともに中立で能力も同じである。また2人の経済学者は，比較可能な外国について向こう2年間の生活水準の予測も出している。

10 そう，名高いペンタゴン・ペーパーズのダニエル・エルズバーグがランド研究所勤務の頃にこのパラドクスを発案したのである。

**表 2.2 ブラウン氏とグリーン氏の政策に対する経済予測**

| | 外国 | ブラウン氏の政策 | グリーン氏の政策 |
|---|---|---|---|
| 経済学者 1 | $43,000 | $65,000 | $51,000 |
| 経済学者 2 | $45,000 | $43,000 | $53,000 |

**表 2.3 ブラウン氏とグリーン氏の政策に対するさらなる経済予測**

| | 外国 | ブラウン氏の政策 | グリーン氏の政策 |
|---|---|---|---|
| 経済学者 1 | $63,000 | $65,000 | $51,000 |
| 経済学者 2 | $65,000 | $43,000 | $53,000 |

表 2.2 は，生活水準についての彼らの予測をドル建てで示している。あなたならどちらの候補者の政策を選好するか。

別の選挙でブラウン氏とグリーン氏は再び対決する。彼らの提示した政策は，再び 2 人の高名な経済学者によって評価され，比較可能な外国についての予測も行われている。表 2.3 は新しい予測を示している。あなたならどちらの候補者の政策を選好するか。

1 回目の選挙でブラウン氏を，2 回目の選挙でグリーン氏を人々が選好することはおかしなことではない。しかし 1 回目と 2 回目の比較において変わったことと言えば，外国の生活水準だけである。両方の比較において結果は同じである。ここで，何が起こっているのだろうか。それぞれの経済学者の予測が等しく起きるとすれば，2 人の候補者のうち，ブラウン氏の政策はグリーン氏の政策よりも期待値が高くなる。しかし，グリーン氏の政策は，経済学者の目から見るとリスクが小さい。人々がどのようにリスクを評価するかは，リスクを利益と見るか損失と見るかに依存する。1 回目の選挙ではグリーン氏が選好される。というのは，グリーン氏が外国という参照点を超える一定の利益を提供する一方，ブラウン氏が提供するのはよりリスクの高い利益だからである。2 回目の選挙ではブラウン氏が選好される。というのも，いまやより高まった外国という参照点との比較で，ブラウン氏なら損失を回避できるかもしれないのに対して，グリーン氏が提供するのは確実な損失だからである。ここで一般化できそうなのは以下の点である。人々は，参照点を上回る利益をもたらすギャンブルの中での選択ではリスク回避的になる。他方，参照点を下回る利益をもたらすギャンブルの中での選択ではリスク愛好的になる。

効用関数は，ある結果に対してはリスク回避的になり，他の結果に対してはリスク愛好的になりうる。しかし，ここではその範囲を定義する参照点が変化している。参照点が変われば，結果に対する評価は非整合的になる。参照点は，ギャンブルがどのように提供されるか，いわゆる問題のフレーミングによって変化する。

フレーミング効果の観察は重要である。しかし，どのように参照点が定義されるのか，いつそれが変わるのか，さらなる疑問が尽きない。心理学者は，質問における言葉の選び方次第で実験の参照点を選択することができる。政治状況において何が参照点としてふさわしいかを考えるのは，さらに困難である。たとえば，国際政治学では現状こそ参照点であると主張する者がいるかもしれない。アクターはみな現状を参照点と考えるだろうか，それとも，別の点を参照点と見るアクターもいるだろうか。参照点は危機の間に変わるだろうか。変わるとすれば，危機の中間段階においてか，最終段階だけにおいてか。こうした疑問は手に負えないものではない。しかし，プロスペクト理論を政治の理解に役立てるのは，それらに解答できてからの話になるだろう。

こうした疑問を考えると，効用理論に批判的にならざるをえない。しかし結局は，たとえ多少問題があっても，これらの理論を用いるしかない。よりましな代替理論はあるだろうか。プロスペクト理論は，心理学者による効用理論の代替理論であるが，内容的には効用理論よりもはるかに複雑である。プロスペクト理論はギャンブルに対する選好だけでなく，個々人の参照点や確率に対する反応についても情報を必要とする。かなり多くの被験者が非整合性を示しているが，どの個人がどのような非整合性を示すのかを教えてくれる結果があるとは，寡聞にして聞かない。他方では，期待効用を用いない合理的選択理論もある（Machina 1987, 1989）。

なぜ政治指導者が期待効用を最大化するのかに関する説明として，選択圧力の存在をあげることができる。非整合的な選択はめずらしくないが，実験では支配的ではない。一般的に，被験者の 4 分の 1 から 3 分の 1 が非整合的な行動をとる。しかし，非整合的な行動は非効率的である。政治指導者は，自身の決定の結果として競争的な過程を通じて選抜されている。非効率的な選択をする者は，効率的な選択をする者よりも選抜や昇進の可能性が低くなる。たとえこれらの非整合性が集団の中ではよくあるとしても，集団の指導者にはめったにないかもしれない。非効率的な選択をする者が昇進できないことを示すモデルは，この主張を強化するだろう。

さらに，実験結果はどれも，意思決定の相互作用ではなく，孤立した意思決定を扱っている。社会的政治的状況は意思決定の相互作用に関係している。必要なのは，そうした状況下の意思決定を予測するのに役立つ理論である。戦略的な論理は，たとえ効用理論による単純化された表現を前提としていても，きわめて複雑である。ゲーム理論は効用理論の上に構築されている。いつの日か，効用理論以外の個人選択の理論にもとづく戦略的相互作用の理論が現れるかもしれない。しかしいまのところ，ゲーム理論こそが戦略的相互作用を考えるための分析道具である。

もしこれらの非整合性が多くの関心領域でしばしば起きるのであれば，政治学理論を発展させる上で効用理論は有益な土台とはならないだろう。しかし，そうした逸脱がめったにないのであれば，効用理論は理論的枠組みとして受け入れられるだろう。効用理論が受け入れ可能な土台になるか否かは，効用理論が政治に関する有益な諸理論をどの程度解明できるかにかかっている。そのような理論は検証可能な斬新な仮説をもたらすだろうか。ゲーム理論を使って直観を定式化することによって，政治への洞察が得られるだろうか。それを検証するには，実際の政治的意思決定を検討しなければならない。ここで議論された非整合性は実験上の現象であり，政治的アクターによる選択ではない。効用理論に代わる理論を確立するためには，実際の政治的選択をとりあげ，効用理論が予測に失敗し，代替理論が予測に成功することを示さなければならない。

代替理論によるアプローチは非常に興味深く，きわめて有力となるかもしれない。しかし，その主唱者たちは，個人の選択にもとづく社会理論を構築する上で，代替理論が一般的な重要性を持つことをまだ示していない。もしこれらの問題に興味を感じたならば，さらに文献を読み進み，政治現象の説明にそれを適用することを勧めたい。また，ゲーム理論に代わる理論を選ぶときには，自分が何を捨てたのかを正しく理解すべきである。選択理論は，一連の首尾一貫した洗練された政治理論をもたらしてきた。その適用は，実際の政治決定という証拠によって支持される検証可能な仮説を導いてきた。政治理論を選択理論を用いて説明するのは難しい。そもそも政治理論自体が難しい。戦略的論理は複雑である。ゲーム理論によって政治について何がわかるかを知るべきである。ゲーム理論を捨てて不確かな代替理論に乗り換えるのはそれからでもよいだろう。

## 2.11 まとめ

本章では効用理論について説明した。重要な点は，行動に対する選好が効用関数によって表されるということである。ある行動に対する期待効用とは，各結果の効用と，その行動を所与としたときの各結果の確率との積を作り，それらをすべての結果について合計したものである。対になった行動のうち，より高い期待効用をもたらす行動が選好される。

合理的選好が仮定するのは，完備性と推移性である。もし結果やくじに対する選好が完備しかつ推移的であるとすれば，複合くじは単純くじに還元でき，どの結果についても同等なくじが存在してそれらに置き換えることができる。そのとき，確実性原理があてはまり，そのくじについて選好を表す効用関数が存在する。効用関数は，リスクをとる意思を数値として捉えたものである。時間選好の相違は割引因子で示される。

## 2.12 文献案内

第1章の文献案内で解説した古典的ゲーム理論の教科書には効用理論の章があるが，その数学的難易度はさまざまである。お勧めは Kreps (1991) の第3章であり，これはさらに読み進むものとして最良のものである。Luce and Raiffa (1957) の第2章と第13章も良いが，かなり時代遅れになった題材を含んでいる。筆者は原典の1つである Savage (1972) で勉強した。Savage (1972) は，行動に関する選好からいかにして効用関数と主観的確率分布の両方を導き出すかについて，その数学的手法を示している。Savage (1972) は，効用理論を用いる動機づけや，効用理論に対する多くの誤解についても優れた議論を与えている。*The New Palgrave: Utility and Probability* (Eatwell, Milgate, and Newman 1990) はいっそうの読書のための最良の出発点となるだろう。

Jackman (1993), Riker (1990), Zagare (1990) は政治学における合理的選択の仮定を正当化している最新の研究である。抑止の例は Ellsberg (1960) にまでさかのぼる。ただし，本章での表現はそれとは異なっており，より一般化されている。投票の例は政治学ではかなり有名なものである。原典は Downs (1957), Riker and Ordeshook (1968) である。Aldrich (1993) はなぜ人が投票するかについての最近の成果を概観している。

効用理論からの逸脱に関する研究は心理学で見られる。初期の3つの文献として Quattrone and Tversky (1988), Kahneman and Tversky (1979), Tversky and Kahneman (1981) がある。第1の文献は政治学の例を用いている。第2の文献はもっとも数学的で詳細である。第3の文献はもっとも短くまとまっている。Machina (1987) と Machina (1989) は期待効用理論に依拠しない合理的選択論についての読みやすい入門書である。

# 第3章 ゲームの特定化

ゲーム理論は，複数のアクターの意思決定が最終的な結果を導くような状況における意思決定を説明しようとする。そこでは，各アクターの決定は他のアクターの決定に左右される。ゲーム理論と効用理論の間には非常に強い結びつきがある。ゲーム理論における他のアクターの決定は，意思決定理論における世界状態に相当する。アクターは，他のアクターがとりそうな行動を明確にし，自分にとって可能で最適な対応を選ぼうとする。ゲームの分析に先立って，プレイヤー同士の相互に依存した意思決定を特定化するために，数理的な仕組みが必要になる。

本章はゲームを特定化する3つの異なる方法を示す。ある状況を数式なしに理解するところから，数式によるゲームの表現へという移行は，いかにしてなされるのであろうか。第1節では，国際危機における抑止について議論し，危機における重要な側面を説明するゲームを示す。この例は，展開形ゲームの基本的な要素を提示している。展開形ゲームは，プレイヤーの選択，選択の順番と結果，結果を評価する方法，選択時に何を知っているかなどを詳述する。展開形ゲームは，戦略を用いることによって戦略形ゲームへと還元される。ゲームにおけるプレイヤーの戦略は，そのゲームをプレイするための完全な計画である。戦略形ゲームでは，すべてのプレイヤーが同時に戦略を選択する。その戦略の相互作用によって結果が決定される。

## 3.1　状況の定式化：キューバミサイル危機における抑止

政治状況は，多様な条件のもとで多くの意思決定をアクターに迫る。政治状況を数理的に分析する前に，プレイヤーにとってどのような選択が可能かを特定しなければならない。キューバミサイル危機について検討しよう。キューバ危機に関するほとんどすべての分析は，Allison (1971, 39) が区別した3つの主要な意思決定に焦点を当てている。なぜソ連は攻撃ミサイルをキューバに設置しようとしたのか。なぜ米国はソ連のミサイル設置に海上封鎖で対応することを選択したのか。なぜソ連はミサイルを引き上げる決定を行ったのか。

しかし，こうした問題は，あらゆる国際危機の説明において現れる3つの一般的な問題が特殊な形で具体化したものでしかない。ここで国際危機を，2人のアクターである挑戦国と防衛国の間の対立として扱おう。挑戦国はなぜ現状を変えようとしたのか。防衛国はなぜ挑戦に対して脅しで対応したのか。最後に，当事国の一方もしくは他方はなぜ戦争をせずに撤退したのか。仮に危機が戦争に至った場合，なぜ両国とも撤退ではなく戦争を選択したのか。現状への挑戦や挑戦国への抵抗という選択は危機の必要条件である。もし挑戦国が現状に挑戦しなければ，またはその試みが抵抗にあわなければ，危機は存在しない。アリソンの3つの問題は，これら3つの一般的問題のキューバ危機における特殊な例でしかない。

モデルは，ある状況の一般的な性質を扱うべきであり，特殊な事象における特殊な意思決定を扱うべきではない。その事象が起きた後には，いつでも起きた事象を表すモデルを構築することができる。ゲーム理論のモデルは，政治において繰り返される状況の一般的性質を扱っている場合には，より素晴らしいものとなる。たとえば，ここで研究しているのは，キューバのミサイル危機のモデルではなく，抑止のモデルである。キューバのミサイル危機はもう二度と起こることはないだろうが，残念ながら軍事的な脅しや抑止がなくなることはないだろう。

危機は，キューバに攻撃ミサイルを設置するというソ連の決定から始まった。この決定がいつなされたかは明確ではないが，ケネディがキューバ封鎖の決定をする前であったのは確かである。ソ連の意思決定は米国の意思決定に先行し，米国が対応を決定する前に，ソ連の意思決定は米国に知られていた。この最初の意思決定は多くの方法でモデル化できる。もっとも簡単な方法は，現状に挑戦するか，挑戦しないかという単純な2択である。いくつか別タイプの挑戦を作ることもできる。キューバミサイル危機で別の挑戦に含まれるのは，キューバでのソ連陸軍の配備や西ベルリンに対する直接行動である。しかし，これらの選択肢はキューバミサイル危機に特有のものである。もし国際危機一般のモ

図 3.1　抑止ゲームにおける挑戦国の最初の決定

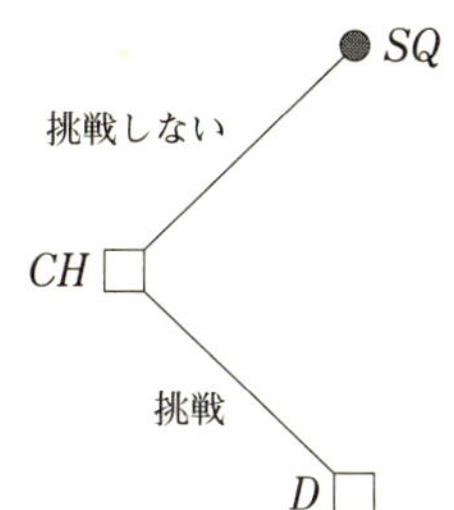


デルを構築しようとするなら，これらの選択肢は，挑発的な挑戦と挑発的ではない挑戦とみなすことになる。ここではモデルを簡単化し，検討対象を 2 つの選択，現状に挑戦するかしないかとしよう。図 3.1 はこの選択を**節**（node）と呼ばれる箱型で表し，この箱型には挑戦国を示す $CH$ というラベルをつける。この箱型から選択を表す 2 つの**枝**（branch）が伸びている。挑戦しないという行動は，危機に至らず，現状維持を示す $SQ$ というラベルのついた**結果**（outcome）でモデルが終わる。挑戦するという選択をとると，$D$ というラベルをつけた防衛国による決定に至る。この図が表すモデルでは，挑戦国が最初に動くことになる。

この危機において，次の決定は防衛国によって行われる。防衛国は，挑戦国に抵抗することもできるし，譲歩して挑戦国を満足させることもできる。抵抗にはさまざまな形態があるが，その中から 1 つをとることができる。たとえば，キューバミサイル危機では，ソ連の挑戦に対して多くの方法で米国は抵抗することができただろう。米国は，ミサイル敷設地域を空爆したり，陸軍によってキューバに侵攻したり，また国連を通して外交圧力を加えることもできた。米国の選択肢を検討した ExCom（Executive Committee の略）という会議には，それぞれの選択の提唱者がいた。防衛国が抵抗しないと決定した場合，譲歩にも多くの形態がある。挑戦国のすべての要求が認められるかもしれないし，いくつかの譲歩の後に交渉が始められるかもしれない。しかしここでは簡単化のために，防衛国に 2 つの選択肢を与える。すなわち，脅しによって挑戦に抵抗するか，挑戦に抵抗せず譲歩して挑戦国の要求を満たすかである。後者の場合，危機は $C$ で示され譲歩で終わる。防衛国がこの新しい手番をとるのは，挑戦国が最初の手番で何をしたかを知った後に限られる。新しい手番を加えると，最初の 2 つの意思決定を表す図 3.2 ができる。

図3.2　抑止ゲームにおける挑戦国の最初の決定と防衛国の決定

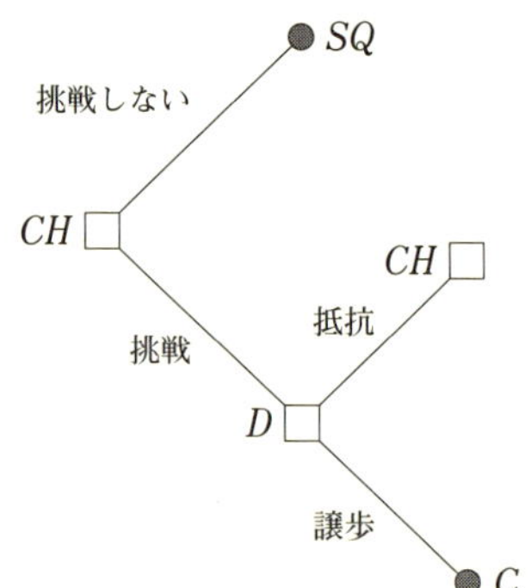


キューバを海上封鎖するという米国の決定は，第2章の抑止の計算における防衛国の決定に相当する。そこでは，挑戦国の対応はくじとして扱われ，挑戦国が脅しを強行するという防衛国の確信が確率 $q$ で与えられた。しかし実際には，挑戦国は，脅しを強行するかどうかを自ら決定する。したがって，挑戦国が脅しを強行する意思についての防衛国の確信には，脅しを強行する挑戦国の動機について防衛国が何を知っているかが反映されている。そうであるとすれば，挑戦国の最終的な決定がモデルに組み込まれなければならない。

モデルの最後の選択は挑戦国によるものである。防衛国が抵抗する場合，挑戦国は脅しを強行するかどうかを決定しなければならない。ここではこの選択を簡単化し，脅しの強行と撤退の選択とする。脅しの強行は戦争へとつながる。撤退は，プレイヤーの評判への影響を除けば，現状に何の変化ももたらさずに危機を終結させる。繰り返しになるが，現実世界ではこのような選択はモデルよりも複雑である。挑戦国は，要求を取り下げるかもしれないし，第三国を危機に巻き込み新しい脅しを行うかもしれない。第2の手番における防衛国と同様に，挑戦国が最後の手番を選択しなければならないときには，挑戦国はゲームにおいて先行する意思決定の結果を知っている。最終的な結果は，戦争を $W$，挑戦国の撤退を $BD$ と表す。

図3.3は，この簡単な抑止モデルにおけるすべての意思決定の経過を表している。このモデルには4つの結果，現状維持（$SQ$），防衛国の挑戦国に対する譲歩（$C$），挑戦国の撤退（$BD$），戦争（$W$）がある。次の段階として，結果に対するアクターの選好が必要になる。この場合，どの結果をアクターが選好するかについて，いくつかの仮定をおくことができる。すべての挑戦国は撤退

図 3.3　抑止ゲームにおける 3 つすべての選択

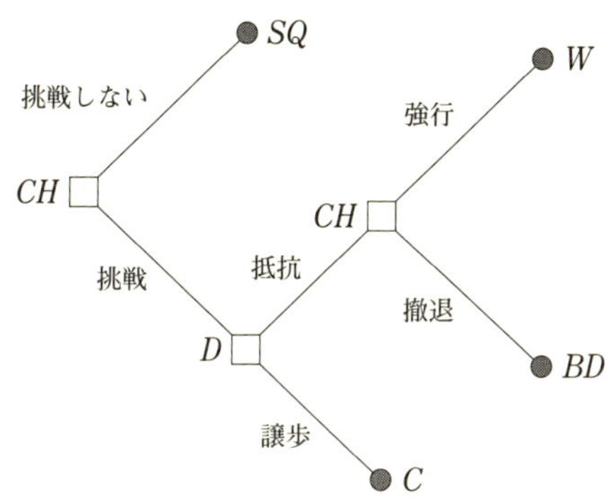


より現状維持を選好し，現状維持より譲歩を選好するはずである。要求が認められれば，挑戦国が選好する通りに現状は変化する。そうでなければ，挑戦国は要求をしないだろう。また一般に抑止に関する論文では，脅しをした後の撤退は，そもそも脅しをかけない場合よりも挑戦国にとってコストが高いと見なされる。というのは，挑戦国は，防衛国によって対抗的な脅しを受け，譲歩を余儀なくされるかもしれないし，さらに，将来においては挑戦国の脅しの信憑性が低下する（あるいは少なくとも多くの学者はそのように考えている）からである。しかし，挑戦国が選好順序の中で戦争をどのように位置づけているかは判断できない。挑戦国は，戦争を譲歩よりも選好するかもしれない――挑戦国の要求は戦争を始める口実かもしれない――。あるいは，戦争はまったくの空脅しで，撤退を戦争より選好するかもしれない。

同様に，防衛国の選好についても何らかの仮定をおくことができる。防衛国は，譲歩よりも現状を，現状よりも挑戦国の撤退を選好する。もし挑戦国が撤退すれば，将来における現状変更の要求はありそうにない。これは，脅しの信憑性が低下するからであり，防衛国が挑戦国に譲歩を求めて，将来脅しをかけないように保証させるからである。戦争が防衛国の選好順序のどこに位置するのかは，ここでも必ずしも判断できない。防衛国は，何よりも戦争を選好するかもしれないし，戦争より譲歩を選好するかもしれない。

最後に，結果に対する選好順序以上のものが必要になる。それは，それぞれの結果から両プレイヤーが得る効用である。特定の結果についてのプレイヤーの効用を，プレイヤーの**利得**（payoff）と呼ぶ。利得は期待効用かもしれない。たとえば，戦争という結果は，実際には戦争に関わるすべての可能な結果に対する1つのくじである。戦争が起きた場合にどちらの側が勝利するか，どちらのプレイヤーも事前にはわからない。このように各プレイヤーの戦争に対する利得は，そのくじに対する期待効用である。ゲームの中のくじは**偶然**（Chance）あるいは**自然**（Nature）による手番として考えられる。偶然あるいは自然の節からの各行動は，所与かつ既知の確率で選択される。プレイヤーが戦争という結果を選ぶとき，彼らは戦争のくじを引くことになる。しかし，くじの後に何ら他の動きがないので，一般的にはこのようなくじはゲームに含まれない。戦争のくじに対する両者の期待効用を，戦争という結果に対する利得として与える。

プレイヤーは選択に際してリスクに直面する可能性があるので，どのようなリスクをプレイヤーが受け入れるかを判断するために，結果に対するプレイヤーの効用が必要になる。ゲームにおけるリスクは，他のプレイヤーの将来の行動から生じる。もし挑戦国が防衛国に挑戦するなら，防衛国は譲歩するだろうか，あるいは抵抗するだろうか。防衛国がつねに要求を認めるとわかっていれば，どのような挑戦国も喜んで挑戦するだろう。仮定によって，挑戦国はみな現状よりも防衛国による譲歩を選好する。同様に，防衛国が最初の脅しに抵抗する場合，挑戦国が戦争に踏み切るかどうか，防衛国はおそらくわからない。ゲームにおけるこれらの不確実性はどのように表すことができるだろうか。抑止の計算では，くじの確率がこうした不確実性を表していた。一般に，すべてのプレイヤーが相手のプレイヤーの利得を知っており，すべてのプレイヤーが他のすべてのプレイヤーがそうした情報を持っていることを知っていると仮定する。すべてのプレイヤーが知っている情報，他のすべてのプレイヤーもその情報を知っていることをすべてのプレイヤーが知っているという情報などを**共有知識**（common knowledge）と呼ぶ。

利得に関する不確実性を表す巧妙な方法がある。2つのタイプの防衛国があるとしよう。第1のタイプは戦争を譲歩より選好する（強硬な防衛国）。第2のタイプは譲歩を戦争より選好する（強硬でない防衛国）。挑戦国がどちらのタイプの防衛国に相対しているかわからないとしよう。このとき，強硬でない防衛国に挑戦することによって得られる便益が，強硬な防衛国に直面するリスクに値するのかを挑戦国は判断しなくてはならない。数学的には，挑戦国の不確実性を表すには，防衛国が強硬かどうか決定する偶然手番からゲームが始まるとする。防衛国はこの偶然手番の結果を知っているが，挑戦国は知らない。図3.4に示されるように，ゲームの（$C$で表す）偶然による最初の手番は2つ

図 3.4　2 つのタイプをもつ抑止ゲーム

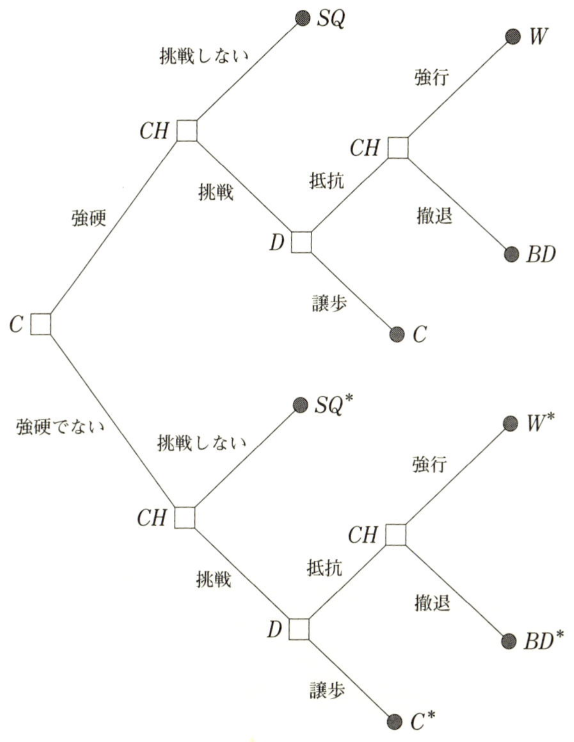


の大きな枝をつけたゲームの木を作っており，上方の枝は強硬な防衛国，下方の枝は強硬でない防衛国に対応する。図 3.4 の下方の枝にある利得にはアスタリスク（＊）が付いている。このアスタリスクは強硬でない防衛国の利得を示し，上方の枝の結果と混同しないようにしている。

それでは，挑戦国の不確実性はどのように表されるのか。図 3.5 に示されているように，2 つの枝に分かれて存在している挑戦国の 2 つの節を結びつけるのである。破線を用いて，挑戦国の最初の 2 つの節と最後の 2 つの節を結びつけ，挑戦国には選択時に自分が 2 つの節のどちらにいるか判断がつかないことを表す。こうした集合を**情報集合**（information set）と呼ぶ。これらの集合が，手番のプレイヤーが自分の選択時にそれまでの行動についてどのような情報を持っているかを示しているからである。ここで，防衛国の利得を決定する偶然手番の結果を挑戦国は知らない。防衛国については，その 2 つの節を結びつけ

図 3.5　防衛国の 2 つのタイプについて不確実性がある抑止ゲーム

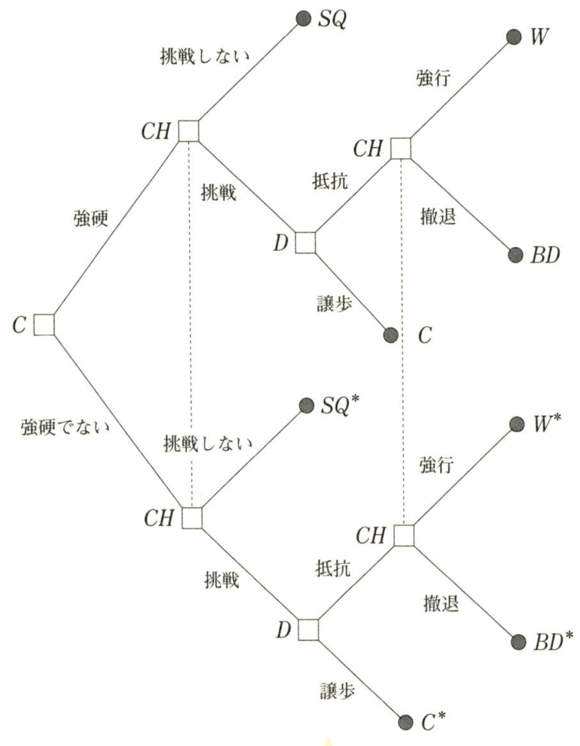


て 1 つの情報集合にはしていない。これは，防衛国が偶然手番の結果を知っており，したがって自身の利得を知っているからである。

図 3.5 のモデルでは，危機において実際に起きる多くのことが捨象されている。脅しと提案に関する複雑な相互作用は省かれている。そのかわりに，危機の本質——挑戦・対応・最終決定——に焦点を当てている。実際の危機には多くの選択肢があるが，ここでは意思決定を 2 択に単純化している。挑戦国の最終的な選択を戦争もしくは撤退としたが，実際の危機にはそのような選択は存在しないかもしれない。しかし，これらの単純化はモデル化において重要な点を明らかにしている。すなわち，あらゆる議論が実際の事象の単純化であるという点である。数式化されたモデルでは仮定を選ぶことが求められる。そのとき，他にも説得力のある代替モデルがあることに気づく。**モデル化においてもっとも重要な決定の 1 つはゲームの設計**である。ゲームが述べているのは以下

のような点である。その状況でアクターがどのような選択をすると考えているか。アクターが自分の選択についてどのようなことを理解しているか。どのような結果が自分の選択によって生じるとアクターが考えているのか。それらの結果をアクターがどのように評価しているか。モデルを発展させていく際には，どのような仮定がその状況を特徴づけているのかを慎重に考える必要がある。どこかその辺に正しいモデルがあるのではない。多くの可能なモデルがつねに存在する。数式化された理論によって，存在的に可能なモデルが多くあることに気づく。また，それぞれのモデルの違いを理解することができる。さらに，そうした違いがモデルの予測する行動に重要な帰結をもたらすかどうかを知ることができる。

たとえば，上の抑止モデルは，多くの研究者が異論を唱えるようないくつかの仮定を含んでいる。戦争か撤退かという最後の選択は人工的なものである。選択肢が2つという制限は，アクターの選択範囲を非現実的なほどに制約する。挑戦国は防衛国の決意を知らないが，防衛国は挑戦国が戦争をする意思を知っている。「挑戦国」や「防衛国」というアクターの設定を，不正確で，道徳的に偏っていると考える人もいる。しかし，こうした異論は，ゲーム理論ではなく社会科学の理論の問題である。ゲーム理論によって，危機に関するこれらの異なる見解について，どのような証拠がその相違をもたらすのかを理解することができる。異なる見解をそれぞれ定式化した上で，モデルを解き，競合する見解が異なる行動予測を導くかどうかを見ることができる。このような方法によって，社会科学の理論的な対立を解決することができるかもしれない。この対立は，競合する見解を叙述的に表現したのでは，おそらく容易には解決されないだろう。

モデル化においては仮定を単純化しなければならないので，1つのモデルのみに真実が存在するわけではない。政治状況を理解するには，一連の関連したモデルが必要となる。単純なモデルから始め，そこに複雑性を加えていかなくてはならない。上の抑止モデルにおいては，挑戦国が戦争に進む意思に関して，防衛国にとっての不確実性を加えたり，双方により多くの選択肢を加えたり，あるいは脅しのやりとりをより長くとることができるだろう。こうした追加は，どれもモデルを「より現実的」にする。しかし，個々のモデルの試金石は，そのモデルが理解を深めるかどうかであって，それが「現実」という抽象的な理念に訴えるかどうかではない。国際危機における抑止は非常に複雑な問題である。どのような特定の抑止モデルによっても抑止を「感じる」ことはできないし，またどのような抑止も正確に表すことはできない。そのかわりに，モデルによって複雑な抑止の基礎にある戦略的な動機を理解することができる。巨大な建造物が煉瓦を1つずつ重ねて建設されるのと同じように，政治に関する理解も個々のモデルの貢献によってゆっくり深まっていく。

## 3.2 展開形ゲーム

ゲームは数学的にはどのように定義されるだろうか。展開形ゲームはゲーム理論の基本的な定式化である。ゲームを展開形で記述するためには，アクターすなわちプレイヤーを特定し，彼らがどのような意思決定に直面し，それがどのような順番で，どのプレイヤーによって，どのような条件下で，どのような結果をもたらすかを特定しなければならない。

**定義 $n$人展開形ゲームは以下の要素からなる**

1. **節**と**枝**からなる有限の**ゲームの木**によって表される。節は，そのゲームの手番あるいはゲームの終点にあたり，枝は節同士をつなぐ。
2. 節は，プレイヤー・偶然・終点のいずれかに属する。各節には，1人のプレイヤーか偶然あるいは終点が割り当てられる（この区分を節の**分割**と呼ぶ)。
3. 各偶然手番に対する確率分布。
4. プレイヤー集合をもとにした分割から，各プレイヤーの持つ**情報集合**をもとにした分割へと節の分割を精緻化することもある。
5. 結果の集合。これらの結果はゲームの木の終点の1つ1つへと割り当てられ，各終点はただ1つの結果のみが対応する。
6. 効用関数。各プレイヤー$i$は諸結果に対し効用関数$u_i$を持つ。

以上すべてが，すべてのプレイヤーにとって**共有知識**である。すなわち，すべてのプレイヤーは以上のことを知っており，他のすべてのプレイヤーが以上のことを知っていることをすべてのプレイヤーは知っており……と，以下無限に続く。

**ゲームの木**は一連の**節**で構成されている。それぞれの節は，他の節につながる**枝**を持つ。節は意思決定を表し，枝はそれぞれの意思決定で選択される行為

図3.6 ゲームの木において許されない2つの例

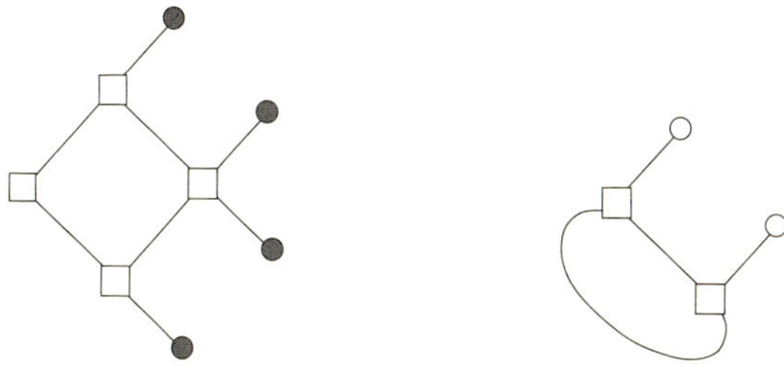

最後の選択節への経路が2つ以上ある場合　　枝が開始節より前の節に連結する場合

を表す。ゲームの終点の節は枝を持たない。このような節を**終節**と呼ぶ。他の節は，プレイヤーがゲームのその点で選択を行うので**選択節**または**選択点**と呼ばれる。図3.5では，15の節が存在する（偶然手番も偶然あるいは自然による選択として含む)。そのうち終節は8つで，上半分と下半分のそれぞれのゲームに対して4つある。選択節は7つある。そのうち4つは挑戦国，2つは防衛国，1つは偶然（最初の手番）に割り当てられている。枝が表すのは，各選択節からのプレイヤーによる選択と，ゲームの最初の偶然手番において生じうる結果である。それぞれの枝にラベルをつけ，どの行為に対応するかがわかるようにしてある。枝は後向きに延びることはなく，どの枝も出発した節より前の節とつながることはない。ゲームの木では各節に向かう経路は1つしかない。図3.6は，節と枝に関する認められない2つの例を示している。各節からどのような選択が可能か，ゲームがいつ終わるかをすべて特定したものは，木に似ているのでゲームの木と呼ばれる。各節は枝の数だけ選択の数を表す。終節は各枝全体の終点を示す。

他の節より先に現れる節がある。ある節から次の節へ向かう選択あるいは偶然手番の経路があるとき，後者は前者の**後続節**，前者は後者の**先行節**と呼ぶ。ある行為が，先行する節から次の節を導くなら，前者を後者の**直前節**，後者を前者の**直後節**と呼ぶ。上半分と下半分のそれぞれのゲームにおいて，防衛国が挑戦に対して抵抗するという選択は，挑戦国が現状に対して挑戦するという選択に（直前において）先行され，挑戦国が脅しを強行するという選択に（直後において）後続される。しかし，防衛国が強硬である場合に挑戦国が挑戦するという選択は，防衛国が強硬でない場合に防衛国が抵抗するという選択に先行しない。これは前者の節から後者の節への経路が存在しないからである。ある節に先行する一連の手番のすべては，その点までのゲームの**履歴**と呼ばれる。

すべての節がそれぞれ固有の履歴を持ち，その履歴は先行するすべての手番を集約している。なぜなら，各節までの行動や偶然手番にはただ1つの経路しかゲームの中に存在しないからである。強硬な防衛国が挑戦に対して抵抗を選択する点までの抑止ゲームの履歴は，「強硬，挑戦」である。偶然手番と挑戦国の挑戦という意思決定が，その履歴において特定化される。

終節でない節はプレイヤー間で区分され，それぞれの節にただ1人のプレイヤーが割り当てられる。偶然手番を認めるために，偶然（しばしば自然とも呼ばれる）をプレイヤーと考える。偶然手番は，プレイヤーのかわりに偶然が手番をとる節である。偶然に対して割り当てられた各節には，個別の確率分布が存在し，その確率分布にしたがって手番がとられる。偶然手番に与えられる確率は，ゲーム開始時点においてすべてのプレイヤーに知られている。偶然手番によってゲームにランダムな要素を含めることができる。抑止ゲームには，防衛国が強硬か否かを決定するために偶然手番がある。戦争という結果が表すくじを示すために，もう1つ別の偶然手番を含めるという議論を以前にした。偶然手番は，ゲームの中のどの点にもおくことができる。

各プレイヤーの節はさらに**情報集合**に分けられる。情報集合は，プレイヤーが選択をしなければならない場合に，以前の手番についてプレイヤーが持っている知識を表す。あるプレイヤーが1つ以上の節を持つ情報集合に到達する場合（たとえば，図3.5の破線で表された集合を見よ），プレイヤーは，自分が意思決定をしなければならないこと，そして情報集合内の節の1つにいることしかわからない。複数の節を持つ情報集合は，そのプレイヤーがそのゲームの木における以前の手番を知らないことを表している。プレイヤーは，以前のいくつかの手番の中でどれがとられたのか，確認することができない。情報集合のそれぞれの節から続くのは，同じ手番でなくてはならない。そうでなければ，プレイヤーは，可能な選択を調べることによって情報集合内の節を区別することができるだろう。情報集合は，ゲームにおいて実際に選択される点を形成する。というのは，プレイヤーがいつ選択をするかとか，プレイヤーがその時点で何を知っているかということを情報集合が集約しているからである。ただ1つの節しか含まない情報集合は**単集合**である。

情報集合は，ゲームにおける以前の手番についてプレイヤーが持っている情報を特定する。次のような状況を想定しよう。プレイヤーがそれぞれ別の部屋におり，彼が選択する時に，プレイヤーがどの情報集合にいるのかを，レフリーが彼らの部屋に伝えにいくことによってゲームが行われるとしよう。プレイヤーが単集合にいるとレフリーが伝える場合には，そのプレイヤーは自分がどの節にいるかを知ることになり，その節に至るまでのゲームの履歴から，それ以前のすべての手番を再構成することができる。しかし，プレイヤーに複数の節からなる情報集合にいるとレフリーが知らせる場合，プレイヤーはゲームの履歴を再構成することができない。その情報集合内のそれぞれの節に至るには，それぞれの節ごとに異なる履歴をたどってきているからである。もちろん，プレイヤーはゲームの履歴について推測することはできる。しかし，その推測が正しいかどうかは確信できない。それゆえ，情報集合という用語は，ゲームのプレイについてのプレイヤーの無知を集約しており，ゲームの要素としてはいささか奇妙な名前ではある。

終節はゲームの終わりを示し，**結果**は各終節に与えられる。各プレイヤーはすべての結果に対して効用関数を持つ。あるプレイヤーの効用関数は，そのプレイヤーにとっての結果の望ましさを評価する。プレイヤーの効用はしばしば結果そのものを表すのではなく，それぞれの終節の結果についての評価を表す。その場合，これらの効用を**利得**と呼ぶ。

最後に，プレイヤーは自分のプレイしているゲームを知っていると仮定される。ゲームのある側面が**共有知識**であるとは，すべてのプレイヤーがその側面を知っているとき，すべてのプレイヤーが他のプレイヤーもそれを知っていることを知っている……などの場合である。展開形ゲームは共有知識であると仮定される。プレイヤーは意思決定に直面するとき，ゲームに関する知識を用いて他のプレイヤーの手番を予測したり，ゲームの将来について予想を形成したりする。ゲームが共有知識であるという仮定は，「彼らが知っているとわれわれが思っており，そのことを彼らが思っていると……」といった無限連鎖の問題を排除する。あるプレイヤーが知っている情報のうち共有知識でないものは，そのプレイヤーの**個人情報**である。

ゲームが共有知識であるという仮定は相当な制約に見える。プレイヤーが根本的な不確実性に直面している状況を分析するのに，それは妨げになると考える人もいるかもしれない。しかし，抑止ゲームでわかるように，ゲームにおいてそのような不確実性を表すことは可能である。防衛国の利得は防衛国の個人情報であり，挑戦国は防衛国の利得を知らない。慎重に偶然手番と情報集合を設定することによって，ゲームが共有知識であるという仮定を満たしながら，ゲームに関する不確実性をモデル化することができる。

ここで簡単な例を見ることによって，展開形ゲームの定義が明確になるだろ

図3.7　コイン合わせゲームの展開形

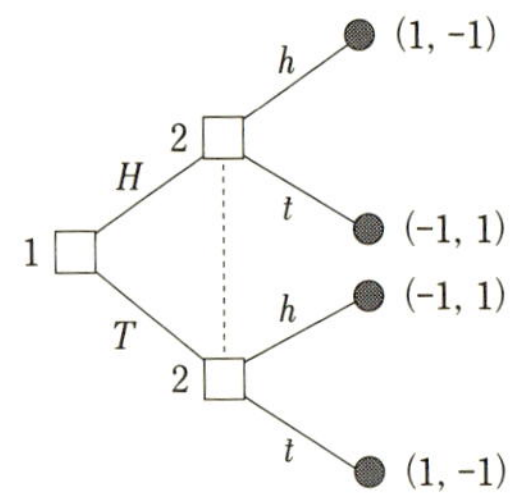


う。コイン合わせゲームを考えよう。2人のプレイヤーがそれぞれ1ペニーを持っている。各プレイヤーは，相手に知られないように，表を上にするか，裏を上にするかを選択する。それから2つのコインをつき合わせ，コインの裏表が一致していれば，第1プレイヤーがコインを2つとも手に入れる。一致していなければ，第2プレイヤーがコインを2つとも手に入れる。図3.7はコイン合わせの展開形ゲームを表す。この図によって本書において用いられる展開形ゲームの表現方法を紹介しよう。箱は選択節を表し，それぞれの節の前に手番のプレイヤー名を示す。ゲームはプレイヤー1から始まり，表（heads）か裏（tails）かを選択する。その選択は図中の $H$ と $T$ で略記される。プレイヤー2も表か裏を選択し，その選択は図中の $h$ と $t$ で示される。便宜上，プレイヤー2の手番をプレイヤー1の手番に後続するものとして書くが，彼らの手番は同時であるので，プレイヤー2の手番を先にすることもできる。プレイヤー2には2つの節がある。一方はプレイヤー1が裏を選び，もう一方は表を選ぶ場合の節である。行動はそれぞれの枝の隣に示される。終節は黒丸で示され，その後に結果に対する利得が（プレイヤー1の利得，プレイヤー2の利得）のように記される。プレイヤー2は，2つの選択節を持つが，選択の時にプレイヤー1の手番を確認できない。なぜなら，2人のプレイヤーの手番が同時だからである。同時手番であることを示すために，1つの情報集合の中のプレイヤー2の2つの手番を破線でつなぐ。この情報集合は，プレイヤー2が手番の選択の時にプレイヤー1の手番を知らないことを示している。このようにして，展開形ゲームでは同時手番を表すのである。注意すべき点は，プレイヤー2のどちらの節でも同一の行動が選択可能でなくてはならないことである。そうでないと，2つの節は1つの情報集合の中でつなぐことができない。

もっと複雑なゲームについては，次の表現方法を適用する。箱は選択節を，黒丸は終節を表す。偶然の節の前には大文字の $C$ を書いておく。プレイヤー

図 3.8　練習問題 3.2

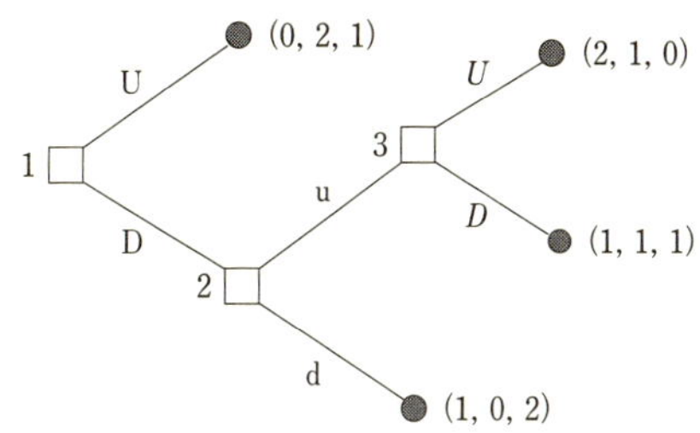


の行動を略記する場合，次のようにラベルを区別する。プレイヤー 1 の行動は大文字，プレイヤー 2 の行動は小文字，プレイヤー 3 の行動（必要であるなら）は大文字のイタリック体で，プレイヤー 4 の行動は小文字のイタリック体で表す。さらに，2 人のプレイヤーが存在する場合，彼らの利得を括弧内にコンマで分けて続けて書く。便宜上，プレイヤー 1 を「彼」，プレイヤー 2 とプレイヤー 3 を「彼女」，プレイヤー 4 を「彼」と呼ぶ。プレイヤー一般について述べるときは「それ」と呼ぶ。政治に関係のない抽象的なゲームを用いてゲーム理論に関する例示を行う。これらのゲームでは手番を，$U$ と $D$ または $u$ と $d$（上と下），あるいは $L$ と $R$ あるいは $l$ と $r$（左と右），あるいは $F$ と $B$ か $f$ と $b$（前と後）と呼ぶ。

**練習問題 3.1**：次の交渉ゲームの展開形を描きなさい。プレイヤーは 6 ドルを分けようとしている。プレイヤー 1 は，2 ドルか 4 ドルをプレイヤー 2 に提案することができる。その後，プレイヤー 2 は，この最初の提案を受け入れる（accept）か拒否する（reject）かを選択する。彼女がプレイヤー 1 の提案を拒否すれば，彼らはコインをトスする。そのコインが表なら，プレイヤー 1 は 3 ドル，プレイヤー 2 は 1 ドルを受け取る。コインが裏なら，プレイヤー 1 は 1 ドル，プレイヤー 2 は 3 ドルを受け取る（つまり，彼らが同意しないとき，コインをトスするのに 2 ドルのコストがかかる）。

**練習問題 3.2**：図 3.8 で表されているゲームを言葉で説明せよ。

**練習問題 3.3**

3 目並べ（tic-tac-toe）で最初の 2 つの手番のゲームの木を描きなさい[1]。各プレイヤーの手番は 1 つとする（ヒント：ゲームの対称性を利用すること。たとえば，最初の手番は端の箱，中央の箱，中央と端の間にある箱という3つしかない)。

ゲームをプレイするとき，プレイヤーが持っている情報を表す3つの用語がある。

**定義**：すべての情報集合が単集合ならば，ゲームは**完全情報**下でプレイされる。すべてのプレイヤーの利得が共有知識であれば，ゲームは**完備情報**下でプレイされる。あるプレイヤーの利得がそのプレイヤーの個人情報であれば，ゲームは**不完備情報**下でプレイされる。

完全情報は，すべてのプレイヤーの情報集合がただ1つの節しか含まないことを意味する。したがって，すべてのプレイヤーは，自分の手番が来たときには，いつでもゲームの履歴を知っている。よくある室内ゲームの中でも，チェスやチェッカーは完全情報下でプレイされるが，ブリッジやポーカーはそうではない。ブリッジやポーカーでは，ゲームの開始時に偶然手番があり，カードが配られ，ゲームが終わるまでプレイヤーに明らかにされない。完全情報下では，ゲーム内のあらゆる手番においてそれ以前に起きたことをプレイヤーはすべて知っている。完備情報下では，すべてのプレイヤーは互いの利得を知っている。抑止ゲームは不完備情報下のゲームである。というのは，挑戦国はその手番において偶然手番の結果を知らないからである。この不完備情報をモデル化するには，不完全情報が用いられる。複数の節からなる情報集合は，プレイヤーの直面する不確実性を表現している。抑止ゲームのように，不確実性は開始時の偶然手番によってゲームに導入される。そのような偶然手番の結果については情報が不完全になっている。

また，プレイヤーは，以前の自分の手番や，以前の節で自分が知ったすべての情報を覚えていると仮定される。この仮定は完全記憶として知られている。

**定義**：以下の場合には，ゲームは**完全記憶**のもとでプレイされる。

1 3目並べとは，3×3の行列のマス目で遊ぶ子供のゲームである。プレイヤーの1人は×，もう1人は○の印を交互にマス目につけていく。あるマス目に誰かが印をつければ，そこにはもう誰も印をつけられない。3つの連続したマス目に先に印をつけた者が勝ちとなる。3つの連続したマス目にどちらも先に印をつけられずに，マス目がすべて埋まってしまう時には，ゲームは引き分けとなる。

図 3.9　完全記憶に反したゲームの木

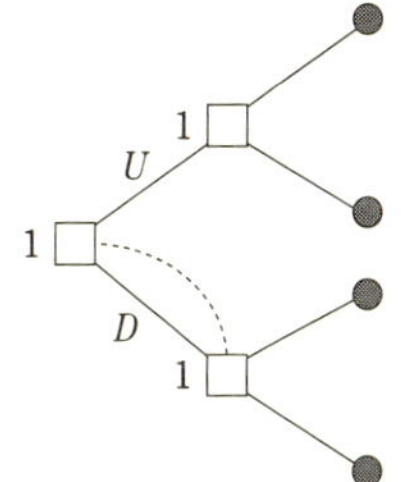


プレイヤー 1 は手番をとったばかりなのに下方の節でそれを忘却

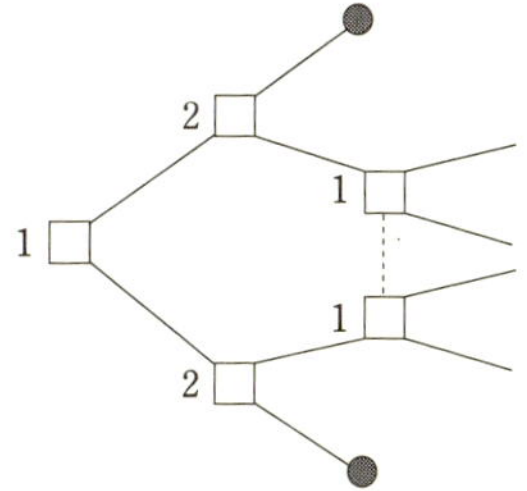


プレイヤー 1 は過去に自分がとった手番を忘却

1. どのような情報集合も，ある節とその先行節の両方を含むことはない。
2. プレイヤー $i$ の情報集合における任意の 2 つの節 $x$ と $x'$ に関して，$x''$ をプレイヤー $i$ の別の情報集合にある $x$ の先行節としよう。このとき，$x''$ と同じ情報集合に $x'$ の先行節 $y$ が存在し，プレイヤー $i$ が $x''$ から $x$ へと至るためにとる行動は，$y$ から $x'$ に至るためにとる行動と同一になる（注意：$x''$ と $y$ は同じ節であってもよい）。

定義の第 1 は，プレイヤーが現在の手番と将来の手番を区別できることを要請している。図 3.9 の左側はこの条件を満たさない。すなわち，プレイヤー 1 が $D$ を選択するなら，彼はすでに手番を終えたことを忘れている。このゲームにおけるプレイヤー 1 の情報集合は，彼の最初の選択節と，彼の最初の選択節から $D$ をプレイした場合に生じる節とを結びつけている。彼は最初の節とこの後続節の区別がつかず，最初の節で $D$ を選んだことを忘れている。定義の第 2 はさらに複雑で，ある種の物忘れを排除する。この定義は，図 3.9 の右側のように以前にとった行動を忘れる状況を排除する。プレイヤーが，他のプレイヤー（偶然を含む）のとった行動を，ゲームの以前の段階では知っていたのに忘れてしまうような状況も排除する。筆者の知る限りでは，政治学においてプレイヤーが完全記憶を持たないような例はない。ブリッジは，南北と東西という 2 チーム間の 2 人プレイヤーのゲームとして見る場合，完全記憶を仮定しないゲームの例である。ビッドの間に，各「プレイヤー」は，一度ビッドした後で，手札の内容を一時的に忘れることになる。北がビッドした後，南北プレイヤーは，南がビッドするときには，北の手にどのカードがあるのかを忘れている。

ゲームによっては展開形で書くのが不便なこともある。もしプレイヤーの手番が無数にあるなら，無限の枝を描くのに時間がかかるだろう。たとえば，ある問題に対する政策範囲は有限集合ではなく，しばしばある直線上の点で表される。政策担当者は無限の政策から選択する。無限であるが明確に特定化された手番の集合は，しばしば**タイムライン形**で表される。タイムライン形のゲームは展開形ゲームと似ている。この表現によって，プレイヤーの意思決定節の順番や，各選択節でプレイヤーにどのような情報が入手可能か，手番の際にどのような情報を持っているか，選択がどのように結果を導くか，結果に対するプレイヤーの効用関数がどのようなものかが特定される。タイムライン形は，節を順番に並べて，手番をとるプレイヤー，可能な選択，その節で利用可能な情報を特定する。終節は結果とプレイヤーの効用関数を与える。

タイムライン形や展開形で想定される時間の概念は，厳密な時間順の時間ではなく，意思決定の時間である。節が時間軸上に等間隔で並んでいると仮定しなくてもよいし，節が先行節の後に起きると仮定する必要もない。手番はコイン合わせゲームのように同時であってもよい。これらの形は選択に関する意思決定の環境を捉えようとするものである。プレイヤーが何を知っているのか，彼らの意思決定はどのように相互作用して結果を導くのか。このようなことはたしかに時間的な順序に影響を受ける。しかし重要なのは，意思決定の環境であって，時間的な順序ではない。

## *3.3* 戦略形ゲーム

展開形で表すと，かなり単純なゲームでもすぐに複雑になる。そのため，ゲームの分析は戦略形（標準型とも呼ぶ）という縮約された形で行われることがよくある。この戦略形では，各プレイヤーの選択は，ゲームを行うための完全な計画の選択に還元される。戦略の選択は，ゲームが始まる前に行われていると想定される。

**定義**：プレイヤー$i$の**戦略**$S_i$は，所与のゲームにおけるプレイヤー$i$の各情報集合に手番を1つ割り当てる。

戦略は，ある特定のプレイヤーにとってゲームを行う上での完全な計画であ

**図 3.10　コイン合わせゲームの戦略形**

| | | プレイヤー2 | |
|---|---|---|---|
| | | $h$ | $t$ |
| プレイヤー1 | $H$ | (1, −1) | (−1,1) |
| | $T$ | (−1,1) | (1, −1) |

る。そのプレイヤーがすべての状況でどのような手番をとるかを戦略は示す。ある設定時間にプレイヤーがゲームをプレイするように，あらかじめ決められているとしよう。ただし，ゲームを行う時点で，プレイヤーは予定通りにプレイしなければならない。包括的な計画にしたがってプレイヤーがプレイすることを，レフリーは要求する。その計画は，プレイヤーがとりうる手番のすべてを明確にし，手番が来ないだろうとプレイヤーが思う場合にもどの手をとるかを明確にしなければならない。そうすれば，レフリーは，プレイヤーがいなくてもその戦略にしたがってゲームをプレイできる。プレイヤーは，情報集合内のとりうる行動に確率分布を特定することによって確率的な手番をとることができる。確率的な手番を全く含まない戦略は**純戦略**と呼ばれる。

プレイヤーの戦略を用いて，ゲームをプレイヤーの純戦略の相互作用へと還元する。一度プレイヤーの純戦略がわかれば，展開形ゲームでその相互作用を機械的にたどることができ，ゲームの結果を導くことができる。それはまるで，すべてのプレイヤーがゲームの最初に自分たちの戦略をメールで交換しているかのようである。その指示に従っておけばゲームの結果が決定される。

**定義：*n* 人戦略形ゲーム**とは，すべてのプレイヤーの純戦略の $n$ 次元行列であり，その行列の各要素には，戦略の組み合わせから生じる結果に対するプレイヤーの効用（結果に対する確率分布の場合もある）があてはめられる。

**例題**：コイン合わせゲームの戦略形を表すために，各プレイヤーの純戦略を特定しよう。各プレイヤーは，2 つの手番を含む 1 つの情報集合を持つ。それゆえ，2 つの戦略すなわち表か裏しか各プレイヤーは持っていない。これら 2 つの戦略は図 3.10 のように 2×2 の表で示される。プレイヤーのとる戦略の組み合わせによって生じる結果を表すために，プレイヤーがそれらの戦略をとった場合のゲームの結果をたどろう。左上のマス目ではプレイヤー1は表，プレイヤー2も表という戦略をとる。ゲームのルールに従って，プレイヤー1は両方のコインを獲得し，この結果に対してプレイヤー1は1の利得を得て，プレイヤー2は−1の利得を得る。図は完全な戦略形を示す。

**練習問題 3.4**

a）プレイヤー2が選択する前に，プレイヤー1が自分の手を明かさなければならない場合のコイン合わせゲームの展開形を描け。

b）このゲームの戦略形を表せ（ヒント：プレイヤー2の戦略はまだ2つしかないだろうか）。

より複雑な展開形ゲームは，より大きな戦略形で表される。この章の始めに議論された抑止ゲームを考えよう。図3.5のゲームの木で示されたものである。挑戦国の戦略から始めよう。挑戦国は，2つの情報集合のそれぞれにおいて2つの手番を持つ。それゆえ，挑戦国は4つの戦略をとりうる。これらの戦略を，最初の節における手番を前に，2番目の節での手番をその後に示す。すなわち，「挑戦しない，強行する」，「挑戦しない，撤退する」，「挑戦する，強行する」「挑戦する，撤退する」となる。防衛国もまた，2つの情報集合のそれぞれに2つの手番を持ち，4つの戦略をとりうる。これらの戦略は，「つねに抵抗」，「強硬なら抵抗し，強硬でないなら抵抗しない」「強硬なら抵抗せず，強硬でないなら抵抗する」，「つねに抵抗しない」となる。木の上方の枝では，防衛国は強硬であることを思い出そう。防衛国の2番目の戦略は，上方の枝では「抵抗する」，下方の枝では「抵抗しない」である。「強硬なら抵抗し，強硬でないなら抵抗しない」にこの戦略が要約され，プレイヤーに何をさせるのかについて，より直観的に理解できるようにしている。

上の記述では，展開形の抑止ゲームの2つの要素が表されていない。すなわち，防衛国が強硬か否かを決定する偶然手番における確率分布と，その結果に対するプレイヤーの効用である。防衛国が強硬である確率を1/2，強硬でない確率を1/2と仮定しよう。プレイヤーの効用は，結果 $O$ に対する挑戦国と防衛国の効用を順に $u_{CH}(O)$，$u_D(O)$ と書く。

抑止ゲームの戦略形ゲームは，各プレイヤーが4つの戦略を持っているので，4×4の行列が必要になる。図3.11はこの行列を示す。各戦略の組の結果をた

**図 3.11 防御国の 2 タイプが不確実な抑止ゲームの戦略形**

| | | 挑戦国側 | | | |
|---|---|---|---|---|---|
| | | 挑戦，強行 | 挑戦，撤退 | 挑戦せず，強行 | 挑戦せず，撤退 |
| 防衛国側 | つねに抵抗 | $\frac{1}{2}u_{CH}(W)+\frac{1}{2}u_{CH}(W^*)$,<br>$\frac{1}{2}u_D(W)+\frac{1}{2}u_D(W^*)$ | $\frac{1}{2}u_{CH}(BD)+\frac{1}{2}u_{CH}(BD^*)$,<br>$\frac{1}{2}u_D(BD)+\frac{1}{2}u_D(BD^*)$ | $\frac{1}{2}u_{CH}(SQ)+\frac{1}{2}u_{CH}(SQ^*)$,<br>$\frac{1}{2}u_D(SQ)+\frac{1}{2}u_D(SQ^*)$ | $\frac{1}{2}u_{CH}(SQ)+\frac{1}{2}u_{CH}(SQ^*)$,<br>$\frac{1}{2}u_D(SQ)+\frac{1}{2}u_D(SQ^*)$ |
| | 強硬なら抵抗し，強硬でないなら抵抗しない | $\frac{1}{2}u_{CH}(W)+\frac{1}{2}u_{CH}(C^*)$,<br>$\frac{1}{2}u_D(W)+\frac{1}{2}u_D(C^*)$ | $\frac{1}{2}u_{CH}(BD)+\frac{1}{2}u_{CH}(C^*)$,<br>$\frac{1}{2}u_D(BD)+\frac{1}{2}u_D(C^*)$ | $\frac{1}{2}u_{CH}(SQ)+\frac{1}{2}u_{CH}(SQ^*)$,<br>$\frac{1}{2}u_D(SQ)+\frac{1}{2}u_D(SQ^*)$ | $\frac{1}{2}u_{CH}(SQ)+\frac{1}{2}u_{CH}(SQ^*)$,<br>$\frac{1}{2}u_D(SQ)+\frac{1}{2}u_D(SQ^*)$ |
| | 強硬なら抵抗せず，強硬でないなら抵抗する | $\frac{1}{2}u_{CH}(C)+\frac{1}{2}u_{CH}(W^*)$,<br>$\frac{1}{2}u_D(C)+\frac{1}{2}u_D(W^*)$ | $\frac{1}{2}u_{CH}(C)+\frac{1}{2}u_{CH}(BD^*)$,<br>$\frac{1}{2}u_D(\mathrm{C})+\frac{1}{2}\mathrm{u}_D(\mathrm{BD}^*)$ | $\frac{1}{2}u_{CH}(SQ)+\frac{1}{2}u_{CH}(SQ^*)$,<br>$\frac{1}{2}u_D(SQ)+\frac{1}{2}u_D(SQ^*)$ | $\frac{1}{2}u_{CH}(SQ)+\frac{1}{2}u_{CH}(SQ^*)$,<br>$\frac{1}{2}u_D(SQ)+\frac{1}{2}u_D(SQ^*)$ |
| | つねに抵抗しない | $\frac{1}{2}u_{CH}(C)+\frac{1}{2}u_{CH}(C^*)$,<br>$\frac{1}{2}u_D(C)+\frac{1}{2}u_D(C^*)$ | $\frac{1}{2}u_{CH}(C)+\frac{1}{2}u_{CH}(C^*)$,<br>$\frac{1}{2}u_D(C)+\frac{1}{2}u_D(C^*)$ | $\frac{1}{2}u_{CH}(SQ)+\frac{1}{2}u_{CH}(SQ^*)$,<br>$\frac{1}{2}u_D(SQ)+\frac{1}{2}u_D(SQ^*)$ | $\frac{1}{2}u_{CH}(SQ)+\frac{1}{2}u_{CH}(SQ^*)$,<br>$\frac{1}{2}u_D(SQ)+\frac{1}{2}u_D(SQ^*)$ |

どると，その戦略の期待効用を決定することができる。そこには，偶然手番が結果に与える影響も期待効用の形で含まれる。たとえば，挑戦国が「挑戦する，強行する」という戦略をとり，防衛国が「強硬なら抵抗し，強硬でないなら抵抗しない」という戦略をとるとき（第 2 行第 1 列），期待効用はどうなるだろうか。偶然手番によって結果は影響を受ける。それは，挑戦に対して防衛国がとる行動を変化させるからであり，また結果そのものを変化させるからである。防衛国が強硬であれば，防衛国は挑戦に抵抗し，挑戦国が挑戦を強行するので，結果は $W$ となる。防衛国が強硬でなければ，防衛国は挑戦に抵抗せず，結果は $C^*$ となる。これらの可能性はそれぞれ 1/2 の確率である。この 2 つの戦略に対する挑戦国の期待効用は $\frac{1}{2}u_{CH}(W)+\frac{1}{2}u_{CH}(C^*)$ であり，防衛国の期待効用は $\frac{1}{2}u_D(W)+\frac{1}{2}u_D(C^*)$ である。図は抑止ゲームの戦略形を表す。

戦略「挑戦しない，強行する」と戦略「挑戦しない，撤退する」を区別することは，奇妙な印象を与えるかもしれない。結局，挑戦国が最初の手番で挑戦しなければ，ゲームは終わってしまい，これら 2 つの戦略はつねに同じ結果を導く。これらの戦略は，防衛国の戦略と関係なく同じ結果を導くので，同等の戦略である。

**定義**：プレイヤー $i$ の 2 つの戦略 $s_i$ と $s_i'$ が**同等**であるための必要十分条

件は，プレイヤーの相手のすべての純戦略に対する結果について確率分布が同一になることである。

同等な戦略はつねに同じ結果を導くので，同等な戦略の集合はただ1つの戦略にまとめることができる。この戦略は，同等の戦略の全集合を表す。同等の戦略を1つにすることによって，戦略形ゲームを還元された戦略ゲームにすることができる。抑止ゲームの例では，すべての戦略を示すために挑戦国の同等な戦略を区別している。すべての実現可能な戦略を確認したかったからである。後に見るように，ゲームの分析のために同等の戦略が1つになるかどうかで相違は生じない。

戦略形ゲームは次の要素で構成される。

1. 1から $n$ で示された $n$ 人のプレイヤーの集合。
2. 各プレイヤーに1つずつ与えられる純戦略集合 $S_i$ の $n$ 個の集合。
3. 各プレイヤーに1つずつ与えられる $n$ 個の利得関数。

戦略 $s_1, s_2 \cdots\cdots, s_n$ によってプレイヤー $i$ の利得を書くには，$M_i(s_1; s_2; \cdots\cdots; s_n)$ とする。戦略 $s_1, s_2 \cdots\cdots, s_n$ によってすべてのプレイヤーの利得を書くには，$M(s_1; s_2; \cdots\cdots; s_n) = [M_1(s_1; s_2; \cdots\cdots; s_n), M_2(s_1; s_2; \cdots\cdots; s_n), \cdots\cdots, M_n(s_1; s_2; \cdots\cdots; s_n)]$ とする。利得関数は，結果をもたらす戦略の選択と，これらの結果に対する効用による評価からなる。

**練習問題3.5**：次のゲームの戦略形を考えよ。
a）練習問題3.1
b）練習問題3.2

上の表記を用いると，無限の純戦略を持つゲームに対しても戦略形ゲームを定義することができる。このようなゲームは行列としては表せない。そのかわりに，利得関数を用いることによって，無限の戦略集合を持つ戦略形ゲームを定義することができる。これらの関数では，各プレイヤーの利得はプレイヤーの選択する戦略の関数として与えられる。

古典的なゲーム理論は戦略形ゲームを分析しているが，展開形ゲームは戦略形ゲームよりも根源的である。戦略形ゲームは展開形ゲームを縮約したもので

図 3.12　同一の戦略形を導く 2 つの異なる展開形

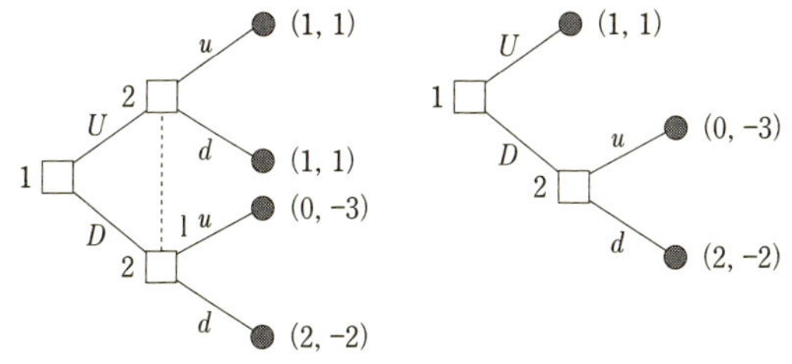


図 3.13　図 3.12 のゲームの戦略形

| | | プレイヤー 2 | |
|---|---|---|---|
| | | $u$ | $d$ |
| プレイヤー 1 | $U$ | (1,1) | (1,1) |
| | $D$ | (0,−3) | (2,−2) |

ある。一般的によく用いられている戦略形ゲームは，戦略的な相互作用の順番を明確にしていない特殊な展開形を前提にしていることが多い。すべての戦略形ゲームにおいて，そのもとになっているのはプレイヤーが戦略を同時に選択する展開形ゲームである。展開形においてプレイヤーが同時に選択しないならば，彼らは，他のプレイヤーが先にとった手番に対応することができる。展開形は手番の順番を明確に示すのに対して，戦略形ではこの順番は戦略集合の中に隠されている。プレイヤーが順番に手番をとる場合，彼らの戦略は，他のプレイヤーが先にとった手番に対して複数の対応を定めなければならない。練習問題 3.4 のように，その順番やプレイヤーの持つ情報が変化すると，彼らのとる戦略も変化し，結果として戦略形も変化する。

異なる展開形が時には同一の戦略形に還元される。図 3.12 の 2 つの展開形ゲームを考えよう。これらのゲームはともに図 3.13 のような戦略形になる。ここで戦略形は，2 つのゲームの間にある決定的な違いを無視している。図 3.12 の右側にある展開形ゲームでは，プレイヤー 2 は，自分の手番の決定時に，相手が何をしたかを知っている。もう一方のゲームではプレイヤー 2 はそれを知らない。図 3.13 の戦略形ゲームの行列はこの違いを示していない。両方のゲームが同じ結果を導くので，図 3.12 の左側の展開形ゲームの上方の節でプレイヤー 2 がとる手番は，手番として意味をなさないと思われるかもしれない。なぜなら，上方の節に到達した時点で，プレイヤー 2 が何を選んでも，両プレイヤーの利得が1となるからである。しかし後に見るように，左側のゲームにおける選択時にプレイヤー2がプレイヤー1の手番を知らない場合には，どの手番が戦略的に適切かが変わってくる。

どのような展開形を選ぶかは，おそらくゲーム理論モデルにおけるもっとも重要な点である。プレイヤーにどのような選択があるのか，どのようにプレイヤー同士が戦略的に相互作用するかが決まるからである。戦略形ゲームが根源的なものであると研究者は思い込んでいる。しかし戦略形ゲームは，より詳細にゲームを説明したものから導かれたものであるということを忘れてはならない。

## 3.4 まとめ

本章では，ゲームがどのように表現されるのかを説明してきた。展開形はゲームを特定化する基本的な方法である。展開形は節から構成され，節はさらに選択節と終節に分けられる。選択節はプレイヤー間で分割される。各節にプレイヤーは1人で，偶然は1人のプレイヤーとして考えられている。それぞれの終節には結果が1つ与えられる。各節から他の節へ至る手番が存在する。すべての偶然手番には各手番に対して確率分布が与えられる。各プレイヤーは結果について効用関数を持つ。情報集合はプレイヤーのいくつかの節をまとめることがある。これは，プレイヤーが選択の際に，自分がどの節にいるのかわからないことを示すためである。最後に，ゲームはプレイヤー間の共有知識になっていると仮定される。

戦略形ゲームは，ゲームの最初にプレイヤーに戦略を選択させ，選択された戦略はプレイヤーの利得を導く。戦略はゲームを行うための完全な計画である。すなわち，プレイヤーが展開形において持つすべての情報集合において，どの手番をとるかを特定していなければならない。利得は，選択された戦略が導く結果と，その結果に対してプレイヤーが持つ効用とを結びつける。戦略形ゲームはふつう戦略と利得の行列で示される。

本章では，ゲーム理論のモデルを用いる上で重要な2つの点を強調した。第1に，ゲームの設計こそが，状況をモデル化する上でもっとも重要な段階である。ゲームは状況について多くの仮定をおいている。その仮定については慎重に検討すべきである。第2に，戦略形ゲームは展開形ゲームを縮約したものである。戦略形ゲームはある特定の展開形を想定しているかもしれない。そのような展開形ゲームは，モデル化の対象となっている状況をうまく表現していないことがある。

## 3.5 文献案内

第1章の文献案内で概観した教科書の多くには，ゲームの定義に関する有益な章がある。Kreps（1990）の第11章がおそらくもっとも優れている。というのは，簡単なゲームがいかにして複占の論理を捉えているかを丁寧に議論しているからである。ただし，議論が一部で抽象的すぎると感じるかもしれない。Luce and Raiffa（1957）による展開形の定義の部分は，読みやすいが時代遅れのところもある。

抑止ゲームの箇所の議論は，抑止を展開形でモデル化した文献に依拠している。お勧めはWagner（1989）であり，これは抑止を展開形でモデル化した最初の文献である。Wagner（1983）は，国際政治学の議論をもとにゲームの誤用について議論している。

# 第4章

# 古典的ゲーム理論

本章では，ゲーム理論に対する古典的なアプローチとその基本的な結果を示す。古典的ゲーム理論は，プレイヤーがどのように戦略を選択するのかを，戦略形を前提として分析する。展開形ゲームこそが根源的なものであるという議論をしておきながら，戦略形によってゲームの分析を開始するのは奇妙に思えるかもしれない。これには2つの理由がある。第1に，均衡概念は，戦略形のゼロ和ゲームという純粋な競争から生まれたからである。第2に，均衡という考え方の背後にある直観は，戦略形で容易に説明されるからである。第5章からは展開形における均衡分析が始まる。そこでの分析は，読者が古典的ゲーム理論の均衡についてすでに精通していることを前提としている。

本章の中心な考え方はナッシュ均衡である。ナッシュ均衡では，どのプレイヤーも一方的にその戦略を変更する誘因を持たない。この考え方は2人ゼロ和ゲームから生まれた。2人ゼロ和ゲームの純粋な競争では，プレイヤーは相手を搾取できないような戦略を採用する。2人ゼロ和ゲームの均衡は適切な性質をいくつか備えている。このナッシュ均衡の考え方は，非ゼロ和状況——プレイヤーが何らかの補完的な利益を持っている状況——という概念に一般化される。しかし，この考え方を非ゼロ和ゲームに持ち込むのは犠牲も伴う。2人ゼロ和ゲームにおける望ましい均衡の性質の一部が失われるからである。

本章では，2人ゼロ和ゲームや2人以上のプレイヤーがいる非ゼロ和ゲームを用いて，古典的ゲーム理論における均衡の概念を説明する。本章は，最初にゼロ和ゲームを定義し，協力ゲーム理論と非協力ゲーム理論の相違について議論する。その後，2人ゼロ和ゲームと2人非ゼロ和ゲームにおけるナッシュ均衡を議論する。便宜上，2人ゲームを用いて，非ゼロ和ゲームのナッシュ均衡を説明する。$n$ 人非ゼロ和ゲームにおけるナッシュ均衡の概念は，2人非ゼロ和ゲームと同じものである。ナッシュ均衡の概念を議論することによって，3つの重要な考え方を紹介する。すなわち，支配される戦略，最適応答，混合戦略である。ある戦略がもう1つの戦略に対してつねに少なくとも同じかそれよりも良い場合，プレイヤーにとって前者の戦略は後者の戦略を支配する。他のプレイヤーの特定の戦略に対するあるプレイヤーの最適応答とは，他のプレイヤーの特定の戦略に対して，そのプレイヤーにもっとも高い利得を与える戦略である。混合戦略という概念は，自分の行動を他のプレイヤーには予測できないようにしておきたいというプレイヤーの誘因を表している。

本章は，2人ゼロ和ゲームに戻ってミニマックス定理を説明する。この定理が証明するのは，2人ゼロ和ゲームには均衡が一般に存在し，そうした均衡には望ましい性質が備わっているということである。次にナッシュ均衡概念の弱点を議論する。非ゼロ和ゲームのナッシュ均衡は，2人ゼロ和ゲームの均衡が備える望ましい性質をすべて持つわけではない。ナッシュ均衡は，どのようにゲームが行われるかについて共通の推測をプレイヤーがしていると仮定する。この考え方の帰結や，複数のナッシュ均衡をさらに絞り込むためのいくつかの原理について議論する。合理化可能な戦略は，プレイヤーに共通の推測が欠如している場合に，ゲームで何が起きるかについて1つの見方を与えてくれる。支配される戦略の繰り返し消去から導かれるこれらの戦略を，ナッシュ均衡と比較する。

本章の最後で，選挙に関する2つの例と協力ゲーム理論の簡単な議論をとりあげる。最初の例は，民主主義における政治改革の単純なモデルである。その次の例は，候補者間競争を2人ゼロ和ゲームとして空間モデルによって示す。そこで提示される中位投票者定理は，選挙や議会の数理モデルにおける初期の成果である。ナッシュ交渉解や $n$ 人ゲーム理論の簡単な紹介は協力ゲーム理論の代表として説明する。ナッシュ交渉解は交渉に関して本書で取り上げる最初の議論である。それは第5章で示す交渉に関する最初の非協力モデル，ルービンシュタインの交渉モデルと密接に関係している。これら2つのモデルによって協力ゲーム理論と非協力ゲーム理論の違いが明らかになる。$n$ 人ゲーム理論については簡潔な紹介にとどめる。$n$ 人ゲーム理論は政治学では重要であるが，詳しくは扱わない。非協力ゲーム理論に焦点を当てるという本書の意図から離れてしまうからである。本章の結びは，古典的なゲーム理論の中心的な考え方を再検討する。

以上，本章で扱う主題を簡単に見てきた。他の教科書を全体的に見渡せば，古典的ゲーム理論の3分野，2人ゼロ和ゲーム，2人非ゼロ和ゲーム，$n$人ゲームのいずれもが言及されている。本章が読者に紹介するのは古典的ゲーム理論の基本的な論理である。それは非協力ゲームの理論を理解するための基礎となる。本章を理解した後には，読者は単純な戦略形ゲームを解けるようになっているはずである。しかし，古典的ゲーム理論の専門家になることは期待していない。ここでの議論の焦点は，基本概念の説明と，それらを使って簡単なゲームを解くにはどうしたらいいかということにある。

## *4.1*　古典的ゲーム理論の用語の定義

2人ゼロ和ゲームは，プレイヤー同士の純粋な競争のゲームである。

**定義**：あるゲームが**ゼロ和**であるとは

$$\sum_{i=1}^{n} M_i = 0$$

すなわち，すべてのプレイヤーの利得の合計がゼロに等しいとき，かつそのときのみである。

ゼロ和ゲームでは，1人のプレイヤーが得たものは，もう1人のプレイヤーが失ったものでなければならない。プレイヤーが2人のとき，これは純粋な競争のゲームである。これらのゲームには共通の利益がないので，プレイヤーが，共通の利益のためにコミュニケーションをとったり戦略を調整したりすることはない。2人ゼロ和ゲームでは，プレイヤー2の利得は，プレイヤー1の利得のちょうど正反対になる。プレイヤー2の利得がプレイヤー1の利得の正反対になるという前提で，プレイヤー1の利得だけを書いて戦略形を簡単化する。ゼロ和ゲームが2人以上のプレイヤーになることもある。そのようなゲームでは，2人以上のプレイヤーが協調行動をとり，別のプレイヤー1人（もしくは何人か）を出し抜こうとすることがある。

2人ゼロ和ゲームは，社会現象に関するモデルとしてはあまり良くはない。というのは，ほとんどすべての興味深い社会現象は関係者に混合動機を与え，2人の主体が正反対の利益を持つという状況はほとんどないからである。おそらくは候補者間の競争か戦争の軍事的作戦行動くらいであろう。そのような状況でさえ，ゼロ和として表すことは正確ではないかもしれない。一見すると，2人の候補者間の競争はゼロ和のように見える。というのは，1人が勝ち，もう1人が負けるからである。しかし，候補者は，投票者よりも支援団体に応えなければならないかもしれない。候補者は，この選挙での所属政党からの便宜の有無とは関係なく，選挙の争点について異なる立場をとることによって所属政党を満足させようとするかもしれない。将来の選挙でより高い役職を候補者は望んでいるかもしれない。そのような願望があるときには，この選挙で必ずしも得票の最大化を目指すとは限らない。非ゼロ和ゲームはこのような混合動機を捉えることができる。混合動機が表すのは，当事者が競争的でありながら同時に協力的な利害関係を持つ状況である。このとき，プレイヤーの利益は，もはや自動的には他のプレイヤーの損失とはならない。

非ゼロ和ゲームは，プレイヤー間の協力的行動の可能性を創り出すので，プレイヤーがコミュニケーションを通じて戦略を調整できるかを考慮しなければならない。非ゼロ和ゲームは，合意の拘束力の有無によって2つに分類される。

> **定義**：**協力**ゲームでは，ゲームの前やゲーム中に拘束的な合意をしたり，プレイヤー間でコミュニケーションをしたりすることが許されている。**非協力**ゲームでは，プレイヤー間で拘束的な合意をすることはできない。ただし，コミュニケーションは許されることもあれば，許されないこともある。

協力ゲームと非協力ゲームとの違いは，両ゲームにおけるプレイヤーの行動ではない。プレイヤーが共通の利益に対して合意可能か否かという条件が，協力ゲームと非協力ゲームの違いをもたらす。協力ゲームは，ゲーム外で決まる拘束的な合意にプレイヤーが従うことによって戦略を調整することを認める。非協力ゲームでは，プレイヤーはゲームそれ自体によって戦略を調整しなければならない。ある合意が拘束力を持つのは，合意主体の利益に適う場合である。

ゲーム理論における大論争の1つは，非協力ゲームの優位性に関連している。Harsanyi and Selten（1988）は，非協力ゲームのほうが協力ゲームよりも根源的であるとする。合意を強制する手段を明示的にモデル化しているというのがその理由である。彼らの主張では，協力ゲームではプレイヤー間の合意をあまりに安易に可能にしている。協力ゲームではプレイヤーは，強制力がないような合意に拘束されている。非協力ゲームでは，ゲームの中でプレイヤー間の協力を実施するにはどうしたらよいか，プレイヤーがそのような合意を破る誘因は何かなどについて十分に考えなければならない。筆者はこの意見に同意する。ゲーム理論が取り組むべき3つの重要な問題は，プレイヤーが互いの利益に向けて協調するのはいつか，それはいかにしてか，それはなぜかである。合意の強制（換言すれば，人々はどうして短期的なコストをいとわず合意を尊重しようとするのか）は重要な問題であり，協力ゲーム理論は，その重要な問題を仮定によって済ませてしまっている。それゆえ，本書は非協力ゲーム理論に焦点を当てる。ただし，協力ゲーム理論はゲーム理論の発展や政治学への応用という点で重要であった。本章の末尾で協力ゲームの理論からいくつか重要な考え方を紹介し，協力ゲーム理論に関するさらなる参考文献も示すことにしよう。

協力ゲームと非協力ゲームとの伝統的な区別は，後者ではプレイヤー間のいかなるコミュニケーションも認めないというものである。各プレイヤーは自分で自分の戦略を決めなければならない。ゲーム理論家がしだいに理解したのは，コミュニケーションが認められるかどうかという問題は，合意が拘束的か否かという問題ほどには重要でないということである。合意が外部の機関によって強制されない場合，コミュニケーションは状況によっては意味がなくなる。非協力ゲームの理論家の主張は，コミュニケーションは明示的にゲームの中にモデル化されるべきだということである。ゲーム内のコミュニケーションに関する初期の議論は，ゲームを行う前にプレイヤー同士が何でも自由に話し合うことを許していた。しかし，コミュニケーションの戦略的効果を分析するという関心がしだいに高まってきた。その分析のためには，メッセージはゲーム自体に手番として組み込まれていなければならない。どのようなことでもプレイヤーが言ってよいとするのは，コミュニケーションの戦略的役割を評価するにはふさわしいものではない。今日一般的なのは，非協力ゲームの中で明示的にコミュニケーションをモデル化することである。それでもなお，そのようなかなり数理化されたコミュニケーションでも，言語ほど豊かではない。第8章では，ゲームにおけるコミュニケーションの数理的分析に関するいくつかの例を紹介する。

図4.1 2人ゼロ和ゲーム

| | | プレイヤー2 $s_1$ | プレイヤー2 $s_2$ |
|---|---|---|---|
| プレイヤー1 | $S_1$ | −1 | 2 |
| | $S_2$ | 4 | 3 |

## 4.2 支配・最適応答・均衡

プレイヤーはどのようにゲームを行うべきだろうか。ある場合には，プレイヤーにとってある戦略が他のどの戦略よりもつねに良い場合がある。図4.1の2人ゼロ和ゲームを考えよう。プレイヤー2がどちらの戦略をとるかにかかわらず，プレイヤー1はつねに$S_2$をとるほうがよい。プレイヤー2が$s_1$をとるとしよう。このとき，プレイヤー1の利得は，彼が$S_1$をとれば−1であり，$S_2$をとれば4である。プレイヤー2が$s_2$をとるとき，プレイヤー1の利得は$S_1$をとれば2であり，$S_2$をとれば3である。

プレイヤー1にとって$S_2$は$S_1$よりもつねに良いので，$S_2$は$S_1$を支配するという。

**定義**：プレイヤー1にとって戦略$S_1$が別の戦略$S_2$を**強く**（または**厳密に**）**支配する**ための必要十分条件は，すべての$s_j$について

$$M_1(S_1; s_j) > M_1(S_2; s_j)$$

が成立することである。プレイヤー1にとって戦略$S_1$が別の戦略$S_2$を**弱く支配する**ための必要十分条件は，すべての$s_j$について

$$M_1(S_1; s_j) \geqq M_1(S_2; s_j)$$

かつ，ある$s_j$について

$$M_1(S_1; s_j) > M_1(S_2; s_j)$$

が成立することである。

この状況における$S_2$は**弱被支配戦略**と呼ばれる。$S_1$が他のすべての戦略

$S_i$ を強く支配するならば，$S_1$ を**支配戦略**と呼ぶ。両方のプレイヤーが支配戦略を持つならば，その結果として成立する均衡は**支配戦略均衡**と呼ばれる。

プレイヤー 2 についても同様に支配を定義できる。強く支配される戦略はつねに劣っており，それを支配する戦略をとることがプレイヤーにとってつねに得になる。プレイヤーは強く支配される戦略を決してとってはならない。弱被支配戦略も，それを支配する戦略よりも損になりこそすれ，得になることは決してない。

もし，プレイヤーに支配戦略があれば，つねにその戦略をとるべきである。なぜなら，他のどの戦略をとっても損になるからである。両方のプレイヤーに支配戦略があれば，支配戦略均衡となり，ゲームの結果としてきわめて強い予想が成立する。他のプレイヤーが何をするかにかかわらず，両方のプレイヤーはともに支配戦略をとる強い誘因を持つ。

**例題**：古典的な 2 人非ゼロ和ゲームは囚人のジレンマである。囚人のジレンマは，典型的には次のような気の利いた話で示される。2 人の犯罪者が逮捕されている。地方検事は，犯罪者の片方もしくは両方が自白しない限り，彼らに対して重い罪を宣告するための十分な証拠を持っていない。地方検事は，2 人を隔離し，それぞれに次のような提案をする。「君が自白し，君の仲間が自白しなければ，君は無罪となり釈放される。しかし，君の仲間が自白し，君が自白しなければ，君に厳罰を与える。どちらも自白しない場合には，2 人に軽い罰を与えるしかない。両方とも自白するなら，両者に重い罰を与える。しかしその罰は，君が自白せずに相手が自白した場合よりも，短い服役期間になるだろう。よく考えて，どうするか言いなさい」。

図 4.2 は囚人のジレンマにおける利得行列を示している（$S_1$ は自白しない，$S_2$ は自白するとする）。均衡は，両プレイヤーの戦略をすべて特定化しなければならない。ここでの表記法では，プレイヤーの戦略を順番に並べ，セミコロンで分ける。プレイヤーの戦略内で複数の手番を特定化するときは，コンマを使ってプレイヤーの戦略内の別々の手番を分けるものとする。

囚人のジレンマは支配戦略（$S_2$; $s_2$）を持つ。すなわち，犯罪者は 2 人とも

**図4.2 囚人のジレンマ**

| | | プレイヤー2 | |
|---|---|---|---|
| | | $s_1$ | $s_2$ |
| プレイヤー1 | $S_1$ | (5,5) | (−10,10) |
| | $S_2$ | (10,−10) | (−5,−5) |

自白する。しかし，2人のプレイヤーにとっては，($S_2$; $s_2$) よりも ($S_1$; $s_1$) のほうが良い。($S_1$; $s_1$) をプレイするという約束は両プレイヤーにとって利益となる。しかし，自己の利益のために2人のプレイヤーはそのような約束を破ってしまう。これが囚人のジレンマにおけるジレンマである。コミュニケーションだけではこのジレンマは解決できない。たとえ両方の犯罪者が「俺は絶対自白しない！」と叫びながら取調室へと引きずられていくとしても，相手が何をするかにかかわらず，自分はつねに自白するほうが良い。囚人のジレンマを解決するには，拘束的な合意もしくは約束を強制する何らかの方法が必要となる。第9章では，ゲームが繰り返し行われる場合の囚人のジレンマを議論する。繰り返し囚人のジレンマは囚人のジレンマとはかなり異なるゲームである。

**練習問題4.1**：図4.3のゲームにおいて支配される戦略があれば見つけよ。このゲームにおいて支配戦略均衡は存在するか。

残念ながら，多くのゲームには支配戦略均衡は存在しない。図4.1のゲームにはない。プレイヤー1にとって $S_1$ は支配戦略であるけれども，プレイヤー2には支配戦略はない。もしプレイヤー1が $S_1$ をとるならば，プレイヤー2は彼女に利得1を与える $s_1$ をとる（プレイヤー2の利得は，2人ゼロ和ゲームではプレイヤー1の利得のマイナスの値であることを思い出せ)。プレイヤー1が $S_2$ をとれば，プレイヤー2は彼女に利得−3を与える $s_2$ をとる。プレイヤー2にとって最適な戦略は，プレイヤー1がどのような戦略をとるかに左右される。他のプレイヤーの特定の戦略に対するあるプレイヤーの最善の戦略は，その特定の戦略に対するそのプレイヤーの最適応答である。

**定義**：プレイヤー1にとって戦略 $S_i$ が戦略 $s_j$ に対して**最適応答**となる必要十分条件は，プレイヤー1のとりうる他のすべての戦略 $S$ に対して

**図 4.3　練習問題 4.1**

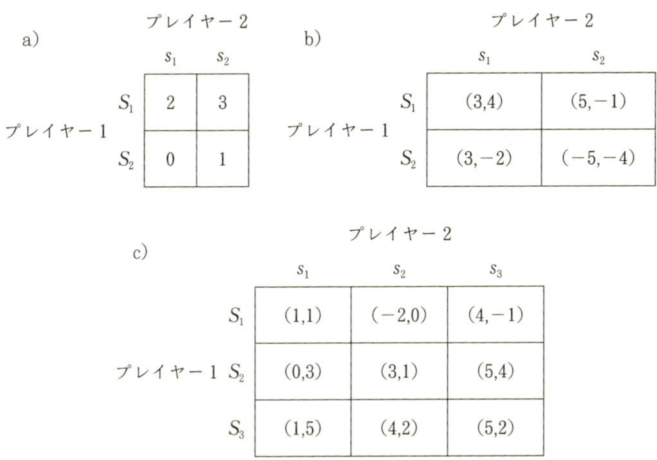

a)

| | | プレイヤー2 $s_1$ | プレイヤー2 $s_2$ |
|---|---|---|---|
| プレイヤー1 | $S_1$ | 2 | 3 |
| | $S_2$ | 0 | 1 |

b)

| | | プレイヤー2 $s_1$ | プレイヤー2 $s_2$ |
|---|---|---|---|
| プレイヤー1 | $S_1$ | (3,4) | (5,−1) |
| | $S_2$ | (3,−2) | (−5,−4) |

c)

| | | プレイヤー2 $s_1$ | プレイヤー2 $s_2$ | プレイヤー2 $s_3$ |
|---|---|---|---|---|
| プレイヤー1 | $S_1$ | (1,1) | (−2,0) | (4,−1) |
| | $S_2$ | (0,3) | (3,1) | (5,4) |
| | $S_3$ | (1,5) | (4,2) | (5,2) |

$$M_1(S_i; s_j) \geqq M_1(S; s_j)$$

が成立することである。

プレイヤー1にとって戦略 $S_i$ が戦略 $s_j$ に対して**強最適応答**となる必要十分条件は，プレイヤー1のとりうる他のすべての戦略 $S$ に対して

$$M_1(S_i; s_j) > M_1(S; s_j)$$

が成立することである。

プレイヤー2についても同様に定義できる。支配戦略は，他のプレイヤーのすべての戦略に対して強最適応答である。

図 4.1 に戻ろう。プレイヤー1は支配戦略 $S_2$ を持っている。プレイヤー1の支配戦略に対するプレイヤー2の最適応答は $s_2$ である。($S_2$; $s_2$) という戦略の組は安定的である。相手のプレイヤーがどのような戦略をとっているかについて，両プレイヤーが知っているということを所与とすれば，どちらのプレイヤーも自分の戦略を変えようとはしない。両プレイヤーがゲームを知っており，相手のプレイヤーがそのゲームをどのようにプレイするかを推論すると仮定しよう。このとき，プレイヤー1が $S_2$ をとるとプレイヤー2は予想するだろう。彼女はそのとき $s_2$ をとるだろう。

どのプレイヤーも支配戦略を持たないゲームもある。図 4.4 の2人非ゼロ和

**図4.4 支配戦略のない2人非ゼロ和ゲーム**

| | | プレイヤー2 $s_1$ | プレイヤー2 $s_2$ |
|---|---|---|---|
| プレイヤー1 | $S_1$ | (1,4) | (0,2) |
| | $S_2$ | (−1,0) | (5,1) |

ゲームではどちらのプレイヤーも支配戦略を持たない。$S_1$ と $S_2$ はそれぞれ $s_1$ と $s_2$ に対するプレイヤー1の最適応答である。同様に $s_1$ と $s_2$ はそれぞれ $S_1$ と $S_2$ に対するプレイヤー2の最適応答である。それぞれのプレイヤーの最適戦略は，相手のプレイヤーが選んだ戦略に左右される。

ナッシュ均衡は，各プレイヤーの戦略が相手のプレイヤーの戦略に対する最適応答となっている状況として定義される。両方のプレイヤーが相手プレイヤーの戦略に対して最適応答をするなら，彼らは自分の戦略を変更する誘因を持たない。図4.4のゲームには純戦略において2つのナッシュ均衡，($S_1$; $s_1$) と ($S_2$; $s_2$) がある。$S_1$ は $s_1$ に対するプレイヤー1の最適応答であり，$s_1$ は $S_1$ に対するプレイヤー2の最適応答である。同様に，$S_2$ は $s_2$ に対するプレイヤー1の最適応答であり，$s_2$ は $S_2$ に対するプレイヤー2の最適応答である。

> **定義**：$S_i$ と $s_j$ の戦略の組が**ナッシュ均衡**であるとは，戦略が互いに最適応答となっていることである。言い換えれば，ある戦略の組がナッシュ均衡であるとは，すべての $S_i$ でない $S$ に関して，$M_1(S_i; s_j) \geqq M_1(S; s_j)$ であり，かつすべての $s_j$ でない $s$ について $M_2(S_i; s_j) \geqq M_2(S_i; s)$ であるときのみである。

ナッシュ均衡は安定的である。その理由は，どちらのプレイヤーも一方的に自分の均衡戦略から逸脱しようとする誘因を持たないからである。どちらかのプレイヤーが均衡戦略から逸脱すれば，そのプレイヤーは利得を減らす。しかし，だからといって均衡がどちらのプレイヤーにとっても最高の結果であるというわけではない。また均衡は，「公正さ」という点においても決して「公正」ではない。そうではなく，ナッシュ均衡は，プレイヤーが互いに相手の戦略を正確に予測できる場合に，ゲームの解が満たすべき最小限の条件なのである。ナッシュ均衡には，相手のプレイヤーの戦略について安定的な相互の予測が必

図 4.5　練習問題 4.2

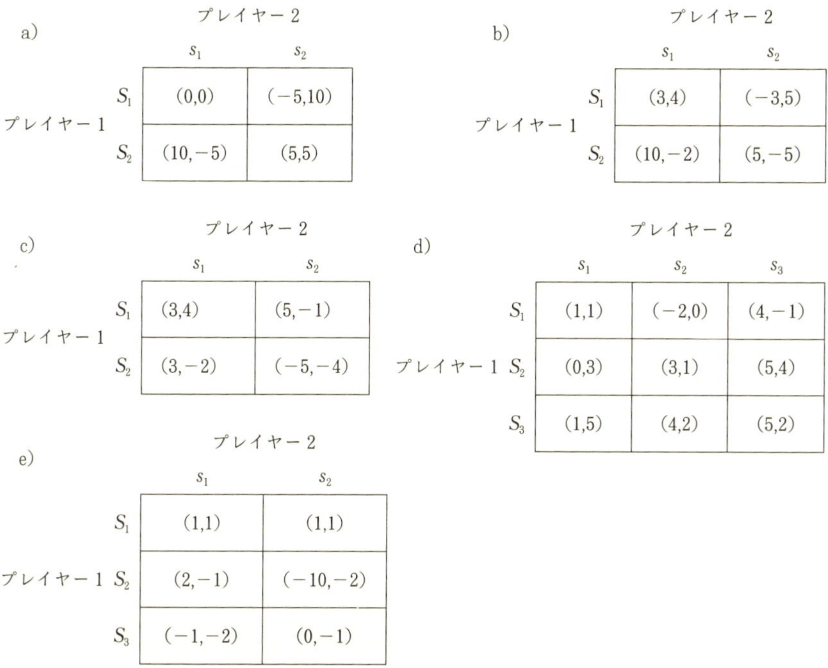

a)

| プレイヤー 1 ＼ プレイヤー 2 | $s_1$ | $s_2$ |
|---|---|---|
| $S_1$ | (0,0) | (−5,10) |
| $S_2$ | (10,−5) | (5,5) |

b)

| プレイヤー 1 ＼ プレイヤー 2 | $s_1$ | $s_2$ |
|---|---|---|
| $S_1$ | (3,4) | (−3,5) |
| $S_2$ | (10,−2) | (5,−5) |

c)

| プレイヤー 1 ＼ プレイヤー 2 | $s_1$ | $s_2$ |
|---|---|---|
| $S_1$ | (3,4) | (5,−1) |
| $S_2$ | (3,−2) | (−5,−4) |

d)

| プレイヤー 1 ＼ プレイヤー 2 | $s_1$ | $s_2$ | $s_3$ |
|---|---|---|---|
| $S_1$ | (1,1) | (−2,0) | (4,−1) |
| $S_2$ | (0,3) | (3,1) | (5,4) |
| $S_3$ | (1,5) | (4,2) | (5,2) |

e)

| プレイヤー 1 ＼ プレイヤー 2 | $s_1$ | $s_2$ |
|---|---|---|
| $S_1$ | (1,1) | (1,1) |
| $S_2$ | (2,−1) | (−10,−2) |
| $S_3$ | (−1,−2) | (0,−1) |

要である。そのような予測が存在するならば，どのプレイヤーも一方的にその戦略を変更する誘因を持たないだろう。そのような変更をすれば，利得が減ってしまうからである。

純戦略におけるナッシュ均衡は戦略形から簡単に見つけられる。プレイヤー 1 は戦略形の行を選び，プレイヤー 2 はその列を選ぶ。このため，プレイヤー 1 と 2 は行と列と呼ばれることもある。列を所与として，すなわちある固定されたプレイヤー 2 の戦略に対して，プレイヤー 1 の最適応答は，その列の中で最大の利得をプレイヤー 1 に与える戦略である。行を所与として，プレイヤー 2 の最適応答は，その行の中で最大の利得をプレイヤー 2 に与える戦略である。したがって，ナッシュ均衡を見つけるためには，利得の組の中で初めの項が列の中で最大になり，次の項が行の中で最大になる結果を探すことである。そのような結果を与える戦略が，純戦略におけるナッシュ均衡である。

**練習問題 4.2**：図 4.5 のゲームで純戦略のナッシュ均衡を見つけよ。

**図 4.6　練習問題 4.3**

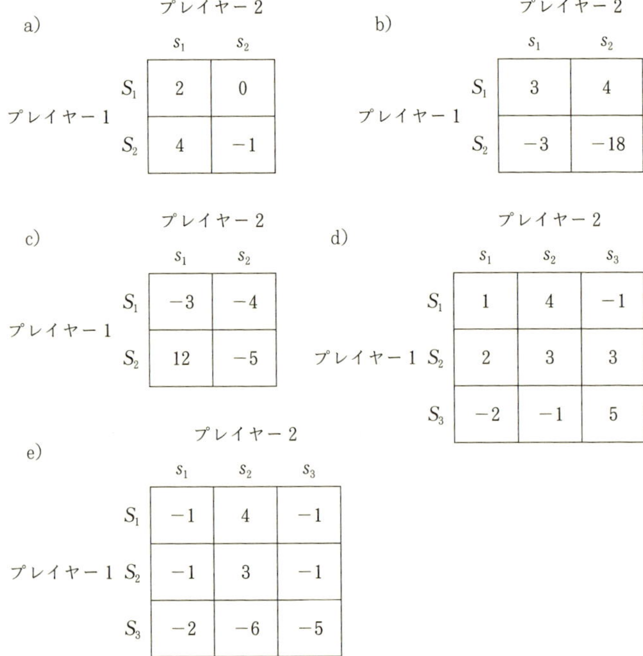

a)

| プレイヤー 1 ＼ プレイヤー 2 | $s_1$ | $s_2$ |
|---|---|---|
| $S_1$ | 2 | 0 |
| $S_2$ | 4 | −1 |

b)

| プレイヤー 1 ＼ プレイヤー 2 | $s_1$ | $s_2$ |
|---|---|---|
| $S_1$ | 3 | 4 |
| $S_2$ | −3 | −18 |

c)

| プレイヤー 1 ＼ プレイヤー 2 | $s_1$ | $s_2$ |
|---|---|---|
| $S_1$ | −3 | −4 |
| $S_2$ | 12 | −5 |

d)

| プレイヤー 1 ＼ プレイヤー 2 | $s_1$ | $s_2$ | $s_3$ |
|---|---|---|---|
| $S_1$ | 1 | 4 | −1 |
| $S_2$ | 2 | 3 | 3 |
| $S_3$ | −2 | −1 | 5 |

e)

| プレイヤー 1 ＼ プレイヤー 2 | $s_1$ | $s_2$ | $s_3$ |
|---|---|---|---|
| $S_1$ | −1 | 4 | −1 |
| $S_2$ | −1 | 3 | −1 |
| $S_3$ | −2 | −6 | −5 |

2 人ゼロ和ゲームの均衡では，プレイヤーの利得はその列で最大，行で最小になっていなければならない。プレイヤー 1 は行を選択できる。そして，もし同じ列内にある別の結果がより大きな利得をもたらす場合には，プレイヤー 1 は，行を変えれば利得を増やすことができる。逆に，プレイヤー 2 はプレイヤー 1 の利得を最小化しようとし（ゼロ和ゲームでは $M_2=-M_1$ であることを想起せよ），所与の行に対して列を選択できる。ゼロ和ゲームの均衡はミニマックス点と呼ばれることがある。行の中の最小値であり，同時に列の中の最大値となっているからである。

**練習問題 4.3**：図 4.6 の 2 人ゼロ和ゲームの均衡を見つけよ。

図 4.7 コイン合わせゲーム

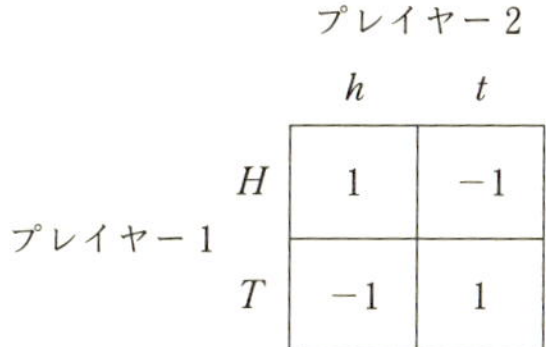

| | | プレイヤー2 | |
|---|---|---|---|
| | | $h$ | $t$ |
| プレイヤー1 | $H$ | 1 | −1 |
| | $T$ | −1 | 1 |

## 4.3 混合戦略

純戦略においてナッシュ均衡を持たないゲームもある。図 4.7 は第 3 章のコイン合わせの戦略形を表す（ただし，ゼロ和ゲームにおける利得についての慣習に従う）。コイン合わせは純戦略のナッシュ均衡がない。$h$ と $t$ に対するプレイヤー 1 の最適応答はそれぞれ $H$ と $T$ である。$H$ と $T$ に対するプレイヤー 2 の最適応答はそれぞれ $t$ と $h$ である。簡単に言えば，プレイヤー 1 はプレイヤー 2 の戦略に合わせようとし，プレイヤー 2 はプレイヤー 1 の戦略と合わせまいとする。彼らはどのようにこのゲームを行うべきか。

各プレイヤーは，自分がどの戦略をとるかを相手プレイヤーにはわからないようにしようとする。相手プレイヤーが表と裏のどちらをとるかをあるプレイヤーが予測できるなら，そのプレイヤーはその予測を利用してゲームに勝つことができる。相手プレイヤーがどの戦略をとるかについての不確実性の度合を表すために，確率を用いる。

**定義**：プレイヤーの**混合戦略**とは純戦略の集合上の確率分布である。混合戦略は（$p_1S_1$, ……, $p_nS_n$）によって表される。ここで，$p_i$ は戦略 $S_i$ をとる確率であり，プレイヤーは $n$ 個の純戦略を持ち，以下が満たされる。

$$\sum_{i=1}^{n} p_i = 1$$

プレイヤーの混合戦略の集合にはその純戦略がすべて含まれる。すなわち，（$1S_1$, $0S_1$, ……, $0S_n$）は $S_1$ と同じ戦略である。

相手のプレイヤーが混合戦略をとるとき，それに対するプレイヤーの最適応

図4.8　コイン合わせにおけるプレイヤー2の最適応答対応

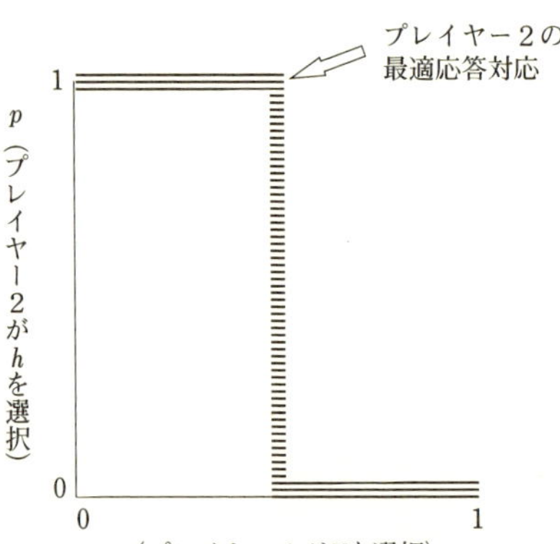


答は期待効用によって計算できる。コイン合わせにおいてプレイヤー1が混合戦略（$\frac{1}{4}H, \frac{3}{4}T$）をとるとき，プレイヤー2の最適応答を計算しよう。彼女が $h$ をとるならば，プレイヤー1の混合戦略に対する期待効用は次のようになる。

$$u_2(h)=p(H)[-M(H;h)]+p(T)[-M(T;h)]=\frac{1}{4}(-1)+\frac{3}{4}(1)=\frac{1}{2}$$

彼女が $t$ をとるならば，プレイヤー1の混合戦略に対する期待効用は次のようになる。

$$u_2(t)=p(H)[-M(H;t)]+p(T)[-M(T;t)]=\frac{1}{4}(1)+\frac{3}{4}(-1)=-\frac{1}{2}$$

$u_2(h)>u_2(t)$ であるので，プレイヤー1の混合戦略に対して，表をとるのがプレイヤー2の最適応答である。

最適応答対応は，あるプレイヤーの最適応答を，相手プレイヤーのすべての混合戦略に対して図示したものである。図4.8はコイン合わせにおけるプレイヤー2の最適応答対応を表す。図4.8の横軸は，プレイヤー1が混合戦略で $H$ をとる確率を表す。プレイヤー1の純戦略はこの軸の両端と一致する。つまり，彼は，$p(H)=0$ のとき $T$ をとり，$p(H)=1$ のとき $H$ をとる。縦軸は，プレイヤー2が混合戦略の中で $h$ をとる確率を表す。図4.8内のどこかに点を打てば，それは各プレイヤーのとった混合戦略の組を表している。太い点線はプレイヤ

図 4.9 コイン合わせにおける両プレイヤーの最適応答対応

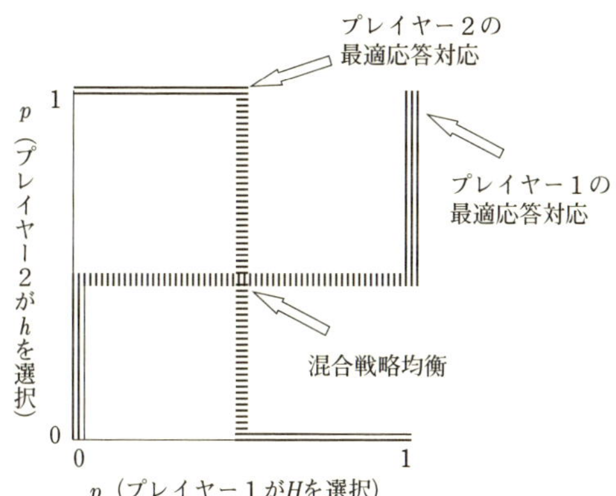


ー 2 の最適応答対応を表す。プレイヤー 1 が $H$ をとる確率が 0.5 より小さいと信じるならば，彼女は $h$ をとり，その確率が 0.5 より大きいと信じるならば，$t$ をとる。プレイヤー 1 が $H$ をとる確率がちょうど 0.5 と彼女が思うならば，どのような戦略も――混合であれ純粋であれ――最適となる。

プレイヤー 1 の最適応答対応も計算することができる。図 4.9 は，プレイヤー 2 と同じ図にプレイヤー 1 の最適応答対応を描き加えている。2 人のプレイヤーが表 1/2，裏 1/2 の戦略をとるときに，2 つの最適応答対応は交わる。$[(\frac{1}{2}H, \frac{1}{2}T); (\frac{1}{2}h, \frac{1}{2}t)]$ という戦略は**混合戦略均衡**を構成する。それはお互いに最適応答である。

ある意味で，混合戦略均衡は自然でわかりやすい。コイン合わせでは，プレイヤーは，表と裏を等しい確率でとると相手プレイヤーに思わせたい。相手プレイヤーがこちらの手番を予測できるならば，相手はこちらの裏をかくことができるからである。しかし，さらに複雑なゼロ和ゲームでは何が起きるだろうか。

**例題**：図 4.10 のゲームは純戦略均衡を持たない。どのような純戦略の組も，2 人のプレイヤーのうちの 1 人は戦略を変更する誘因を持つ。このゲームの混合戦略均衡は何か。

純戦略均衡が存在しないとき，各プレイヤーは，自分がとる戦略について何らかの不確実性を導入したいと思うかもしれない。この不確実性のために，相

**図 4.10　純粋戦略でナッシュ均衡がない 2 人ゼロ和ゲーム**

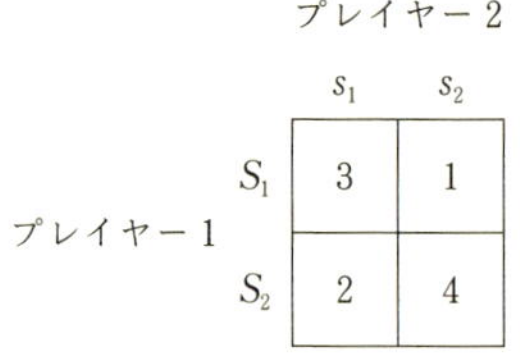

|  |  | プレイヤー2 |  |
|---|---|---|---|
|  |  | $s_1$ | $s_2$ |
| プレイヤー1 | $S_1$ | 3 | 1 |
|  | $S_2$ | 2 | 4 |

手プレイヤーは，被支配戦略ではないすべての戦略をとることを考えなければならない。そうしなければ，互いに最適応答である戦略を見つけることはできない。プレイヤーの均衡混合戦略を得るためには，各戦略をとる確率を調整することによって，相手プレイヤーが被支配戦略ではない戦略のうちどれをとっても無差別になるようにすればよい。そのとき，相手プレイヤーはある1つの戦略をとる誘因を持たず，また混合戦略をとるプレイヤーの戦略に対してそのどの戦略も最適応答となる。2つの純戦略を持つゲームにおいてそのような混合戦略を見つけるには，純戦略をとったときの相手プレイヤーの各期待効用を計算し，それらの期待効用がどれも等しくなるようにすればよい。

**例題**：図 4.10 のゲームでは，プレイヤー1が $S_1$ をとるならば，プレイヤー2は $s_2$ をとりたいと思い，プレイヤー1が $S_2$ をとるならば，プレイヤー2は $s_1$ をとりたいと思う。プレイヤー2の2つの戦略について無差別となるようなプレイヤー1の混合戦略を計算するために，プレイヤー1が確率 $p$ で $S_1$ をとるとしよう。プレイヤー1がとる混合戦略は［$pS_1$, $(1-p)S_2$］となる。プレイヤー2が $s_1$ と $s_2$ の間で無差別となるような $p$ を見つけよ。

$$-3p+(-2)(1-p)=-1p+(-4)(1-p)$$
$$-p-2=3p-4$$
$$p=1/2$$

よって，$(\frac{1}{2}S_1, \frac{1}{2}S_2)$ が，プレイヤー2の2つの戦略を無差別にするようなプレイヤー1の混合戦略となる。

ゲームをプレイする際の相手の混合戦略から自分の期待価値を計算することができる。相手の混合戦略に対して自分がゲームをプレイするとき，どのような利得が期待できるかを計算する。この期待価値は，しばしばプレイヤーにとってのゲームの**価値**（value）と呼ばれる。プレイヤーにとってのゲームの価値は，非ゼロ和ゲームにおける均衡とともに変わる。純戦略均衡では，プレイヤーにとってのゲームの価値はその均衡から得られる利得になる。

**例題**：上の最初の等式では，両辺ともプレイヤー1の混合戦略に対するプレイヤー2にとってのゲームの価値を表している。どちらの辺でも$p$に1/2を代入すると，プレイヤー1がその混合戦略をプレイする際のプレイヤー2の効用が得られる。上の等式の左辺から以下を得る。

$$\nu_2=(-3)(1/2)+(-2)(1-1/2)=-2.5$$

**練習問題 4.4**：上の例で，プレイヤー1がその2つの戦略について無差別となるようなプレイヤー2の混合戦略と，彼にとってのゲームの価値を求めよ。

ここで，混合戦略について決して見逃せない重要な知見がある。混合戦略は，相手のプレイヤーの戦略の選択を中立化するように計算される。当のプレイヤーの利得を最大化するように計算するのではない。相手プレイヤーにとっては，自身の戦略のうち最適応答の集合は，混合戦略によって広がる。支配されない戦略の間でプレイヤーが無差別であるとき，そのどれもが最適応答である。両方のプレイヤーが混合戦略をとるとき，その戦略の組はナッシュ均衡となる。ゲーム理論は戦略的相互作用に関するものである。すなわち，あるプレイヤーの戦略が相手プレイヤーの戦略の選択にどのような戦略的影響を与えるかは，自分の戦略が自分自身の利得にどのような結果を与えるかと同じように重要である。

ある所与の戦略に対して混合戦略が最適応答となっているときはいつでも，混合戦略の中のあらゆる純戦略もまた，その所与の戦略に対する最適応答になる。混合戦略均衡がある場合にはいつでも，相手プレイヤーが混合戦略をとることができるように，各プレイヤーは混合戦略をとる。プレイヤーがこの均衡混合戦略から逸脱するならば，そのときは相手プレイヤーの最適応答はもはや均衡混合戦略ではない。

混合戦略均衡は2通りに解釈される。第1に，純戦略をランダムにとるための正確な指示を与えるという解釈である。コイン合わせでは，プレイヤー1が手番を選んだ後に，プレイヤー2は，コインを投げて手番を決めるとプレイヤー1に伝えることができる。より複雑な確率を持つ混合戦略は，くじ引きによって行うことができる。第2に，混合戦略は，プレイヤーがどの戦略をとるかについての相手プレイヤーの不確実性を表すという解釈である。この解釈による混合戦略は，純戦略をランダムにとることを意味しない。そうではなく，それは，混合戦略をとるプレイヤーがどのような手をとってくるかについての，相手プレイヤーから見た不確実性を表す。相手プレイヤーがその戦略の間で無差別になっているということは，相手プレイヤーが混合戦略をとる側につけこめないほどに不確実性が高いことを表している。

プレイヤーが混合戦略をとる際に，何が起きるだろうか。混合戦略はプレイヤーの行動を予測不能にする。あるプレイヤーが他プレイヤーの戦略を知ることで得する場合，後者は自分の意図を曖昧にし，前者につけいる隙を与えないようにしなければならない。スポーツには混合戦略の例が多い。たとえば，フットボールでのコーリング・プレイはゼロ和ゲームである。もしフットボールで純戦略均衡が存在するならば，ダウン・距離・スコアにおいて，各チームはつねに同じプレイを選択し，同じディフェンスを組もうとするだろう。しかし，実際にはそうはしない。フットボールのコーチによれば，相手の攻撃がわかっていたら，それを止める完璧なディフェンスがあるし，相手のディフェンスがわかっていたら，それを攻撃するための完璧な攻撃フォーメーションがある。純戦略均衡はフットボールにはない[1]。双方ともランダムに攻撃やディフェンスを選択することによって，あるプレイの中で何をしようとしているかを相手に予測されるのを防ごうとする。チームの混合戦略の中で使われる一連の攻撃フォーメーションやディフェンスは，味方や敵の強さや弱点についての綿密な判断を含む。ダウン・距離・スコアによって攻撃のフォーメーションも変化する。こうした両方の判断がフットボールを魅力ある戦略的ゲームにしている。

1 19世紀末から20世紀初頭にかけて，あらゆる状況で純戦略均衡となるプレイがフットボールには存在した。フライング・ウェッジ（flying wedge：「空飛ぶ楔」）と呼ばれるプレイである。フライング・ウェッジとは，ボールを持っているプレイヤーをチーム全員で取り囲むものである。チーム全員が互いに腕を組み，一丸となってディフェンス陣を突破しようとする。これに対するディフェンス側の最適な対応は，楔の周りに全ディフェンス陣を集中させ，敵全体をダウンさせようとするものである。結果として，これはきわめて暴力的なゲームとなる。フットボールのルールが変更され，ブロックする側が腕を組むことが禁じられ，前方へのパスが許されるようになった。この変更の結果，きわめて暴力的だが戦略的ゲームとなった。

**図4.11　練習問題4.5**

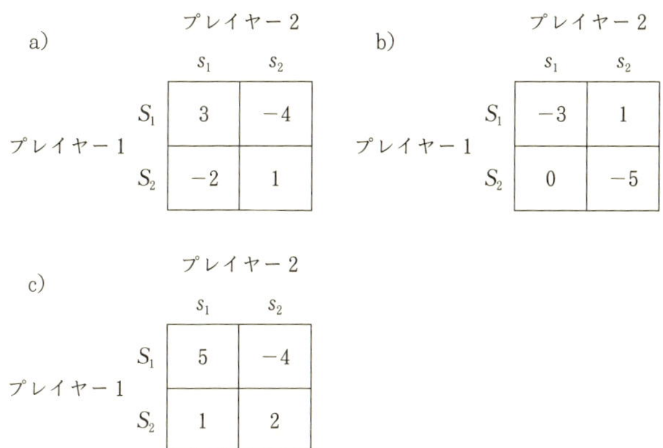

a)

| プレイヤー1 ＼ プレイヤー2 | $s_1$ | $s_2$ |
|---|---|---|
| $S_1$ | 3 | −4 |
| $S_2$ | −2 | 1 |

b)

| プレイヤー1 ＼ プレイヤー2 | $s_1$ | $s_2$ |
|---|---|---|
| $S_1$ | −3 | 1 |
| $S_2$ | 0 | −5 |

c)

| プレイヤー1 ＼ プレイヤー2 | $s_1$ | $s_2$ |
|---|---|---|
| $S_1$ | 5 | −4 |
| $S_2$ | 1 | 2 |

**図4.12　練習問題4.6**

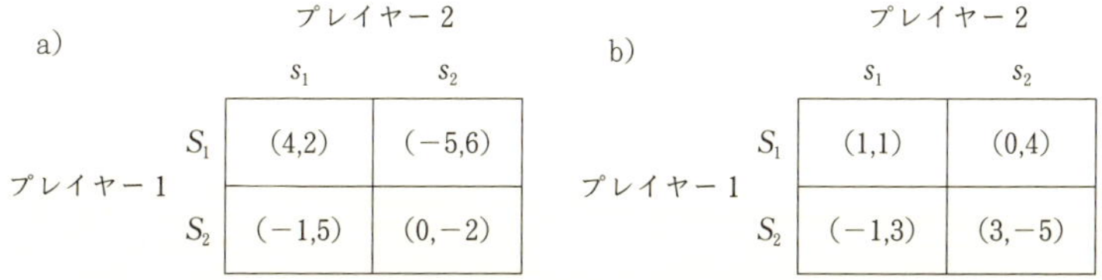

a)

| プレイヤー1 ＼ プレイヤー2 | $s_1$ | $s_2$ |
|---|---|---|
| $S_1$ | (4,2) | (−5,6) |
| $S_2$ | (−1,5) | (0,−2) |

b)

| プレイヤー1 ＼ プレイヤー2 | $s_1$ | $s_2$ |
|---|---|---|
| $S_1$ | (1,1) | (0,4) |
| $S_2$ | (−1,3) | (3,−5) |

**練習問題4.5**：図4.11の2人ゼロ和ゲームの混合戦略均衡と両プレイヤーの価値を求めよ。

**練習問題4.6**：図4.12の2人非ゼロ和ゲームには，純戦略ナッシュ均衡がないことを確認せよ。図4.12の各ゲームにおいて，混合戦略ナッシュ均衡とそのもとでの両プレイヤーにとってのゲームの価値を求めよ。

## 4.4　ミニマックス定理と2人ゼロ和ゲームの均衡

混合戦略はプレイヤーの戦略集合を広げる。これまで混合戦略におけるナッシュ均衡を求めてきた。混合戦略の集合に均衡はつねに存在するのか。この問題に答えるために，2人ゼロ和ゲームから始めよう。

2人ゼロ和ゲームはかなり特殊である。プレイヤーの利益が正反対で，これは共有知識である。両プレイヤーは自己の利益のために相手の利益を減らそうとする。プレイヤーが戦略 $S_i$ をとるときの**保証水準**とは，$S_i$ をとると事前に宣言したときに得ることのできる最小の利得である。戦略の保証水準は2人ゼロ和ゲームにおいて重要である。というのは，プレイヤーは，相手が自分の利得を最小に制限しようとするのを覚悟しなければならないからである。2人ゼロ和ゲームのプレイヤーはその保証水準を最大化するように戦略を選択する。

**例題**：図4.10のゲームにおいて，$S_1$ に対するプレイヤー1の保証水準は1である。プレイヤー1が $S_1$ をとることをプレイヤー2が知っているならば，彼女は $s_2$ をとるだろう。同様に $S_2$ に対するプレイヤー1の保証水準は2である。純戦略におけるプレイヤー2の保証水準は $s_1$ に対して−3，$s_2$ に対して−4である。しかし，両プレイヤーが混合戦略——相手プレイヤーの利得がその純戦略の間で無差別になるように計算される——をとれば，その保証水準は純戦略の保証水準よりも高くなる。混合戦略（$\frac{1}{2}S_1$, $\frac{1}{2}S_2$）がプレイヤー1に与える保証水準は2.5であり，（$\frac{3}{4}s_1$, $\frac{1}{4}s_2$）がプレイヤー2に与える保証水準は−2.5である。

この例は，2人ゼロ和ゲームの基本的な結果であるミニマックス定理を示している。すべての2人ゼロ和ゲームには混合戦略のもとで少なくとも1つの均衡が存在する。その均衡戦略は両プレイヤーの保証水準を最大化する。

**ミニマックス定理**：有限の純戦略を持つすべての2人ゼロ和ゲームには，ある数 $\nu$ が存在し，少なくとも $\nu$ の総利得を保証するプレイヤー1の混合戦略が存在する。そしてプレイヤー1がせいぜい $\nu$ を得ることを保証するプレイヤー2の混合戦略が存在する。これらの混合戦略は均衡している。均衡している混合戦略の組はいずれも，プレイヤー1と2に $\nu$ を与え，そして $\nu$ を与える他の均衡戦略とも均衡している。

ミニマックス定理は，2人ゼロ和ゲームという特殊なケースにおいて，かなりの力を発揮する。あらゆる2人ゼロ和ゲームは混合戦略によって解くことができる。もし複数均衡があれば，あらゆる均衡は同じ価値をもたらし，どの均衡戦略も相手の均衡戦略のどれとも均衡する。換言すると，すべての均衡戦略は交換可能であり，同じ価値を与える。戦略の交換可能性のゆえに，2人ゼロ和ゲームの実際の解は簡単に求めることができる。どのような均衡戦略も相手プレイヤーのどの均衡戦略とも均衡している。もし均衡戦略が1つ見つかれば，戦略的目的からは均衡をさらに探す必要はない。それは相手のどの均衡戦略に対しても同様に有効となる。

ミニマックス定理の証明は以下のように描かれる。あらゆる戦略の組について，その組の相手の戦略に対する各プレイヤーの最適応答を混合戦略の集合から見つける。この過程が明らかにしているのは，最初の戦略の組からそれに対する最適応答の組へという，混合戦略空間における最適応答変換である。こうした変換はみな不動点を持つという数学の定理がある。すなわち，その変換によってある戦略の組は，その戦略の組自身に写されることになる。最適応答変換の不動点がその均衡であり，それは互いに最適応答となる戦略の組となっている。均衡の存在を所与とすると，ゲームの価値や均衡戦略の交換可能性に関する主張はいくつかの不等式から導かれる。

しかし，ミニマックス定理は，均衡が存在するということを述べているだけで，その均衡がどのように求められるかということは説明していない。ミニマックス定理の限界について理解するために，チェスを考えてみよう。チェスは2人ゼロ和ゲームであり，したがって均衡が存在する。片方の勝利あるいは両者引き分けのどちらかを保証する戦略が存在する。ということは，戦略的にはチェスはあまり面白くないゲームである。この戦略の決定は当然ながら自明な問題ではなく，それがチェスを面白くしているのである。どちらかのプレイヤーにとって最適なチェスの戦略を解いた者はいままで1人もいない。戦略空間は巨大であり，プレイヤーの戦略の相互作用は途方もなく複雑である。

ミニマックス定理はすべての2人ゼロ和ゲームに適用できるわけではない。たとえば，無限の戦略集合を持つゲームには均衡が存在しない。

**例題**：各プレイヤーが数字を1つ選び，より大きい数字が勝つというゲームを考えよう。このゲームには均衡はない。どのような数字が選ばれても，それよりも大きい数字が最適応答になるからである。このゲームでは，互いに最適応答となる数字の組は存在せず，それゆえに純戦略均衡は存在しない。同様に混合戦略均衡も存在しない。もしそのような混合戦略均衡が存在するならば，どちらかのプレイヤーは混合戦略の中で最小の数字をプレイする確率を下げ，相手がプレイする最小の数字よりも大きな数字をプレイする確率を上げることによって得するだろう。

図4.13 2つのナッシュ均衡をもつ2人非ゼロ和ゲーム

| | | プレイヤー2 | |
|---|---|---|---|
| | | $s_1$ | $s_2$ |
| プレイヤー1 | $S_1$ | (2,2) | (0,0) |
| | $S_2$ | (0,0) | (1,1) |

この場合には，ミニマックス定理は成り立たない。プレイヤーが無限の純戦略集合を持ち，数学者風に言えば利得関数の「振る舞いが良く」ないからである。無限の戦略集合を持つゲームに当てはまる定理は存在する。その定理は，利得関数がどのように「振る舞いが良い」と，ナッシュ均衡が純戦略や混合戦略において存在するかということを説明している。そうした定理に関しては，Fudenberg and Tirole（1991, 34–36; 484–89）を見よ。

## 4.5 ナッシュ均衡の特徴

前節では，2人ゼロ和ゲームについて議論した。2人ゼロ和ゲームの均衡は多くの好ましい性質を持っている。ナッシュ均衡は，2人ゼロ和ゲームにおける均衡を非ゼロ和ゲームに拡張したものである。これらの均衡では，プレイヤーの戦略が互いに最適応答となっていなければならない。残念ながら，多くの2人ゼロ和ゲームの好ましい性質は，非ゼロ和ゲームのナッシュ均衡に拡張することはできない。本節では，2人ゼロ和ゲームの均衡の性質の中で，どれが非ゼロ和ゲームのナッシュ均衡に当てはまらないかということを確認し説明する。

ナッシュ均衡においては，どちらのプレイヤーも自分の行動だけでよりよい状態に至ることはできない。ナッシュ均衡は一方的な逸脱からは安定的である。しかし，相呼応した逸脱からは安定的ではないかもしれない。両方のプレイヤーがともに戦略を変えるとき，彼らは利益を得ることもある。そのような調整された逸脱は，ゼロ和ゲームでは決して望みえない。なぜなら，プレイヤーは正反対の利害関係にあるからである。もし片方のプレイヤーが戦略の共同変更によって得をするならば，もう一方はその変更で損をする。

**例題**：図4.13のゲームには（$S_1$; $s_1$），（$S_2$; $s_2$）という2つの純戦略ナッシ

図 4.14 男女の争いゲーム

| | | プレイヤー2 | |
|---|---|---|---|
| | | $s_1$ | $s_2$ |
| プレイヤー1 | $S_1$ | (2,1) | (0,0) |
| | $S_2$ | (0,0) | (1,2) |

ュ均衡がある。しかし，両方のプレイヤーが同時に逸脱する場合には，($S_2$; $s_2$) は安定的ではない。プレイヤーは両方とも ($S_2$; $s_2$) から ($S_1$; $s_1$) への移行を選好している。

複数のナッシュ均衡を持つ非ゼロ和ゲームは，複数の均衡を持つ2人ゼロ和ゲームにはない問題を引き起こす。2人ゼロ和ゲームが複数の均衡を持つならば，すべての均衡はプレイヤーにとって同一の価値を持ち，すべての均衡戦略は交換可能である。しかし，このどちらの命題も複数の均衡を持つ非ゼロ和ゲームでは妥当しない。

**例題**：男女の争いゲームについて見てみよう。このゲームには，その物語の中に1950年代の生活の気どった一面が見られる。Luce and Raiffa (1957, 91) が述べるように，「男性（プレイヤー1）と女性（プレイヤー2）が，それぞれある晩の娯楽として2つの選択肢を持っている。2人はプロボクシングの試合（$S_1$ と $s_1$）かバレエ（$S_2$ と $s_2$）のどちらかを見に行くことができる。通常の文化的な固定観念に従えば，男性はボクシングを選好し，女性はバレエを選好する。しかし，2人にとっては別々に好きな娯楽を見るよりは一緒に出かけるほうが大切である」。このゲームの1990年代版は，いまや「ジェンダーや性的傾向が特定されない個人間の競い合い」と呼ばれている。そこではクリスとパットが海と山のどちらに遊びに行くかを決める[2]。このゲームがどう呼ばれようと，両プレイヤーともに戦略を調整したいと考えているが，どの結果がより望ましいかについては意見が一致しない。図 4.14 は男女の争いの戦略形を表している。このゲームには純戦略において，($S_1$; $s_1$) と ($S_2$; $s_2$) という2つのナッシ

2 プレイヤー名をクリスとパットにするよう薦めてくれたのは，UCLA ロースクールのジョン・シーティア（John Setear）である。

ュ均衡が存在する。

男女の争いが示しているのは，2人ゼロ和ゲームの均衡が備える多くの好ましい性質をナッシュ均衡がいかに欠いているかということである。第1に，同じゲームであってもナッシュ均衡が異なれば，プレイヤーにとってゲームの価値は異なる。男女の争いにおいて，均衡における各プレイヤーにとってのゲームの価値は2つの均衡で異なる。2人ゼロ和ゲームの均衡とは違い，異なるナッシュ均衡ではプレイヤーにとってゲームの価値が異なるのである。

第2に，均衡戦略は交換可能ではない。男女の争いにおいて，$S_1$ と $s_2$ はともにゲームの純戦略ナッシュ均衡におけるひとつの均衡戦略であるが，それでも（$S_1; s_2$）はナッシュ均衡にはならない。

**練習問題 4.7**：男女の争いにおける混合戦略均衡と両プレイヤーにとってのゲームの価値を求めよ。

ナッシュ均衡は，2人ゼロ和ゲームの均衡が持っているすべての好ましい性質を備えているわけではない。しかし，混合戦略においてナッシュ均衡はつねに存在する。

**定理（ナッシュ）**：すべての有限非ゼロ和ゲームには，混合戦略においてナッシュ均衡が少なくとも1つは存在する。

ナッシュ均衡の存在証明はミニマックス定理の証明と同様である。最適応答変換には不動点があるはずであり，その不動点こそがナッシュ均衡となる。しかしその証明は，ナッシュ均衡をどのように見つけるかは教えてくれない。ナッシュ均衡が存在することを教えるだけである。ナッシュ均衡を見つけるための一般的な技法は存在しない。単純な探索と基本的な直観に頼るしかないのである。ナッシュ均衡を見つける1つの方法は，各プレイヤーがそのゲームをどのようにプレイすべきかを考え，戦略の変更によって誰も得をしないような戦略の組を探すことである。

**例題**：もう1つの古典的ゲームであるチキンゲームを見てみよう。チキンゲームには，囚人のジレンマや男女の争いと同様に，おもしろい話がある。

**図 4.15　チキンゲーム**

| | | プレイヤー2 $s_1$ | プレイヤー2 $s_2$ |
|---|---|---|---|
| プレイヤー1 | $S_1$ | (5,5) | (0,10) |
| | $S_2$ | (10,0) | (−5,−5) |

さかのぼること 1950 年代，刺激を求めていた 10 代の男たちは，チキンゲームという有名な男らしさを示す闘いをしようとしていた。2 人の競争者は人気のない直線の道で出会う。その際，各自が好きな車を運転している。2 人は一定の距離をおいて互いに向かい合い，どちらかのドライバーがおじけづいて避けるまで，互いをめがけて車を走らせる。最後まで残った者が勝者となり，街で英雄の称号を得る。時にはどちらのドライバーも避けず，道路に情熱が飛び散ることもある。$S_1$ を「避ける」というドライバーの選択，$S_2$ を「我慢する」という選択としよう。図 4.15 はチキンゲームの戦略形を表している。最高の結果は，相手に避けさせることによってゲームに勝つことである。しかし，死せるアヒルよりも生けるチキンのほうがましである。

**練習問題 4.8**

a）チキンゲームにおける純戦略ナッシュ均衡を見つけよ。

b）混合戦略均衡はあるだろうか。もしあるならば，それは何か。プレイヤーにとっての価値はどれくらいか。

囚人のジレンマやチキンゲームのような古典的な 2 対 2 のゲームは，国際関係における戦略的相互作用のモデルとして使われることがよくある。そのような単純なモデルが重要な戦略的問題を明らかにすることはあるが，モデルとしては深刻な限界が 2 つある。第 1 に，2 対 2 のゲームはプレイヤーの同時手番を仮定する。もちろん囚人のジレンマのように，プレイヤーの手番に順番を導入しても，ゲームが変化しないものもある。しかし，順番を導入すると，ゲームがまったく変わってしまうチキンゲームのようなものもある。また同時手番という仮定によって，その前にとられた手番にプレイヤーがどのように反応するかという問いを分析することができなくなってしまう。

**練習問題 4.9**

a）2番目のプレイヤーが，自分の手番を選ぶ前に1番目のプレイヤーの手番を観察できるとき，チキンゲームの戦略形を述べよ。

b）このゲームの純戦略ナッシュ均衡は何か。

c）これらすべてのナッシュ均衡は理に適ったものか。

第2に，選択肢が2つしかない戦略的状況はかなり限定的である。もちろんどのゲームも現実を単純化したものではあるが，プレイヤーの選択肢を2つに減らすことは，戦略的な関心という問題を，抽象化の果てに雲散霧消させかねない。2対2のゲームは唯一可能なモデルとして何度も考えられてきた。分析者たちは，戦略的選択肢が2つ以上ある状況についてもそのようなゲームを用い，不適切な議論をしてきた。

## *4.6*　ナッシュ均衡と共通の推測

多くのゲームには複数のナッシュ均衡がある。どの均衡がプレイされるかを，プレイヤーはどうやって知るのだろうか。そうした均衡がプレイされるという予想をどのようにして調整するのだろうか。2人ゼロ和ゲームでは，プレイヤーは複数均衡について心配する必要はない。すべての均衡が同じ価値を持ち，すべての均衡戦略が交換可能だからである。プレイヤーは，自分の戦略を選ぶ時に，相手プレイヤーがどの均衡をプレイするのかを予測する必要はない。プレイヤーの均衡戦略のどれもが相手のすべての均衡戦略と均衡し，そうしたすべての均衡がプレイヤーに同一の価値をもたらす。しかし，非ゼロ和ゲームでは，ナッシュ均衡戦略は交換可能ではない。ナッシュ均衡戦略は互いに最適応答になっている。しかし，それらは必ずしも相手プレイヤーの他のすべてのナッシュ均衡戦略に対して最適応答となっているわけではない。非ゼロ和ゲームでは，自分の戦略が最適応答になっているかどうかをプレイヤーが知るには，相手プレイヤーの戦略を知る必要がある。

ナッシュ均衡の概念は，ゲームがどのようにプレイされるかについて，**共通の推測**をプレイヤーが持つと仮定している。ナッシュ均衡では，相手プレイヤーがその均衡に対応する均衡戦略をとることを知っている場合，プレイヤーは均衡戦略からの逸脱によって得することはない。プレイヤーは，共通の推測を

**図 4.16　2 つのナッシュ均衡をもつ 2 人非ゼロ和ゲーム**

| | | プレイヤー 2 | |
|---|---|---|---|
| | | $s_1$ | $s_2$ |
| プレイヤー 1 | $S_1$ | (2,2) | (0,0) |
| | $S_2$ | (0,0) | (1,1) |

持つとき，互いの戦略を正しく予測する。

共通の推測は多くの理由から生じるだろう。本節では共通の推測に関して，コミュニケーションとフォーカル・ポイントという 2 つの要因について議論する。複数のナッシュ均衡を持つゲームでは，共通の推測という仮定によって，いくつかのナッシュ均衡を他のナッシュ均衡から区別することになる。正しい共通の推測が用いられれば，ゲームの複数のナッシュ均衡のうちから 1 つを選ぶことができる。

プレイヤーがゲームにおいて同一の利害関係を持つ場合には，コミュニケーションだけでナッシュ均衡に必要な共通の推測が十分に得られる。図 4.16 のゲームには（$S_1; s_1$）と（$S_2; s_2$）という純戦略ナッシュ均衡がある。もしプレイヤーがコミュニケーション可能ならば，彼らは（$S_1; s_1$）をプレイすることに合意するだろう。

ゲーム前のコミュニケーションによって共通の推測が生まれるならば，プレイヤーたちはパレート最適な均衡を選ぶよう調整するだろう。もし両方のプレイヤーが他の均衡で得するならば，プレイヤーは元の均衡を選ぶことはない。複数のナッシュ均衡のうち 1 つを選ぶ条件として，パレート最適を提案するゲーム理論家もいる。

**定義**：結果 $x$ が結果 $y$ を**パレート支配**するための必要十分条件は，すべてのプレイヤー $i$ について $u_i(x) \geqq u_i(y)$ となり，かつあるプレイヤー $j$ に対して $u_j(x) > u_j(y)$ となることである。結果 $x$ が結果 $y$ を**パレート強支配**するための必要十分条件は，すべてのプレイヤー $i$ について $u_i(x) > u_i(y)$ となることである。

図 4.16 のゲームには，純戦略のナッシュ均衡が 2 つある。（$S_1; s_1$）は（$S_2; s_2$）をパレート強支配する。もし戦略の合意のためにプレイヤーがコミュニケ

図4.17　2つの同一の均衡をもつゲームにおけるフォーカル・ポイントの効果

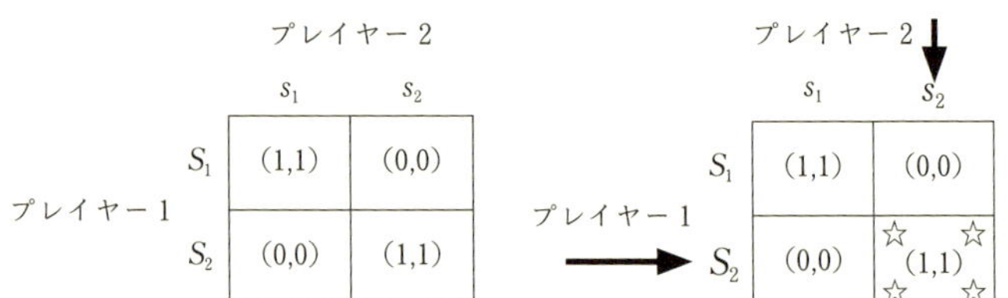


ーションをとるならば，彼らが（$S_1; s_1$）よりも（$S_2; s_2$）をプレイすることはないだろう。

プレイヤーが同じ利害関係にない場合には，複数のナッシュ均衡の1つを選ぶ際にパレート最適はそれほど役に立たない。男女の争いは2つの純戦略均衡を持つが，どちらももう一方の均衡をパレート支配してはいない。またコミュニケーションだけでは，男女の争いにおいて共通の推測は生じないだろう。どの純戦略均衡をプレイするかについて，プレイヤーが激論を交わしているとしよう。プレイヤー1は（$S_1; s_1$）を主張し，プレイヤー2は（$S_2; s_2$）を主張するとする。議論の後で，彼らがどの戦略をプレイすることになると考えられるだろうか。

第2に，ゲーム以外の要素が共通の推測を生むかもしれない。プレイヤーは，他の戦略の組よりもある戦略の組に共通の関心を持っている場合がある。たとえば，図4.17の2つのゲームは同一である。純戦略において（$S_1; s_1$）と（$S_2; s_2$）という2つのナッシュ均衡がある。プレイヤーがコミュニケーションできないとき，左の戦略形を使ってゲームをプレイする場合，ただ単に$S_1$が$S_2$よりも前にあるという理由から，プレイヤーが（$S_1; s_1$）をプレイすると予想するかもしれない。もし右の戦略形を使う場合には，（$S_2; s_2$）のほうがより起こりそうである。星印や矢印や大きめの文字のために，その均衡はプレイヤーの目をより引くものになる。実生活においても，ニューヨーク市内のどこで会うかというSchelling（1960, 55–57）の有名な例は，フォーカル・ポイントの発想を例示している。シェリングの問いに対して，コネティカット州ニューヘイヴンにいる人々は，マンハッタンでのフォーカル・ポイントとしてグランド・セントラル駅を選んだ。

この観察はフォーカル・ポイントの発想をうまく捉えている。複数のナッシュ均衡があるとき，プレイヤーを均衡へと導くその導き方において，ある均衡は他の均衡と違うことがあるだろう。フォーカル・ポイントは，はっきりと目立つ結果であり，無数のナッシュ均衡の集合の中からでも関心を集めるものである。プレイヤーが以前にそのゲームをプレイしたことがあれば，以前の経験はゲームをどのようにプレイすべきかについての共通の推測を生むかもしれない。共通の文化は，ある戦略を他の戦略よりもプレイヤーたちに選好させるだろう。

対称性は，フォーカル・ポイントとみなすことができる。2人のプレイヤーが100ドルを分けるゲームを考えよう。2人が分け方に合意できる場合に限って，その100ドルを分けることができるとする。合計金額をどのように分けるかについて，プレイヤーは同時に書き記さなければならない。もし合意できれば，プレイヤー2人はお金を得ることになり，その分け方は合意した通りになる。お金をどのように分けようとも，その分け方はこのゲームのナッシュ均衡になる。しかし，プレイヤーはお金を等分することを選ぶと予想される。等分することが，均衡の集合の中での自然なフォーカル・ポイントである。

フォーカル・ポイントとして対称性を受け入れるならば，対称なゲームには対称な均衡があるだろう。ゲームにおいて2人のプレイヤーが同じように扱われるならば，すなわち彼らに同じ選択肢を与え，対応する選択肢が同じ結果を生むならば，均衡では彼らは同じ結果を得るはずである。

> **定義**：ゲームが**対称的**であるとは，両方のプレイヤーが同じ戦略集合 $S$ を持ち，かつすべての $s_i, s_j \in S$ について $u_1(s_i; s_j) = u_2(s_j; s_i)$ であることをいう。

ゲームが対称的となるのは，プレイヤーの名前を入れ替えてもゲームが変化しない場合である。プレイヤーは同一の戦略集合を持たなければならない。プレイヤーがプレイする戦略を交換するとき，プレイヤーの利得も反対になる。チキンゲームと男女の争いは対称的なゲームである。プレイヤーは名前だけが異なっている[3]。対称的なゲームでは，プレイヤーが等しい利得を得るような均衡があるはずである。そのようなゲームでは，プレイヤーに与えられている名前以外に彼らを区別する方法はない。均衡の選択に関する議論の中には，対称的なゲームのナッシュ均衡について，プレイヤーが異なる利得を得るような均衡は放棄されるべきだとするものもある。

---

3　正確には，男女の争いの対称版では，プレイヤーは（$S_2; s_1$）か（$S_1; s_2$）で調整しようとする。どちらのプレイヤーも2つの戦略のうち初めのほうの戦略で調整したいと望んでいる。

チキンゲームにも男女の争いにも，対称性の基準を満たす純戦略ナッシュ均衡は存在しない。その代わり，2つのゲームでは混合戦略均衡がある。それらはプレイヤーに等しい利得をもたらす。しかし男女の争いでは，対称性という条件はパレート最適とは両立しない。混合戦略均衡よりもどちらかの純戦略均衡にいるほうが両プレイヤーとも得するからである。

現時点では，ゲーム理論にはフォーカル・ポイントの理論が存在しない。文化的影響，共有された経験，道徳体系からどのようにフォーカル・ポイントが生じるかは説明を要するだろう。しかし，フォーカル・ポイントは，ナッシュ均衡における重要な論点に関心を向けさせてくれる。ナッシュ均衡は，各プレイヤーがどの戦略をとるかについて，共通の推測を持つことを仮定する。そうでなければ，戦略が互いに最適応答となっていることをプレイヤーは知ることができない。フォーカル・ポイントは共通の推測の1つの源となりうる。

共通の推測は，ナッシュ均衡にとってどれだけ強力でなければならないだろうか。Aumann and Brandenburger (1991) による2つの定理は，どのような知識の共有がナッシュ均衡に必要かということを明らかにしている。これらの定理を検討する前に相互知識という用語を定義しなければならない。第3章の共有知識の定義を思い出そう。あることが共有知識であるとは，すべてのプレイヤーがそれを知り，すべてのプレイヤーが他のすべてのプレイヤーがそれを知っていることを知っており，……などと続くことをいう。より弱い水準の共有の知識が相互知識である。

**定義**：ゲームのある側面が**相互知識**であるとは，すべてのプレイヤーがそれを知っていることを指す。

相互知識は，共有知識とは違い，プレイヤーは他のプレイヤーがそれを知っているということを知らなくてもよい。この意味で，相互知識となっている出来事は，共有知識ほどにはよく知られていないということになる。

純戦略ナッシュ均衡については，戦略が相互知識でさえあれば，自分たちの戦略が相互に最適応答になっていることをプレイヤーが知っていると保証するのに十分である。

**定理**：プレイヤーが合理的で，その純戦略が相互知識であれば，そのような戦略はナッシュ均衡を形成する。

戦略が相互知識ならば，合理的なプレイヤーは最適応答を選択しているはずである。ナッシュ均衡を形成しない戦略は，合理的プレイヤー間での相互知識とはならない。

混合戦略ナッシュ均衡はより多くの知識を必要とする。混合戦略ナッシュ均衡では，相手プレイヤーがどの純戦略をプレイするかについてプレイヤーは不確実な状況にある。この結果，彼らは，自分の混合戦略が最適応答であるかについて確信を持てない。

**定理**：2人ゼロ和ゲームでは，そのゲーム，プレイヤーの合理性，および彼らの混合戦略が相互知識ならば，その混合戦略はナッシュ均衡を形成する。

この定理のように，混合戦略が相互知識になっているならば，それらはナッシュ均衡を形成しなければならない。そうでなければ，プレイヤーの1人は最適応答をプレイせず，その戦略を変更しようとするだろう。しかし，この定理は3人またはそれ以上のプレイヤーがいるゲームについては一般化できない。より強い知識が必要になってくるのである。ナッシュ均衡や共通の推測に関するさらなる議論については，Brandenburger（1992）を参照するとよい。

## *4.7*　合理化可能性

ゲームがどのようにプレイされるかについて，プレイヤーが共通の推測を持っていないとき，何が起きるだろうか。合理的なプレイヤーがどのような戦略をとるかについて，何か制限はあるだろうか。強く支配される戦略という考え方を思い出そう。プレイヤーが強く支配される戦略を持つ場合，プレイヤーは支配戦略をとることによって利得を高める。他のプレイヤーの戦略についてどのように推測しようとも，合理的なプレイヤーが強く支配される戦略をとることは決してない。

合理的なプレイヤーは，そのゲームについての共有知識や自身の合理性を用いて，選択する戦略の集合を限定することができる。合理的なプレイヤーは，強く支配される戦略をとることはないし，他の合理的なプレイヤーがそのような戦略をとらないことを知っている。支配されない戦略だけに彼らは焦点を当

図 4.18 被支配戦略の消去を例示するゲーム

| | | プレイヤー2 | | |
|---|---|---|---|---|
| | | $s_1$ | $s_2$ | $s_3$ |
| | $S_1$ | (0,1) | (−2,3) | (4,−1) |
| プレイヤー1 | $S_2$ | (0,3) | (3,1) | (6,4) |
| | $S_3$ | (1,5) | (4,2) | (5,2) |

てればよい。あるプレイヤーが相手プレイヤーの強く支配される戦略を消去すると，そのプレイヤーは，消去後のより小さなゲームにおいて，自身のいくつかの戦略が強く支配されていることに気づくことがある。そのとき，強く支配されるようになった戦略はとるべきではない。その戦略が他の戦略と同等もしくはそれ以上の利得をもたらすような状況は，相手プレイヤーが強く支配される戦略を考慮しない以上，もはや訪れることはないからである。

このような観察が示しているのは，ゲームを合理的なプレイヤーが選ぶ戦略のみに縮約する方法，繰り返し支配消去法である。支配消去法においては，強く支配される戦略をゲームからすべて消去し，さらに残る戦略の集合において支配される戦略を探し続ける。この手続は，これ以上戦略を消去できないというところまで実行される。この過程が**繰り返し支配消去法**である。もし繰り返し支配消去法がプレイヤーごとに1つの戦略で終わるなら，そのゲームは**支配解決可能**である。囚人のジレンマは支配解決可能である。

**例題**：図 4.18 のゲームに繰り返し支配消去法を適用しよう。$S_1$ は $S_3$ によって強く支配されている。プレイヤー1は，$S_1$ よりも $S_3$ をとることによってつねに高い利得を得る。$S_1$ を消去すると，プレイヤー2にとって $s_1$ は $s_2$ を強く支配する。図 4.19 の黒塗りの部分が，これらの2つの消去された戦略と利得である。

図 4.19 は，繰り返し支配消去法によってこれ以上縮約されない。$S_2$ も $S_3$ もプレイヤー1にとって他の戦略を強く支配していない。$s_1$ も $s_3$ もプレイヤー2にとって他の戦略を支配していない。それゆえ，図 4.18 のゲームは支配解決可能ではない。

繰り返し支配消去法の結果として導かれる戦略は**合理化可能**と呼ばれる[4]。

図 4.19　被支配戦略消去後の図 4.18 のゲーム

プレイヤー 2

| | $s_1$ | | $s_3$ |
|---|---|---|---|
| | | | |
| プレイヤー 1 $S_2$ | (0,3) | ( ) | (6,4) |
| $S_3$ | (1,5) | ( ) | (5,2) |

合理的なプレイヤーは，合理化可能な戦略が最適応答となるように相手プレイヤーの戦略について予想することができる。図 4.19 の縮約ゲームでは，相手プレイヤーの戦略について適切な予想を所与として，いずれのプレイヤーも残り 2 つの戦略を合理化することができる。もしプレイヤー 1 が「プレイヤー 2 は $s_3$ をとる」と考えれば，彼は $S_2$ を選好する。もし彼が「彼女は $s_1$ をとる」と考えれば，彼は $S_3$ を選好する。同様に，もしプレイヤー 2 が「プレイヤー 1 は $S_2$ をとる」と考えれば，彼女は $s_3$ を選好する。もし両プレイヤーとも相手の戦略について予想を誤った場合には，$S_2$ と $s_1$ が同時に選択されることが合理化される。この場合，プレイヤー 1 が「プレイヤー 2 は $s_3$ をとる」と考えており，プレイヤー 2 が「プレイヤー 1 は $S_3$ をとる」と考えていることになる。いずれかのプレイヤーが相手プレイヤーの戦略について予想を誤ったことを知れば，そのプレイヤーは自身の戦略を変更しようとするだろう。

ナッシュ均衡とは異なり，合理化可能性は相手プレイヤーの戦略に関する誤った予想を認める。ナッシュ均衡では，互いの戦略についてプレイヤーの予想が正しいことを仮定している。ナッシュ均衡の一部となっているどのような戦略も合理化可能である。もしそうでなければ，繰り返し支配消去法のある時点において，その戦略は強く支配されるだろう。その戦略は，相手プレイヤーのナッシュ均衡戦略に対して，そのプレイヤー自身のナッシュ均衡戦略よりも高い利得を得る反応となっている。それゆえ，ナッシュ均衡は合理化可能な戦略の組の集合の部分集合である。合理化可能な戦略の組の集合は，つねにすべてのナッシュ均衡を含み，一般にすべてのナッシュ均衡の集合よりも大きい。

**練習問題 4.10**：図 4.20 のゲームに繰り返し支配消去法を用いよ。このゲ

4　合理化可能性は，プレイヤーが 3 人以上のゲームではもっと複雑になる。Fudenberg and Tirole (1991, 50–53) を参照せよ。

図 4.20 練習問題 4.10

プレイヤー 2

| | | $s_1$ | $s_2$ | $s_3$ | $s_4$ | $s_5$ |
|---|---|---|---|---|---|---|
| | $S_1$ | (4, −1) | (3,0) | (−3,1) | (−1,4) | (−2,0) |
| | $S_2$ | (−1,1) | (2,2) | (2,3) | (−1,0) | (2,5) |
| プレイヤー 1 | $S_3$ | (2,1) | (−1, −1) | (0,4) | (4, −1) | (0,2) |
| | $S_4$ | (1,6) | (−3,0) | (−1,4) | (1,1) | (−1,4) |
| | $S_5$ | (0,0) | (1,4) | (−3,1) | (−2,3) | (−1, −1) |

ームは支配解決可能か。もしそうならば，その結果生じる戦略は何か。もしそうでないならば，その消去法を用いた後，ゲームはどのように見えるか。そのとき，残りのゲームのナッシュ均衡は何か。

一般的に，2人非ゼロ和ゲームに関する完全に満足のいく解概念は存在しない。ナッシュ均衡はしばしば複数の解を与える。複数の解を判断する一般に受け入れられる方法はない。相互の最適応答という論理だけでは，ゲームがどのように行われるかについてプレイヤーが共通の推測を持っていることを説明できない。非ゼロ和ゲームでは，すべてのプレイヤーが混合動機を持っているので，脅しや駆け引きの戦略はめずらしくない。しかし，脅しや駆け引きの戦略を検討するには，プレイヤー間のコミュニケーションの性質を特定したり，ゲームの構造をさらに知ったりしなければならない。手番の順序が異なれば，脅しや駆け引きの有効性に大きく影響するだろう。これらの話題については展開形ゲームを議論するときまで残しておくことにしよう。以下では，選挙政治に応用されたゲームの例を2つ紹介しよう。

## 4.8 民主主義における政治改革

政府官庁の改革は，民主主義において繰り返し生じる課題である。政府で働く人々は任命権によって伝統的に雇用されてきた。選挙に勝利した政党は，政府における仕事という形で選挙の世話人や支持者に報酬を与える。任命権はしばしば非効率や汚職につながり，それゆえ，改革の必要性がすぐに生じる。し

**図 4.21　任命権をもつ 2 人の政治家の間の選挙競争ゲーム**

| | | 政治家 2 | |
|---|---|---|---|
| | | 任命権を用いない | 任命権を用いる |
| 政治家 1 | 任命権を用いない | $(p, 1-p)$ | $(p-\nu_2, 1-p+\nu_2)$ |
| | 任命権を用いる | $(p+\nu_1, 1-p-\nu_1)$ | $(p+\nu_1-\nu_2, 1-p-\nu_1+\nu_2)$ |

かし政府官庁の改革は，その必要が生じてから実現までが難しい。任命権に対して能力主義的な雇用を確立するための闘いは，しばしば選挙に勝利した政党によって妨害される。なぜ能力主義への移行は難しいのか。本節では Geddes (1991) から 2 つの単純なモデルを紹介し，民主主義における政府官庁改革の成功と失敗に隠された政治的な動機を理解することにしよう。

改革は，政治家がそれを認める場合にのみ生じる。ここでのモデルは，競争的な民主主義において政治改革という問題が起きる場合に，政治家がどのような誘因に直面するかに焦点を当てる。任命権も改革もともに，公職を求める政治家にとっては選挙の際に価値がある。任命権は，選挙活動の忠実な世話人に対する報酬であり，それゆえ，政権政党という政治組織の場合には経験豊かな幹部を作り出す。選挙活動において改革が投票者に有効な争点になるのは，任命権の非効率性がすべての人々にとって明白なときである。ここで，2 つのモデルによって扱う問題は，どのような場合に任命権によって政治家が世話人に仕事を約束するかと，どのような場合に選挙活動における争点として政治家が改革を支持するかである。

図 4.21 に示されるモデルは，選挙活動において政治がらみの任命権によって政治家が世話人に仕事を約束しようとする誘因を示している。この行列を検討することによって，次の問題に答えることができる。候補者が自発的に能力主義的な雇用を確約することは，そのような雇用を強制する法律がないときでも，ありうるだろうか。2 人の政治家による選挙での競争を考えよう。2 人の名は目立つように政治家 1 と政治家 2 としよう。図 4.21 のゲームは，そのような競争の簡単な表現である。各候補者は，選挙活動において任命権を利用することもしないこともできる。もしどちらの候補者も任命権を用いなければ，政治家 1 の勝利する可能性は $p$ であり，政治家 2 の勝利する可能性は $1-p$ である。任命権を用いる候補者は優位になる。政治家 1 が任命権を用いると，政治家 1 の勝利する可能性は $\nu_1$ だけ高まり，政治家 2 が自身の選挙活動で任命

図 4.22　2 政党の間で市民サービス改革の是非を問う選挙競争ゲーム

| | | 少数派党 | |
|---|---|---|---|
| | | 改革を支持 | 改革に反対 |
| 多数派党 | 改革を支持 | $(p, 1-p)$ | $(p+e, 1-p-e)$ |
| | 改革に反対 | $(p+\nu_1-\nu_2-e, 1-p-\nu_1+\nu_2+e)$ | $(p+\nu_1-\nu_2, 1-p-\nu_1+\nu_2)$ |

権を用いると，政治家 2 の勝利する可能性は $\nu_2$ だけ高まる。各候補者の任命権による優位性は，相手が勝利する可能性を低める。図 4.21 がゲームの全体像を表している。

このゲームは定和ゲームである。というのは，戦略形のすべてのセルにおいて両プレイヤーの利得の和は定数，ここでは 1 となっているからである。定和ゲームは戦略的にゼロ和ゲームと同一である。定和ゲームの利得を変換し，ゼロ和ゲームにすることができる。総利得が定数であるので，あるプレイヤーの利益はそのまま他のプレイヤーの損失になる。図 4.21 におけるゲームの均衡は（任命権を用いる；任命権を用いる）である。さらに，（任命権を用いる；任命権を用いる）は支配戦略均衡である。自身の意思に任されるとき，政治家は任命権を利用する。競争的な圧力により彼らはそうせざるをえないのである。選挙活動において任命権を用いるのは選挙で利益があるからであり，改革を実施するのであれば，政治家が任命権を用いることができないようにする必要がある。それをするのが能力主義的な政府官庁に関する法律である。

しかし，任命権が候補者の勝利する可能性に寄与するならば，なぜ政党は，任命権の利用を奪うことになる改革を支持するのだろうか。その答えは，改革を支持することが選挙で利益になるからである。汚職一掃はどの選挙運動でもよくあるテーマである。しかし，改革は，「いつものやり方」よりも選挙で勝利する可能性を高める，と権力者に確信させなければならない。図 4.22 に示されたモデルには，多数派政党と少数派政党という 2 人のアクターがいる。多数派政党の支持が無ければ，政府官庁の改革は進まず，その支持があれば，改革は進む。ここで各党は改革を支持も反対もできる。もし多数派政党が改革を支持すれば，改革案は通過し，どちらの政党も選挙運動で任命権を用いることができない。各党が勝利する可能性は，基本的な勝利の可能性に依存しており，多数派政党にとっては $p$，少数派政党にとっては $1-p$ である。もし多数派政党が改革に反対すれば，両党とも，たとえ改革を支持していても，選挙活動において任命権を用いることができる。最初のモデルの論理にもとづいて，彼らは任命権を用いる。しかし，相手政党が改革を支持しないときには，改革を支持することに利益がある。それは図 4.22 のゲームの $e$ によって示されている。この利益は，改革を支持することから生じるもので，たとえその政党が選挙運動において任命権を用いても得られる。もし両方の政党が改革を支持するなら，どちらも選挙で優位性を得ることはない。

改革が通過するかどうかは，改革支持と比べたときの任命権の選挙における価値に依存する。$\nu_1-\nu_2<e$ ならば，（改革を支持；改革を支持）が図 4.22 のゲームの均衡である。$\nu_1-\nu_2>e$ ならば，（改革に反対；改革を支持）がその均衡である。改革支持は少数派政党にとっての支配戦略である。すなわち，少数派政党は，改革を支持することによってつねに利得を高める。この結論は，改革がよく挑戦者側のテーマになるという観察と整合的である。

しかし，成功といえる改革には多数派の側の同意が必要になる。$\nu_1-\nu_2<e$ という不等式は，多数派政党が改革を支持する条件を特定化している。左辺の $\nu_1-\nu_2$ がより小さければ，多数派政党が改革を支持する可能性はより高まる。この差は，多数派政党にとっての選挙における任命権の価値である。任命権に対する多数派の支配が強いときや，その利益が大きいときには，この差が大きくなり，多数派政党は改革に関心を失う。政党の強さが選挙で同程度だったり，過去に政府官庁での仕事を得る機会がともに同程度だったりする場合には，この差はより小さくなるだろう。逆に，多数派政党が少数派政党よりもずっと選挙に強ければ，多数派政党は任命権からかなり大きな利益を期待する。その結果，任命権を終わらせる改革に合意しにくくなるだろう。また，もし多数派政党のほうが圧倒的に過去に任命権を得る機会があったならば，多くの既得権を持つ労働者がいることになり，任命権からの利益は高まるだろう。これらの理由はともに多数派政党の改革への関心を低める。改革のためには，政党同士が相対的に対等である必要がある。

右辺の $e$ は，改革への要望とともに高まる。任命権の非効率性や汚職についての不祥事の後には，人々の改革に対する要望はもっとも高くなる。それゆえ，成功といえる改革は不祥事の後により起きやすい。不祥事は，政党が改革を支持する競争上の理由を与える。そのような競争上の要因がもっとも強く作用するのは，政党が選挙競争においてまさに互角である場合である。1 つの政党が選挙においてずっと他を圧倒しているような場合には，大きな不祥事でさえ改革につながりそうにはない。選挙での勝利は明白な官僚支配をもたらし，それゆえ，任命権は政権与党にとってより大きな利益をもたらす。そのような政党は，大きな不祥事によって引き起こされた改革への要求を無視し，それでもなお再び選挙で勝つことができる。

これらのモデルは，民主主義における政治改革という問題に簡明な洞察を与えてきた。もちろん，政治改革という問題は，これらの単純なモデルが捉える以上に複雑である。にもかかわらず，これらのモデルはこの問題に関する理解を構造化し，検証可能な仮説をもたらしている。それらの仮説は，ラテンアメリカや米国の改革の歴史によって支持されているように思われる[5]。単純なモデルが政治の理解に大きな貢献をすることがよくある。

## *4.9*　選挙の空間モデルにおける候補者間競争

中位投票者定理は政治学の重要な成果の1つである。それは候補者間の競争や議会における政治過程に関する多くの合理的選択モデルの基礎である。中位投票者定理の主張は，争点が1つで選択肢が2つの投票において，中位投票者の位置は他のあらゆるものに勝つことができるというものである。ただし，争点が複数になると，特別な条件の場合を除くと，この定理は当てはまらない。本節では，中位投票者定理を候補者間競争に関する2人ゼロ和ゲームとして紹介する。

### 単一の争点

選挙に関する空間モデルは，候補者の決定や投票者の決定がどのように互いに影響するかということを検討する。ここでの仮定は，投票者は自身の選好する争点上の位置を達成するために投票し，候補者は選挙で勝つ可能性を最大化しようとする（あるいは，候補者は得票数を最大化することに関心がある）というものである。2人の候補者間の競争を2人ゼロ和ゲームとしよう。候補者間の競争や彼らの争点上の位置に焦点を当て，投票者の決定については詳細には検討しない。

空間モデルでは，争点上の位置を決めることによって，候補者が得票を求めて競争する。当面，争点を1つと仮定しよう。このとき，一般的な自由主義対保守主義の対立がありうる。ここで，この争点や争点上のすべての位置を直線

5　Geddes（1991）を参照すれば，彼女の仮説を支持する証拠を知ることができる。

図 4.23　投票者の理想点の分布における中位投票者の理想点

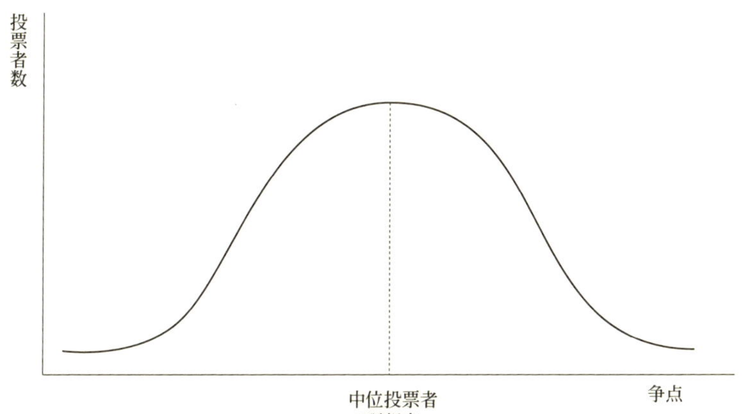


によって示す。争点上のすべての位置は直線上の点となり，争点上の各位置は数字をつけて区別される。その争点に関して各投票者が選好する位置は**理想点**と呼ばれる。投票者が理想点以外の位置から得る効用は，その投票者の理想点からの距離が大きくなるにつれて低下する。投票者は自身の理想点にもっとも近い位置をとった候補者に投票する。もし候補者たちが等距離に位置しているか，同じ位置をとっている場合には，投票者はコインを投げてどちらかを選ぶと仮定しよう。投票者は必ず投票し，棄権はないと仮定する。有権者は，投票者の理想点の分布によって表される。投票者数が少ないならば（空間モデルを議会へ応用する場合に見られるように），この分布は有限の点の集合である。もし投票者の数が多ければ，連続的な分布が投票者の理想点の広がりを示す。図 4.23 のこぶが 1 つある曲線は，その争点に関する投票者の理想点の連続的な分布を示す。その争点における所与の位置の高さは，その位置を理想点とする投票者の数を表している。任意の 2 つの位置の間に挟まれたその曲線の下の領域は，それら 2 つの位置の間に理想点を持つ投票者の数を表している。

候補者は選挙で勝利する可能性を高めようとする。この競争のために候補者間のゲームはゼロ和になる。候補者の効用は，選挙に勝つと 1，敗けると −1 としよう。候補者はどこでも自由に自分の望む位置を選べると仮定する。位置を選択する際に，候補者は，自身の位置が勝利する確率にどのように影響するかということだけを考える。

このモデルは，次のようないくつかの理由で反対されることがある。現実の

図 4.24 空間モデルにおける候補者の得票率

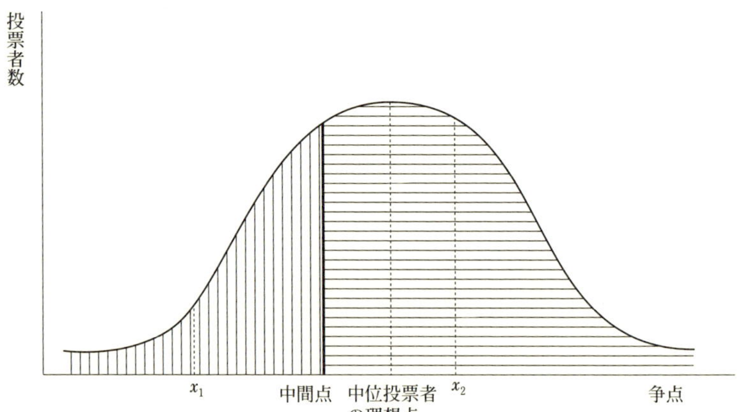


投票者は，その争点だけで（あるいは，その争点を主として）投票するわけではない。候補者は，自分が望む位置を自由に選択できるわけではない。候補者には選挙に勝ちたいという動機もさることながら，この政策を実現させたいという動機もある。このモデルは空間モデルへの簡単な入門である。空間モデルには多くの種類があり，その中には上の難点を考慮しているものもある。他の派生的なモデルには，より現実的な制度的枠組みの中で候補者を考えて，予備選挙・圧力団体・政党を明示的にモデルに組み入れているものもある。しかし，この単純なモデルは空間的競争の持つ基本的な特徴を表している。

2 人の候補者は，選挙に勝つ可能性を最大化するためにどのような位置をとるべきだろうか。図 4.24 は，図 4.23 で示された投票者の分布に，両候補者の位置を追加したものである。候補者 1 は自身の位置として $x_1$ を，候補者 2 は $x_2$ をとる。2 つの影つき領域の間にある縦の実線は，彼ら 2 人の位置の中間点，$(x_1+x_2)/2$ を示している。その中間点の左にいる投票者はみな候補者 1 に投票し，その右にいる人々はみな候補者 2 に投票する。曲線の下で中間点の左にある（縦線で影をつけた）領域は候補者 1 への票の大きさである。曲線の下で中間点の右にある（横線で影をつけた）領域は候補者 2 への票の大きさである。図 4.24 では，候補者 2 の領域が候補者 1 よりも大きいので，候補者 2 がこの選挙に勝利する。

図 4.24 の例を一般化し，各自の位置を所与として各プレイヤーの利得を計算しよう。中位投票者は選挙民を 2 等分する。候補者が選挙に勝利するのは，

その候補者が中位投票者の票と中位点の片側にいる投票者すべての票を得るときである。図 4.24 のように，もし候補者達が中位投票者を挟んで正反対の側に各自の位置をとっているならば，中位投票者の理想点により近い位置をとる候補者が勝利する。図 4.24 では候補者 2 である。もし候補者達が中位投票者の片方の同じ側にその位置をとっているならば，そのときも中位点により近い候補者が勝利する。すなわち，中位投票者により近い候補者が，中位投票者の票や，候補者達から見て中位投票者の向こう側にいるすべての投票者の票を獲得する。候補者 1 の利得は，候補者 1 の位置が候補者 2 の位置より中位により近ければ 1，より遠ければ −1，両者の位置が中位投票者から等距離にあるならば 0 である。数学的には，候補者 1 が $x_1$，候補者 2 が $x_2$ を表明し，中位投票者の位置が $y_m$ であれば，利得関数は次のようになる。

$$m=\begin{cases} 1 & |x_1-y_m|<|x_2-y_m| \text{のとき} \\ 0 & |x_1-y_m|=|x_2-y_m| \text{のとき} \\ -1 & |x_1-y_m|>|x_2-y_m| \text{のとき} \end{cases}$$

候補者 2 が $x_2$ の位置をとれば，プレイヤー 1 の最適応答は何だろうか。もし $x_2$ が中位投票者の理想点でないならば，$x_2$ よりも中位投票者に近いどの位置も候補者 1 に勝利をもたらすだろう。候補者 2 の位置と中位投票者の理想点の間の距離は，$x_2>y_m$ ならば $x_2-y_m$，$x_2<y_m$ ならば $y_m-x_2$ である。もし候補者 2 が自分の位置として中位投票者の理想点をとれば，候補者 1 もまたその位置をとるべきである。もし彼がそうすれば，すべての投票者は無差別状態におかれ，コインを投げて投票を決定するだろう。彼が自分の位置を中位点にとるならば，勝利の確率は 2 分の 1 となる。他のどのような位置も選挙に敗ける。候補者 1 の最適応答対応は次の通りである。

$x_2<y_m$ ならば，$x_2<x<2y_m-x_2$ となるように $x$ を選択する。
$x_2>y_m$ ならば，$2y_m-x_2<x<x_2$ となるように $x$ を選択する。
$x_2=y_m$ ならば，$x=y_m$ となるように $x$ を選択する。

候補者 2 の最適応答対応も同様である。候補者 1 が中位点なら，自分も中位点をとる。それ以外の場合は，候補者 1 よりも中位により近い位置を選択する。

2 人の候補者にとって相互に最適応答となっている位置はあるだろうか。そのような位置はある。彼らはともに中位投票者の理想点をとるべきである。そのとき，各候補者は相手の戦略に対して最適応答をとることになる。相手の候補者が中位点の位置をとる限り，他のどの戦略も選挙での敗北につながる。他のどの位置も相互に最適応答とはならない。もしある候補者が中位点以外の位置をとるならば，他の候補者は中位点により近い位置をとるべきである。しかしそのとき，前者の位置は後者の位置に対して最適応答ではない。

**問題 4.11**：有限数の投票者がおり，総得票数を最大化しようとする候補者 2 人がいる場合を考えよう。$2n-1$ 人の投票者がおり，それぞれの理想点を $y_i$ と記し，$y_1<y_2\cdots\cdots<y_{2n-1}$ と仮定しよう。左端の投票者は 1 と記され，その次にもっとも左にいる投票者は 2 と記されるというように続き，$2n-1$ の投票者がその争点に関して右端にいる。また選挙に対する候補者の効用は，勝利時の相手の候補者との票差であると仮定しよう。負の利得は，敗北時の相手の候補者との票差を示す。

a）候補者の位置を所与として利得関数を特定せよ。便宜上，$x_1<x_2$ と仮定してよい。

b）$y_i \leqq x_2 < y_{i+1}$ となっている候補者 2 の位置 $x_2$ に対する候補者 1 の最適応答を見つけよ。

c）このモデルの均衡は何か。このモデルでは候補者は何をすべきか。

**練習問題 4.12**：投票者が連続的に分布し，図 4.23 のようになっていると仮定する。また候補者は総得票数を最大化すると仮定しよう。

a）候補者 2 の位置に対する候補者 1 の最適応答が存在するならば，見つけよ。

b）このモデルの均衡は何か。

これら 3 つの場合すべてにおいて，候補者は均衡において中位投票者の理想点をとる。この点をとるのが最善であるので，候補者がこの点に移動することが予想される。空間競争モデルでは（投票者の疎外意識や第 3 の候補者の参入可能性といった新たな工夫を加えないならば），中位点への収束は必勝戦略である。

中位投票者の理想点へ候補者が収束するのは，政治学における重要な結果の 1 つである中位投票者定理の特別な場合である。この定理は，投票者が 1 つの争点に直面し，単峰性の選好を持ち，位置を 1 対 1 で比較するようなすべての場合に妥当する。

図 4.25　単峰型と非単峰型の効用関数

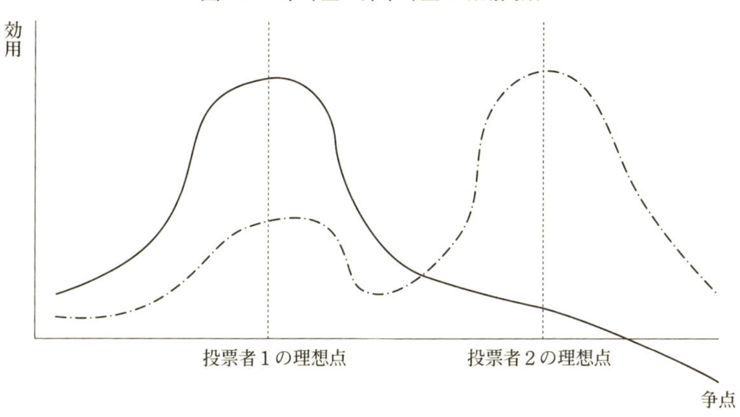


**定理（中位投票者定理）**：もしすべての投票者の選好が単一次元上にあり，単峰性を満たすならば，中位点に位置する者の理想点が，1 対 1 の投票において他のすべての位置に勝つことになる。

中位投票者定理によって，多くの場面において投票を特徴づける有力な方法が得られる。それはまさに政治学の多くのモデルを牽引する原動力である。議会の委員会について議論する場合には，委員会と議会の位置をそれぞれ 1 つの理想点として集約することができる。たとえ委員会や議会に多くの人々がいても，中位投票者定理によって，各グループの投票を中位投票者の理想点へ集約することができる。中位投票者はつねに勝者の側にいる。中位投票者が提案にどのように投票するかに焦点を当てることによって，あるグループがどのように投票するかを一言でまとめることができる。

どのようにアクターが投票するかについての 4 つの仮定が，中位投票者定理の十分条件である。第 1 に，投票者の選好は単峰性を満たす。投票者の選好は，理想点すなわちもっとも選好する結果によって示される。理想点の周りではどちらの方向に行こうとも，他の選択肢に対する選好は低下する。その低下は理想点の周りで対称的である必要はない。投票者は，理想点から見て一方の側にある位置を，その理想点により近いもう一方の側にある位置よりも選好することがある。ここで重要な点は，投票者の選好が理想点の周りで低下するということである。図 4.25 において，実線で描かれた効用関数は単峰性を満たすが，破線で描かれた効用関数は単峰性を満たさない。

第 2 に，すべての投票者が投票すると仮定される。中位投票者定理においては，投票にコストはかからない。候補者間競争のいくつかのモデルでは，もし両方の候補者の位置が投票者の理想点から「非常に離れて」いれば，その投票者は疎外感を抱き，投票しないことがある。そのようなモデルでは，中位投票者から離れたところに多くの投票者がいれば，中位点から離れる誘因が存在することになるだろう。

第 3 に，投票者は選択肢の間で 1 対 1 の比較を行うと仮定される。候補者間競争では 2 人の候補者しかいない。もし 2 人以上の競争に目を向けるならば，中位の理想点に集まる誘因は消えるだろう。もし候補者のうちの 2 人が中位の理想点に集まるならば，第 3 の候補者は，中位を外れたどちらかに移ることによって多くの票を勝ち取ることができるだろう。

第 4 に，議題に上っている争点は 1 つしかないと仮定される。もし 2 つ以上の争点があれば，何が起きるだろうか。

### 複数の争点

ここで，2 つの争点について考えよう。3 つ以上の争点は実質的に 2 つの争点の場合と同じであり，3 次元は 2 次元の紙面にはあまり適さない。投票者は理想点を持っており，理想点にもっとも近い位置をとる候補者に投票すると仮定しよう。この仮定は，争点が分離可能であり（1 つの次元における結果は，もう 1 つの次元においてどのような結果が選好されるのかに影響を与えない），どちらも等しい重要性を持つことを述べている。これらの仮定は強いが（すなわち，現実世界で満たされることはないだろう），より一般的な空間的選好にしたとしても，結果が大きく異なることはない。これらの仮定はまた，各投票者の理想点の周りに円形の無差別曲線を描く。ある投票者にとって無差別となるような位置の集合を描くと，その軌跡はその投票者の理想点の周りの円形になる。ここでは分離可能な争点の場合を取り上げ，議論を単純化する。そうでなければ，議論を慎重に進めるためにいっそうの数学的な厳密さが必要になる。

2 つの争点は 1 つの争点とはまったく異なる。1 つの争点の場合から 2 つの争点の場合を単純に推測することはできない。もしそれができるとすれば，中位投票者の理想点が均衡となるだろう。しかし，2 次元において中位点とは何か。たとえば，図 4.26 において十字で示される 7 人の投票者の理想点の分布を考えよう。矢印はそれぞれの争点に対する中位の位置を個別に表しており，

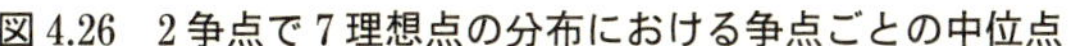

図 4.26　2 争点で 7 理想点の分布における争点ごとの中位点

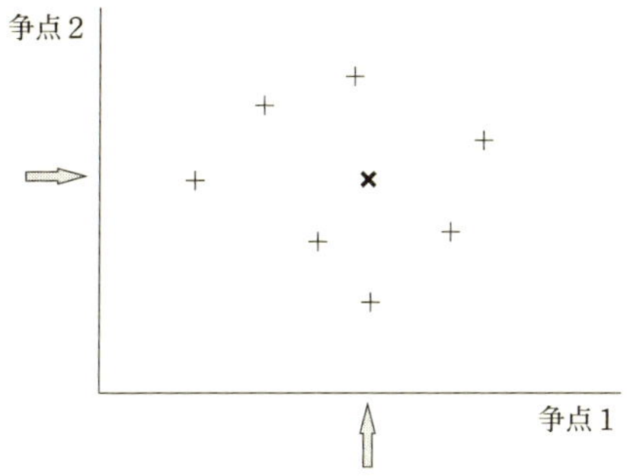


図 4.27　図 4.26 の両争点の中位点に勝てる位置

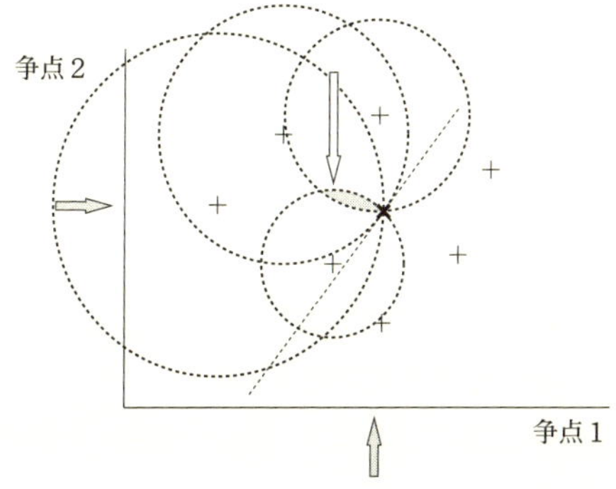


×はそれらの交点である。

しかし，図 4.26 の×は均衡点ではない。×を通り，どの理想点とも交わらない直線を描くと，一方の側に 4 人の投票者がおり，もう一方の側に 3 人の投票がいることになる。図 4.27 の破線は×を通る 1 つの直線である。×を通る直線の左側に理想点を持つ 4 人の投票者の無差別曲線が描かれている。各投票者は各自の円の内側にあるすべての点を×よりも選好する。それらの点のほうが各自の理想点により近いからである。×のちょうど左側にある影つきの集合を中抜き矢印で示しておいた。この影つきの集合は，この 4 人の投票者が×より選好するすべての点の集合である。それは 4 つの無差別曲線の内側にある。この集合内のどの点も 1 対 1 の票決において×に勝つ。この 4 人の投票者はみな×よりこの集合内の点を選好するからである。4 人の投票者がいる側には，×の位置にいる候補者に勝つことができる位置は数多く存在する。単一争点のときとは対照的に，×は目標を探す目印とはならない。

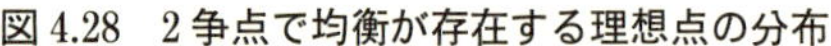
図4.28　2争点で均衡が存在する理想点の分布

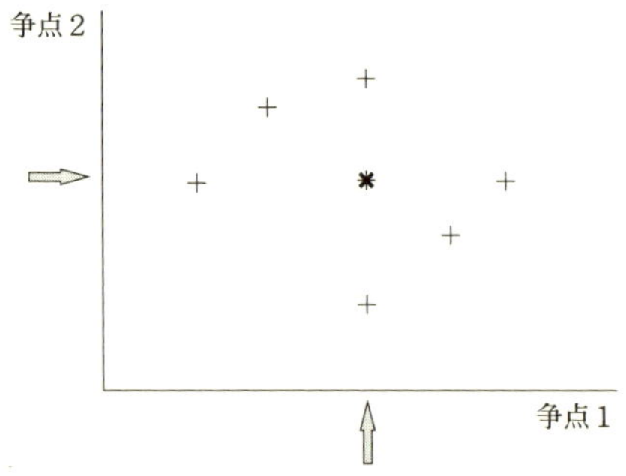


複数の争点のもとで均衡をもたらす理想点の分布は存在する。しかし，それらは厳しい制約条件を満たさなくてはならない。図4.28はその1つの場合を表す。1人の投票者の理想点が中位点であり，残りの投票者が2人1組でその中位点を通る直線上に対になっている。ここで，中位点の位置は，1対1の票決において他のすべてに勝つ。理想点が中位点にある投票者は，当然ながら，他のどんな選択肢よりも自分の理想点に必ず投票する。残りの投票者は，他の投票者と2人1組で，彼らの理想点と中位点を通る直線上にいる。よって，1人が中位点に投票し，もう1人がその別の選択肢に投票することになる。

複数の争点がある場合の候補者間競争には，一般に純戦略均衡が存在しない。直観的に言えば，複数の争点がある場合には，提携が切り崩されるのである。候補者は自分の位置を表明する際に提携を結ぶ。候補者が前もってそうすれば，他の候補者が適当な対抗位置を選択し，みな負けてしまう。対抗位置が適切であれば，最初の提携の一部は切り崩され，他の投票者へと糾合される。

このゲームには均衡があるが，それは混合戦略均衡である。候補者は争点に関する位置をあいまいにしようとする。誰にでもよい顔のできる候補者がもっとも勝つ可能性が高い[6]。もし現職がこれまでの経緯からその位置に固定されているなら，つねに負けるはずである。もちろん現職は必ずしも負けない。現職は他の優位性を持っており，それはこの単純なモデルでは捉えられていない。こうしたモデルの限界を修正することによって，より複雑でより現実的なモデルを作ることができる。こうして，数理的なモデルは進歩していく。

6　心当たりはあるだろうか。

## 4.10　協力ゲームの簡単な入門

協力ゲームでは，プレイヤーは拘束力のある合意を結ぶことができる。一度合意を結べば，プレイヤーは合意内容に従わなければならない。協力ゲームでは合意内容が実施されると仮定される。囚人のジレンマが協力ゲームとしてプレイされれば，そのジレンマは消えてしまう。プレイヤーは，$(S_1, s_1)$ をプレイする合意を結ぶことができる。協力ゲームの中には，**譲渡可能な効用**を持つものもある。すなわち，ゲームの結果が出た後で，プレイヤー間で効用（たとえば貨幣）を譲渡することができる。そのような譲渡のことを**サイド・ペイメント**と呼ぶ。プレイヤーは，最大の総利得をもたらすような戦略を選び合意を結ぶべきである。両プレイヤーは，合意を結んで最大の効用を得た上で，得られた追加的な効用を平等に分配することによって，他のどのような合意よりもつねに厚生を高めることができる。譲渡可能な効用を持たない協力ゲームでは，プレイヤーは，さまざまな利得をもたらす戦略の組の中から戦略を選ぶことによって，利得を再分配することができる。

協力ゲームにおける重要な問題は，プレイヤーが各自で獲得することのできる最小限の利得を上まわる余剰をどのように分配するかということである。協力ゲーム理論は，余剰を分配するにあたって，プレイヤーたちがどのような取引をするかということに焦点を当てる。ここでは，2人ゲームと $n$ 人ゲームの協力ゲーム理論の基礎について説明する。ナッシュ交渉解は前者を説明するものであり，特性関数形の $n$ 人ゲームの簡単な議論は後者を説明するものである。

### ナッシュ交渉解

アクターが交渉するのは以下のような場合である。ある合意よりも受け入れてもよいと両者が考える結果が数多く存在し，それらの結果のうち，どれがもっとも良いかという点について一致していない場合である。政治において交渉が行われるのは，国家間では国際危機や経済問題がある場合や，政党間では多党制民主主義下の連立政府樹立の場合であり，立法府と行政府の間でも交渉は行われる。第5章と第8章では，交渉の非協力ゲーム・モデルを紹介し，そのモデルをナッシュ交渉解と比較する。

ここでは，予算の赤字削減について大統領と議会との交渉をモデル化しよ

図 4.29 交渉における留保水準と合意可能領域

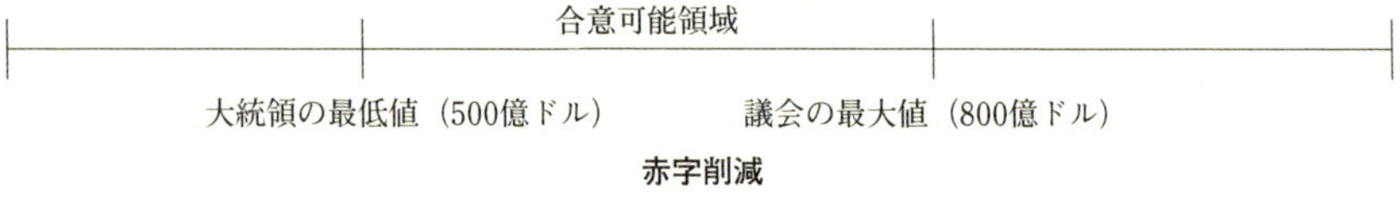

う[7]。便宜上，実現可能な予算案の範囲がある直線上の点の集合でモデル化されると仮定する。それぞれの点は赤字削減量を示すと考えてもよい。ナッシュ交渉解では，結果の集合が多次元な場合もあるが，説明を簡単にするために結果を1次元に制限しておこう。お互いに合意に達しなければ，グラム・ラドマン法の自動予算削減が発動される。双方が合意に達しなかったときの結果は**不一致点**と呼ばれる（国際危機の交渉では，戦争が不一致点である）。

双方ともに各自の**留保水準**もしくは**留保点**を持ち，それは不合意の結果に対して各自が与える価値を表す。片方の留保水準は，そのプレイヤーが不一致点と同等と考えている交渉点であり，許容できる最小のものである。図4.29は，実現可能な赤字削減案の範囲における大統領と議会の留保点を示している。大統領は最低年500億ドル削減したいと考えており，議会は最大年800億ドルの削減を考えているとしよう。もし議会が最低年500億ドルの削減を提案しなければ，大統領は自動削減を選好するだろう。双方の留保点の間にある部分が**合意可能領域**である。この領域は双方がともに不一致点よりも選好する交渉可能な領域を表す。大統領も議会もともに，自動削減となるよりも，年500億ドルから年800億ドルの間で赤字が削減される予算案を選好する。もし合意可能領域が存在しなければ，双方が合意に達することはない。つまり，双方が不一致点よりも選好する案は存在しない。

問題を交渉の次元（ここでは赤字削減額）から，効用空間へと移そう。図4.30は，各案が交渉決裂時に比べ，どれだけ追加的な効用をもたらすかを表す（すべてのドル表示は10億ドルを示す）。年670億ドルの削減という実現可能な交渉を考えてみよう。実現可能な案のそれぞれについて，交渉決裂の場合と比べて各プレイヤーがその案から得ることのできる効用の増分を計算しよう。図4.30の1つの軸にそれぞれのプレイヤーの効用の増分をプロットする。670億ドルの案による大統領($p$)の効用の増分は，$u_p$(670億ドル)$-u_p$(500億ドル)であり，横軸に表される。また670億ドルの案による議会($c$)の効用の増

7 政治に対してはどうしても冷たい目線になりがちだが，本書が版を重ねているうちは，議会と大統領の交渉と言えば，財政赤字に関するものであると見なして差し支えないだろう。

図 4.30 効用で表したナッシュ交渉

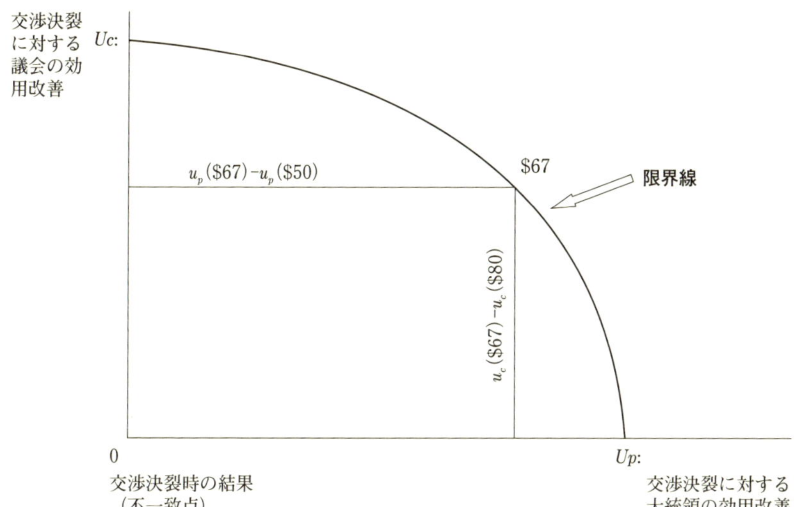


分は $u_c$(670 億ドル) $-u_c$(800 億ドル) であり，縦軸に表される。これに対する一般的な命題は次のようなものである。プレイヤー 1 と 2 の間における交渉 $x$ において，それぞれの留保レベルを $c_1$ と $c_2$ としよう。このとき，$x$ に合意することによって得られる効用は，プレイヤー 1 は，$u_1(x)-u_1(c_1)$ であり，プレイヤー 2 は $u_2(x)-u_2(c_2)$ である。図に示された**限界線**もしくは**フロンティア**は，プレイヤーにとって実現可能なすべての交渉の限界を示す。限界線上もしくはその左下のすべての点が実現可能な交渉である。限界線はすべてパレート最適な交渉案の集合である。限界線の左下のどの交渉案よりも双方のプレイヤーが選好する交渉案が，限界線上に存在する。

ナッシュ交渉解では，非協力ゲーム理論の戦略的論理とは異なる論理を用いる。解が持つべき性質の集合を定義し，その後にどのような交渉がその条件を満たすかを決定するのである。ナッシュ交渉解は，最適な交渉戦略をモデル化するのではなく，同格の戦略的アクター間の交渉を特徴づけるのは何かを求める。ナッシュ交渉解は，交渉が以下の 4 条件を満たすことを要求する。

1) **共同の効率性**：解は効用フロンティア上に存在しなければならない。
2) **対称性**：2 人の交渉者が同じ効用関数を持つならば，彼らはその留保点からの差を等しく分ける。

3）**線形不変性**：各プレイヤーの効用関数を線形変換しても，解は変わらない。

4）**無関係な結果からの独立性**：解と不一致点を維持したままで，ある実現可能な交渉案を消去しても，解は変化しない。

第1の条件が述べているのは，プレイヤーはパレート最適な交渉に達するということである。そうでなければ，両方のプレイヤーは他の交渉案によって厚生を高めることができるだろう。第2の条件は，交渉の過程が2人のプレイヤー間で中立的であることを述べている。効用関数は線形変換までは許している。第3の条件は，ナッシュ交渉解が線形変換しても不変であることを主張している。第4の条件は，ある解にその解よりも劣っていると双方が合意している結果を追加したり削除したりしても，結果が変わらないことを要求している。

上のような4条件を満たす唯一の解がナッシュ交渉解である。

**定理（ナッシュ交渉解）**：上の4つの条件を満たす一意な解が存在し，それは以下のように計算される。双方の効用の積を最大化するようなフロンティア上の点$x$を選ぶ。記号で書けば，双方の効用関数を$u_1$と$u_2$，留保点を$c_1$と$c_2$とし，$[u_1(x)-u_1(c_1)][u_2(x)-u(c_2)]$を最大化する$x$を選ぶ。

ナッシュ交渉解は，解の移動から生じる各自の限界効用の損失と限界効用の増分を等しくする。プレイヤー1のほうに解を移動してもプレイヤー2のほうに解を移動しても，一方のプレイヤーの得になるように解を移動すれば，もう一方のプレイヤーはそれだけ損をする。フロンティアに沿ってナッシュ交渉解から移動すると，その移動によって一方が得た分と同じだけ，もう一方は効用を損失する。ナッシュ交渉解は，結果に対する各自の効用の範囲内においてあたかも裁定手続のように作用する。

定理の証明は，4つの条件が満たされるならば，上の公式が導かれることを示すことによって行われる。ある交渉問題におけるナッシュ交渉解を$x$とする。$u_1^*(x)=u_2^*(x)=1$となるように，$u_1$と$u_2$を$u_1^*$と$u_2^*$へ線形変換する。そして，$u_1^*(y)+u_2^*(y)\leqq 2$となるすべての点$y$を含むようにゲームを拡張する。このゲームの解は，対称性によって，(1, 1) でなくてはならない。線形変換の不変性と無関係な結果からの独立性によって，元のゲームの解は (1, 1) を元のゲームへ変換した $x$ である。したがって，他のどの解を上のように変換しても $u_1^*(y)+u_2^*(y)\leqq 2$ を満たすゲームの解となりえないので，$x$ は唯一可能な解である。

**例題**：$u_1(x)=x^2$，$u_2(x)=-x$，$c_1=0.5$，$c_2=0.8$ とする。このとき，0 と 1 との間で 2 人のプレイヤーが交渉する場合のナッシュ交渉解を求めよ。この問題は赤字削減交渉であり，$x$ の単位は 1,000 億ドルである。

効用の積を最大化するような $x$ を求めよう。

$$[u_1(x)-u_1(c_1)][u_2(x)-u(c_2)]=[x^2-(0.5)^2][-x-(0.8)]$$
$$=-x^3+0.8x^2+0.25x-0.2$$

上の数式を微分して 0 に等しいとおくと，以下の式を得る。

$$-3x^2+1.6x+0.25=0$$

この等式を 2 次方程式の解の公式を使って解く。

$$x=\frac{-1.6\pm\sqrt{(1.6)^2-4(-3)(0.25)}}{2(-3)}\approx\frac{1.6\pm 2.36}{6}$$

解は，$c_1(0.5)$ と $c_2(0.8)$ の間になければならないので，負の平方根を捨てると，以下のように得られる。

$$x\approx 0.66.$$

0.3 単位の余剰を分割する際に，プレイヤー 1 は得をする（プレイヤー 1 に 0.16 とプレイヤー 2 に 0.14)。プレイヤー 1 は，危険愛好者でありその優位性を生かし，プレイヤー 2 よりもより多くの余剰を得ることができる。

**練習問題 4.13**：以下の場合のナッシュ交渉解を求めよ：

a) $u_1(x)=2x-5$，$u_2(x)=2-3x$，$c_1=0$，$c_2=1$。なぜこの解が予想できるのか（ヒント：ナッシュ交渉解の仮定を確認せよ)。

b) $u_1(x)=\sqrt{x}$，$u_2(x)=-x^2$，$c_1=0$，$c_2=1$。

ナッシュ交渉解には多くの重要な限界がある。第 1 に，ナッシュ交渉解は交渉の構造を無視している。ナッシュ交渉解では，双方は公平に取り扱われる。

しかし多くの場合には，交渉の環境は一方の側に有利に構成されている。オークションでは入札者と売り手がある財に同じ価値をつけるとしても，オークションの形式が異なれば，結果は異なる。ダッチ・オークションでは，高値から始まって入札者が買うことに同意するまで値を下げる。そこでは競争的なオークションとは異なる価格がつくだろう。非協力ゲームの交渉は，明示的にこの問題を扱い，交渉の構造が異なるとき，交渉の結果にどのような影響を与えるかを明らかにしている。Harsanyi は，ナッシュ交渉解が一定の交渉構造を前提にしていることを示した。交渉決裂時により大きなリスクに直面するプレイヤーは相手のプレイヤーにわずかに譲歩し，両方が最終合意に達するまでこの交渉は続く。Harsanyi（1977）には，この過程に関する優れた数学的な議論がある。

第2に，ナッシュ交渉解の公理は妥当であろうか。ナッシュ交渉解は，交渉がもたらす何らかの結果に関する記述か，あるいは最適な裁定の枠組みと考えられる。どちらであっても，ある公理は妥当性を欠くと考えられることがある。言葉による説明ではすでに指摘したように，交渉の構造によってはプレイヤー間に非対称性が導入される。「無関係な結果からの独立性」の条件はあまりに強すぎるかもしれない。到達不可能な結果は，実現可能な交渉をつぶすための脅しや障害として有益かもしれない。ナッシュ交渉解を修正すれば，脅しの可能性を含めることができる。しかし基本形は，多くの脅し，とくに双方を傷つける脅しやそうした脅しの信憑性を排除している。

最後の問題は，実現可能な場合はいつでも，ナッシュ交渉解はつねに合意をもたらすという点である。しかし現実の交渉では，合意が実現可能なときでさえ，決裂することがよくある。これは，一方がそれ以上の交渉は無益だと判断するからである。第5章において，もう一度ナッシュ交渉解に戻り，非協力ゲーム理論の簡単な交渉モデルと比較する。

### *n* 人ゲーム

本節では，$n$ 人協力ゲームの基本的な考え方や概念を簡単に紹介する。これらのゲームは政治学に応用されてきたが，非協力ゲーム理論の発展とともに協力ゲームの応用への関心は薄れてきた。$n$ 人ゲームやその政治学への応用について，さらなる読書の出発点として Ordeshook（1986）の第7〜9章を勧める。

2人以上のプレイヤーのゲームを考える場合，協力ゲーム理論は提携の形成に焦点を当てる。**提携**（coalition）とは，すべてのプレイヤーの集合の非空な部分集合であり，$C$ で表される。提携が成立するのは，プレイヤーのある集合が相互の利益のために戦略を調整することに合意するときである。総利得を最大化するために提携内のプレイヤーが戦略を調整し，そのメンバー間で効用が譲渡可能であることが仮定される。前者の仮定は，提携内のメンバーがどのように実際に彼らの行動を調整するかという問題を排除している。後者の仮定は，提携の利益を分けるという問題を排除している。提携は，ゲームの終わりに譲渡可能な効用の「総計」を分ける。プレイヤーは，提携する際に利得の分け方について拘束力ある約束をかわすことができる。

$n$ 人協力ゲームは，提携によって各自が確保する効用によって記述される。$n$ 人ゲームの**特性関数**とは，プレイヤーのすべての部分集合（空集合を含む）上の実数値関数 $\nu$ であり，以下の関係を満たす。

$$\nu(\varnothing)=0 \quad \text{かつ}$$
$$R\cap S=\varnothing \text{ならば，} \nu(R\cup S)\geqq\nu(R)+\nu(S)$$

関数 $\nu$ は，提携が成立する場合に，各自が確保することのできる効用の「総計」を示す。特性関数は 2 つの制約を満たす。第 1 に，空集合は効用を得ることも失うこともない。第 2 に，共通の成員を持たない 2 つの提携を合併すると，新しい提携は少なくともそれぞれ別々に行動するときに確保できる合計以上の効用を保証しなければならない。

特性関数は，提携がそのメンバーに保証する総利得を示す。ゲームの結果は，プレイヤーがその利得を分割する方法である。特性関数を持つ $n$ 人ゲームにおける**配分**は，ベクトル（$x_1, x_2, \cdots\cdots, x_n$）であり，以下の関係を満たす。

$$\sum_{i\in N} x_i=\nu(N) \quad \text{かつ}$$
$$\text{すべてのプレイヤー } i \text{ に対して，} x_i\geqq\nu(i)$$

配分は，プレイヤー間の利得の実現可能な分割の仕方である。配分の集合はそのまま解になるわけではないが，どの解も配分の集合の一部である。配分は，2 つの合理性の条件を満たす。第 1 に，全体合理性もしくは効率性である。プレイヤーは入手可能なすべての利得を分割し，何も残すことはない。第 2 に，個人合理性である。どのプレイヤーも個人で行動するときに確保できるよりも少ない利得を受け入れない。

プレイヤーに提携を形成しようとする動機を与えないようなゲームは面白く

ない。あるゲームが**本質的**であるとは，全プレイヤーからなる提携によるゲームの価値が，別々に行動したときに各プレイヤーが得るゲームの価値の合計より大きい場合である。そうでない場合は**非本質的**である。本質的なゲームの提携では，提携がその成員に対して，彼らが別々に行動したときに得る総利得よりも大きい総利得を保証しなくてはならない。非本質的なゲームは，プレイヤーに提携を形成しようとする動機を与えないので，面白くはない。

配分は，ゲームに対する可能な解の集合である。ゲームを解くためには，どんな配分が実際に生じるのかを知る必要がある。解概念は，配分の基本的な合理性条件に加え，さらに望ましい追加的な性質を持つ配分の集合を特定する。こうした追加的な性質は，提携を形成する理由を表している。

提携が形成されるのは，提携の成員が団結することに利益を見いだすからである。ある**配分 $\boldsymbol{x}$** が，所与の**提携 $\boldsymbol{C}$** によって別の**配分 $\boldsymbol{y}$ を支配する**のは，次のような場合である。(1) $C$ 内のすべての成員は，$y$ においてよりも $x$ においてより多くの利得を得る。(2) $C$ の全成員の利得の合計は，提携 $C$ が形成される場合に携帯 $C$ において確保できる価値を上回らない。これら両方の条件が満たされるとき，提携 $C$ が形成され，配分 $x$ のほうが配分 $y$ よりも選好されると予想される。換言すると，提携によってある配分が別の配分を支配するための必要十分条件は，提携のすべての成員が配分の変更を選択し（第1の条件），その配分の変更が提携によって実行可能であること（第2の条件，後で説明する）である。

支配の概念によって，他の配分よりも形成される可能性が大きい配分を特定することができる。支配されない配分は，どれも他の配分によって代わられることはない。もしある $n$ 人ゲームが異なる配分の提案によってプレイされて，それらの配分がその後それらを支配するような他の配分によって置き換えられるならば，$n$ 人ゲームの最初の解概念である**コア**に到達する。あるゲームのコアとは，そのゲームにおいて支配されないすべての配分の集合である。コアの配分が提案されれば，それに反対する提携は実行不能になる。コアはまた，$n$ 人ゲームにおけるパレート最適な配分の集合でもある。どのプレイヤー（または提携）も，自分たちの利得を改善するには，他のプレイヤーや提携に損失を与えざるをえず，それゆえそのような行動は他者から妨害され，現状以上の利得の改善を実現できない。コアの配分が存在するならば，あらゆる可能な提携に対して，その提携の成員が得る利得の合計は，少なくとも各提携が独力で動いたときに達成できる総利得以上でなければならない。コアには，解概念として重大な限界がある。その限界とは，必ずしもそれが存在するとは限らないということである。コアを持たない $n$ 人ゲームは多い。

あらゆるゲームに，とくに定和ゲームのような興味深い多くのゲームにコアが存在するわけではないというのは不安の種である。カーネル，仁，交渉集合，競争解といった他の解概念の多くは，なぜ他の提携ではなくある提携が形成されるのかに関してさまざまな理由を与えている。ここでは，フォン・ノイマン＝モルゲンシュテルン解（安定集合としても知られる）と，それとは少し異なる解概念であるシャプレー値について述べよう。

**フォン・ノイマン＝モルゲンシュテルン解**は，以下の2つの条件を満たす配分の集合である。第1の条件は内部安定性である。フォン・ノイマン＝モルゲンシュテルン解の中の配分は，どれもその解の中の他のどの配分によっても支配されない。配分がフォン・ノイマン＝モルゲンシュテルン解の中にあれば，プレイヤーはその解の中で配分を変えようとしない。第2の条件は外部安定性である。この条件が満たされれば，フォン・ノイマン＝モルゲンシュテルン解の中にないすべての配分は，その解の中のどれかの配分によって支配される。解の外部にある配分が解の内部に存在する配分を支配することもあるが，いずれプレイヤーは解の内部の配分に戻るだろう。というのは，解の内部に存在する配分を支配するような配分をプレイヤーが提案することによって解を離れるなら，解の内部に存在する別の配分が，解の外部に存在するその配分を支配しているはずだからである。フォン・ノイマン＝モルゲンシュテルン解は，交渉や提携形成の過程においてプレイヤーが規則的にその解に出会うという意味で，安定的である。解の内部のどの配分が生じるかはわからないが，結果が解の内部にあると言うことはできる。ゲームにコアが存在するなら，コアは外部安定性を満たすので，いずれかのフォン・ノイマン＝モルゲンシュテルン解に含まれていなくてはならない。

フォン・ノイマン＝モルゲンシュテルン解には，4つの重大な弱点がある。第1に，1つのゲームにしばしば複数のフォン・ノイマン＝モルゲンシュテルン解が存在することである。どの解を用いるべきだろうか。第2に，この解概念はきわめて弱いことである。フォン・ノイマン＝モルゲンシュテルン解は，プレイヤーが交渉の過程において何度となく出会う配分の集合を表している。だからと言って，プレイヤーがその集合内で交渉を終えるとは言えない。第3に，フォン・ノイマン＝モルゲンシュテルン解の多くは，複数の配分を含んでいるということである。たとえフォン・ノイマン＝モルゲンシュテルン解の内部に終着するとしても，その解の内部のどの配分が生じるかを予測することはできない。最後に，フォン・ノイマン＝モルゲンシュテルン解をまったく持たないゲームが存在することである。

パワー指数は，$n$人ゲームを解く別の方法を示している。パワー指数は，$n$人ゲームをプレイする際に，各プレイヤーが抱く予想を特定する。プレイヤーをランダムに加えていくと，ある提携が形成され，最後にはすべてのプレイヤーの提携が形成されると仮定しよう。このとき，各プレイヤーのパワーあるいはシャプレー値とは，各プレイヤーが提携の利得にもたらすと期待される限界貢献度を，そのプレイヤーがあらゆる可能な順序で提携に参加した場合を考慮して求めたものである。

パワー指数にもまた限界がある。第1に，パワー指数を計算する際に，いくつかの異なる方法が存在する。それらの方法は，状況によって異なる解を与える。第2に，プレイヤーは実際にはランダムに提携を形成することはないが，パワー指数ではそうすると仮定している。

## *4.11* まとめ

第4章では，古典的ゲーム理論の重要な話題を扱った。とくに，最適応答，ナッシュ均衡，混合戦略の3つの概念はいずれも重要である。相手プレイヤーの戦略に対するプレイヤーの最適応答とは，相手プレイヤーの戦略に対して自分の利得を最大にするような戦略である。相手がどのような戦略をとるかをプレイヤーが知っていれば，そのプレイヤーは相手の戦略に対して最適応答を必ずとる。

ナッシュ均衡とは，互いに最適応答となっている戦略の組である。プレイヤーがそれぞれナッシュ均衡戦略をとるという共通の推測を持つ場合には，ナッシュ均衡は自己拘束的となり，どちらのプレイヤーも一方的に自分の戦略を変えようとする誘因を持たない。

ゲームによっては純戦略ではナッシュ均衡が存在しないこともある。しかし，そのようなゲームにも混合戦略にはナッシュ均衡が存在する。混合戦略は，相手がどの純戦略をとるかわからないというプレイヤーの不確実性を表す。混合戦略のナッシュ均衡では，混合戦略でプレイされるどの純戦略をとってもどのプレイヤーも無差別である。

## 4.12 文献案内

本章での紹介は，非協力ゲームの標準的な教科書と一致している。Brandenburger (1992) は共通の推測とナッシュ均衡に関して最初に読むべき優れた論文である。

選挙の空間モデルについての文献は大量にあるが，その嚆矢は Downs (1957) である。選挙の数理的空間モデルは 1960 年代半ばに始まった。Ordeshook (1986) と Enelow and Hinich (1984) がこの主題に関する優れた解説論文である。Enelow and Hinich (1990) は近年における空間理論への貢献をまとめた論文集である。

政治改革のモデルは Geddes (1991) から直接とった。モデル全体の詳細やラテンアメリカの民主主義の証拠について知りたければ，この論文にあたるとよい。

繰り返しになるが，$n$ 人ゲームに関しては，標準的な教科書が優れている。Ordeshook (1986) が $n$ 人ゲーム理論とその政治学への応用に関してまず読まれるべきである。Owen (1982) は数学的に書かれた $n$ 人ゲーム理論の教科書のうちでもっとも優れている。Harsanyi (1977) はナッシュ交渉解について非常に優れた説明をしており，ナッシュ交渉解の拡張や，ナッシュ交渉解とツォイテン (Zeuthen) 交渉モデル（最大のリスクを持つプレイヤーが次に小さな譲歩を行うという行動モデル）との関係についての説明もある。

# 第5章

# 展開形ゲームの解法：後向き帰納法と部分ゲーム完全性

戦略形ゲームに続いて，第5章から第9章では展開形ゲームを扱う。展開形では，プレイヤーのすべての手番とその順序が明記されるので，このゲームは，戦略形に比べてより重要かつ不可欠な分析手法である。ナッシュ均衡は，戦略形で戦略の相互作用を分析する。本章以降では，展開形における個々の手番について分析する。また展開形ゲームを用いると，効用理論とゲーム理論の結びつきもより強くなる。ゲーム内の各手番は，不確実性下の個別の意思決定として扱われる。プレイヤーは，自分の手番においてある行動を選択した場合，他のプレイヤーがそれに対してどのように反応するかを予想しながら，最終的に最善の結果をもたらす行動を選択する。プレイヤーは，他のプレイヤーが合理的であると仮定し，ゲームにおける自らの知識を利用して，他のプレイヤーの将来の行動を予想する。その際にプレイヤーは，他のプレイヤーがどのような行動をとったのか，あるいはとるだろうかということについてしばしば確信が持てない。そのような場合，プレイヤーは，ゲーム内で何が起きたのか，また何が起ころうとしているのかに関するプレイヤーの信念を表す主観的確率分布を用いて期待効用を計算する。

本章とその後の2つの章では，部分ゲーム完全均衡，完全ベイジアン均衡，逐次均衡，完全均衡という展開形ゲームにおける中心的な均衡概念を説明する。これら4つの均衡概念においては，プレイヤーが非合理的な行動をとることになるナッシュ均衡が除外される。言い換えれば，これらの均衡概念では，さらなる合理性の条件を追加することによってナッシュ均衡を絞り込むことができる。完全ベイジアン均衡は，もっとも広く用いられる均衡の定義である。この

図 5.1　異なる 5 つの均衡タイプの関係

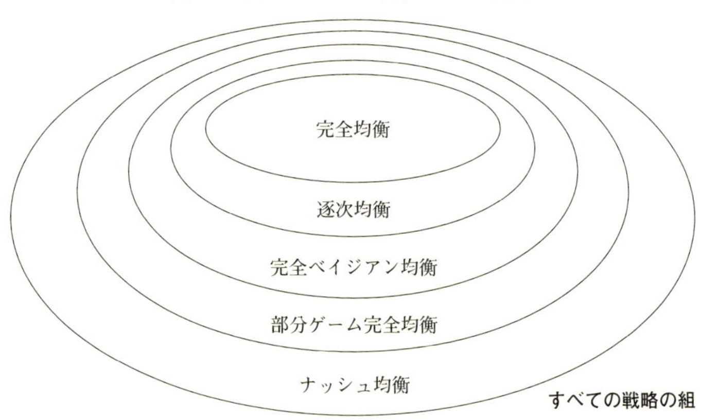


均衡概念は，部分ゲーム完全均衡よりも一般的であり，逐次均衡や完全均衡よりも解を求めやすい。図 5.1 のベン図は，上記 4 つの均衡とナッシュ均衡の関係を示している。いかなる完全均衡も，同時に逐次均衡，完全ベイジアン均衡，部分ゲーム完全均衡，そしてナッシュ均衡でなければならない。同様に，どのような部分ゲーム完全均衡もナッシュ均衡である。すべての均衡は，戦略の組（プレイヤーが 2 人以上の場合には戦略の集合）である。

展開形ゲームは，戦略形の場合よりも，プレイヤー間の戦略的相互作用を詳細に分析することができる。ナッシュ均衡は，プレイヤーの全戦略を比較して，それらが互いに最適となっているかどうかを検討する。しかしゲーム内の手番に順序がある場合には，当然，それがプレイヤーの行動に影響を与えるはずである。先に行われた手番は，プレイヤーの後の決定にどのように影響するのであろうか。プレイヤーは，ゲームが進行する過程で，他のプレイヤーの将来の行動についてどのような予想をするのであろうか。その予想は，ゲームが進むにつれて，どのように変化するのであろうか。

均衡によって到達される節においてプレイヤーが行う手番は，**均衡径路上**の行動という。これに対して，均衡によって到達されない節の手番での意思決定は，**均衡径路外**の行動という。ナッシュ均衡は均衡径路上の手番の合理性を検討する。時に，均衡径路上のプレイヤーの選択は，他のプレイヤーによる径路外の選択に左右される。場合によっては，この後者のプレイヤーは，径路外で非合理的な行動をとることによって，ナッシュ均衡の径路上にある前者のプレイヤーの選択を変えることもできる。

ナッシュ均衡において，プレイヤーは，信憑性のない脅しをしたり，あるいは信憑性のない約束を事前にコミットしたりする。戦略形では，プレイヤーは，ゲーム開始前にすべての戦略の選択をすると仮定される。それゆえ，プレイヤーは，ゲームの開始時点において将来の手番に事前にコミットできる。プレイヤーは，実際にその行動をとると，自らの利益に反するような威嚇や約束にコミットすることができる。信憑性のない脅しへの事前のコミットは，他のプレイヤーの行動を誘導することができるので，実際には脅しをする必要がなくなる。しかし，展開形のゲームは，時間的に継起する一連の意思決定であるので，プレイヤーは，その手番にたどり着くまでは行動をとることができない。したがって，事前のコミットメント――到達前の手番に対する拘束力のあるコミットメント――は，ゲームを逐次的な意思決定とする考え方に反している。このような問題に対して，部分ゲーム完全性は，ナッシュ均衡とは異なり，均衡径路上のみならず，径路外の手番の信憑性についても検討する。

本章では部分ゲーム完全性を扱い，第6章で完全ベイジアン均衡，第7章で逐次均衡と完全均衡を扱う。部分ゲーム完全性を説明するために，まず後向き帰納法について解説する。後向き帰納法とは，完全で完備な情報ゲームにおいて，部分ゲーム完全均衡を求めるための比較的簡単な方法である。完全で完備な情報ゲームにおいては，プレイヤーは，その行動の際に，それ以前のすべての手番の行動と他のプレイヤーの利得をつねに知っている。プレイヤーは，他のプレイヤーの合理性を仮定する場合には，それらプレイヤーの将来の行動を予想することができる。後向き帰納法では，「後向きに」ゲームを分析する。具体的には，最後の節（頂点）に直接つながっているプレイヤーの選択から始めて，これらの節における最適行動を特定する。その後，これを「後向きに」進めていき，ゲームの木の後方の手番に対して行った予想を用いながら，より前方の手番においてどの行動が最適かを決定していく。

後向き帰納法においては，プレイヤーは，ゲームの木の各節以降において，つねに最適な行動をとることが要求される。完全で完備な情報ゲームでは，プレイヤーは将来の手番を予想できるので，そうした最適な行動を判断することができる。部分ゲーム完全性は，この考え方を，不完全情報のゲームのいくつかの手番にまで一般化するものである。部分ゲームとは，単一の節から始まり，それに続くすべての節を含むゲーム全体の中の一部であり，それ自体で1つのゲームを構成するものである。部分ゲーム完全性では，プレイヤーは，ゲームの中にあるすべての部分ゲームにおいて，ナッシュ均衡をプレイすることが求められる。すなわち，プレイヤーは，部分ゲームの始点となるすべての節で，最適な行動をとらなければならない。残念ながら，すべての節が部分ゲームの始点となるわけではない。そのような情報集合における手番の合理性を検討するためには，完全ベイジアン均衡で重要な信念という概念を導入する必要がある。これは第 6 章の焦点となる。

展開形ゲームのために開発された解概念は，情報が制限されたゲームを解くための方法を与えるものである。プレイヤーは，そのゲームのいくつかの局面に関して情報を持っていない。プレイヤーは，ゲームの中の不確実性について推測を行い，他のプレイヤーの行動からゲームについての情報が増えれば，その推測を更新していく。政治社会的行動においては，アクターは，自らが直面している状況を正確に知っていることはめったにないので，こうしたゲームはとくに興味深いモデルとなる。はったりやその他の戦略的な虚偽表明は，これらのゲームにおいては一般的である。さらに，限定的な情報のゲームを用いることによって，虚偽表示や詐欺行為だけではなく，コミュニケーションも数理モデルによって分析できるようになる。第 8 章では，こうしたゲームを分析する。

第 3 章で述べた展開形ゲームの基礎を簡単に復習すれば，このタイプのゲームの詳細な構造を思い出すことができる。ゲームの木は，逐次的に続くプレイヤーの手番を示している。プレイヤーの選択は，節（木における意思決定の場）から伸びた枝で表される。プレイヤーが偶然である場合も含めて，各節は，1 人のプレイヤーのみに割り当てられる。プレイヤーの複数の節が，情報集合の中にまとめられ，以前の手番に関するプレイヤーの知識を表している場合もある。最後の節（頂点）は，ゲームの終点であり，プレイヤーの利得がそこに示される。またゲームは共有知識であると仮定される。完全情報とは，行動の際はいつも，プレイヤーが以前に行われたすべての手番についての情報を保持していること（言い換えると，すべての情報集合は 1 つの節から成ること）を意味する。完備情報とは，すべてのプレイヤーの利得が共有知識であることを意味する。

本章では，議会研究のモデルを用いて，後向き帰納法を解説する。実のところ，議会研究のモデル分析では，非協力ゲーム理論が政治学に導入される以前から，後向き帰納法を用いていた。議会における議事進行においては，1 つの問題を解決するために，複数回の投票がしばしば必要となる。本章では，先に行われた投票が後の投票にどのように影響するかについて，投票者が考慮するような戦略的（洗練された）投票からまず始める。議題の順序は結果に影響を与えることができるので，議事のコントロールは強力な権限となる。こうした戦略的投票と議事コントロールはともに，議会ルールのモデルである構造誘発的均衡を理解するうえでも不可欠である。次にルービンシュタインの交渉モデルを用いて，きわめて単純な非協力交渉モデルを議論し，これを第4章で取り上げたナッシュ交渉モデルと結びつける。最後の例として，本章では，ルービンシュタインの交渉モデルの論理を議会における交渉に拡張する。このモデルによって，なぜ議会ルールが存在し，またそれらのルールがどのように結果に影響を与えるのかに関するもうひとつの議論を提示する。最後に，後向き帰納法の限界について議論する。

## *5.1*　後向き帰納法

完全情報の逐次ゲームを解くことは難しくない。ゲームの最後の節（頂点）につながる意思決定からまず始め，そこで選択を行うプレイヤーの効用を最大化する行動を選ぶ。その後この分析を，前の順序にある節へとさかのぼって続けていく。プレイヤーは，後に続く節で他のプレイヤーがどのような行動をするかを予測できる。よって，ゲームの各節において，それ以降の自分の行動によってどのような結果がもたらされるかをプレイヤーは正確に予測することができる。最後の意思決定よりも前の節での計算については，他のプレイヤーの将来の手番に対する予想を使って，各手番で到達される最終結果を計算し，それを代入する。このような方法で後向きに進んでゆくことによって，すべてのプレイヤーの最適な選択を確定することができる。完全情報においては，すべての情報集合は1つの節によって構成されるので，プレイヤーが意思決定をする時には，すでに行われたすべての行動を知っており，またすべての将来の行動も予想することができる。

**例題**：後向き帰納法を使って，図5.2のゲームを解け。プレイヤー1の最終手番から始める。プレイヤー1は，左（$L$）ではなく，右（$R$）を選択する。右を選択する場合の利得は0，左を選択する場合の利得は−1である。次にプレイヤー2は，下方の手番において左（$l$）を選択する。この場合，プレイヤー2は，右（$r$）の選択による4のかわりに6の利得を得る。またプレイヤー2の上方の手番では，上（$u$）を選択した場合には4

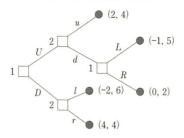

図5.2　後向き帰納法の例

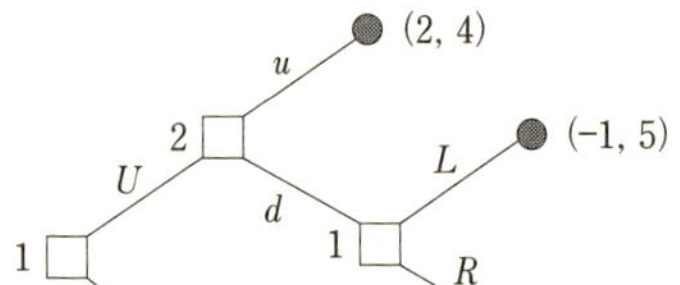


を得る。これに対して下（$d$）を選択した場合には，プレイヤー1は右を選択するので，プレイヤー2は2の利得を得る。したがって，プレイヤー2は，下ではなく上を選択する。最後に，プレイヤー1の最初の手番は，プレイヤー2の将来の手番に依存する。もし上（$U$）を選べば，プレイヤー2は上（$u$）を選択するので，プレイヤー1の利得は2となる。これに対して下（$D$）を選べば，プレイヤー2は左（$l$）を選ぶので，プレイヤー1の利得は−2となる。こうして，プレイヤー1は上を選ぶことになる。結果は，（$U, R; u, l$）となり，(2, 4）と帰結する。

このように，後向き帰納法は，きわめて単純なので，興味深い知見は得られないと思われるかもしれない。しかし，次の問題を考えてみよう。

**例題**：3人の議員が，議員報酬を引き上げるかどうかに関して投票を行う。3人とも議員報酬の引き上げを望んでいるが，引き上げに賛成した場合には，有権者の反発というコスト（$c$）に直面する。ただし，引き上げの利益（$b$）は，賛成票を投じた場合のコストを上回る（$b>c$）とする。さて，3議員が順番に投票する場合，最初に投票するのがよいか，それとも最後がよいか。

一見したところでは，最初の2人の票が割れた場合，引き上げを実現させるかどうかの決定権を持つことになるので，最後に投票するのが良いようにも思える。図5.3の展開形はこのゲームを示している。投票の順序に従って，プレイヤーを1，2，3と記す。各プレイヤーは，賛成（Y, y, $y$）あるいは反対（N, n, $n$）の投票ができる。プレイヤーは順番に投票する。すなわち，プレイヤー3は，投票の際に，プレイヤー1と2の投票行動を知っている。3人のう

図 5.3 報酬引き上げ投票ゲーム

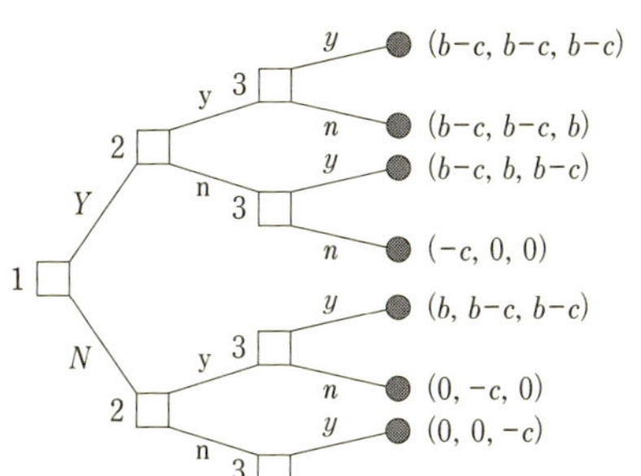


ち 2 人が賛成すれば，議員報酬の引き上げは実現する。また引き上げの成否にかかわらず，賛成したプレイヤーには，コスト $c$ がかかるとする。8 つの最終節（頂点）はそれぞれ，投票行動の各組み合わせとなっており，プレイヤーの利得が示されている。

後向き帰納法を用いて，プレイヤー 3 の投票から始める。プレイヤー 1 と 2 がともに賛成あるいはともに反対の場合，プレイヤー 3 は反対を投じる。前者の場合（プレイヤー 3 の最上位の節），プレイヤー 3 の利得は，賛成のとき $b-c$ となり，反対のとき $b$ となる。後者の場合（最下位の節），賛成のとき $-c$，反対のとき 0 となる。これに対して，プレイヤー 1 と 2 の投票が割れた場合（真ん中の 2 つの節），プレイヤー 3 は賛成する。この場合，プレイヤー 3 の利得は，賛成のとき $b-c$，反対のとき 0 となる。

投票の際にプレイヤー 2 は，プレイヤー 3 がどう投票するかを考える。プレイヤー 2 の上の節（プレイヤー 1 が賛成の場合）では，もしプレイヤー 2 が反対した場合，プレイヤー 3 は賛成し，プレイヤー 2 の利得は $b$ となる。これに対してプレイヤー 2 が賛成した場合，プレイヤー 3 は反対し，プレイヤー 2 の利得は $b-c$ となる。したがって，プレイヤー 1 が賛成した場合には，プレイヤー 2 は，反対するほうが賛成するよりも望ましい。他方，プレイヤー 1 が反対した場合（プレイヤー 2 の下の節），プレイヤー 2 が賛成すれば，プレイヤー 3 も賛成し，プレイヤー 2 の利得は $b-c$ となる。これに対してプレイヤー 2 が反対ならば，プレイヤー 3 も反対となり，プレイヤー 2 の利得は 0 となる。したがって，プレイヤー 1 が反対の場合，プレイヤー 2 は賛成する。

最後に，投票の際にプレイヤー 1 は，プレイヤー 2 と 3 の投票を予想することができる。もし賛成すれば，プレイヤー 2 は反対，プレイヤー 3 は賛成となり，プレイヤー1の利得は$b-c$となる。これに対して反対する場合，プレイヤー2と3はともに賛成し，プレイヤー1の利得は$b$となる。したがって，プレイヤー1にとっては反対が望ましい行動となる。

図5.3のゲームの戦略集合を次のように書こう。（プレイヤー1の投票；プレイヤー1が賛成の場合のプレイヤー2の投票，プレイヤー1が反対の場合のプレイヤー2の投票；プレイヤー1と2が賛成の場合のプレイヤー3の投票，プレイヤー1が賛成，プレイヤー2が反対の場合のプレイヤー3の投票，プレイヤー1が反対，プレイヤー2が賛成の場合のプレイヤー3の投票，プレイヤー1と2が反対の場合のプレイヤー3の投票）。このとき，図5.3のゲームの均衡は，（N; n, y; $n, y, y, n$）と書ける。均衡においては，プレイヤー1は，議員報酬の引き上げに反対することによって，プレイヤー2と3に賛成の行動をとらせる。すなわち，最初に投票するのが最後に投票するよりも良いということになる。最初に投票すれば，議員報酬引き上げに対する非難を他の議員に向けながら，自分は利益を得ることができる。

**練習問題5.1**：後向き帰納法を用いて，図5.4から図5.6のゲームを解け。

a）図5.4のゲームを解け。

b）図5.5のゲームを解け。これは3足ムカデゲームと呼ばれる。$s$はゲームの中止，$c$は継続を表す。3足は，ゲームの中止と継続という基本選択の3回の繰り返しである。

c）図5.6のゲームを解け。

さて，後向き帰納法の結果は，ナッシュ均衡とどのように比較できるだろうか。後向き帰納法の結果はつねにナッシュ均衡となるが，後向き帰納法では見つけられないナッシュ均衡も存在する。ナッシュ均衡の場合，均衡径路上の手番の合理性だけが検討される。後向き帰納法においては，均衡径路上や径路外の双方における戦略のすべての手番の合理性が検討される。したがって，プレイヤーが径路外で非合理的な行動をとっているナッシュ均衡は，後向き帰納法では見つけることができない。

**例題**：図5.7のゲームに後向き帰納法を試みよう。利得0は−1よりも望ましいので，プレイヤー2はその手番において下（$d$）を選ぶ。これを予想して，プレイヤー1は上（$U$）よりも下（$D$）を好む。こうして，後向

図 5.4 練習問題 5.1a

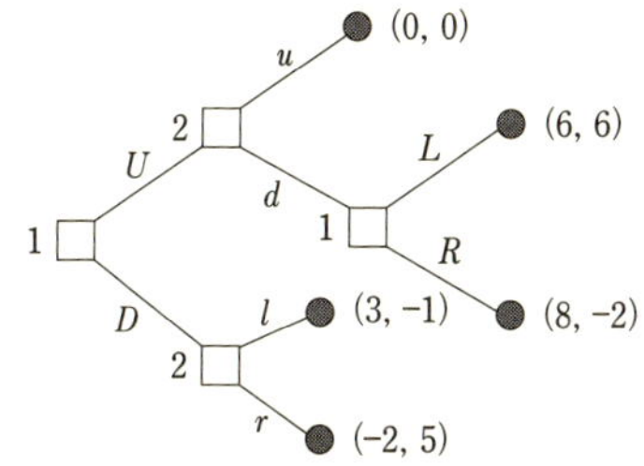


図 5.5 練習問題 5.1b: 3 足ムカデゲーム

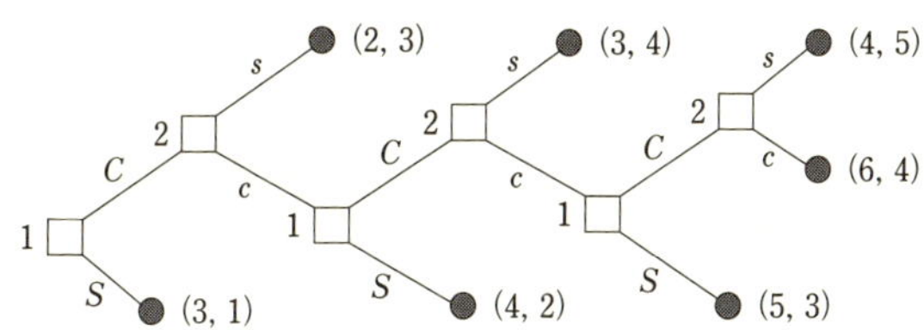


図 5.6 練習問題 5.1c

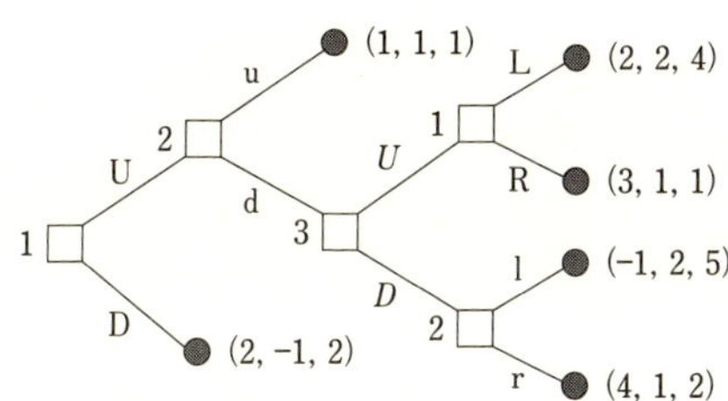


図 5.7 信憑性のない脅しゲーム

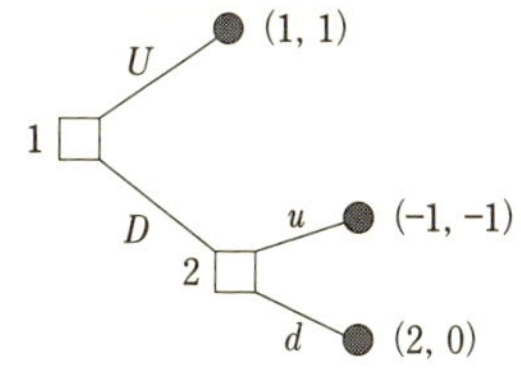


き帰納法は戦略の組 $(D; d)$ を導く。

しかし，図 5.7 のゲームには，$(U; u)$ と $(D; d)$ という 2 つのナッシュ均衡が存在する。図 5.8 はこのゲームの戦略形を表す。これらのナッシュ均衡を，

図5.8　信憑性のない脅しゲームの戦略形

| | | プレーヤー2 | |
|---|---|---|---|
| | | $u$ | $d$ |
| プレーヤー1 | $U$ | (1,1) | (1,1) |
| | $D$ | (−1,−1) | (2,0) |

図5.7の展開形の行動にどのように移すことができるかを考えてみよう。($D$; $d$) は上の後向き帰納法に一致する。これに対して ($U$; $u$) では，プレイヤー2は，プレイヤー1に$U$をとるように$u$を脅しとして使う。しかし，この脅しには信憑性がない。というのは，もしプレイヤー1が$D$を選択すれば，プレイヤー2は$d$を選択するからである。他方，プレイヤー1が$U$を選択すれば，プレイヤー2は選択をする必要がない。ナッシュ均衡 ($U$; $u$) では，プレイヤー2は，$u$の行動をとることに事前にコミットすることができる。プレイヤー2が$u$をとるという信憑性を欠いた脅しは，($U$; $u$) という均衡径路外にある。このように，ナッシュ均衡においては，均衡径路外の手番の合理性は検討されない。後向き帰納法では，そうした検討も行い，プレイヤー2が行動しなければならないときには$d$を選択すると，プレイヤー1は予想することを明らかにしている。

ナッシュ均衡では，プレイヤーが実際に実行する必要がない場合には，信憑性のない脅しを行うことができる。均衡径路上での決定は，部分的には，均衡径路外の出来事に関するプレイヤーの予測に左右される。もしこうした予測が均衡径路外の奇妙な行動に基づくものであれば，均衡径路上の行動もまた奇妙なものになる可能性がある。均衡においては到達しないと思われるゲームの部分においても，最適に行動することが，プレイヤーには要求される。この問題に対して，後向き帰納法は，将来の手番でプレイヤーの行動を特定できる場合には，すべての節で合理的行動がとられることを要求している。

後向き帰納法は，より複雑なゲームを解く際にも有効なツールとなる。分析はしばしば完全で完備な情報のモデルから始まる。その後にモデルが修正され，限定的な情報という状況が考慮される。このようにして，不確実性がモデルの行動に与える影響を検討することができる。完全で完備な情報のモデルは，しばしば現実とは相反する結論を導くこともある。しかし，そうしたモデルは，最終的な結論というよりも，モデリングの過程における第1ステップとみなされるべきである。またそのような第1ステップは，後に作成される限定的な情報のモデルがどのようなものになるかに関する直観を与えるうえでも有益である。

## 5.2 部分ゲーム完全性

後向き帰納法では，プレイヤーは，ゲームの各節以後において最適な選択を行うことを要求される。しかし，プレイヤーは，各手番の結果を正確に確定できる場合しか，最適な行動を判断できない。複数の節を持った情報集合がある場合には，後向き帰納法は混乱することになる。複数の節を持つ情報集合で行動しようとしているプレイヤーは，情報集合の中のどの節にいるかを判別できない。もしプレイヤーが，同じ情報集合の中の異なる節に対して異なる行動を選好するならば，その情報集合からはどの行動が最善であるのかを判断することができない。

部分ゲーム完全性の概念は，すべての手番の最適性をチェックするという考え方を，複数の節で構成される情報集合を持ったゲームの節にまで一般化するものである。部分ゲーム完全性は，後向き帰納法を含んではいるが，より一般化された概念である。プレイヤーには，節が均衡によって到達されるか否かにかかわらず，ゲーム上のすべての点から最適な選択を行うことが要求される。部分ゲーム完全性の考えを定式化するためには，ここでいう「ゲーム上のすべての点」の意味を理解しておく必要がある。

> **定義：真部分ゲーム**とは，1つの始節から始まり，その後のすべての節を含むゲームの節の部分集合である。この部分集合には，ゲームのすべての情報集合が保存される。またこの部分集合は，元ゲームの要素（行動，利得，偶然手番，情報集合など）を部分集合内の節に限定することによって1つの（新しい）ゲームとして定義できる。

真部分ゲームは，それ自体でゲームとして扱うことができるゲームの1部分である（それゆえ，部分ゲームと呼ばれる）。図5.7では，プレイヤー2の手番のみが，真部分ゲームである。ただし，ゲーム全体もそれ自体1つの部分ゲームである。

図 5.9　部分ゲームを図解するゲームの木

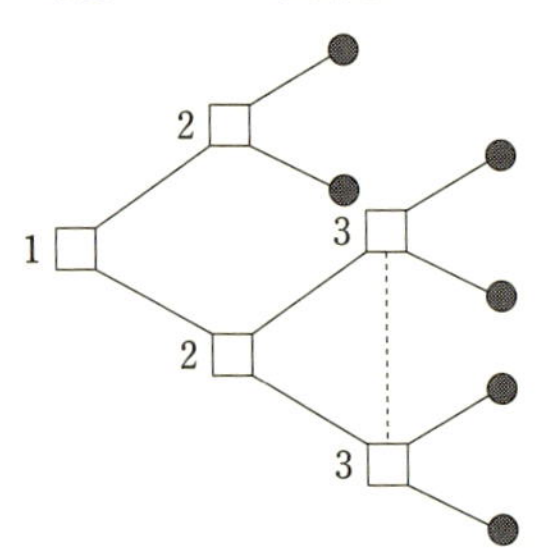


**例題**：図 5.9 のゲームの木は，3 つの部分ゲームを持つ。プレイヤー 2 の節のどちらか一方から始まる 2 つの真部分とゲーム全体である。ゲームの木に焦点を絞るために，戦略と利得は省略した。プレイヤー 3 のいずれの節からも真部分ゲームを始めることはできない。その際には，プレイヤー 3 の情報集合は分割されてしまう。部分ゲームは，すべてのゲームと同様に単一の節から始まらなければならない。

各プレイヤーがゲーム内のすべての段階で合理的であるためには，すべての真部分ゲームにおいて戦略が最適となっている必要がある。ナッシュ均衡が部分ゲーム完全であるかどうかを調べるためには，ゲームを部分ゲームに分解し，ゲームの均衡戦略を各部分ゲームの戦略に分割し，それらの戦略が各部分ゲームのナッシュ均衡を構成しているかをみればよい。

**定義**：戦略の集合が**部分ゲーム完全**であるとは，すべての部分ゲームにおいて，各部分ゲームに限定した戦略がナッシュ均衡を形成していることである。

**例題**：図 5.10 のゲームは，$(U, L; u)$，$(U, R; u)$，$(D, L; u)$，$(D, R; d)$ という 4 つの純戦略のナッシュ均衡を持つ。図 5.11 において，これらの均衡を見つけることができる。図 5.11 はこのゲームの戦略形である。これらのナッシュ均衡のうちのいくつが部分ゲーム完全であるか？

図 5.10 のゲームには，全体のゲーム，第 2 と第 3 の手番からなるゲーム，第 3 手番のみのゲームという 3 つの部分ゲームがある。第 3 手番のみで構成さ

**図 5.10　完全で完備な情報のゲーム**

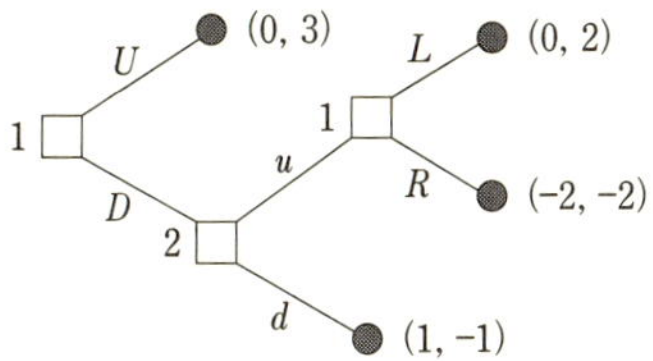


**図 5.11　図 5.10 の戦略形**

プレーヤー 1（行）／プレーヤー 2（列）

| | u | d |
|---|---|---|
| U,L | (0,3) | (0,3) |
| U,R | (0,3) | (0,3) |
| D,L | (0,2) | (1,−1) |
| D,R | (−2,−2) | (1,−1) |

**図 5.12　図 5.10 の部分ゲームの戦略形**

プレーヤー 1（行）／プレーヤー 2（列）

| | u | d |
|---|---|---|
| L | (0,2) | (1,−1) |
| R | (−2,−2) | (1,−1) |

れる部分ゲームのナッシュ均衡は，$L$，ただ 1 つである。第 2 と第 3 の手番で構成された部分ゲームのナッシュ均衡は，($L$; $u$) と ($R$; $d$) の 2 つである。図 5.12 は，この部分ゲームの戦略形を示している。この結果，いかなる部分ゲーム完全均衡も，最後の 2 つの手番に関しては ($L$; $u$) でなければならない。たとえば，($U$, $R$; $u$) は部分ゲーム完全ではない。なぜなら，この戦略集合をいずれかの真部分ゲームに限定した場合，その部分ゲームに対するナッシュ均衡になっていないからである。$R$ は，第 3 手番のみの部分ゲームのナッシュ均衡ではないし，($R$; $u$) も最後 2 つの手番で構成される部分ゲームのナッシュ均衡ではない。こうして，($D$, $L$; $u$) と ($U$, $L$; $u$) の 2 つが純戦略における部分ゲーム完全均衡となる。

**練習問題 5.2**：図 5.13 から図 5.17 までのゲームのナッシュ均衡を求めよ。図 5.17 以外については，混合戦略の均衡は求めなくてよい。またナッシュ均衡のうち，どれが部分ゲーム完全であり，どれがそうでないかを調べよ。

a）図 5.13 のゲームのナッシュ均衡を求めよ。どれが部分ゲーム完全か。

b）図 5.14 のゲームのナッシュ均衡を求めよ。どれが部分ゲーム完全か。

図 5.13　練習問題 5.2a　　　図 5.14　練習問題 5.2b

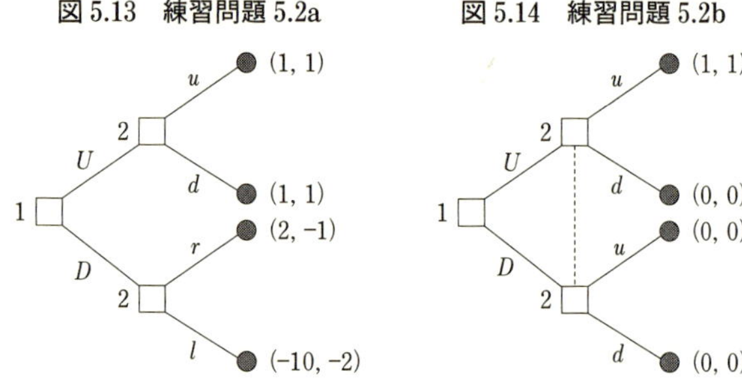


図 5.15　練習問題 5.2c　　　図 5.16　練習問題 5.2d

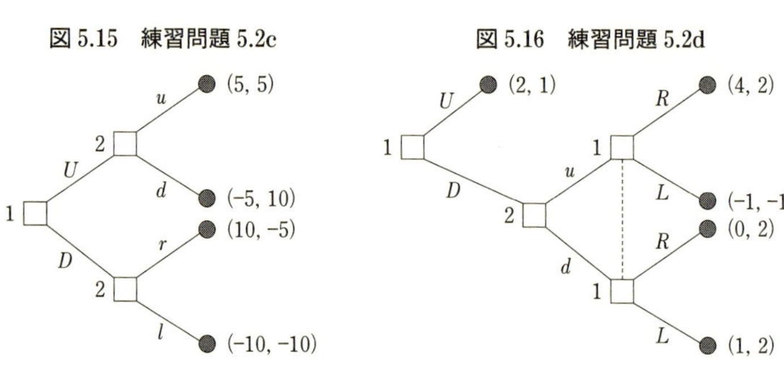


図 5.17　練習問題 5.2e

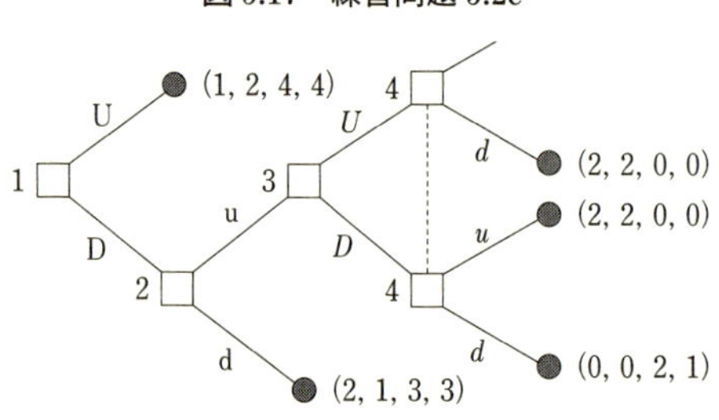


c) 図 5.15 のゲームのナッシュ均衡を求めよ。どれが部分ゲーム完全か。意思決定の際に，プレイヤー1がどのような行動をとったかについて，プレイヤー2が識別できない場合には，分析結果は変わるか（ヒント：それはどのようなゲームか）。

d) 図 5.16 のゲームのナッシュ均衡を求めよ。どれが部分ゲーム完全か。

e) 図 5.17 のゲームのナッシュ均衡を求めよ。どれが部分ゲーム完全か（ヒント：プレイヤー3と4が最後の2つの手番で行う部分ゲームのナ

図 5.18 部分ゲーム完全性の例

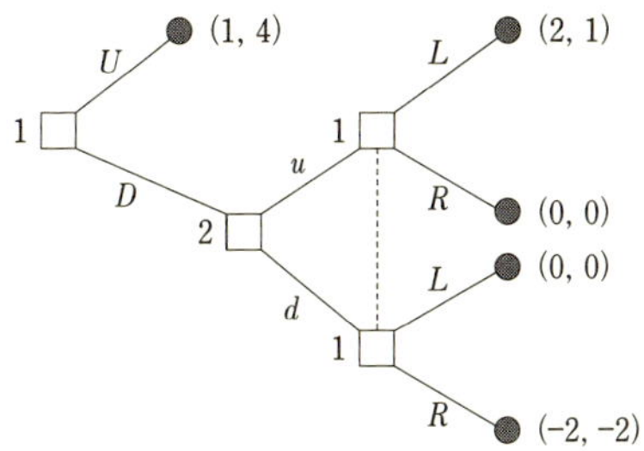


ッシュ均衡を求めることから始めよ。追加のヒント：プレイヤー 3 と 4 が行っている有名なゲームは何か。この部分ゲームの各均衡に関して，最初の 2 つの手番におけるプレイヤー 1 と 2 のナッシュ均衡を求める前に，この部分ゲームに対する両プレイヤーの値を計算せよ)。

後向き帰納法は，部分ゲーム完全性の特殊な場合である。完全情報ゲームの場合，すべての節から真部分ゲームに分解することができる。後向き帰納法では，部分ゲーム完全性と同様に，これら部分ゲームのそれぞれにおいて均衡プレイをとることが要求される。しかし部分ゲーム完全性は，こうした後向き帰納法よりもさらに強力である。なぜなら，部分ゲーム完全性の場合には，複数の節を持つ情報集合を含む部分ゲームにおいて，信憑性のない脅しが行われる場合をさらに排除し，後向き帰納法が使えないようなナッシュ均衡も除外することができるからである。

**例題**：図 5.18 のゲームには，$(U, L; d)$，$(U, R; d)$，$(D, L; u)$ の 3 つのナッシュ均衡がある。このゲームでは，プレイヤー 1 の情報集合のために，後向き帰納法が使えない。しかし，プレイヤー 2 の手番で始まる真部分ゲームが存在する。この部分ゲームには，$(L; u)$ という唯一のナッシュ均衡が存在する。それゆえ，$(U, L; d)$ と $(U, R; d)$ は部分ゲーム完全ではない。これら 2 つの均衡は，部分ゲームにおいて $d$ をとるというプレイヤー 2 の信憑性のない脅しによって成立している。したがって，$(D, L; u)$ がこのゲームにおける唯一の部分ゲーム完全均衡である。

次の定理が述べるように，部分ゲーム完全均衡は混合戦略にはつねに存在する。

**定理**：すべての有限 $n$ 人ゲームにおいて，混合戦略の中に少なくとも1つの部分ゲーム完全均衡が存在する。

第6章と第7章で述べる完全ベイジアン均衡，逐次均衡，完全均衡といった均衡概念は，つねに部分ゲーム完全均衡でもある。有限ゲームでは，これらのタイプの均衡がつねに存在し，それゆえ，部分ゲーム完全均衡も存在するので，上記の定理が成立する。

後向き帰納法からより強力な結果が導き出される。完全で完備なゲームでは，均衡があるだけでなく，一般に純戦略の均衡が一意に存在する。

**定理（クーン＝ツェルメロ）**：すべての有限 $n$ 人の完全で完備な情報ゲームにおいては，一般に純戦略の部分ゲーム完全均衡が一意に存在する。ただし，プレイヤーが2つ以上の純戦略に関して無差別である場合には，純戦略による複数の均衡が存在する可能性がある。

Zermelo (1913) によって定式化されたこの定理の最初の説明は，ゲーム理論における最初の成果である。ツェルメロは，白が必ず勝つ，黒が必ず勝つ，あるいはどちらかによって引き分けに持ち込まれるという必勝戦略が，チェスには存在することを示した。ここで，ツェルメロは後向き帰納法を使った。すなわち，プレイヤーは，後向き帰納法を最初の手番から用いることによって，手番の究極的な結果を理論上は予見できる。もちろん，チェスを解く後向き帰納法の実際の計算は，今日まで知られているいかなる人間やコンピューターの能力をも超えるものである。

ゲームの任意の節以後の2つ以上の戦略に関して，プレイヤーが無差別であるならば，複数の均衡が存在する場合もある。たとえば，図5.10のゲームには2つの部分ゲーム完全均衡が存在する。プレイヤー2が $u$ をとると考えると，プレイヤー1は $(U, L)$ と $(D, L)$ に関して無差別である。この2つの戦略から作られるすべての混合戦略とともに，$(U, L; u)$ と $(D, L; u)$ はこのゲームの部分ゲーム完全均衡である。

クーン＝ツェルメロの定理は，戦略あるいは手番が無限の場合には成立しない。したがって，戦略が連続的なゲームではこの定理は成り立たない。たとえば，筆者が両端を除いた 0 から 1 の中から 1 つの数を指し，その後，同じようにして読者が数を指すゲームを考えよう。そして，小さい数を指したほうが勝ちとしよう。このゲームの場合，私が 0 から 1 のどの数を選択しても，あなたはつねにそれより小さい数を選択することができるので，均衡は存在しない。

後向き帰納法は，政治学における数理的理論の発展において重要な役割を果たしてきた。本章の次節以降では，後向き帰納法と部分ゲーム完全性を用いたモデルを示す。

## 5.3 戦略的投票

通常，投票行動においては，個人は自らにとってもっとも好ましい結果に対して投票すると仮定される。こうした投票行動は，自らの利害を素直に表したものなので，誠実な投票と呼ばれる。しかし，投票機会が複数回ある場合には，投票行動に関して形成される予想が問題となる。その後の投票結果に関して投票者が予想することができる場合，先行する投票において自らの選好に反する投票を行うことによって，投票者は利益を得るかもしれない。このような洗練された（あるいは戦略的）投票を行うことによって，投票者はより好ましい結果を実現することができる。

**例題**：$x, y, z$ の 3 つの選択肢があり，プレイヤー 1，2，3 という 3 人のプレイヤーが，次の選好を持つとする。

プレイヤー 1：$xPyPz$
プレイヤー 2：$yPzPx$
プレイヤー 3：$zPxPy$

誠実な投票においては，各主体は，3 つの選択肢のうちの 2 つを比較する際，それら 2 つに対する自らの選好に従って投票する。戦略的投票の場合には，2 つの選択肢の比較において，アクターは自らの選好に反する投票を行う。たとえば，プレイヤー 1 が $x$ ではなく $y$ に投票した場合，プレイヤー 1 は戦略的投票を行うことになる。

3 つの選択肢は，2 つひと組にして投票が行われるとする。最初に $x$ と $y$ を投票し，その後，$x$ と $y$ のうち勝ったほうと $z$ の間で投票する。図

図 5.19 3 選択肢の投票の木

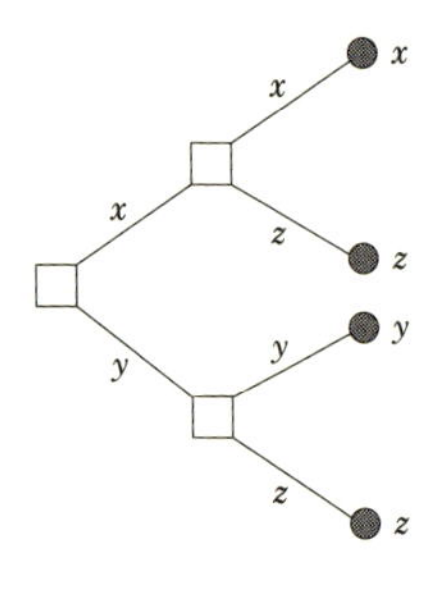


図 5.20 投票 1 ラウンドの展開形

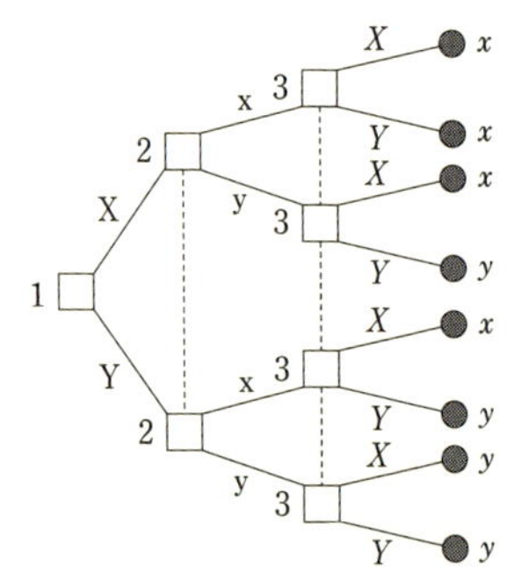


5.19 の木は，この投票過程を示している。ここで，木の箱は投票機会，枝は投票に勝った選択肢，終節は投票過程の最終結果を表す。図 5.19 の木は，ゲームの木ではないが，この投票の木を投票ゲームの定式化とみなすことができる。ここでは各投票機会を 1 ラウンドと呼ぶ。すべての投票者は，同時に投票を行うので，各ラウンドは，図 5.20 のようなゲームになる。例示として，$x$ と $y$ の比較を表した。便宜上，プレイヤーの番号順に投票を並べたが，情報集合が示すように，1 ラウンドにおけるすべての投票は同時に行われる。各プレイヤーは 1 票を持ち，3 票中 2 票以上を獲得した選択肢を勝利とする。プレイヤーはつねに投票するものとする。

**練習問題 5.3**：図 5.19 のゲームの投票の最終ラウンドでは，選択肢のペアに対して誠実な投票を行うことが，3 人すべての投票者にとって支配戦略であることを示せ。

最終ラウンドでは，各投票者は誠実な投票を行う。この行動を知る投票者は，それ以前のラウンドの投票の際に，最後の投票の結果を予想することができる。投票の木における最初の投票では，最終投票で $z$ と争うことになる選択肢を決めることになる。そこで投票者は，2 回目の投票で $z$ と対決させたい選択肢に投票するはずである。

**練習問題 5.4**：(Y, X, Y; y, z, y; *X*, *Z*, *Z*) は，この投票ゲームの部分ゲーム完全均衡であることを示せ。ただし，上の戦略は，それぞれ $x$ と $y$，$x$ と $z$，$y$ と $z$ の間の投票を表す。

この均衡の最初のラウンドにおいて，プレイヤー 1 は戦略的に投票する。もっとも好ましい $x$ ではなく，$y$ に投票する。$y$ という戦略的な投票行動を行うことによって，最初のラウンドで誠実に投票を行った場合よりも望ましい最終結果をプレイヤー 1 は得る。もし最初のラウンドでプレイヤー 1 が $y$ ではなく $x$ に投票すれば，第 2 ラウンドでは $x$ と $z$ との間の投票になる。この場合，プレイヤー 2 と 3 は $x$ ではなく $z$ に投票し，プレイヤー 1 はもっとも望ましくない $z$ を得ることになる。しかし，最初のラウンドで $x$ のかわりに $y$ を投票することによって，プレイヤー 1 は $z$ から $y$ へと最終結果をより望ましい方向にシフトできる。この例の場合，他のプレイヤーには戦略的に投票する誘因はない。

**練習問題 5.5**：次の状況における戦略的投票の均衡を求めよ。選択肢は $x$, $y$, $z$, $w$ の 4 つである。投票者は 1, 2, 3 の 3 人である。投票の順序は，$x$ 対 $y$，$z$ 対 $w$，その後，勝った 2 つの選択肢の間で投票を行い，最終結果を決定する。投票者の選好は次の通りとする。

投票者 1：$xPyPzPw$
投票者 2：$yPwPzPx$
投票者 3：$wPzPxPy$

最終ラウンドではすべての投票者は誠実に投票するので，均衡を特定するためには，最初の 2 回の投票（$x$ 対 $y$ と $z$ 対 $w$）に対する各プレイヤーの投票をリストアップするだけでよい。

## 5.4　議事コントロール

複数の投票機会がある場合には，投票者は，投票するときにその後の投票についても考えることになる。その際，投票結果の比較を行う順序は，プレイヤーの選択と最終結果に決定的な役割を果たす。議事の進め方次第で，複数段階で構成される投票手続きの結果は，大きく異なるものとなる。

**例題**：前節の例に戻ろう。ただし今度は，$y$ 対 $z$ を最初とし，その勝者対

$x$が続くとする。この場合，(X, X, Y; y, z, z; $X, Z, Z$) が均衡である。なお，戦略の表記は，ここでも$x$対$y$，$x$対$z$，$y$対$z$の順とする。第2ラウンドにおいてプレイヤー2がもっとも好む$y$は$x$に負けるので，プレイヤー2は，第1ラウンドにおいて$z$に戦略的投票を行う。

議事の進行によって，得をするプレイヤーは異なる。前節の議事進行の場合には，プレイヤー2にとってもっとも望ましい$y$が実現する。本節の場合には，プレイヤー3にとってもっとも望ましい$z$が実現する。同様に，$x$対$z$を最初に行い，その勝者が$y$と決戦を行う場合には$x$となり，プレイヤー1が得をする。このように，議事進行を支配できることは，きわめて強力な武器となる。議事進行の各パターンがもたらす帰結を知ることによって，これをコントロールするプレイヤーは，自らにとってもっとも望ましい結果を手に入れることができる。

**例題**：練習問題5.5では，最終結果は$y$となるので，投票者1と2はこの議事進行を選好する。最終ラウンドにおいて，プレイヤー2と3は$x$に対して$w$もしくは$z$に投票するので，プレイヤー1にとっては$y$を実現することが実現可能な中では最良の結果である。プレイヤー3は，最初に$y$対$z$，次に$x$対$w$，最後に勝者間の投票という順序を提案することによってもっとも望ましい$w$を実現できる。

**練習問題5.6**：上の議事進行が$w$を実現することを示せ（ヒント：複数の戦略的投票が行われる可能性がある。$x$あるいは$w$が選択される前に，$y$あるいは$z$が選択されるかどうかが重要な点である）。

こうなると，議事コントロールのパワーは，いったいどれほどのものかと思うかもしれない。すべての当事者が誠実に投票し，かつ争点が複数の場合，特殊な状況を除けば一般的にはどのような結果も可能となる。次の定理はMcKelvey（1976）とSchofield（1978）によって示されたものである。

**定理（カオス定理）**：争点が2つ以上，空間選好を持つ投票者が3人以上，つねに誠実な投票が行われ，かつ均衡点が存在しないとしよう。このとき，任意の2点$x$と$y$について，多数決において$x_1$が$x$を負かし，$x_{i+1}$が$x_i$

図 5.21　カオス定理の図解

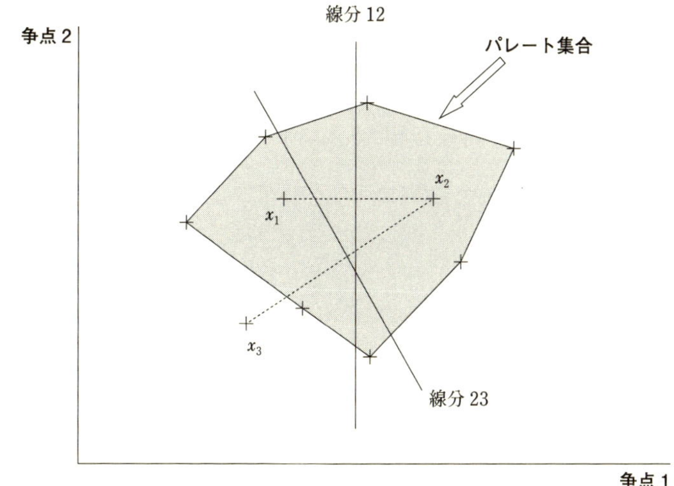


を負かすと続いていき，ついには $y$ が $x_n$ を負かすような選択肢に関する有限の議事手続き $(x_i)_{i=1}^n$ が存在する。

一般に均衡が存在しない場合には，任意の点から任意の他の点へと移動させる議事手続きを見つけることができる。第 4 章で見たように，2 次元以上の多数決投票では，均衡はあまり起こらない。したがって，カオス定理の示すところは，議事進行をコントロールする者は誰でも，自らが望む任意の結果を実現できることになる。

この結果は，誠実な投票という行動に依拠している。均衡が存在しない場合には，誠実な投票のもとでは，どのような選択肢であっても何らかの他の選択肢に負けることになる。出発点 $x$ からたどり着きたい終点 $y$ への経路は，両点の間で媒介役となる一連の選択肢群を見つけることによって作り出される。それらの選択肢群は，投票者の理想点から成るパレート集合から投票者をゆっくりと引き離していく。パレート集合（図 5.21 の影の部分）は，全投票者の理想点を結んで作られる多角形である。このパレート集合の内部では，投票者は，他の何人の効用も下げることなく，自らの効用を改善することはできない。上述の経路は，現在の選択肢に対して，これを負かす「他の側」に位置する選択肢を提案することによって見つけ出すことができる。そして，その新たな選択肢は，今度は，パレート集合から離れた第 3 の選択肢に負かされることになる。たとえば，図5.21の$x_1$は$x_2$に負ける。線分12は，線分$x_1x_2$の垂直二等分線である。線分12の左側に位置する3人は$x_1$に投票し，右側の4人は$x_2$に投票する。同様に，誠実な投票を行う投票者間での2選択肢の投票では，$x_3$が$x_2$を負かす。すなわち，線分$x_2x_3$の垂直二等分線である線分23の左下側には4人いるが，線分23の右上側は3人のみである。こうして，$x_1$から$x_3$への議事進行は，投票結果をパレート集合内の点から外部の点へと移動させる。

これに対して，戦略的投票が行われる場合には，投票者たちは，議事進行がどの時点で正しい経路から逸脱させる欺きとなるかを予期できる。この場合，投票者たちは，直近の投票結果よりも最終結果を見据えて各選択の影響を比較する。投票がもたらす最終帰結を望むがゆえに，その場の選択だけを考えれば本来望まないかもしれない選択を行う。こうして，投票者が戦略的である場合には，将来の投票を予測し，議事進行が結果を左右する力を大きく弱めることになる。次の定理は，Shepsle and Weingast（1984）が述べたものである。

> **定理**：争点が2つ以上で，投票者が空間選好を持ち，つねに戦略的投票が実践され，均衡点が存在しないとする。このとき，任意の2点$x$と$y$について，誠実な投票の多数決で$y$が$x$を直接負かすか，あるいは誠実な投票の多数決が行われると，$x$を負かし，$y$に負けるような選択肢$z$が存在する場合にのみ，$x$を$y$に導く議事進行が存在する。

戦略的な投票者の場合には，出発点と終点以外の何らかの選択肢は，出発点を負かしかつ終点に負ける場合にのみ，議事進行を組み立てることができる。実現したい点を導く議事の進行は，多数決において$y$が$x$を直接負かすことができるかどうかに依存する。もし直接負かすことができれば，議事は単に$y$対$x$のみになる。これに対して，負かすことができない場合には，議事進行を最初に$y$対$x$，その後その勝者対$z$とする。このとき第1ラウンドでは$x$が勝利し，第2ラウンドでは$z$が$x$に勝利することになる。しかし$y$対$z$の対があれば，$y$は$z$に勝利する。ここで，$x$をもっとも好み，次に$y$，最後に$z$を好む投票者を考えると，この投票者は，第1ラウンドにおいて戦略的に$y$に投票するはずである。このように，2段階の議事進行で到達可能な点のみが，最初の選択肢に対して取り替え可能な点となる。

## 5.5　議会規則と構造誘発的均衡

第4章でみたように，争点が2つ以上ある場合には，多数決投票のもとでは，純戦略における均衡は特殊な場合を除き一般的には存在しない。すべての点に対して，その点よりも多数派が好む別の点が，少なくとも1つは存在する。この結論は，選挙だけでなく議会についても重要な含意がある。選挙では，候補者は自らの立場を選択し，投票者は自らが好む立場の候補者に投票する。議会では，組織のルールに従ってメンバーが提議を行う。もし均衡点が存在すれば，メンバーの選好から立法上の結果を予測することができる。この均衡点は，他のいかなる提議にも勝利し，いったん提議されれば，他の案にとって代わられることはない。しかし，均衡点がない場合には，メンバーの選好だけでは帰結を予測することはできない。どのような提議であっても，何らかの別の提議に負けることになる。さらに言えば，均衡がない場合には，議事をコントロールする人物は，誠実な投票のもとではあらゆる結果を実現することができるし，戦略的投票が行われる場合でも，広範な帰結を実現することができる。

アクターは，議事のコントロールによって時に思うままに行動し，また自らの意思を多数派に強要することができる。しかし，そうした行為がなぜ頻繁には起こらないのかは，考えてみる必要がある。ひとつの回答は，議会には議事の構成に関する規則が存在し，複数のアクターに立法過程において付随的な役割が与えられているというものである。たとえば，米国議会では，委員会制度によってどのような法案が本会議に送られるのか，どのような方法で審議されるのかが規定されている。Shepsle (1979) の研究をもとにした次のモデルは，こうした状況を検討している。

争点が2つある場合を考えよう。各争点は連続で，2次元空間を構成するとしよう。議会には，1から5までの5人のメンバーがいるとする。図5.22は，各メンバーの理想点である $x_1$ から $x_5$ と各争点における座標を示している。メンバー1，2，3は，1つの委員会を構成し，第1次元の法案をコントロールする。またメンバー3，4，5も委員会を構成し，もう1つの次元をコントロールする。法案（すなわち，現状からの変更）は，全メンバーによる投票の前に，関連委員会を通過しなければならない。

図5.22の中抜きの矢印は各争点に対する関連委員会の中央値を示し，影付きの矢印は本会議の中央値を示している。争点1に関して，メンバー3の位置

図5.22　5人・2争点の構造誘発的均衡の例

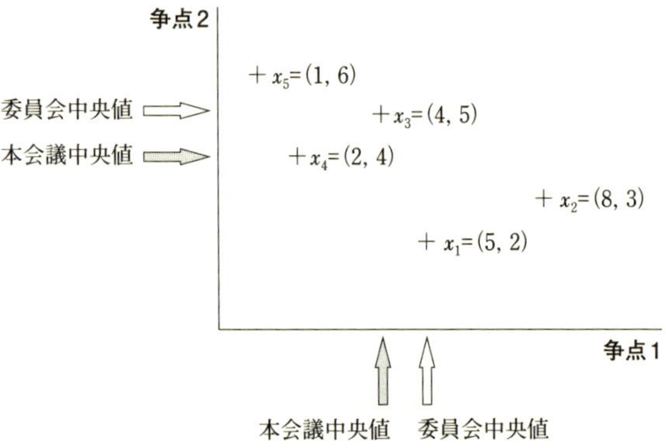


4は本会議の中央値であり，メンバー1の位置5は委員会の中央値である。争点2に関して，メンバー4の位置4は本会議の中央値であり，メンバー3の位置5は委員会の中央値である。各争点の中央値の位置とは，その両側に同数の関係投票者がいる位置にあたる。

議会が行動しない場合には，現状維持とする。委員長は，自らの委員会が管轄する次元に関する法案を提議することができる（つまり，現状に対する変更を提議することができる）。委員会は，当該法案を本会議に送付するかどうかを投票する。その後，本会議の院内総務は，議会規則に基づいて法案に対する修正案を提議できる（委員長と院内総務の役割は，実際の米国議会のものとは異なる。ここでの役割は，誰が法案を提議し，修正案を提出するかを規定するために，筆者が作った架空のものである）。法案が本会議に送付されると，議会規則に従って法案に対する修正が行われる。ここでは，次の3つの規則があるとする。オープン・ルールでは，本会議においてどちらの次元に対しても任意の修正を行うことができる。関連性ルールでは，当該法案において委員会が管轄している次元のみに修正を行うことができる。クローズ・ルールでは，修正はできないとする。投票の順序は次の通りである。最初に，委員会が，法案を本会議に送付するか否か，そして送付する場合には，どのような法案を送付するかを決定する。次に，適用されるルールに従って，本会議は法案に修正を行うことができる。最後に，委員会案もしくは修正案が現状と対決し投票される。以下のゲームは，各ルールに関するすべての手続きを含めてその流れを示している。便宜上，争点1を管轄する第1委員会による法案のゲームを示した。同様のゲームが，第2委員会にも存在する。これらのゲームでは，$x$が争点1

の結果を，$y$ が争点 2 の結果を表す。下付添字は，結果が現状（$SQ$）か，委員会法案（$P$）か，修正案（$A$）かを示している。

**オープン・ルールのもとでの議会ゲーム**

1. 委員長が法案（$x_P, y_{SQ}$）を提議するか否かを選択し，提議する場合には $x_P$ を選択する。
2. 委員会は，提議された法案を本会議に送付するか否かを投票する。送付しないとなった場合には，ゲームは終了する。
3. 本会議の院内総務は，法案に対して修正案（$x_A, y_A$）を提議できる。
4. 本会議が，修正案（$x_A, y_A$）対原案（$x_P, y_{SQ}$）の投票を行う。
5. 第 4 ステージの勝者が，現状と対決する。修正案勝利の場合には，（$x_A, y_A$）対（$x_{SQ}, y_{SQ}$）となり，修正案敗北の場合には，（$x_P, y_{SQ}$）対（$x_{SQ}, y_{SQ}$）となる。

**関連性ルールのもとでの議会ゲーム**

1. 委員長が法案（$x_P, y_{SQ}$）を提議するか否かを選択し，提議する場合には $x_P$ を選択する。
2. 委員会は，提議された法案を本会議に送付するか否かを投票する。送付しないとなった場合には，ゲームは終了する。
3. 本会議の院内総務は，法案に対して修正案（$x_A, y_{SQ}$）を提議できる。
4. 本会議が，修正案（$x_A, y_{SQ}$）対原案（$x_P, y_{SQ}$）の投票を行う。
5. 第 4 ステージの勝者が現状と対決する。修正案勝利の場合には，（$x_A, y_{SQ}$）対（$x_{SQ}, y_{SQ}$）となり，修正案敗北の場合には，（$x_P, y_{SQ}$）対（$x_{SQ}, y_{SQ}$）となる。

**クローズ・ルールのもとでの議会ゲーム**

1. 委員長が法案（$x_P, y_{SQ}$）を提議するか否かを選択し，提議する場合には $x_P$ を選択する。
2. 委員会は，提議された法案を本会議に送付するか否かを投票する。送付しないとなった場合には，ゲームは終了する。
3. 法案は現状と対決する。（$x_P, y_{SQ}$）対（$x_{SQ}, y_{SQ}$）。

関連性ルールのもとで，図 5.22 に示した理想点を考えてみよう。メンバー 1

**図5.23　関連性ルールにおいて本会議で可決される争点1の議案**

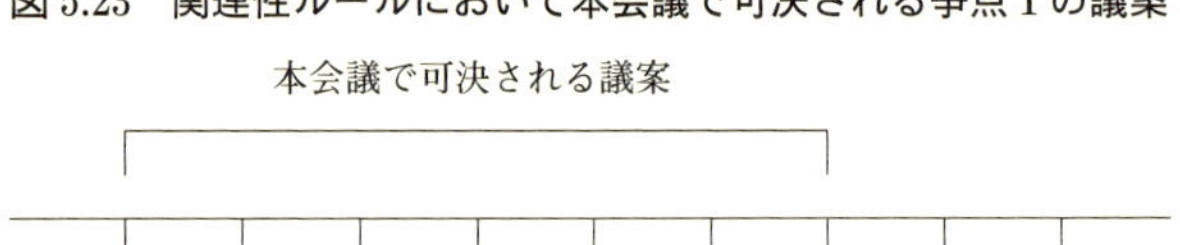


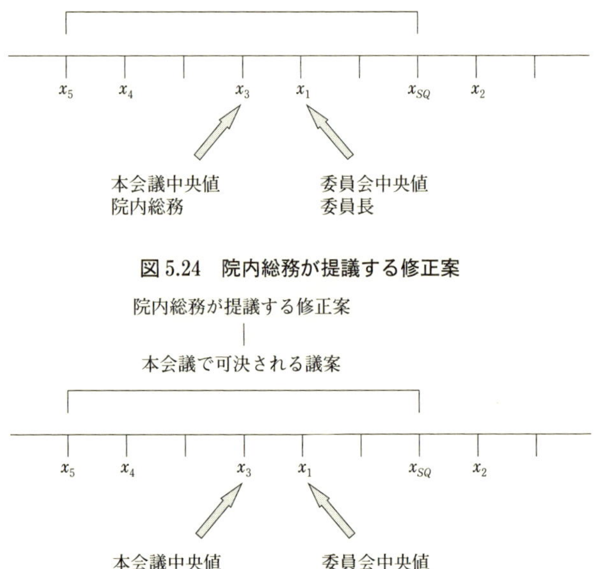


**図5.24　院内総務が提議する修正案**

を第1委員会の委員長，メンバー5を第2委員会の委員長とする。メンバー3を院内総務とする。このゲームを後向き帰納法で解いてみよう。空間投票モデルでは，中位投票者にもっとも近い選択肢が2選択肢間の比較で勝利する。本会議では本会議の中央値が勝利し，委員会では委員会の中央値が勝利する。したがって，争点1に関してみると，本会議では，現状よりも争点1の本会議中央値に近い法案が――修正の有無にかかわらず――可決される。メンバー3の位置（$x_3=4$）が争点1の本会議中央値に当たる。もし法案が現状よりもメンバー3の位置に近い場合には，その法案が可決される。本会議が現状（この例では $x_{SQ}=7$）よりも選好する法案の範囲は，図5.23のように示すことができる。

修正案は，原案よりも本会議中央値に近ければ，可決される。修正案と原案のどちらが現状と対決しても，本会議の中位投票者はその理想点にもっとも近い選択肢を選好する。本会議において院内総務は，自らの理想点にもっとも近く，かつ現状と原案に勝つことができる修正案を提議するはずである。院内総務のメンバー3は本会議の中央値でもあるので，院内総務は自らの理想点を提

図 5.25 委員会が現状よりも選好する議案

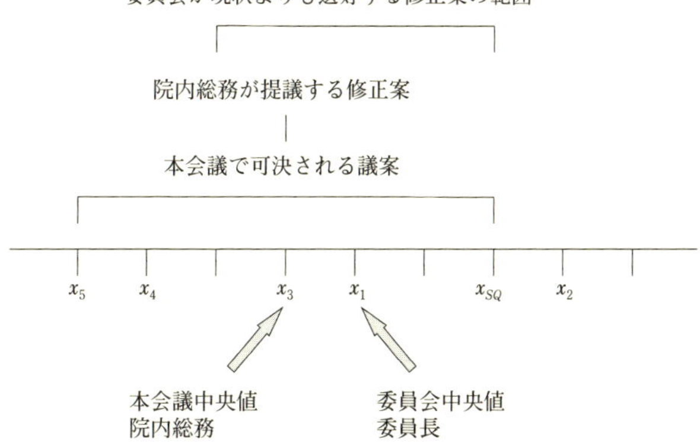


議することになる。この案は，現状がすでに院内総務の争点 1 の理想点と一致していなければ，可決される。図 5.24 に，院内総務が提議する修正案を示した。もし院内総務の理想点が本会議中央値と異なる場合には，最初に原案に勝ち，次に現状に勝つことができる案のうちで，自らの理想点にもっとも近い修正案を提議する。

次に委員会にさかのぼると，現状よりも本会議における修正案を好むならば，委員会は本会議に法案を送付する。この場合には，委員会は，本会議に送付するどの法案も本会議中央値に修正され，修正案が可決されると予想する。したがって，委員会の中位投票者が現状よりも本会議中央値を選好する場合にのみ，委員会は法案を本会議に送付する。この例では，委員会中央値はメンバー 1 の理想点 $x_1=5$ である。委員会の中位投票者は，現状が本会議中央値よりもその理想点に近い場合，すなわち $|x_{SQ}-x_1|\leqq|x_1-x_3|$ のとき，現状を選好する。この例の数値を代入すると，委員会は，$x_3=4\leqq x_{SQ}\leqq 6=x_1+(x_1-x_3)$ のとき，法案を本会議に送付しない。現状がこの範囲に属さない場合には，委員会は現状よりも修正案を選好する。図 5.25 は，委員会が現状（$x_{SQ}=7$）よりも好む修正案の範囲を示す。院内総務が提議する修正案はこの範囲に属する。したがって，委員会は法案を本会議に送付する。

最後に，委員会が法案を本会議に送付することが見込まれる場合には，委員長は，現状よりも最終修正案を好む限りにおいて，法案を提議する。この例では，委員長は，委員会の中位投票者であり，委員会が法案を本会議に送付する場合にはつねに法案を提議することになる。

**図 5.26　関連性ルールのもとでの争点1の構造誘発的均衡**

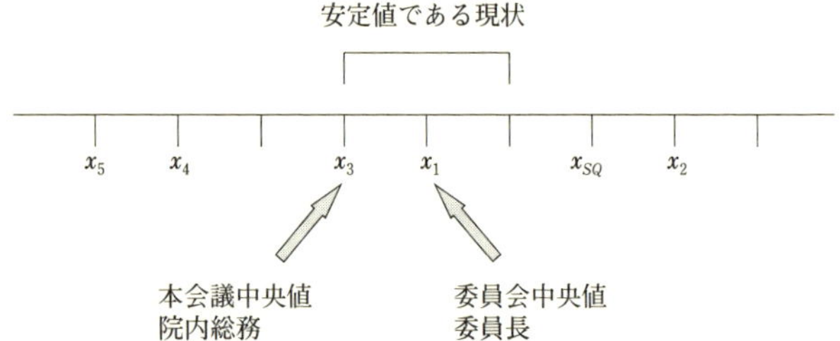


この例をまとめると，争点1に関して委員長が本会議中央値よりも現状を望むならば，法案は提議されない。ここでは，現状が $x_3$ と $2x_1-x_3$（この例では4と6）の間にあるとき，委員長は立法を阻止する。図5.26は，委員長が立法を阻止する現状の範囲を示す。法案が提議されないとき，この現状は**安定的**であるという。現状が安定的でないとき，委員会は本会議中央値に修正される法案を提議し，この修正案が現状を負かすことになる。安定点の中には，本会議中央値から大きく離れる点もあり，その中には委員長の位置よりもかなり大きな値もある。委員会制度はこのような点を安定化させているのである。委員長は，法案を本会議に送ることが，自らにとって現状よりも好ましくない修正案に帰着することを予期する。それゆえ，委員長は当該次元を変更する法案を提議しない。もし両次元でこのように現状が安定的ならば，これは**構造誘発的均衡**である。

**練習問題 5.7**

a）関連性ルールのもとで，この例の争点2における現状維持の安定値の集合を求めよ。

b）現状維持の不安定値に対する最終結果を求めよ。

オープン・ルールについても，修正が両次元で可能という点を除けば，関連性ルールと同じ方法で分析できる。本会議において，多数派が現状よりも選好する修正案が可決される。院内総務は，自らの理想点にできるだけ近くまで原案を移動させるために，修正案を提出する。ここでは，修正案は両次元で修正可能であり，院内総務にはより柔軟性が与えられている。多数派が院内総務の理想点よりも原案を選好するのでなければ，院内総務は，原案に対する修正案

図 5.27　オープン・ルールにおいて本会議で可決される議案

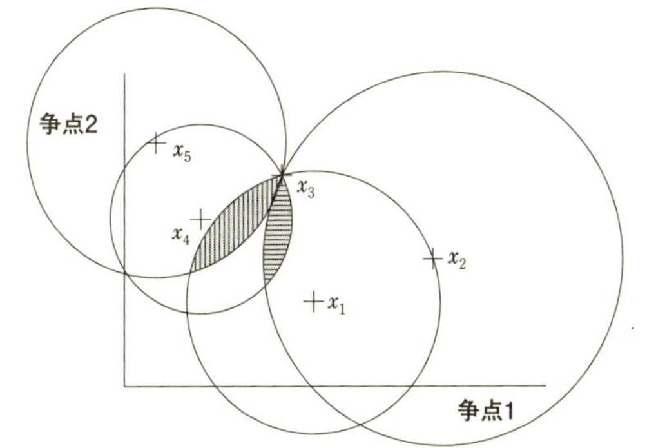


として自らの理想点を提議する。多数派が院内総務の理想点よりも選好する位置の集合を図示すれば，図 5.27 のようになる。各メンバーについて，その理想点を中心としメンバー 3 の理想点 $x_3$ を通る円が描かれる（等しく重要な 2 つの争点の間の分離可能な選好を仮定する。これによって，円形の無差別曲線が描かれる)。各メンバーは，2 選択肢間の投票において，自らの円内にあるすべての点をメンバー 3 の理想点よりも選好し，それらの円内の点に投票する。影付きの領域は，少なくとも 3 人のメンバーが $x_3$ よりも選好する点である。縦線を引いた左側の花びらは，メンバー 1，4，5 が選好し，横線を引いた右側の花びらは，メンバー 1，2，4 が選好する。したがって，これら影付き領域の外の点が法案として本会議に送付されるならば，メンバー 3 の理想点に首尾よく修正されることになる。

各委員長は，メンバー 3 の理想点を現状よりも選好しているのであれば，法案を提議する。双方の委員長（メンバー 1 と 5）がともにメンバー 3 の理想点よりも選好する点は，図 5.27 の縦線を引いた領域だけである。この領域において，各委員長は，自らの委員会の管轄権（すなわち，当該委員会がコントロールする次元）に沿って，委員長の理想点にもっとも近い縦線領域の縁に現状を移動させるような法案を提議しようとする。それ以上の変更を提議する法案はメンバー 3 の理想点に修正されることになり，委員長は，メンバー 3 の理想点よりも縦線領域の境界に沿った結果を選好する。

以上をまとめると，オープン・ルールのもとでの唯一の安定点は，メンバー 3 の理想点である。現状が縦線領域外の場合には，法案が提議され，メンバー 3 の理想点に修正され，本会議で可決される。現状が縦線領域内の場合には，

2人の委員長のうちの1人が，自らの委員会の管轄に沿って現状を縦線領域の境界まで移動させる法案を提出する。オープン・ルールは，関連性ルールに比べて，安定的な現状の範囲，すなわち構造誘発的均衡の集合を縮小させる。関連性ルールのもとでは，修正可能な範囲が狭められることによって，オープン・ルールでは安定的ではない点が安定化する。

**練習問題5.8**：この例において，クローズ・ルールのもとでの構造誘発的均衡の集合を求めよ。クローズ・ルールでは，本会議において委員会案に対する修正を提出することはできない。ゲームの形は本節の始めに示した。以下の各指示は段階的に後向きの帰納法を導くものである。

a）各次元について，本会議の投票で現状に勝つ法案の集合を求めよ。

b）本会議で現状に勝つ法案（上記a）の中から，各委員会が本会議に送付する法案の集合を求めよ。

c）委員会が本会議に送付する法案の集合の中から，各委員長が提議する法案を求めよ。

委員長が法案を本会議に送付しようとしない範囲（上のcより明らかになる）が，構造誘発的均衡となる。

**練習問題5.9**：次の状況を仮定しよう。議会に7人のメンバーがいる。各メンバーは，$x_1=(6, 2)$，$x_2=(5, 1)$，$x_3=(2, 5)$，$x_4=(4, 4)$，$x_5=(2, 2)$，$x_6=(1, 7)$，$x_7=(7, 6)$ の理想点を持っている。(1, 2, 3) と (5, 6, 7) の2つの委員会があり，それぞれ第1と第2の次元を管轄する。委員長はそれぞれメンバー1と5である。院内総務はメンバー4である。

a）クローズ・ルールのもとで構造誘発的均衡を求めよ。

b）関連性ルールのもとで構造誘発的均衡を求めよ。

## 5.6　ルービンシュタインの交渉モデル*

第4章では，ナッシュ交渉解を用いて交渉について議論した。ナッシュ交渉解の背後にある考え方は，交渉を特徴づける公理を与えることであった。ナッ

*　この節では極限および微分法を用いる。

シュ的アプローチでは，なぜ交渉者たちがそのような取り決めに到達するのかということは説明されていない。そのかわりに，どのような取り決めが成立するのかを予測する。本節では，交渉に対する非協力アプローチを提示する。交渉におけるアクターたちの誘因を考察し，彼らがどのような提案をするのか，彼らがその提案をいつ受け入れるのかを考える。合理的な取り決めがどのようなものかを考察するのではなく，合理的アクターがどのように交渉するかを考える。このような非協力アプローチによって，到達される最終取り決めだけではなく，交渉行動そのものを検討することができる。本節では，簡単な非協力交渉モデル（Rubinstein（1982）の交渉モデル）を示す。

現実の交渉はきわめて複雑である。アクター間のあらゆる交渉方法を記述した明確に定義されたゲーム形式というものは存在しない。そもそも交渉にはルールは存在しない。アクターは，最後通牒型の提案を行うこともできるし，互いに同時に提案をすることもある。さらに言えば，単に互いに叫び合うだけのこともある。どのように交渉を行うかは，最終結果に対して大きな影響を与える。提案方法をコントロールする側は，自らに有利に状況を操作できる。したがって，このような複雑な交渉を定式化する際には，交渉のある特定の側面を捉えるゲームを定義する必要がある。ここでは，プレイヤーが順次交互に提案し合うという，交渉の中でもきわめて一般的な形式を分析する。一方が提案を行い，他方はそれを受諾もしくは拒否できる。後者が提案を拒否した場合には，今度は自らの対抗案を出すことができる。その後前者は，その対抗案を受諾もしくは拒否する。対抗案も拒否された場合には，交渉が続き，再び前者が別案を出すというように進む。各提案と応答の組が交渉の**1ラウンド**となる。

プレイヤーは100単位を分割するという交渉を行う[1]。便宜上，この単位は譲渡可能効用とする。また，プレイヤーはより早く妥結することを好むとしよう。プレイヤーたちは，$0<\delta_i<1$ の割引因子 $\delta_1$ と $\delta_2$ を用いて，交渉の各追加的ラウンドにおいて最終的にまとまった取り決めを割り引くものとする。3ラウンドの交互提案が行われる逐次的交渉ゲームのタイムラインは，以下のようになる。交渉の各ラウンドは，提案と応答の2つの手番から成る。表記の便宜上，各提案をプレイヤー1が受け取る量で示す。プレイヤー2はその残りを得る。

1　経済学者は，これを「100単位のケーキ」と言う。政治学者は「パイ」をどう分割するかを思案するが，経済学者はなぜ「ケーキ」を分割するのだろうか。

**逐次交渉ゲーム**

1. プレイヤー1が$\Omega_1(0 \leqq \Omega_1 \leqq 100)$を提案する。
2. プレイヤー2が$\Omega_1$を受諾あるいは拒否する。受諾した場合，ゲームは終了し，プレイヤー1は$\Omega_1$を，プレイヤー2は$100-\Omega_1$を受け取る。
3. プレイヤー2が$\Omega_2(0 \leqq \Omega_2 \leqq 100)$を提案する。
4. プレイヤー1が$\Omega_2$を受諾あるいは拒否する。受諾した場合，ゲームは終了し，プレイヤー1は$\delta_1\Omega_2$を，プレイヤー2は$\delta_2(100-\Omega_2)$を受け取る。
5. プレイヤー1が$\Omega_3(0 \leqq \Omega_3 \leqq 100)$を提案する。
6. プレイヤー2が$\Omega_3$を受諾あるいは拒否する。ゲームは終了する。プレイヤー2が$\Omega_3$を受諾した場合，プレイヤー1は$\delta_1^2\Omega_3$を，プレイヤー2は，$\delta_2^2(100-\Omega_3)$を受け取る。プレイヤー2が$\Omega_3$を拒否した場合，プレイヤー1と2の受け取りはともに0となる。

この3ラウンドの逐次交渉ゲームの部分ゲーム完全均衡はどのようになるだろうか。このゲームは後向き帰納法で解くことができる。最後の手番において，プレイヤー2は，どのような提案も受け入れる。提案を拒否すればプレイヤー2の利得は0となり，$\Omega_3=100$を受け入れても利得は0であり，どちらも同等に望ましい。これを予想するプレイヤー1は，第5手番で$\Omega_3=100$を提案し，プレイヤー2の利得を0とする。第4手番では，プレイヤー1は少なくとも$100\delta_1$の提案であれば受け入れる。$\Omega_2$を拒否すると利得は，追加的な交渉ラウンド分を割り引いた$\Omega_3$であり，$100\delta_1$を最終ラウンドで得ることができる。少なくともこれと同等の提案であれば，受け入れるはずである。第3手番において，プレイヤー2は$\Omega_2=100\delta_1$を提案し，自らの利得を$100(1-\delta_1)$とする。第2手番において，少なくとも$100\delta_2(1-\delta_1)$を得られるならば，プレイヤー2は$\Omega_1$を受け入れる。もし$\Omega_1$を拒否すれば，プレイヤー2は第2ラウンドで$100(1-\delta_1)$を得ることができるが，これを割り引いた値が$100\delta_2(1-\delta_1)$である。最後に，プレイヤー1は，$\Omega_1=100[1-\delta_2(1-\delta_1)]$を提案する。この場合，プレイヤー2は提案を受け入れ，自らはこれ以上取り分を改善できない。もしプレイヤー1が$100[1-\delta_2(1-\delta_1)]$よりも多くを自らの取り分として提示するならば，プレイヤー2はこれを拒否して，プレイヤー1は第2ラウンドで$100\delta_1$となる。$\delta_1<1$なので，プレイヤー1は，$100\delta_1$よりも$100[1-\delta_2(1-\delta_1)]$を好む。結局，均衡においては，プレイヤー1が$\Omega_1=100[1-\delta_2(1-\delta_1)]$を提

案し，プレイヤー 2 がこれを受け入れる。なぜこの行動が最適かを示すためには，均衡は，均衡径路外の戦略も特定化しなければならない。プレイヤー 1 の提案は，プレイヤー 2 が何を受け入れるかに依存し，プレイヤー 2 の受け入れは，第 2 ラウンドにおいてプレイヤー 1 がプレイヤー 2 からのどのような提案を受け入れるかに依存するという具合に続いていく。したがって，均衡において到達されない後続の提案は，提案され受け入れられたものと全く同じように均衡の一部を構成している。

**練習問題 5.10**：上の均衡において，プレイヤー 1 は，$\Omega_2$ よりも $\Omega_1$ を好むことを示せ。

さて，プレイヤーが永久に交渉することが可能な場合には，どうなるであろうか。ラウンド制限のない交渉では，最終ラウンドがないので，プレイヤー 1 は，最終ラウンドでゼロ提案の受け入れをプレイヤー 2 に強制することはできない。もしプレイヤー 1 がプレイヤー 2 にゼロ提案を行うならば，プレイヤー 2 はそのようなケチな提案を拒否し，ゲームを継続するだろう。まず，このゲームのナッシュ均衡を考えよう。これについては，どのように 100 単位を分割しても，ゲームの任意のラウンドにおいてナッシュ均衡として支持される。たとえば，次の戦略は，第 42 ラウンドにおいてプレイヤー 1 が 1 単位，プレイヤー 2 が 99 単位を得る分割を支持する。両プレイヤーは，1 から 41 ラウンドまで自らに 100 単位すべてを与える提案を行う。また両プレイヤーは，42 ラウンドまでは 100 単位すべてが自分に与えられなければ，いかなる提案も拒否する。42 ラウンドとそれ以降は，プレイヤー 2 が，プレイヤー 1 に 1 単位を与え，99 単位を自分のものとし，プレイヤー 1 がこれを受け入れる。この戦略は，どちらのプレイヤーも一方的に戦略を変更することによって自分の利得を改善することができないので，ナッシュ均衡である。同様の戦略を用いることによって，任意のラウンドにおける利得の任意の分割は，ナッシュ均衡として支持される。

簡単なトリックを用いると，無限逐次交渉ゲームの部分ゲーム完全均衡を求めることができる[2]。プレイヤー 1 が行う提案から続くゲームは，同じ構造を

2 実際には，注意深く考えると，このトリックはそれほど単純ではない。無限ラウンドのゲームについては，十分に定義が行われていない。これに関しては注意深い方法が存在するが，ここでは，経済学者が足を踏み入れるのを恐れるところに，手探りで突入する。ただし，基本的な考え方は正

持っている。すなわち，プレイヤー2は提案を拒否し，対抗案を提出することができ，そして無限ラウンドの交渉が残されている。こうして，プレイヤー1は，すべてのラウンドにおいて，つねに同じ提案を行う。$M$をプレイヤー1の最適な提案としよう。3ラウンド交渉モデルの論理から，プレイヤー1は，2ラウンド前に $100-\delta_2(100-\delta_1 M)$ を提案するはずである。

**練習問題5.11**：プレイヤー1は，$M$を提案する2提案前には，$100-\delta_2(100-\delta_1 M)$ を提案することを示せ（ヒント：3ラウンド交渉モデルで示したのと同じ無差別の計算をそのまますればよい）。

すべてのラウンドにおいてプレイヤー1はつねに同じ提案をするので，$M$は，$M$と $100-\delta_2(100-\delta_1 M)$ を等しくさせる値となる。2つの式を等号でつなぐと，最適提案を求めることができる。$M$について解くと，以下のようになる。

$$M=100-\delta_2(100-\delta_1 M)$$

$$M=100\left(\frac{1-\delta_2}{1-\delta_1\delta_2}\right)$$

均衡では，プレイヤー1は，$\Omega_1=100[(1-\delta_2)/(1-\delta_1\delta_2)]$ を提案し，プレイヤー2はこれを受け入れ，$100\{[\delta_2(1-\delta_1)]/(1-\delta_1\delta_2)\}$ を受け取る。プレイヤー2の提案に関しては解かないが，その提案も上の論理から導かれる。

この均衡には，多くの直感的あるいは直感には反する特徴がある。直感的な特徴から始めよう。第1に，割引因子によって捉えられる各プレイヤーの忍耐力が，取り決めにおける分配に影響する。我慢強くないプレイヤーほどより小さな割引因子を持ち，将来の利得はより低い価値となる。$\delta_1$ を小さくすると，均衡提案は小さくなる。また $\delta_2$ を小さくすると，均衡提案は大きくなり，プレイヤー2の取り分は減る。プレイヤーを合意へと駆り立てるのは，その忍耐力の弱さだけである。もし割引因子がなかったとすると，合意を無期限に延期しても損失は生じない。

第2に，プレイヤー1は，最初に提案を行うという強みがある。プレイヤー2が最初に提案をすると，プレイヤー1の取り分は少なくなり，プレイヤー2

しいものである。

の取り分は増加する。一般的に，プレイヤー1は，プレイヤー2よりも多くの取り分を受け取る。両プレイヤーが同じ割引因子を持つ場合には（$\delta_1=\delta_2=\delta$），プレイヤー1は$100[1/(1+\delta)]$を受け取り，プレイヤー2は$100[\delta/(1+\delta)]$を受け取る。$\delta<1$なので，プレイヤー1は，プレイヤー2よりも多くを受け取る。最初の提案が有利なのは，プレイヤー2は待つことになり，割り引かれた反対提案の影響をこうむるからである。この有利な点を利用して，プレイヤー1は，プレイヤー2が第2ラウンドで要求するよりも少ない提案を行う。プレイヤー2は，次まで待って反対提案をしても利得を改善することができないので，より少ない提案を受け入れることになる。

第3に，早く決着しようする圧力が大きいほど（$\delta_1$と$\delta_2$がともに小さいほど），プレイヤー1の取り分は大きくなる。取引を早く終えることが重要になるほど，そうした圧力を利用してプレイヤー1は，プレイヤー2からより大きな取り分を引き出すことができる。

均衡について直感に反する特徴の中で主要なのは，この均衡が一意であるという点である。この他には部分ゲーム完全均衡は存在せず，この状況では交渉を行うための合理的な方法はひとつしかない。通常，交渉と関連する戦術（たとえば，最後通牒の提案や嘘をつくなど）は，この均衡では起きない。このように，ルービンシュタインの交渉モデルでは，現実に見られる交渉を説明するのは難しい。さらに言えば，この均衡では，本当の交渉は行われていない。つまり，最初の提案がつねに受け入れられ，決着までに幾度か提案が交換されるということはない。

ルービンシュタインの交渉モデルの結果は，ナッシュ交渉解とも一致する。ラウンドの時点を0に動かしてみよう（プレイヤーが提案を瞬時に互いに叫び合っていると考える)。提案の間隔を$t$とする。各ラウンドの割引因子は$\delta_i^t$となる。すると，均衡において，プレイヤー1は$100[(1-\delta_2^t)/(1-\delta_1^t\delta_2^t)]$を受け取り，プレイヤー2は$100\{[\delta_2^t(1-\delta_1^t)]/(1-\delta_1^t\delta_2^t)\}$を受け取る。極限で$t$を0に近づけると，プレイヤー1の取り分は，100単位のうち次のようになる（ロピタルの定理を利用)。

$$\lim_{t\to 0} 100\left(\frac{1-\delta_2^t}{1-\delta_1^t\delta_2^t}\right)=\lim_{t\to 0} 100\left(\frac{-\ln\delta_2(\delta_2^t)}{-\ln\delta_1(\delta_1^t\delta_2^t)-\ln\delta_2(\delta_1^t\delta_2^t)}\right)=100\left(\frac{\ln\delta_2}{\ln\delta_1+\ln\delta_2}\right)$$

同様にして，$t$を0に近づけると，極限においてプレイヤー2は$100[\ln\delta_1/(\ln\delta_1+\ln\delta_2)]$を受け取る。この分割はナッシュ交渉解と一致する。プレイヤーが合意に至るのに等しい値を持つ場合には（$\delta_1=\delta_2$），ナッシュ交渉解と同様に，100単位が均等に分割される。Binmore（1992, 180–212）は，ナッシュ交渉解とルービンシュタインの交渉モデルの一致について完璧な検討をしている。

弱点はあるにしても，ルービンシュタインの交渉モデルは交渉を理解するための出発点である。これによって，このモデルでは捉え切れていない不完備情報のような交渉に関する他の側面への関心も高まる。また，プレイヤーの交渉方法が妥結に対してもたらす重要性についても注意を促す。さらに，ナッシュ交渉解に対して非協力的な観点を提供するものでもある。

## 5.7　議会における交渉

議会における交渉は，前節で議論した2者間交渉とは異なる。第1に，議会のメンバーは2人よりも多く，交渉は2者間ではなく多数者間となる。第2に，法制定のための投票ルールは，一般的には単純過半数のみを必要とし，2者間交渉で必要となる全員一致とは異なる。単純過半数は，少数派の利益を認めない法案を可決することができ，少数派は，その法案を阻止する力がない。2者間交渉であれば，各当事者はいかなる取り決めにも拒否権を持っている。第3に，議会規則の存在によって，提案とその受け入れの順序が定められている。前節の2者間交渉モデルでは，交互提案を仮定していた。

議会における交渉は，発言の承認と修正に関する規則によって統制されている。ここでは，Baron and Ferejohn（1989）をもとにしたモデルを使って，発言の承認に関しては単純なランダム・ルール，また修正に関してはオープン・ルールやクローズ・ルールがどのような影響を持つかを検討する。委員会制度について議論した以前の節とは異なり，本節では，本会議での交渉のみを扱い，委員会と本会議との間の交渉は扱わない。また，ここでの修正に関するオープン・ルールやクローズ・ルールは，本会議においてメンバーが新たな発言を認められ，すでに提議されている案を変更できるか，あるいはできないかを定めるルールとする。

2ラウンドの提案をする3人メンバーの議会から始めよう。このきわめて単純なモデルの結果は後に$n$人かつ無限回の提案に一般化される。3人のメンバーを1，2，3とし，各メンバーは別々の地区を代表するとする。メンバーは1単位の配分をめぐって交渉する。これは，各地区に持って帰ることができる議会の「アメ」もしくは「地方助成金（pork barrel）プロジェクト」とみなすことができる。議会ではイデオロギー的関心のほうがより重要であると考えるならば，この配分は，当該立法措置が，どのメンバーのイデオロギー的関心にもっとも近いかを示すものと考えることができる。すなわち，あるメンバーの取り分が大きいほど，当該立法はそのメンバーのイデオロギー的目標に近いことになる。上述のおおざっぱな定式化に戻ると，メンバーは，再選の可能性を高めるために，自分の地区に持ち帰る「豚肉」を増やしたいと考えている。**提議**（あるいは法案）$x=(x_1, x_2, x_3)$ は，3人のメンバー間での分配である。このとき，メンバーは，すべての利用可能な「豚肉」を分割するので，$x_1+x_2+x_3=1$ である[3]。もし提議がすべて否決された場合には，メンバーが受け取る利益はない。また，メンバーは，より早い合意を選好するとする。3人のメンバーは，ラウンド間をまたぐ共通の割引因子 $\delta \leqq 1$ を持つとしよう。提議 $x$ が第2ラウンドで可決される場合，この提議の価値は，メンバー1，2，3に対してそれぞれ $\delta x_1$，$\delta x_2$，$\delta x_3$ となる。

発言の承認ルールは，ゲームの各ラウンドにおいて，誰が提議を行うことができるかを定めている。単純化のために，各メンバーは等しい確率で承認されると仮定する。したがって，各メンバーが承認される確率は1/3である。承認されたメンバーは，提議することができ，それについて3人のメンバーが投票を行う。ここではまず，クローズ・ルールのもとでの投票を考える。すなわち，各提議は直ちに投票にかけられ，修正の機会はない。

提議が可決されるためには，3票のうち2票が必要になる。現在の提議とゲームの継続に関してメンバーが無差別である場合の投票行動の問題を単純化するために，現在の提議の受け入れと拒否が無差別である場合には，メンバーはつねに賛成すると仮定する[4]。ゲームの流れは次のようになる。

---

3 メンバーは，全部ではなくそれよりも少なく分割することもできる。しかし，容易にわかるように，メンバーはテーブルに「豚肉」を全く残さない。なぜなら，「豚肉」を残すような提議は，いずれも全部分割する提議に支配されるからである。

4 メンバーが現在の提議とゲームの継続に無差別であるとき，つねに提議に反対するならば，このゲームには均衡が存在しない。もしメンバー $i$ が現在の提議とゲームの継続の双方から $x_i$ を期待するならば，このメンバーは $y_i > x_i$ を満たす任意の提議 $y$ に賛成する。ここでは，譲歩が最小となる $y_i$ というのは存在しないので，均衡は存在しない。提案者は，無差別の投票者を賛成させるために，小さな譲歩を与えることが必要になる。その譲歩は小さいほど，提案者にとっては望ましい。しかし，可能な最小譲歩というものは存在しない。それゆえ，無差別な投票者が提議に反対する場合，均衡は存在しない。この問題を修正する技術的な方法は存在するが，本文の仮定のほうが容易である。

1. 偶然手番が，どのメンバーが最初の提議を行うかを選択する。承認されたメンバーを $M_1$ と呼ぶ。
2. $M_1$ が提議 $x^1$ を行う。
3. メンバーが $x^1$ について投票を行う。2人もしくは3人のメンバーが賛成すれば，$x^1$ は可決され，ゲームは終了する。メンバーは利得 $x_i^1$ を受け取る。そうでない場合には，$x^1$ は否決される。
4. $x^1$ が否決された場合，偶然手番が，どのメンバーが第2の提議を行うかを選択する。承認されたメンバーを $M_2$ と呼ぶ。
5. $M_2$ が提議 $x^2$ を行う。
6. メンバーが $x^2$ について投票を行う。2人もしくは3人のメンバーが賛成すれば，$x^2$ は可決され，メンバーは利得 $\delta x_i^2$ を受け取る。そうでない場合には，$x^2$ は否決され，全3人のメンバーの利得は0となる。

このゲームは後向き帰納法で解くことができる。最後の手番では，提議によって得られる利得が0であっても，3人の投票者はすべて提議に賛成する。投票者の選好が無差別のときには提議に賛成し，$x^2$ が拒否された場合の利得が0であるので，投票者はつねに $x^2$ に賛成する。第5手番では，$M_2$ は，任意の提議が可決されるのを知っているので，全単位を自ら手に入れる提議を行う。

第3手番では，投票者は，現在の提議から得る利得を，ゲームが継続した場合の期待利得と比較しなければならない。ゲームが継続した場合，各プレイヤーが第2ラウンドで発言を承認される確率は1/3である。承認される場合には，全単位を自ら手に入れる提議を行う。承認されなかった場合には，第2提案で得る利得は0となる。したがって，ゲームを継続した場合の各プレイヤーの期待利得は $\frac{1}{3}\delta$ となる（1/3が承認される確率，1が第2提議を行う場合の値，$\delta$ が第2提議に対する割引値)。投票者は，少なくとも $\frac{1}{3}\delta$ が得られる第1ラウンドの提議には賛成する。

これらの投票を予想して，$M_1$ は，第2手番においてもう1人の投票者に $\frac{1}{3}\delta$ を与え，自らの取り分を $1-\frac{1}{3}\delta$ とする。$M_1$ が，どちらの投票者にこれを与えるかは問題ではない。この提議はつねに可決され，ゲームは第1提議で均衡する。次の命題は均衡全体を表す。

**命題**：クローズ・ルールのもとでの2ラウンド・3人議会交渉ゲームの部

分ゲーム完全均衡は次の通りである。

1) 第1ラウンドにおいて，$M_1$が，自ら$1-\frac{1}{3}\delta$を受け取り，もう1人のメンバーが$\frac{1}{3}\delta$を受け取る提議を行う。$M_1$とそのメンバーが提議に賛成し，可決される。

2) 第2ラウンドにおいて，$M_2$は，自らが1を受け取り，他のメンバーを0とする提議を行う。3人のメンバーすべてが提議に賛成し可決される。

**練習問題 5.12**：議会メンバーが$2n+1$人のときの2ラウンド議会交渉モデルの部分ゲーム完全均衡を求めよ。$n+1$人の賛成で提議は可決される。各メンバーは，等しい確率で発言承認の機会が与えられるので，各ラウンドの承認確率は，この場合，$1/(2n+1)$である。

**練習問題 5.13**：クローズ・ルールのもとで，3人無制限ラウンドの議会交渉ゲームの部分ゲーム完全均衡を求めよ。

a) 後向き帰納法を使って3ラウンドの提議が可能なゲームの均衡を求めることから始めよ。

b) $n$ラウンドの提議が可能なゲームの均衡を求めよ。

c) 無制限ラウンドの議会交渉ゲームの均衡を求めよ（ヒント：a) とb) の結果は，この均衡がどのようなものであると示唆しているか)[5]。

このモデルのオープン・ルールでは，提議に対して修正ができる。法案が提議された後，もう1人のメンバーが承認される。同一メンバーの連続した承認は許可されない。このメンバーは，もとの議案をそのまま提議するか，あるいは修正案を提出することができる。前者が選択されると，もとの提議が投票にかけられる。後者の場合には，新たな提議に差し替えられる。新たな法案あるいは修正法案が提議されるごとに1ラウンドと数えられ，利得が割り引かれる。すべてのメンバーは，同じ提議であれば，より早く可決することを好むとする。オープン・ルールの議会ゲームでは，各ラウンドは次のようなタイムラインになる。

5 ここでは，慎重に「均衡」と言っておく。メンバーが懲罰戦略を用いることを可能とし，かつ割引因子が十分に大きいとするならば，ラウンド制限のないゲームにおける均衡では，任意の配分が支持される。この場合，選択された配分を提議しない，あるいはそれに賛成しないメンバーは，次回以降すべての提議において利益を剝奪される。ラウンド制限のない繰り返しゲームの均衡においてどのような結果が支持されるかについては第9章を参照してほしい。

1. 偶然手番が提議を行うメンバーを選択する。承認されたメンバーを $M_1$ と呼ぶ。
2. $M_1$ が提議 $x^1$ を行う。
3. 偶然手番が $M_1$ 以外のメンバーを承認する。このメンバーは，$x^1$ をそのまま提議するか修正を行う。このメンバーを $M_2$ と呼ぶ。
4. $M_2$ は $x^2$ を提議する。$x^2=x^1$ の場合，$M_2$ は，議案をそのまま流すという。流さない場合には，$M_2$ は現在の提議を修正し，次のラウンドが第3手番で始まる。この修正案が次のラウンドの $x^1$ となる。
5. $M_2$ がそのまま流した場合，メンバーは $x^1$ について投票を行う。2人もしくは3人のメンバーが賛成した場合，$x^1$ が可決され，ゲームは終了し，メンバーは利得 $x_i^1$ を受け取る。そうでない場合には，$x^1$ は否決され，次のラウンドが第1手番から始まる。

利得は，行われたラウンドの回数で割り引かれる。たとえば，$x^1$ が第3ラウンドで可決された場合，プレイヤー $i$ は利得 $\delta^3 x_i^1$ を受け取る。

オープン・ルールの場合には，モデルに戦略的複雑さが加わる。クローズ・ルールのもとでは，承認されたメンバーは，可決を確保するのに十分なだけの利益を多数派に割り当てる法案を提議し，自らは残りすべての利益を得る。この多数派に含まれないすべてのメンバーは利益を全く配分されない。オープン・ルールのもとでは，提議後に多数派メンバーが発言を承認される場合には，彼らは提議をそのまま流す。しかし，少数派メンバーが承認される場合には，彼らはもとの法案に代えて，修正案を提出するであろう。修正案の提出は，少なくとも1ラウンドの提議の承認を遅らせることになり，すべてのメンバーのコストとなる。オープン・ルールのもとでは，提案者は，提議の中に何人のメンバーを含めるかについてトレード・オフに直面する。もしすべてのメンバーが，ゲームを継続した場合の期待値と等しい利益を得るならば，どのメンバーも議案をそのまま流し，提議は可決される。しかし，すべてのメンバーまで広げて配分される利益は，提案者の利得の中から捻出されることになる。したがって，より多くのメンバーへの利益の配分は，全利得に占める提案者の取り分を減らすというコストを伴うが，提議の迅速な可決の可能性を高める。他方，より少ないメンバーへの利益の配分は，外れたメンバーの1人が次に承認され，修正案を提議し，法案の通過を遅らせる可能性を高めるというコストを伴うが，提案者の利得を増やすことになる。

提議において何人のメンバーが正の利益を得るかは，メンバーの相対的な忍耐力に依存する。割引因子が小さい場合には，可決の遅延によってより多くのものが失われることになるので，迅速な法案可決がより重要になる。したがって，割引因子が小さいときには，より多くのメンバーに正の利益を与える提議が行われることが予想される。これに対して，割引因子が大きい場合には，メンバーは忍耐強くなり，提案者も，提議からメンバーを排除することに伴う遅延のリスクを積極的にとることになる。オープン・ルールのもとでの均衡はこうした直感を捉えている。

この問題を3人メンバーの議会について解いてみよう。$n$人メンバーの一般ケースも同じである。その詳細は，Baron and Ferejohn (1989) を参照してほしい。ここでは，$M_1$が，1人でなく2人に利益を配分するような$\delta$の値を調べよう。利益を1メンバーと他の2メンバーに与える値をそれぞれ算出する。まず，2人に与える場合から始めよう。提案者は，他の2メンバーのそれぞれに$V$を配分し，自らには$1-2V$を残すとする。これまでと同様に，提案者は，他のメンバーが提議を流すことと修正案を提出することとの間で無差別になるように$V$を選択する。無差別の場合には，メンバーはつねに提議に賛成し，そのまま流すと仮定したことを思い出してほしい。

$$V=\delta(1-2V)$$

もし新たに承認されたメンバーが，現在の提議を受け入れるならば，$V$を受け取る。これに対して，もし修正案を提議するならば，このメンバーは新たな提案者となり，1ラウンド後に$1-2V$を受け取る。$V$について解くと，次のようになる。

$$V=\frac{\delta}{1+2\delta}$$

次の命題は，提案者が両メンバーに利益を配分する場合の均衡の全体を示す。

**命題**：オープン・ルールのもとでの無制限ラウンドの3人議会交渉ゲームにおいて，すべてのメンバーが利益を受け取る場合の部分ゲーム完全均衡は次の通りである。

1) 任意のラウンドにおいて，$M_1$は，自らは$1/(1+2\delta)$，他のメンバーは

$\delta/(1+2\delta)$ となる提議を行う。

2) 任意のラウンドにおいて，$M_2$ は提議をそのまま流す。3人すべてが賛成し，可決される。

メンバーのうち2人だけが利益を得る提議の場合は，より複雑である。この場合，提議によって利益を配分されないメンバーが発言を承認されれば，彼は修正案を提議するであろう。現在の提議から何を受け取るかに従って，この3人のメンバーを提案者，内部メンバー，除外メンバーと呼ぼう。$y$ を提案者が内部メンバーに提供する配分とし，$1-y$ を自らの取り分とする。現在の提議は修正によって遅延し，変更される可能性がある。プレイヤーが提議に対して持つ価値とは，その提議から受け取る量そのままではない。提案者は，自らの提議が可決された場合には $1-y$ を受け取る。しかし，除外メンバーが次に承認され，修正案を提出する可能性が1/2ある。ゲームにおける提案者(proposer）の期待値を $V_p$，内部メンバー（included member）の期待値を $V_i$，除外メンバー（excluded member）の期待値を $V_e$ とする。

まず提案者は，内部メンバーに対して，提議を流すことと自分が新たに提議することとの間で無差別になるのに十分な提案を行うはずである。

$$y=\delta V_p$$

提案者にとってのゲームの値は，次に誰が承認されるかによって決まる。内部メンバーであれば，提議は流され，提案者は $1-y$ を得る。除外メンバーの場合には，内部メンバーに利益を配分し，提案者を排除する修正案を提出する。この修正案については，提案者は1ラウンド後に $V_e$ を得ることになる。

$$V_p=\frac{1}{2}(1-y)+\frac{1}{2}\delta V_e$$

$M_2$ が承認される前の内部メンバーにとっての値も，次に誰が承認されるかによって変わる。上と同じように，内部メンバーが承認されれば議案を流し，除外メンバーの場合には，修正案が提出される。ただし，この修正案については，内部メンバーは，利益を受け取ることができる。

$$V_i=\frac{1}{2}y+\frac{1}{2}\delta V_i$$

除外メンバーにとっての値も，次に誰が承認されるかに依存する。内部メンバーであった場合には，議案は流され，除外メンバーには利益は全く配分されない。これに対して，除外メンバーが承認された場合には，除外メンバー自身が次のラウンドの提案者となる。

$$V_e = \frac{1}{2}(0) + \frac{1}{2}\delta V_p = \frac{1}{2}\delta V_p$$

$y$，$V_p$，$V_i$，$V_e$ の 4 つの未知数を持つ 4 つの式を同時に解く。この場合，見た目よりも簡単である。$y$ と $V_e$ についての第 1 と第 4 の式を第 2 の式に代入し，$V_p$ について解くと，以下のようになる。

$$V_p = \frac{1}{2}(1-\delta V_p) + \frac{1}{2}\delta\left(\frac{1}{2}\delta V_p\right) = \frac{1}{2} - \frac{1}{2}\delta V_p + \frac{1}{4}\delta^2 V_p$$

$$V_p = \frac{2}{4+2\delta-\delta^2}$$

$V_p$ の値を第 1，第 3，第 4 の式に代入して，$y$，$V_i$，$V_e$ の値を求める。

$$y = \delta V_p = \frac{2\delta}{4+2\delta-\delta^2},$$

$$V_i = \frac{1}{2}y + \frac{1}{2}\delta V_p = \frac{2\delta}{(2-\delta)(4+2\delta-\delta^2)},$$

$$V_e = \frac{1}{2}\delta V_p = \frac{\delta}{4+2\delta-\delta^2}$$

次の命題は，以上をまとめたこの均衡についての包括的な記述である。

**命題**：オープン・ルールのもとでの無制限ラウンドの 3 人議会交渉ゲームにおいて，2 人のメンバーが利益を受け取る場合の部分ゲーム完全均衡は次の通りである。

1）任意のラウンドの第 2 手番において，$M_1$ は，自分に $(4-\delta^2)/(4+2\delta-\delta^2)$ を配分し，内部メンバーに $2\delta/(4+2\delta-\delta^2)$ を配分する提議を行う。

2）任意のラウンドの第 4 手番において，$M_2$ が内部メンバーの場合，提議を流し，$M_1$ と $M_2$ が提議に賛成し可決される。$M_2$ が除外メンバーの場合には，$M_2$ は，修正案として自分の配分 $(4-\delta^2)/(4+2\delta-\delta^2)$ と内部メンバーの配分 $2\delta/(4+2\delta-\delta^2)$ を提議する。

提案者が 1 人もしくは 2 人を提議に含める場合に，各プレイヤーがどのような利益を得るかがわかった。それでは，提案者が提議に含める人数を 1 人にするか 2 人にするかを見てみよう。提案者は，2 人を含めた場合には $1/(1+2\delta)$ を受け取り，1 人だけにした場合には $2/(4+2\delta-\delta^2)$ を予想する。この 2 つの提議の間で，提案者が無差別となる点は，これら 2 つを等号で結び，$\delta$ について解けばわかる。これを計算すると，$\sqrt{3}-1 \fallingdotseq 0.71$ となる。提案者は，これよりも小さい割引因子に対しては 2 人を含め，これよりも大きい割引因子に対しては 1 人だけとする。この結論は，本節で先に議論した直感とも一致する。迅速な合意に到達したいという気持ちが大きい場合（すなわち，割引因子が小さいとき）には，提案者は，修正による遅延の脅威に対して先手を打つために議案により多くのメンバーを取り込む。これに対して，迅速な合意への気持ちが小さい場合には，議案には，クローズ・ルールでみられたのと同じ多数決主義の論理が示される。

この最後の観察は，このモデルに関して述べておきたい最後の点，すなわちクローズ・ルールやオープン・ルールが用いられるもう 1 つの理由に関係している。オープン・ルールでは，意に沿わない提議に対して修正ができるので，メンバーは立法過程に対してより多くの資源を投入することができる。こうした柔軟性のコストは，修正による遅延の可能性である。オープン・ルールのもとでの遅延は，提議の中により多くのメンバーを含めることによって回避できる。しかし，このような多くの人を取り込む提議は，立法によって提案者が得る利益を減らすことになる。これに対して，クローズ・ルールであれば，これらの問題は生じない。すなわち，合意は即座に行われ，また提案者はつねに最大限の利益を得る。しかし，修正権限が失われることによって，他のメンバーが提議を修正する力を制限してしまう。結果として，本会議は，クローズ・ルールを採用することには消極的となる。このようなルールが好まれるのは，時間が非常に重要であり，争点が修正合戦になりそうな場合だけであろう。

## 5.8 なぜ後向き帰納法は直感に反する結果をもたらすのか

後向き帰納法は直感的で強いアピール力を持っている。本章では，政治問題を解くために，この方法をどのように用いることができるかを見てきた。しかし，後向き帰納法の結果は，ゲームをどのようにプレイすべきかを考えたときに，われわれの直感に反する状況も存在する。

図 5.28　3 足ムカデゲーム

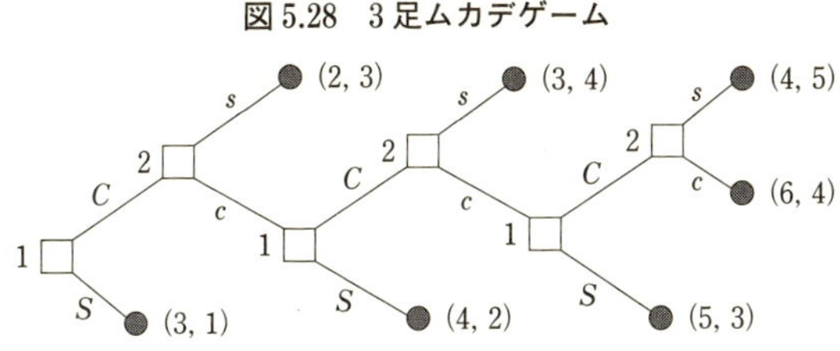


**例題**：図 5.28 のゲームは，3 足ムカデゲームと呼ばれる（練習問題 5.1 の b）を思い出すかもしれない）。あらゆるムカデゲームの基本構造は，プレイヤーが逐次的にゲームを終える（stop）か続ける（continue）かを選択することである。このゲームの場合，各プレイヤーがゲームを終了させる機会を 3 回ずつ持つので，3 足ムカデである。両プレイヤーがゲームの継続に合意するたびに，両者の利得は増加する。しかし，ゲームを終了したプレイヤーは，ボーナスを得ることができる。もしどちらのプレイヤーも相手が次の手番で終了するのを知っているならば，これらのボーナスは，ゲームを先に終了させるのに十分な大きさである。これに対して，相手がゲームを続けると知っている場合には，プレイヤーはゲームを継続したいと考える。ここでの問題は信頼の問題のように見える。もし私がゲームを継続するならば，あなたはそれに応えて続けるだろうか。

後向き帰納法によって 3 足ムカデゲームを解く場合，唯一の均衡は（$S, S, S; s, s, s$）である。すなわち，手番が来れば，プレイヤーは 2 人ともつねにゲームをやめる。ゲームの最後の手番において，手番のプレイヤーは，ボーナスを得るためにゲームをつねに終了する。最後から 2 番目の手番において，手番のプレイヤーはゲームを終了させる。相手は，最後の手番が来ればゲームを終わらせる。現在の手番のプレイヤーは，相手に最後の手番でゲームを終わらせるよりも，自分で終わらせるほうがよい。このような計算がゲームの最初まで続けられる。すべての手番において，その手番のプレイヤーは，相手が次の手番でゲームを終わらせると予想する。そうすると，手番のプレイヤーにとっては，ゲームを続けるよりも，その場で終わらせたほうが望ましい結果が得られる。

ムカデゲームの長さにかかわらず，後向き帰納法はこのような論理の連鎖を生む。百足（ムカデ）ゲームを考えてみよう。すなわち，図 5.28 のゲームの手番が 3 回ではなく，各プレイヤーは 100 回の手番を持つとしよう[6]。上と同じ論理が百足ゲームでも成り立つ。すなわち，最初のプレイヤーが最初の手番でゲームを終える。どちらのプレイヤーも自分がゲームをいま終えない場合には，相手が次の手番でゲームを終えると予想する。

しかし，この均衡は，「普通の」プレイヤーについて予想される行動とは一致しない。多くのラウンド，たとえば，百足ゲームにおいて 50 ラウンドもしくはそれ以上続けることから得られる利益は，ゲームを直ちに止めずに継続したために，その次の手番で相手がゲームを終えることによる損失と比べたとき非常に大きい。なぜ一か八かゲームを続けないのだろうか。被験者がムカデゲームを行う実験では，最初の手番で終わることはまずない。プレイヤーは始めのうちはゲームを継続する。

ムカデゲームの均衡とゲームにおける「普通の」行動との違いは，後向き帰納法に問題があることを示唆している。後向き帰納法では，プレイヤーは，すべての将来の手番を予想する必要がある。こうした予想は，きわめて複雑で長期のゲームでは非現実的かもしれない。プレイヤーは，実際に，百足ゲームの木の 200 手番先まで見るだろうか。自分がゲームを続けているのに応えて，相手もゲームの継続を選択するという単純な予想のほうがもっともらしい。後向き帰納法はプレイヤーに途方もない予想形成を要求するので，この概念には本質的な欠陥があるのだろうか。

筆者はそのようには考えていない。上の議論に対しては，2 つの答えがある。第 1 は，定式化に関するものであり，これについては第 9 章でさらに掘り下げる。後向き帰納法は完備情報ゲームにおいてのみ用いることができる。しかし，両プレイヤーが確信を持って互いの利得を知っていると考えるのは，そもそも無理があるだろう。どのような現実の状況でも，他のアクターの正確な動機や目標に関しては不確実性がある。もし互いの利得に関してプレイヤーの知識に不確実性を導入するならば，プレイヤーが多くの手番を継続するようなムカデゲームの均衡を見つけることができる。1 人のプレイヤーがすべての手番においてつねにゲームを継続しなければならないという小さな確率を与えてみよう。この不確実性によって後向き帰納法は機能しなくなり，正常なプレイヤーにはゲームを継続する誘因が生じる。この議論を完全に行うためには，次章以降の

6 ムカデ（百足）ゲーム（centipede game）の名前は，このゲームの 100 足版に由来するのではなかろうか。この場合のゲームの木はまさにムカデのようである。

3章で示す概念が必要であり，第9章まで待たなければならない。またこれによって，これらのモデルの数学的な複雑さは，著しく増すことにもなる。ともあれ，ムカデゲームのパラドクスの1つの解決法は不確実性の導入である。

このような不確実性は，プレイヤーの合理性という共有知識の失敗を表している（Reny 1992)。後向き帰納法を行うためには，プレイヤーが合理的であることが共有知識でなければならない。もしこれが共有知識でなければ，プレイヤーは「非合理的に」行動しようとする合理的な誘因を持つ可能性がある。すなわち，あるプレイヤーが他のプレイヤーの合理性に確信を持てない場合，他のプレイヤーは，たとえ合理的であっても，「非合理的に」行動することによって利益を得る可能性がある。ムカデゲームの場合には，もしあなたが私の合理性に確信を持てないならば，私は，合理的にゲームを継続したいと思うかもしれない。ここで私がゲームを継続したとすれば，あなたは，私が「合理的でない」と予想して，次の手番でゲームを続ける可能性がある。

後向き帰納法についての上のジレンマには，もう1つ答えがある。モデルは，政治状況を理解できるように状況を単純化するための道具である。均衡の概念とは，そうした設定のもとでプレイヤーの選択をどう描くかということである。状況や選択をありのままに描写するわけではない。アクターは，政治における互いの行動を予想する。後向き帰納法は，そのような予想をゲーム内で定式化する1つの方法である。後向き帰納法で解いた完全で完備な情報モデルによって，政治的諸問題についての知見が得られる。そうしたモデルの良し悪しは，モデルが導く結論に求められる。単純なモデルでも，いくつかの政治問題については重要な知見が得られている。さらに言えば，完全で完備な情報モデルは，しばしば不完備情報モデルの出発点となる。先行モデルに改良を加えた一連のモデル群によって，われわれの理解は深められる。そのようなモデル群は，まずは最初のモデルから出発する必要がある。

ゲームにおける予想の問題は複雑である。第6章では，ゲームに信念の概念を導入し，予想の考え方を発展させる。信念は，ゲームのそれまでの履歴に関してプレイヤーが知っている事柄を要約している。ゲームの履歴は他のプレイヤーの戦略に関する手がかりを含んでいるので，信念は，これらのプレイヤーの将来の行動についての予想を形成するにあたって有益である。ただし，これは次章におけるテーマである。

## 5.9 まとめ

本章では，部分ゲーム完全性について説明し，政治学におけるいくつかのトピックにこれを適用した。部分ゲームは，それよりも大きなゲームの中の1つの節で始まり，それに続くすべての節を含み，それ自体で1つのゲームを形成する。部分ゲーム完全均衡では，プレイヤーは，ゲームの中のすべての部分ゲームにおいてナッシュ均衡をとっている必要がある。後向き帰納法は，完全で完備な情報ゲームにおいて部分ゲーム完全均衡を見つけるための簡単な方法である。部分ゲーム完全性は，均衡径路外の手番における合理性を検証する。部分ゲーム完全性を用いると，プレイヤーが，均衡上では実行する必要のない威嚇や約束の信憑性を検討することができる。

## 5.10 文献案内

後向き帰納法はZermelo (1913) までさかのぼることができる。後向き帰納法の広く共有された定式化である部分ゲーム完全性はSeltenやReinhartによるものである。Selten (1975) は，部分ゲーム完全性と完全均衡の考え方についての優れた説明となっている。Fudenberg and Tirole (1991) の第3章は，後向き帰納法と部分ゲーム完全性をうまく論じている。

Ordeshook (1986) は，戦略的投票，議事コントロール，構造誘発的均衡に関する信頼できる文献である。さらに関心のある読者に対しては，戦略的投票の原典としてFarquharson (1969) を挙げておく。議事コントロールに関しては，カオス定理の原典としてMcKelvey (1976) とSchofield (1976) がある。戦略的投票のもとでの議事コントロールの結果はShepsle and Weingast (1984) による。戦略的投票における議事コントロールについては，さらにBanks (1989a), Ordeshook and Palfrey (1988), Ordeshook and Schwartz (1987) も参照のこと。議会交渉に関する節については，Baron and Ferejohn (1989) から引用した。

ルービンシュタインの交渉モデルはRubinstein (1982) による。Kreps (1990a, 556–65) は，非常にうまくかつわかりやすくこのモデルを論じている。Krepsが示したように，ケーキの配分の仕方は，どのように交渉が行われるかに関する仮定に依存している。Binmore (1992, 180–212) は，ナッシュ交渉解とルービンシュタインの交渉モデルについて詳細に検討し，さらに後者のモデルが，前者の交渉解に対してどのように非協力ゲーム的基礎を与えているかについて論じている。

後向き帰納法の限界に関するその他の例やムカデゲームに関心がある場合には，Reny（1992）が最良のものである。また Kreps（1990b, 77–82, 147–48）の議論も勧める。Kreps は，後向き帰納法のパラドクスの解決法として不確実性を提唱し，研究によってその議論を発展させてきた。

**議会研究**

米国議会の研究は，ゲーム理論モデルにとって実りの多い領域である。本章では 3 つの異なる議会ルールのモデルを示したが，議会については他の多くの側面に関するモデルも発表されている。Shepsle and Weingast（1994）は，この分野の文献を知る出発点となるものであり，議会に関する利用可能なモデルについてサーベイしている。Krehbiel（1988）は現在も有益な初期のサーベイ論文である。Black（1958）は，委員会決定の数理的な分析の嚆矢である。

構造誘発的均衡モデルについては多くの文献が発表されてきた。歴史的に著名な論文は，Shepsle（1979），Shepsle and Weingast（1987），Weingast（1989）である。Hammond and Miller（1987）は，このアプローチを用いて合衆国憲法において規定されている議会機構制度を分析している。

Baron and Ferejohn（1989）による議会交渉モデルは，その後，議会政策の分配効果を分析する一連の論文を生み出している（Baron 1989a, 1991b）。

議会構造に関する第 3 のモデルは情報に関するものである。これについては第 8 章で述べる。Krehbiel（1991）はこのモデルについて最初に手にとるべき文献であり，Gilligan and Krehbiel（1987, 1989, 1990）は情報に関する委員会構造のモデルを提示している。Huber（1992）は，フランスと米国の議会の相違を説明するために，議会ルールのモデルを用いている。

このほかの議会制度もモデル化されてきた。Calvert（1987）は，議会におけるリーダーシップの分析のためにチェーンストア・パラドクス（第 9 章を参照）を用いている。McKelvey and Riezman（1992）は，委員会の役職配分のために，なぜ議員たちが年功序列制度を用いるのかを説明している。Austen-Smith（1990）と Austen-Smith and Riker（1987, 1990）は，シグナリング理論によって議会論争のモデルを構成している。Sullivan（1990）は，大統領と議会の交渉についての簡単なモデルを作っている。本書第 9 章の官僚と行政のモデル案内の箇所では，立法・政府機関間関係のモデルも紹介している。これらのモデルでは，政府機関に対する議会の監督と管理について分析を行っている。

Ainsworth and Sened（1993）と Austen-Smith（1993）は，議員の情報源としてのロビイングのモデルを論じている。Austen-Smith（1992）は，両院における戦略的投票を選挙民がどのように制限することができるかについて考察している。

# 第6章

# 信念と完全ベイジアン均衡

完全ベイジアン均衡は，信念という新たな概念を戦略に結び付けることによってより強力な均衡概念を作り出す。ここまで，均衡とは，互いに最適応答となる戦略の組み合わせとしてきた。第5章では，最適応答は，均衡経路上だけでなく経路外でも判断されなければならないという考え方を導入した。後向き帰納法と部分ゲーム完全性は，均衡経路外の最適応答を判断するひとつの方法を示した。しかし，複数の節を持った情報集合の場合には，これらの方法ではしばしば困難が生じる。複数の節を持った情報集合では，後向き帰納法を用いることができないので，後向き帰納法は，多くのゲームにおいて使うことができない。部分ゲーム完全性は，多少事態を改善するが，それでもすべてではない。

情報集合が複数の節を持っているということは，プレイヤーが選択の際にどの節にいるかを判断できないということである。この不確実性のために，プレイヤーは，行動の結果どうなるかを確定することができない。プレイヤーは，複数の節を持つ情報集合で選択を行う場合には，選択の際に現在どの節に自分がいる可能性が高いかについて，それまでに保有している情報を用いる。ゲーム理論では通常，何が起きているのかについての判断を条件つき確率によって表す。この情報集合から行動を行わなければならないとすると，この情報集合の最上位の節にいる可能性はどの程度か，とプレイヤーは自問するのである。

複数の節からなる情報集合上の節に関するこれら条件つき確率は，**信念**と呼ばれる。信念は，ゲームのその時点までにおそらく起こったことについてのプレイヤーの判断を要約するものである。信念は，行動しようとしているプレイヤーが，複数の節から成る情報集合の中の各節それぞれに位置している可能性がどのくらいかを表現している。そして，この信念は，複数の節から成る情報集合を起点とする行動に対するプレイヤーの期待効用を計算するのに用いられる。すなわち，情報集合のそれぞれの節を起点とする行動の結果生じる効用を，プレイヤーがそれぞれの節にいる確率という重みを付けて計算をする。

特定の均衡では，どのような確率でも合理的な信念と考えてよいわけではない。信念は，プレイヤーがゲームについて知っている事柄や，プレイしている戦略についてプレイヤーが持っている共通の推測を反映しなければならない。信念は，現在の情報集合に至った行動の履歴について，行動しようとしているプレイヤーが持つ仮説を捉えるものである。プレイヤーの信念は，自分の行動以前に他のプレイヤーが行ったとプレイヤーが信じているものを再生する。

さらに，プレイヤーは利用可能な情報を最適利用すると仮定される。確率論の中のベイズの定理を用いて，プレイヤーが自らの信念を修正するために情報をどのように利用するかをモデル化する。不確実な状況にあるとき，アクターは，新たに手に入れた情報を用いて，世界の状態に関する自らの信念を更新していく。しかし，新たな情報が，世界の状態の判断に対して決定的なものであることはあまりない。とは言え，新たな情報は，異なる複数の状態それぞれの可能性についてのプレイヤーの判断を変化させる。ベイズの定理は，世界の状態についての信念を更新するために，新たな情報がどのように利用されるべきかを説明する。ベイズの定理は，新たな証拠が状態を識別する能力と以前の信念の強さとを比較し，信念の更新を行う。

ゲームの状態とは，ゲームで以前に行われたすべての手番である。もしどのような手番が以前に行われたかをプレイヤーが知っているならば，彼は，行動する際にどの節にいるかを確定できる。これに対して，どのような手番がとられたかを確定できない場合には，他のプレイヤーの均衡戦略を用いて，どの節に位置する可能性が高いかを判断することになる。プレイヤーは，観察できる事柄と，均衡における他のプレイヤーの行動の可能性とを組み合わせて信念を更新する。ベイズの定理は，この更新のためのフォーマルな道具立てである。このとき，合理的な信念はプレイヤーの戦略に依存する。均衡経路上では，信念は，ベイズの定理を用いて，偶然手番に関する周知の確率とプレイヤーの戦略から計算されなければならない。

完全ベイジアン均衡は，均衡において互いに支え合う信念と戦略から構成される。信念と他のプレイヤーの戦略を所与として，各プレイヤーの戦略はゲームのすべての節で最適であり，またすべての信念は均衡経路上で均衡戦略と整合的となる。

信念を加えることによって，ゲーム理論と意思決定理論のつながりはより強くなる。期待効用の計算は，ゲームの逐次的進行における決定をモデル化している。信念は，ゲームの分析においてきわめて自然な概念の追加である。信念と行動が均衡においてどのように関係するかを分析することができる。完全ベイジアン均衡では，行動が信念をどのように変化させ，さらに信念によって行動がどのように導かれるかをたどることができる。信念は，どのようにプレイヤーが不完備情報を扱い，また学習をゲームに組み込むかを議論するための直感的な手法を提供する。

本章では，道具立ての難易度は高くなる。ほとんどのゲーム理論と同様に，ここでの数学そのものは難解ではなく，一般的には代数学のみを必要とする。議論はきわめて単純で直感的である。しかし，数学については慎重な注意が要求される。本章のアイデアを数理的な議論にまで慎重に定式化するには，数学的な細部について周到な注意が必要となる。期待効用やベイズ更新の計算が均衡を見つける上で必要になる。これらの計算は難しくはないが，それに代わるものもない。さらに，戦略的論理も複雑になる。正確な戦略的計算を表現する方程式を見つけだすことが，それを解くことよりもしばしば難しい。このような場合，直感のみに頼るとしばしば間違いが生じるので，数理的な解が必要となる。定式化するという作業の訓練が必要なのは，われわれの直感を構造化しそれに形を与えるためである。これらのモデルをうまく処理するためには，プレイヤーが直面する誘因や，どの戦略がプレイヤーの目標をもっともよく実現しうるのかについて注意深く考察する必要がある。

本章は，ベイズの定理を復習することから始める。ベイズの定理は，完全ベイジアン均衡において信念を更新するのに不可欠である。その後，バイアスを持った情報に対する選好というベイズ意思決定理論の例を用いて，ベイズの定理に対する理解を深める。ベイズ意思決定理論は，期待効用の計算と信念のベイズ更新を結びつけ，どのように新たな情報が決定を変化させるかを示す。その後，Selten（1975）の有名な例を用いて，信念を導入する。その次に，完全ベイジアン均衡を定義する。核抑止の例を示し，本章を締めくくる。

## 6.1　ベイズの定理*

意思決定者は，自らが行う行動の帰結についてしばしば不確実である。こうした不確実性は，起こりうる状態に対する主観的確率によって表される。この確率は，異なる状態が起きる可能性についての意思決定者の信念の程度を表している。ある状態に対する主観的確率が高いほど，意思決定者は，その状態が世界の真の状態であると信じている可能性が高い。

この信念は，意思決定者が世界の状態についての新たな情報を得るにつれて変化していく。こうした情報によって，意思決定者は，真の世界の状態について確信することもある。もし $A$ が世界の状態であるときにだけ，事象 $E$ が起きる可能性がある場合には，$E$ が起きているのを観察すれば，$A$ が世界の状態であると結論づけるのに十分である。しかし，新たな情報によって，そうした強い結論が得られることはまれである。一般的には，ある特定の事象は，異なる確率で生じるいくつかの異なる状態のもとで発生しうる。アクターは，実現可能な各状態を所与として，観察された事象が発生する確率を用いて，世界の状態に関する主観的確率を更新する。新たな情報を考慮する以前の各状態に対する主観的確率は，**事前**（または**初期**）**信念**（または**確率**）と呼ばれる。更新では，事前信念と，各状態を所与として事象が起きる確率とがともに考慮される。更新された信念は，**事後信念**（もしくは**確率**）と呼ばれる。ある事象は，他の状態よりもある状態で起こりやすい。したがって，ある事象を観察する場合，それは，その事象がより起きやすい状態に対する信念を強める情報を提供していることになる。

信念は条件つき確率である。$A$ を状態とし，$B$ を事象とする。$A$ を所与とした $B$ の確率とは，$p(B|A)$ と記述され，$A$ が世界の状態であることを所与として，$B$ が起きる可能性を表す。ベイズの定理は，状態を所与として事象が起きる条件つき確率を用いて，事象を所与として状態が生じる条件つき確率を導き出す。たとえば，前文における後者の確率は，$B$ を所与とした $A$ の条件つき確率であり，$p(A|B)$ と記述される。

**定理（ベイズの定理）**：$(A_i)_{i=1}^n$ を世界の状態の集合とし，$B$ を事象とする。このとき，

$$p(A_i \mid B) = \frac{p(A_i)p(B \mid A_i)}{\sum_{i=1}^n p(A_i)p(B \mid A_i)}$$

＊　この節では条件つき確率を用いる。

が成り立つ。もし世界の状態が，$A$ と $A$ でない（$\sim A$ と略す）の 2 つしかない場合には，上の式は次式のようになる。

$$p(A \mid B)=\frac{p(A)p(B \mid A)}{p(A)p(B \mid A)+p(\sim A)p(B \mid \sim A)}$$

ベイズの定理は，ある状態が生じる事後確率を決定する。この定理は，まず事象とある状態がともに起きる確率を計算する。次に状態にかかわらず事象が起きる確率（すべての状態についての合計）を求める。最後に前者の確率を後者の確率で割る。異なる状態は，事象の発生についてそれぞれ異なる確率を持っているので，ある事象（上の公式の $B$）が起きると，世界の状態（上の公式の $A$）に対する信念は変化することになる。ある状態よりも別の状態においてより発生しやすい事象を観察することによって，世界の状態に関する学習が行われる。もしある事象の発生がすべての状態において同じならば，その事象を観察した後でも事前信念は変化しない。各状態を所与として発生確率の違いが大きい事象のほうが，その違いが小さい事象よりも，効率的に各状態を区別することになる。

ベイズの定理は，条件つき確率の定義から直接導かれる。$B$ を所与とした $A$ の確率 $p(A|B)$ は，$A$ かつ $B$ の確率を $B$ の確率で割ったもの，すなわち $p(A$ かつ $B)/p(B)$ である。$A$ を所与とした $B$ の条件つき確率の定義（すなわち $p(B|A)=p(A$ かつ $B)/p(A)$）から，$A$ かつ $B$ の確率は，$p(A)p(B|A)$ である。さらに，$B$ が起きる確率は，「$A$ かつ $B$」が起きる確率と「($A$ ではない) かつ $B$」が起きる確率の合計である。その確率はそれぞれ，$p(A)p(B|A)$ および $p(\sim A)p(B|\sim A)$ である。これらの確率を，$B$ を所与とした $A$ の条件つき確率に代入すれば，ベイズの定理が得られる。

**例題**：取り締まり検査官は，薬物検査によってバスケットボール界から薬物使用の選手全員を排除したいと考えている。1 回のテストでは，90 パーセントの確率で薬物使用を検出するが，10 パーセントの確率で偽陽性となる（すなわち，薬物不使用にもかかわらず選手が陽性と判定される）。もし全選手のうち，10 パーセントが薬物を使用している場合，ランダムな抽出で陽性となった選手が薬物を使用している確率はいくらか。

選手による薬物使用を $D$, 不使用を $\sim D$, 陽性の検査結果を＋とする。ここで知りたいのは，$p(D|+)$，すなわち選手が陽性判定を受けたことを所与とした薬物使用の確率である。

$$p(D\mid +)=\frac{p(D)p(+\mid D)}{p(D)p(+\mid D)+p(\sim D)p(+\mid \sim D)}=\frac{(0.1)(0.9)}{(0.1)(0.9)+(0.9)(0.1)}=0.5$$

陽性の選手が薬物を使用している確率は50パーセントである。

**例題**：ある都市では，30パーセントが保守派（$C$），50パーセントがリベラル派（$L$），20パーセントが無党派（$I$）である。記録によれば，直近の選挙では，保守派の65パーセント，リベラル派の82パーセント，無党派の50パーセントの人々が投票を行った。ランダムに市民を選択し，その人物が投票に行っていなかった場合，この人物がリベラル派である可能性はいくらか。

ここで知りたいのは，$p(L|\sim\nu)$ である。ただし，$L$ は有権者がリベラル，$\sim\nu$ は投票に行かなかったことを示す。

$$p(L\mid \sim\nu)=\frac{p(L)p(\sim\nu\mid L)}{p(C)p(\sim\nu\mid C)+p(L)p(\sim\nu\mid L)+p(I)p(\sim\nu\mid I)}$$
$$=\frac{(0.5)(0.18)}{(0.3)(0.35)+(0.5)(0.18)+(0.2)(0.5)}=\frac{18}{59}$$

**練習問題 6.1**：鞄には1,000枚のコインが入っている。その中の1枚は，不正なコインで3/4の確率で表が出る。コインを1枚ランダムに選択するとする。このとき，コインをはじいて以下のように表がでる場合，それが不正なコインである確率はいくらか。

a) 3回連続

b) 10回連続

c) 20回連続

ゲーム理論では，状態とは他のプレイヤーの戦略であり，事象とは観察された手番である。もしプレイヤーが相手の戦略を知っているならば，（混合戦略による確率化までも含めて）相手の将来の手番をすべて予測できる。プレイヤーの行動は，自らの戦略を他のプレイヤーに明かす可能性がある。混合戦略は，すべてというよりも部分的に戦略を明らかにする。他のプレイヤーは，観察した手番の情報を用いて，最初のプレイヤーの戦略を推測することができる。したがって，他のプレイヤーは，それに応じて自らの戦略を調整することができる。ベイズの定理は，ゲームにおけるこの更新をモデル化するために用いられるフォーマルな道具立てである。プレイヤーは，他のプレイヤーの純粋戦略について初期の確率分布を持っている。その確率分布は，他のプレイヤーの将来の行動に関する自らの信念を反映したものである。戦略は，各節における各行動の確率を示す（純戦略の場合には，各行動に対して 0 と 1 の確率が与えられる）。他のプレイヤーの手番を観察した後で，プレイヤーは，自らの事前信念・戦略集合・ベイズの定理を用いて，手番をとるプレイヤーの各戦略について新たな確率を計算する。

## 6.2 バイアスのある情報に対する選好

ベイズ意思決定理論は，情報が決定に及ぼす影響を分析する方法を提供する。新たな情報の存在は，その情報がない場合と比べて，意思決定者の選択を変化させるであろうか。ベイズの定理を用いれば，意思決定者の主観的確率分布の更新が可能となり，決定が変化するかどうかを調べることができる。本節では，異なる複数の情報源の中での選択という関連した問題を検討する。複数の情報源の中での選択において，どの情報源が，決定にもっとも影響する可能性があるだろうか。もし参照する情報にコストが存在する場合，どの情報源を用いるべきであろうか。最良の情報源とは，新しい情報がない場合に選択される決定から，その決定をシフトさせる可能性がもっとも高いものである。次のモデルは，Calvert（1985）を単純化したモデルである。

どちらの行動が望ましいかに関して不確実性が存在する場合に，$A_1$ と $A_2$ という 2 つの行動方針の間で選択をする意思決定者のとるべき姿勢について考えよう。各行動方針の実際の望ましさは，それぞれ $x_1$ と $x_2$ で示され 0 か 1 である。意思決定者の利得は選択した行動の望ましさである。すなわち，$A_1$ を選択すれば $x_1$，$A_2$ を選択すれば $x_2$ である。$x_1$ と $x_2$ の実際の値は意思決定者にはわからない。そのかわりに，実際の望ましさに基づいて各行動方針の選択について勧告を行うアドバイザーに助言を求めることができる。

助言を受ける前には，意思決定者は，$x_1$ のほうが良いと信じているとする。これを意思決定者の事前信念とする。言い換えると，$A_1$ は $A_2$ よりも望ましい結果をもたらす可能性が高いと意思決定者は信じている。このバイアスは，$A_1$ は $A_2$ よりも有益であるという意思決定者の既存の信念である，と解釈するのがもっとも適切である。このバイアスは，$A_1$ は $A_2$ よりも一般的によい選択であるという了解としてもよい。かつて行われた両選択に関する広範な経験があれば，そうした了解が生み出される可能性がある。いずれにせよ，このバイアスは，意思決定者の無知による偏見と考えるべきではない。意思決定者の初期の信念を次のようにする。

$$p(x_1=1)=\frac{2}{3} \qquad p(x_1=0)=\frac{1}{3}$$

$$p(x_2=1)=\frac{1}{3} \qquad p(x_2=0)=\frac{2}{3}$$

アドバイザーは，各選択肢の真の望ましさを観察した後，各選択肢について，「良い」(good) あるいは「悪い」(bad) の勧告を行うことができる。またアドバイザーは，戦略的アクターではないとする。アドバイザーは，行動の望ましさと，$A_1$ を好むとともに $A_2$ を嫌うというアドバイザーが持つ生来のバイアス $\alpha$ とに基づいて勧告を行う。さらにアドバイザーは勧告において間違いもする。アドバイザーは，$x_i=1(i=1, 2)$ のときに「悪い」と言ったり，$x_i=0$ のときに「良い」と言ったりする。定式化すれば，勧告に関して次のような確率を考える。

$$p(A_1\text{good} \mid x_1=1)=\left(\frac{2}{3}\right)^{\frac{1}{\alpha}} \qquad p(A_1\text{good} \mid x_1=0)=\left(\frac{1}{3}\right)^{\frac{1}{\alpha}}$$

$$p(A_2\text{good} \mid x_2=1)=\left(\frac{2}{3}\right)^{\alpha} \qquad p(A_2\text{good} \mid x_2=0)=\left(\frac{1}{3}\right)^{\alpha}$$

「悪い」と言う勧告を行う確率は，1−(良いと言う勧告の確率) である。

パラメータ $\alpha$ は，$A_1$ を好み，$A_2$ を嫌うというアドバイザーのバイアスを与える。$\alpha=1$ の場合，アドバイザーは中立な勧告を行う。$x_i=1$ のとき，バイアスのないアドバイザーが「良い」と勧告する確率は 2/3 であり，「悪い」と勧告する確率は 1/3 である。$\alpha>1$ が増加するにつれて，アドバイザーは，$x_1$ の真の値にかかわらず，$A_1$ が「良い」と言う可能性が高まり，また $A_2$ が「良い」と言う可能性が低くなる。しかし，バイアスを持ったアドバイザーも，両選択に関して $x_i=0$ のときよりも $x_i=1$ のときに，$A_i$ が「良い」と言う可能性が高いという意味で誠実である。

ここで知りたいのは，異なるアドバイザーから助言を受けた後，意思決定者はどのような行動を選択するかということである。助言を得るのにコストがかかる場合には，意思決定者は，その助言が決定の変更を確信させるときにのみ，助言から利益を得る。バイアスのないアドバイザーと $A_1$ にバイアスのあるアドバイザーという 2 人のアドバイザーからの助言を比較しよう。それぞれの助言に対して，意思決定者が更新した後の各行動の効果の分布を計算しよう。意思決定者は，より良い結果を期待できる行動を選択する。

まず，バイアスのないアドバイザーから考えよう。バイアスのないアドバイザーが，$A_1$ が「良い」と勧告する場合に，$x_1$ に対する意思決定者の事後確率を計算する。次のようにベイズの定理を使って，これらの事後確率を計算する。

$$
\begin{aligned}
&p(x_1=1 \mid A_1\text{good}) \\
&\quad=\frac{p(x_1=1)p(A_1\text{good} \mid x_1=1)}{p(x_1=1)p(A_1\text{good} \mid x_1=1)+p(x_1=0)p(A_1\text{good} \mid x_1=0)} \\
&\quad=\frac{\left(\frac{2}{3}\right)\left(\frac{2}{3}\right)}{\left(\frac{2}{3}\right)\left(\frac{2}{3}\right)+\left(\frac{1}{3}\right)\left(\frac{1}{3}\right)}=\frac{4}{5}
\end{aligned}
$$

バイアスのないアドバイザーが $A_1$ を「良い」と勧告することを所与として，$x_1=0$ の確率は 1−(上の確率)=1/5 である。

事後確率分布を用いて，「良い」勧告を受けた後に $A_1$ を選択する場合の意思決定者の期待値を求めよう。「実現しうる各結果の値」×「バイアスのないアドバイザーの勧告『$A_1$ が良い』を受け取った後に，各結果が発生する確率」を合計すると，

$$
\begin{aligned}
E(A_1 \mid A_1\text{good})&=p(x_1=1 \mid A_1\text{good})x_1+p(x_1=0 \mid A_1\text{good})x_1 \\
&=\left(\frac{4}{5}\right)(1)+\left(\frac{1}{5}\right)(0)=\frac{4}{5}
\end{aligned}
$$

同様にして，アドバイザーの各タイプの勧告を受けた後の意思決定者の期待値を行動ごとに求める。各勧告を受けた後の事後分布を計算し，この確率を使って期待値を計算しよう。これら 3 つの期待値は次のようになる。

$$E(A_1 \mid A_1\text{bad})=\frac{1}{2} \qquad E(A_2 \mid A_2\text{good})=\frac{1}{2} \qquad E(A_2 \mid A_2\text{bad})=\frac{1}{5}$$

**練習問題 6.2**：上の3つの期待値が正しいことを確かめよ。

意思決定者は行動方針を1つだけ選択できるので，$A_1$ がつねに選択される。たとえ中立のアドバイザーが $A_1$ は「悪い」，$A_2$ は「良い」と助言する場合であっても，$A_1$ を選択した場合の期待効用は，少なくとも $A_2$ を選択する場合の期待効用と同じである。もし助言にコストがかかるならば，意思決定者は中立なアドバイザーには相談すべきではない。中立なアドバイザーの助言では，意思決定者は事前信念に基づく行動を変更することはない。変化をもたらさない助言にコストを払う必要はない。

それでは，バイアスのあるアドバイザーの場合はどうだろうか。$\alpha=2$ としよう。同じように，バイアスのあるアドバイザーから各タイプの助言を受けた後の各行動方針に関して，意思決定者の期待値を計算しよう。$A_1$ への「良い」勧告に対して，$A_1$ の効果に関する決定者の信念は，次のように計算できる。

$$\begin{aligned} &p(x_1=1 \mid A_1\text{good}) \\ &\quad=\frac{p(x_1=1)p(A_1\text{good} \mid x_1=1)}{p(x_1=1)p(A_1\text{good} \mid x_1=1)+p(x_1=0)p(A_1\text{good} \mid x_1=0)} \\ &\quad=\frac{\left(\frac{2}{3}\right)\left(\frac{2}{3}\right)^{\frac{1}{2}}}{\left(\frac{2}{3}\right)\left(\frac{2}{3}\right)^{\frac{1}{2}}+\left(\frac{1}{3}\right)\left(\frac{1}{3}\right)^{\frac{1}{2}}}=\frac{2\sqrt{2}}{2\sqrt{2}+1}\approx 0.74 \end{aligned}$$

この確率を用いて，「良い」勧告を受けた後の $A_1$ の選択に対する期待効用を計算すると，

$$\begin{aligned} E(A_1 \mid A_1\text{good}) &= p(x_1=1 \mid A_1\text{good})x_1+p(x_1=0 \mid A_1\text{good})x_1 \\ &=\left(\frac{2\sqrt{2}}{2\sqrt{2}+1}\right)(1)+\left(\frac{1}{2\sqrt{2}+1}\right)(0)=\frac{2\sqrt{2}}{2\sqrt{2}+1}\approx 0.74 \end{aligned}$$

$A_2$ への「良い」勧告でも，計算は同様であり，

$$p(x_2=1 \mid A_2\text{good})$$
$$=\frac{p(x_2=1)p(A_2\text{good} \mid x_2=1)}{p(x_2=1)p(A_2\text{good} \mid x_2=1)+p(x_2=0)p(A_2\text{good} \mid x_2=0)}$$
$$=\frac{\left(\frac{1}{3}\right)\left(\frac{2}{3}\right)^2}{\left(\frac{1}{3}\right)\left(\frac{2}{3}\right)^2+\left(\frac{2}{3}\right)\left(\frac{1}{3}\right)^2}=\frac{2}{3}$$

したがって,

$$E(A_2 \mid A_2\text{good})=p(x_2=1 \mid A_2\text{good})x_2+p(x_2=0 \mid A_2\text{good})x_2$$
$$=\left(\frac{2}{3}\right)(1)+\left(\frac{1}{3}\right)(0)=\frac{2}{3}$$

となる。残りの2つの場合を計算すると，次の結果が得られる。

$$E(A_1 \mid A_1\text{bad})=\frac{2(\sqrt{3}-\sqrt{2})}{3\sqrt{3}-2\sqrt{2}-1}\approx 0.46$$
$$E(A_2 \mid A_2\text{bad})=\frac{5}{21}$$

**練習問題 6.3**：この2つの期待値が正しいことを確かめよ。

バイアスのあるアドバイザーの場合，重要な助言を行うことができる。$A_1$ が「悪い」，$A_2$ が「良い」と助言される場合，意思決定者は $A_2$ を選択する。バイアスのある助言は，（値段によるが）支払うに値するかもしれない。このような結果，すなわち最良のアドバイザーとは自分と同じバイアスのある人物かもしれないという結果は，不思議に思える。これを実践的なアドバイスにすると，自分と同じバイアスを持つが，何らかの誠実さのある人物を自分の回りに置けということになる。この結果の背後にある直観とは，人々は，情報源にバイアスがあることを知っている場合には，異なる情報源を割り引いて考えるということである。ここでのバイアスのある情報源は，$A_1$ が「悪い」や $A_2$ が「良い」と言う可能性が低いので，この情報源は中立な情報源よりも有益となる。バイアスのある情報源がこのような勧告を行うときには，2つの選択の値について意思決定者の信念は大きく変化する。こうした勧告が行われると，$A_1$ を選好している意思決定者の初期のバイアスを圧倒して，$A_2$ を選択させるのに十分となる。バイアスのあるアドバイザーはめったにそうした勧告を行わないので，そうした勧告が行われると，意思決定者の目にはそれは重要なものと映る。中立な情報源から送られるシグナルは多すぎる。ある意味で，$A_2$ を支持し $A_1$ に反対する中立な勧告が行われても，そうしたシグナルはありふれたものなので割り引かれてしまう。中立の情報源からのこれらの勧告は，頻繁すぎるために，$A_2$ と比較して $A_1$ が悪い選択であると意思決定者に確信させることに失敗する。そうしたシグナルが伝える情報量は，意思決定者が持っている $A_1$ へのバイアスを克服するには十分ではないのである。

このような結果は，常識に反するためにとくに興味深い。心理学の研究によれば，人々は，しばしば自らとバイアスを共有している情報源を当てにする(「ボルスタリング」と言われる行動)。「合理的な」主体は中立的な情報源を求めるはずなので，ボルスタリングは，人々が非合理的である証拠と論じられてきた。しかし，このモデルが示すところは，情報源の合理的な選択というのは，それほど単純ではないということである。バイアスのある情報源というのは，そのバイアスに反する助言が行われた場合，行動を変化させるための明確なシグナルとなるので，しばしば最良の情報源となりうる。ベトナム戦争中，フルブライト上院議員が戦争に反対したことは，ジョンソン大統領にとって何の驚きでもなかった。その結果，フルブライトの戦争反対は，ジョンソンにはほとんど影響を与えなかった。しかし，1967年にロバート・マクナマラが戦争反対の態度を示したとき，当初，戦争を支持した「タカ派」の立場の変更は，ジョンソンの戦争評価に強い影響を与えた。もちろん，この観察が成り立つためには，バイアスのある情報源が何らかの誠実さを持たなければならない。選択肢に関してつねに楽観的な評価を提供する取り巻き連中の場合には，何の役にも立たない。

ここで見たバイアスのある情報に対する選好というのが，どれほど一般的であるかは明確ではない。ここでの結果はモデルの仮定に依存している。モデルのいくつかの詳細を変更すれば，バイアスのない情報源のほうが望ましくなる。しかし，ここで得られた直感は一般的のように思われる。意思決定者がもともと持っている判断とは反対のバイアスを持つ情報源を考えよう。情報源が自らの傾向とは反対であることを知っているとき，その情報源は自分のバイアスに反する勧告を行うだろうと予想する。バイアスがあるので，そうした情報源の勧告については，合理的にみれば割り引いて考えるはずである。そうした情報源がいつもと異なる勧告を行うならば，意思決定者自身が持っているバイアスへの自信をまさに強めることになる。人々が自らのバイアスを共有する情報源を選択するとき，人々は，きわめて合理的でありうる。こうした情報源だけが，選択における立場の変更を確信させる証拠を作り出すことができる。

## 6.3 完全ベイジアン均衡

部分ゲーム完全性は，プレイヤーがすべての部分ゲームで合理的であることを要求する。しかし，すべての手番から真部分ゲームが始まるわけではなく，部分ゲーム完全性では，このような手番における行動の合理性を判断できない。たとえば，複数の節を持った情報集合においては，真部分ゲームを始めることはできない。プレイヤーは，そうした情報集合で信憑性のない脅しを行い，そのような脅しを使ってそれ以前の節における他のプレイヤーの行動を抑止することができるだろう。このような情報集合における手番が合理的であるかどうかは，どのように判断できるだろうか。

完全ベイジアン均衡は，信念という概念を導入することによってこの問題を解決する。プレイヤーが1つの節からなる情報集合に到達するとき，彼はゲームのそれまでの全履歴を知っている。プレイヤーは，他のプレイヤーの戦略を使って彼らの手番を予測する。それによって実現可能性のあるおのおのの手番の結果を予測し，自分はどの行動をとるのが最適かを決定する。プレイヤーは，手番の選択に際して，自らとることができる行動についての期待効用を計算する。これに対して，プレイヤーが複数の節を持った情報集合に到達するときには，プレイヤーにとっての最適な行動は到達した節によってしばしば異なる。ある行動がある節では最適かもしれないが，別の節ではそうでないかもしれない。プレイヤーがどの節に到達したかはわからないので，そうした情報集合でどの行動が最適かはわからない。

信念は，情報集合の中にある複数の節への重み付けをすることによってこの問題を解決し，プレイヤーの期待効用の計算を行う。プレイヤーの信念は，情報集合の中の各節に対する確率分布で表される。ある情報集合が与えられ，その情報集合に到達した場合に，プレイヤーが各節にいる確率を信念は示す。各手番に対するプレイヤーの期待効用は，これらの確率を用いて計算される。情報集合内の各節での行動の期待効用は，プレイヤーが各節にいると考える信念によって重み付けされ，その後合計される。プレイヤーは，自らの期待効用を最大化する行動を選択する。

図 6.1　ゼルテンのゲーム

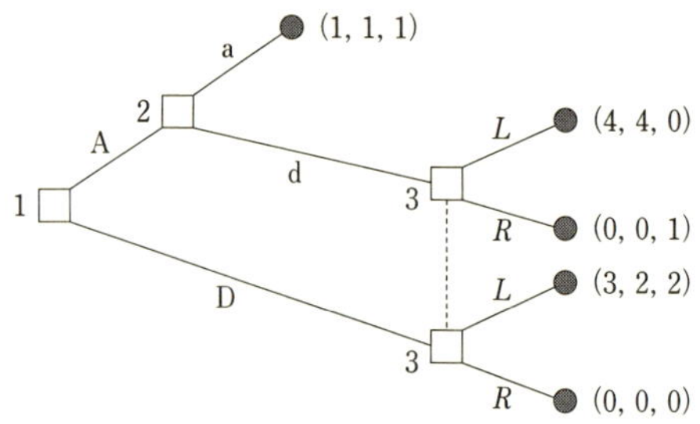


情報集合に関する信念は，ゲームの現状についてのプレイヤーの仮説を示している。信念は，可能な箇所では均衡戦略と整合的でなければならない。均衡経路上においては，信念は，各節が均衡において到達される確率となる。均衡経路外においては，信念は，均衡からどのような離脱によってその節に至ったかについての仮説を示している。また信念には，以前に行われているがなお明らかでない偶然手番の結果や，以前に行われているがいまだにわかっていない他のプレイヤーによる戦略選択の結果についての判断が反映されている。プレイヤーは，どのような形の均衡であっても，互いの戦略を使って自らの手番の帰結を予測する。他のプレイヤーの戦略についての各プレイヤーの判断は，自らの信念と手番に表される。こうして，完全ベイジアン均衡においては，戦略と信念の共生関係が作り出される。すなわち，均衡においては，信念を所与として戦略は最適となっている。また信念は，その戦略と整合的である。

この均衡概念を定式化する前に，複数の節からなる情報集合を持つゲームにおいて，信念が，どのように手番の合理性を扱うことができるかに関する例を示す。

**例題**：Selten（1975）から引用した図 6.1 のゲームを考えよう。このゲームのナッシュ均衡のひとつは，(D; a; $L$) である。各プレイヤーの手番は，均衡経路上では最適応答となっている。プレイヤー 2 が a をとり，プレイヤー 3 が $L$ をとる場合，プレイヤー 1 は A よりも D を好む。つまり，D であれば，プレイヤー 1 の利得は 3 であるが，A であれば 1 となる。また，プレイヤー 1 が D をとる場合，プレイヤー 2 の手番は，均衡経路外となる。ナッシュ均衡においては，均衡経路外の手番はすべて最適応答である。さらに，プレイヤー 1 が D をとるとき，プレイヤー 3 の手番はこのプレイヤーにとって最適となっている。このとき，プレイヤー 3 は，選択を行わなければならず，下の節にいる。プレイヤー 3 の利得は，$L$ をとれば 2 となるが，$R$ をとれば 0 となる。

このナッシュ均衡におけるプレイヤー 2 の位置を考えよう。もしプレイヤー 2 が手番をとる必要があるとすれば，プレイヤー 1 は A をとったはずである。プレイヤー 2 の手番は，プレイヤー 3 の手番に対するプレイヤー 2 の期待のみに基づくはずである。もしプレイヤー 3 が 1/4 よりも高い確率で $L$ をとる場合には，プレイヤー 2 は，a ではなく d をとるべきである。しかし，(D; d; $L$) はナッシュ均衡ではなく，プレイヤー 1 は D から A へと戦略を変えたいと考える。その結果，プレイヤー 3 は $L$ から $R$ へと変えるというように続いていく。しかし，プレイヤー 2 は (D; a; $L$) では行動することはない。それゆえ，a のプレイは，ナッシュ均衡としては合理的である。プレイヤー 2 の手番から始まるゲームの断片は部分ゲームではない——プレイヤー 3 の情報集合を分割している——ので，部分ゲーム完全性はこの均衡を排除しない。

このゲームの別のナッシュ均衡は，$\{A; a; [pL, (1-p)R]\}, p<1/4$ である。この均衡では，プレイヤー 3 は，$R$ をプレイすることによってプレイヤー 1 と 2 を威嚇し，これらのプレイヤーに A と a をとらせる。これらの戦略はナッシュ均衡を形成している。もしプレイヤー 2 が a，プレイヤー 3 が $p<1/4$ の確率で $L$ をとる場合には，プレイヤー 1 は D よりも A を好む。プレイヤー 1 は，A によって利得 1 を得るのに対して，D をとれば $3p$ の利得を得る。もしプレイヤー 1 が A，プレイヤー 3 が $p<1/4$ の確率で $L$ をとる場合には，a がプレイヤー 2 の最適応答となる。プレイヤー 2 の手番は，この場合，均衡経路上にある。プレイヤー 2 の利得は，a を選択すれば 1 となるが，d を選択すれば $4p$ となり，これは 1 よりも小さい。プレイヤー 3 の手番は均衡経路外である。すなわち，プレイヤー 1 と 2 が A と a をプレイするとき，プレイヤー 3 は手番をとらない。したがって，プレイヤー 3 の任意の手番は，ナッシュ均衡の一部となることができる。

このゲームでは，プレイヤー 1 と 2 は共同して，プレイヤー 3 に彼らの手番についての知識がないことにつけこむことができる。プレイヤー 1 と 2 が，(3, 2, 2) を得るとプレイヤー 3 を信頼させて $L$ をとらせることができるとしよう。このとき，プレイヤー 1 と 2 は，彼らの手番をプレイヤー 3 が確かめることができないことを利用して，Aとdをプレイし，(4, 4, 0) に導くことができる。それゆえ，プレイヤー3は$R$をプレイすることによって安全に行動しなければならず，このことがプレイヤー1と2を誠実にさせることになる。ここでは，プレイヤー3の情報の不足のために，3人のプレイヤーすべてが損害を受ける。もしプレイヤー1と2が以前にとった手番をプレイヤー3が確認できるように，プレイヤー3の情報集合を分割するならば，このゲームには，この2番目のナッシュ均衡よりもパレート優位な解が存在する。

**練習問題6.4**：図6.1のゲームにおいてプレイヤー3の情報集合を分割する場合，(D; a; $R$, $L$) が部分ゲーム完全均衡であることを確かめよ（注：上の戦略では，プレイヤー3の両節に対する手番を示している。$R$は上の節，$L$は下の節)。

均衡 (D; a; $L$) では，プレイヤー2がaをとるという信憑性のないコミットメントをプレイヤー3に対して行うことによって，この情報問題を解決している。しかし，プレイヤー1と2は，このコミットメントを反故にする誘因を持っている。プレイヤー3は，彼らがコミットメントを履行したか否かを確かめることができない。なぜプレイヤー2のコミットメントをプレイヤー3は信じるだろうか。この直感を検討するために，信念という概念を導入しよう。これによって，プレイヤー1と2の手番に関するプレイヤー3の信念が，いかにしてプレイヤー3の行動を動機づけるかを予想することができる。

**定義**：あるゲームの**信念**の集合$\mu$とは，ゲーム内の各情報集合に対して，それぞれ1つの分布が割り当てられる確率分布の集合である。

信念によって，ゲーム内の各選択肢に対する期待効用を計算することができる。節に対する信念は条件つき確率で表され，ゲームのプレイ中にその節が含まれる情報集合に到達した場合に，情報集合内の複数の節のうちその節に到達している確率を示す。部分ゲーム完全性では，真部分ゲーム内の手番の合理性は検証できるが，真部分ゲームに分割できない情報集合の場合には無力である。信念の集合は，それぞれの情報集合内の特定の節にプレイヤーがいる確率を表す。節が1つの情報集合の信念は，確率の法則から1でなければならない。複数の節からなる情報集合の場合には，当該情報集合のすべての節の確率の合計が 1 でなければならない。プレイヤーの期待効用は，情報集合のすべての節における各行動の期待効用を，各節にいるとプレイヤーが考える信念で重み付けすることによって計算される。プレイヤーは，信念を使って，すべての情報集合において期待効用を最大化する。

**例題**：図 6.1 のゲームに戻り，ナッシュ均衡（D; a; $L$）の合理性を検討しよう。プレイヤー 3 が上の節にいると考えている信念を 2/3，下の節にいると考えている信念を 1/3 と仮定する。プレイヤー 1 と 2 には単一の節から成る情報集合しかないので，これらプレイヤーの信念はともに 1 である。上記の信念を所与として，プレイヤー 3 について，各手番の期待効用を計算しよう。

$$u(\text{Play } L)=\left(\frac{2}{3}\right)(0)+\left(\frac{1}{3}\right)(2)=\frac{2}{3}$$
$$u(\text{Play } R)=\left(\frac{2}{3}\right)(1)+\left(\frac{1}{3}\right)(0)=\frac{2}{3}$$

これらの信念を所与とすると，プレイヤー 3 は，$L$，$R$，2 つの行動の任意の混合戦略の間で無差別である。ここでは，純戦略 $L$ を選択しよう。情報集合に到達した場合，プレイヤー 3 が下の節にいると考える信念が 1/3 よりも大きいときにはつねに，プレイヤー 3 は $R$ よりも $L$ を好む。したがって，プレイヤー 3 が $R$ よりも $L$ を好む信念の範囲は広い。

信念を用いる利点のひとつは，真部分ゲームに包含されない手番も含めて，候補となっている均衡における任意の手番の合理性を確認できることである。これまでプレイヤー 2 の a という行動は問題を抱えていたが，信念を用いることによってその行動が合理的かどうかを確認できる。その方法は後向き帰納法と似ている。プレイヤー 2 にとって実行可能な行動がもたらす帰結をたどり，各行動の期待効用を計算してみよう。まずプレイヤー 2 が a を選択する場合，利得 1 を得る。これに対して，d を選択する場合，プレイヤー 3 は $L$ を選択し，プレイヤー 2 は利得 4 を得る。明らかに，プレイヤー 2 は，a よりも d を好む。このように，信念によって後向き帰納法がすべての情報集合において可能になると，a は合理的な行動ではなくなる。

さて，プレイヤー 1 が A と D をプレイする場合の効用は，それぞれ 1 と 3 である（ここで候補となっている均衡ではプレイヤー 2 は a をとることを思い出してほしい)。したがって，この均衡候補における他のプレイヤーの手番を所与とすると，プレイヤー1の手番は合理的である。プレイヤー1の情報集合は単一の節から成るので，プレイヤー2と同様に，プレイヤー1の信念は期待効用の計算には無関係である。しかし，信念によってすべての情報集合から後向き帰納法を行うことが可能になると，プレイヤー2はaよりもdを好む。プレイヤー3は，信念を加えてもその合理性に変化がなかった。そのかわりに，この追加によってプレイヤー2の手番が合理的ではないことが明らかになった。このように，信念は，期待効用の計算を使ってすべての手番の評価を可能にする。ここで，信念を伴った「合理性」を定義する。

**定義**：信念と戦略の組が**逐次合理的**であるとは，各情報集合から行動しようとしているプレイヤーの戦略が，自分の信念とすべてのプレイヤーの戦略を所与として，ゲームの残りに対する期待効用を最大化する場合である。

**練習問題 6.5**：図 6.1 のゲームにおいて，プレイヤー3が自らの情報集合に到達したとき，上の節にいる確率を少なくとも 2/3 とする任意の信念の集合に対して，(A; a; *R*) が逐次合理的であることを確かめよ。

信念の背後にある考え方を直感的に示すことができる。以前の手番について確信が持てない（すなわち，複数の節がある情報集合にいる）プレイヤーは，これらの以前の手番について仮説を形成する。ここで仮説という言い方をするのは，情報集合に対する信念には，偶然手番も含めて，プレイヤーたちが以前に行ったが観察されていない手番に関する推測が含まれているからである。こうした地点でのプレイヤー3の信念は，他の2プレイヤーが行ったことに関する推測に依拠している。これら仮説では，情報集合においてある特定の節が到達されることもある。この場合，信念は，情報集合の中の1つの節に確率1を置かなければならない。また，いくつかの節の中の1つが到達されたと仮定することもあるだろう。信念は，現在の情報集合以前にゲームで起きたとプレイヤーが考えることを要約している。

ある所与の均衡では，どのような信念が理にかなったものであろうか。信念は，可能な限りにおいて，ゲームの中の偶然手番や他のプレイヤーの均衡における手番に基づかなければならない。ベイズの定理が確率を更新するメカニズムを提供しており，信念は，各情報集合における節を横断する条件つき確率の集合である。信念を決定するためにプレイヤーが用いる仮説は，他のプレイヤーの均衡行動に関する期待に基づかなければならない。ナッシュ均衡の場合と同様に，プレイヤーは，互いに均衡戦略をとっているという推測を共有していると仮定される。プレイヤー（とわれわれ）は，その均衡戦略によって各節が到達される確率を計算する。信念は少なくとも，均衡経路上では，これら条件つき確率に等しくなければならない。そうでないと，プレイヤーの信念は，互いの行動に関する期待から逸脱することになる。

**例題**：再び，図 6.1 のゲームに戻ろう。均衡（D; a; $L$）は，プレイヤー 3 に対して，どのような信念を作り出すだろうか。この均衡で，プレイヤー 3 の情報集合が到達されたことを所与として，上の節にいる可能性を計算しよう。プレイヤー 3 の上の節は，プレイヤー 1 が A をとり，プレイヤー 2 が d をとった場合に実現する。その下の節は，プレイヤー 1 が D をとった場合に実現する。「プレイヤー 3 が上の節に到達した状態」を 3′s un,「プレイヤー 3 が情報集合に到達した状態」を 3′s inf で記す。ベイズの定理を使って，情報集合に到達した場合に，プレイヤー 3 が上の節にいる確率を求めると，次のようになる。

$$p(3'\mathrm{s\,un} \mid 3'\mathrm{s\,inf}) = \frac{p(\mathrm{A,\ d})p(3'\mathrm{s\,inf} \mid \mathrm{A,\ d})}{p(\mathrm{A,\ d})p(3'\mathrm{s\,inf} \mid \mathrm{A,\ d}) + p(\mathrm{D})p(3'\mathrm{s\,inf} \mid \mathrm{D})}$$
$$= \frac{(0)(1)}{(0)(1)+(1)(1)} = 0$$

プレイヤー 3 は，情報集合に到達した場合，上の節にいると信じるべきではなく，下の節にいると信じなければならない。プレイヤー 1 が D をとり，プレイヤー 2 が a にコミットするとき，プレイヤー 3 の情報集合に到達できる唯一の道は，プレイヤー 3 の下の節である。

均衡経路上では信念を計算することができる。しかし均衡では，確率 0 である情報集合においてプレイヤーが決定しなければならないとき，そのような計算を行うことはできない。そのかわりに，起きたことを説明するためのもっともらしい仮説をプレイヤーは形成することができる。均衡では起きるはずのないことが起きた。プレイヤーは，この逸脱を説明する何らかの仮説を必要とする。この仮説を用いて，各プレイヤーは期待効用を最大化し，プレイを続ける。

ここで，こうした仮説に関する最小限の制約を置く。

**定義：完全ベイジアン均衡**とは，信念と戦略の組み合わせである。戦略は，信念を所与として逐次合理的であり，また信念は，可能な限りベイズの定理を用いて均衡戦略から計算される。

「可能な限り」とすることで，均衡経路外の信念についてはわざとあいまいにしている。完全ベイジアン均衡における均衡経路外の信念にどのような制約が置かれるかに関して，技術的な定義を述べるかわりに，ここではいくつかの問題を論じておく。第1に，プレイヤーは，均衡経路外の手番の後も信念を更新するために，均衡戦略を使い続ける。逸脱があっても，プレイヤーが均衡行動に関する共通の推測を放棄することはない。そのかわりに，一度逸脱があったとしても，他のプレイヤーが均衡経路外で「非合理的な」プレイをする可能性を高めることはないと仮定する。第2に，3人以上のゲームにおいては，1人のプレイヤーが均衡戦略から逸脱する場合，残りのプレイヤーは，その逸脱について同じ推測を用いる。プレイヤーは，逸脱前に同じ信念を持っているならば，逸脱後も同じ信念を持たなければならない。第3に，プレイヤーは，「知らないことを伝えることはできない」。プレイヤー1の逸脱があっても，それによってプレイヤー2は，プレイヤー1の逸脱前にプレイヤー3が行った行動について信念を変えることはない。

ナッシュ均衡や部分ゲーム完全均衡と同様に，完全ベイジアン均衡は，混合戦略ではつねに存在する。

**定理**：すべての有限$n$人ゲームは，混合戦略において少なくとも1つの完全ベイジアン均衡を持つ。

有限ゲームはつねに完全均衡を持ち，また任意の完全均衡は完全ベイジアンでもあるので，この定理は正しい。

完全ベイジアン均衡を見つける簡単な方法はない。最良の方法は，どのようにゲームがプレイされるべきかを考え，起こりうる均衡を定式化し，そして信念を所与として戦略が最適かどうか，さらに信念が均衡経路上の戦略から生じるかをチェックすることである。後向き帰納法は，どの戦略が均衡となりうるのか，またどの信念がその戦略を支えるのに必要なのかを検討する際にきわめ

図 6.2　完全ベイジアン均衡の例

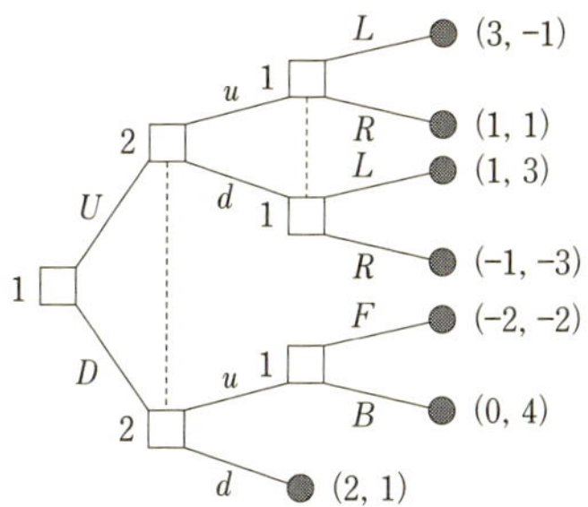


て有用である。あるいは，ナッシュ均衡を求めて，どのような信念が均衡経路上で生じるかを確定し，その信念を所与として戦略が逐次合理的かどうかをみるという方法もある。

**例題**：図 6.2 のゲームの完全ベイジアン均衡を求めよ。このゲームにおける信念と戦略の組を次のように特定せよ（最初の節におけるプレイヤー 1 の手番，プレイヤー 1 の上の枝の情報集合における手番，下の枝におけるプレイヤー 1 の手番，プレイヤー 2 の手番，プレイヤー 1 が上の枝の情報集合に到達した場合に上の節にいると考える信念，プレイヤー 2 が自らの情報集合に到達した場合に上の節にいると考える信念）。単一の節からなる情報集合については，信念を示す必要はない。本書では，信念の前に，完全ベイジアン均衡における戦略を記述する。戦略は，ナッシュ均衡の場合と同じ表記を使って示す。すなわち，プレイヤー 1 の全戦略の後に，他のプレイヤーの戦略が順に続く。プレイヤーの信念はコロンの後に列挙し，各プレイヤーの信念はセミコロンで区別する。1 人のプレイヤーの戦略内の各手番や，1 人のプレイヤーの信念の集合内の各信念は，コンマで区別する。

下の枝の分析から始めよう。これは部分ゲーム完全性の典型例である。すなわち，プレイヤー 1 は，$F$ という威嚇を使ってプレイヤー 2 に $d$ をとらせたいが，その威嚇には信憑性がない。均衡では，プレイヤー 1 は $B$ をとらなければならず，それゆえ，プレイヤー 2 は $u$ をとりたいと考える。

上の枝では，$L$ がプレイヤー 1 にとって支配戦略となっている。すなわち，この情報集合における信念にかかわらず，プレイヤー 1 は $L$ をとる。

これを見るために，プレイヤー1がこの情報集合の上の節にいる信念を$p$としよう。2つの行動の期待効用を計算すると，次のようになる。

$$u(\text{Play } L)=p(3)+(1-p)(1)=1+2p$$
$$u(\text{Play } R)=p(1)+(1-p)(-1)=-1+2p$$

$L$をとることは，任意の$p$の値においてより望ましい。プレイヤー1が$L$をとることを予想して，プレイヤー2は，自分の情報集合の上の節にいる場合には，$d$をとることを好む。

ここで，ゲームに工夫をしよう。プレイヤー2は，意思決定をしなければならないときに，どちらの節にいるかを知らない。プレイヤー2は，上の節では$d$を選択したいと思い，下の節では$u$を選択したいと思う。ここで混合戦略をとることを認め，プレイヤー2が$u$と$d$に関して無差別となる信念を求める。プレイヤー2が上の節にいると考える信念を$q$としよう。プレイヤー2が$u$と$d$に関して無差別である場合には，次のようになる。

$$u(\text{Play } u)=u(\text{Play } d)$$
$$q(-1)+(1-q)(4)=q(3)+(1-q)(1)$$
$$q=\frac{3}{7}$$

プレイヤー2が各行動の効用を計算するとき，プレイヤー1の将来の手番を予想していることに注意しよう。すなわち，$u$をとった場合，上の節ではプレイヤー1が$L$をとるので，(3,−1) の結果となる。下の節ではプレイヤー1は$B$をとるので，(0, 4) の結果となる。$d$をとった場合には，上の節では (1, 3) となり，下の節では (2, 1) となる。もしプレイヤー2が3/7の確率で上の節にいると信じているならば，プレイヤー2は，$u$と$d$に関して無差別であり，任意の混合戦略をとることができる。

この信念の形成には，プレイヤー1は，3/7の確率で$U$をとり，4/7の確率で$D$をとらなければならない。そうでなければ，プレイヤー2の信念は，プレイヤー1の均衡戦略と整合的ではなくなる。プレイヤー2の情報集合は均衡経路上になければならないので（プレイヤー1の最初の手番のいずれもプレイヤー2の情報集合に到達する），プレイヤー2の信念は，均衡において各節が到達される条件つき確率と同じでなければならない。

最初の手番においてプレイヤー 1 が混合戦略をとるためには，$U$ と $D$ に関して無差別でなければならない。プレイヤー 2 は，自分の手番において混合戦略をとることによってこの無差別を作り出すことができる。プレイヤー 2 が自分の手番において $u$ をとる確率を $r$ としよう。$U$ と $D$ に対するプレイヤー 1 の期待効用を計算し，それらを等式で結ぶと，次のようになる。

$$u(\text{Play } U)=u(\text{Play } D)$$
$$r(3)+(1-r)(1)=r(0)+(1-r)(2)$$
$$r=\frac{1}{4}$$

ここでもプレイヤー 2 の場合と同様に，プレイヤー 1 は，各戦略の効用の計算においてプレイヤー 2 や自身の将来の手番を予想している。

以上をまとめると，$\left[\left(\frac{3}{7}U,\ \frac{4}{7}D\right),\ L,\ B;\ \left(\frac{1}{4}u,\ \frac{3}{4}d\right):\ \frac{1}{4};\ \frac{3}{7}\right]$ がこのゲームの完全ベイジアン均衡を構成する。信念は，戦略から直接的に形成される。プレイヤー 1 は，確率 3/7 で $U$ をとり，確率 4/7 で $D$ をとるので，プレイヤー 2 の信念は，上の節で 3/7，下の節で 4/7 でなければならない。同様に，プレイヤー 1 の情報集合における信念もまた，プレイヤー 2 の戦略から直接形成される。このゲームでは，プレイヤー 1 は自分の戦略を混合して，プレイヤー 2 が自らの戦略を混合できるような信念を作り出す。そのプレイヤー 2 の混合戦略は，プレイヤー 1 を最初の手番で無差別にし，それによってプレイヤー 1 の混合戦略を可能にしている。こうした混合戦略の相互依存は，このようなゲームではよくみられる。もしどちらかのプレイヤーが均衡戦略から逸脱しても，他のプレイヤーはその逸脱をうまく利用する。

最後に，純戦略の均衡は存在しないことを確かめなければならない。純戦略がある場合，プレイヤー 2 は，自分の情報集合において 2 つの節のうちどちらにいるかを知っていることになる。これまでと同じ論理で，木の後のほうのプレイヤー 1 の手番は，$L$ と $B$ に確定される。もしプレイヤー 1 が確実に $U$ をとるならば，プレイヤー 2 は，（ここでも信念の整合性から）上の節にいると信じて $d$ をとる。しかしプレイヤー 2 が $d$ であれば，プレイヤー 1 は $U$ から $D$ へ移動することを好む。したがって，($U$,

$L, B; d$: 0; 1）は完全ベイジアン均衡ではない。同様に，（$D, L, B; u$: 1; 0）も，プレイヤー1が$D$から$U$へと変更することを好むので，完全ベイジアン均衡ではない。プレイヤー1が$D$から$U$へと変更した場合には，プレイヤー2は$d$をとることを好むことになる。

このように，信念によって，複数の節を持った情報集合以降の手番の逐次合理性を判断することができる。この例では，プレイヤー2の情報集合以降のプレイヤー2の最適行動は，その信念に依存する。また図6.1の例では，複数の節を持ったプレイヤー3の情報集合以前にある単一の節からなるプレイヤー2の手番の合理性を，信念によって判断することができる。逐次合理性によって，ゲーム内のすべての手番の合理性が判断される。

**練習問題 6.6**：練習問題5.2（159～61頁）のナッシュ均衡のうち，どれが完全ベイジアン均衡か。その完全ベイジアン均衡を支える信念を見つけよ。

**練習問題 6.7**：図6.3から図6.5までのゲームについて，完全ベイジアン均衡を求めよ。均衡行動だけではなく，均衡経路外の信念と戦略も示せ。

a）図6.3のゲームのナッシュ均衡を求め，完全ベイジアン均衡と比較せよ。

b）図6.4において，$C$は偶然手番を示す。完全ベイジアン均衡を求めよ。

c）図6.5では，各プレイヤーは情報集合を1つだけ持つ。各プレイヤーは，どちらのプレイヤーが最初に行動するかを偶然手番が決定するのを知らずに，自らの選択を行わなければならない。完全ベイジアン均衡を求めよ。

## 6.4　核抑止

ここでは，核戦争における戦略問題の簡単な分析を考えよう。すべての責任ある当事者は，核戦争が未曾有の災害となることでは一致している。しかし，どのような条件があると，政府は，このような想像を絶する事態を考えてしまうのであろうか。問題状況を設定するために，核戦略上の問題に関するきわめて単純化した議論を示す。これはPowell（1990）から引用したものである。

核の第1撃が，相手国を無力化し，いかなる反撃も阻止するならば（長期的

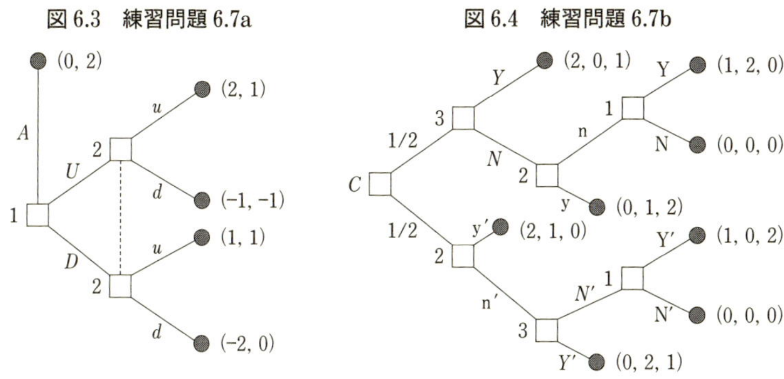


図 6.3　練習問題 6.7a

図 6.4　練習問題 6.7b

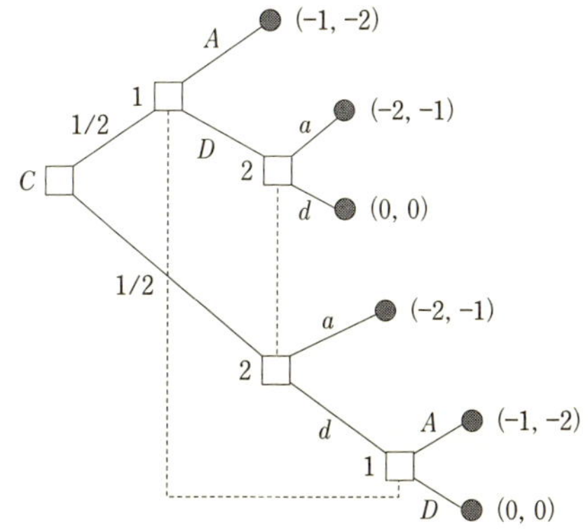


図 6.5　練習問題 6.7c

な生態学上のダメージは攻撃側に深刻なコストをもたらさないと仮定する)，合理的な指導者の中には，そうした攻撃を行うことを考える者もいるかもしれない。しかし，冷戦中，米国と旧ソ連は，相手側を無力化する第 1 撃をほとんど不可能にするだけの核兵器を保持していた。1960 年代の半ば以降，両陣営は，確実な第 2 撃能力を保持した。すなわち，米国とソ連は，主として潜水艦ミサイルやさらに第 1 撃後に残った地上ミサイルからの強大で破壊的な報復攻撃によって，仮にいかなる核の第 1 撃が行われても，これに対応することが可能であった。第 1 撃は，報復というこの信憑性のある威嚇によって抑止された。この米ソの例については一般化することができる。すなわち，第 1 撃が，相手の核の報復によって自国の破壊でしかないなら，どの陣営も第 1 撃を行う意思を持たない。

この結論には思わぬ副次的効果がある。すなわち，この議論に従うならば，拡大抑止——核の威嚇によって同盟国を外部の脅威から保護すること——を目的とした核兵器の使用は排除されることになる。たとえば，冷戦時代，米国は，もしソ連が西ヨーロッパを侵略したならば，戦略核兵器を使用すると威嚇した。しかし，そうした核の第1撃が，ソ連の報復によって米国の破滅に至るとすれば，西ヨーロッパを防衛するために核戦争を開始するという威嚇は，信憑性を持たなかったであろう。したがって，核兵器が，核戦争の抑止を超えた政治的有用性を持つためには，核戦争が起きるかもしれないという何らかの可能性を両陣営が信じていなければならない。そうでなければ，こうした威嚇は空虚なものになってしまう。

Schelling (1960) は，この問題に対するひとつの解として，奇襲に対する相互の恐怖を示した[1]。もし核戦争が起きた場合には，最初に攻撃することに何らかの利益があると想定しよう。すなわち，最初に攻撃する側は，後から攻撃する側よりもいくぶん被害が少ないとする。両陣営は，依然として破壊的な第2撃を行うことができる。しかし，第1撃は相手側のミサイルのいくつかを使用不能にするので，最初の攻撃のほうが後の攻撃よりも有利である。したがって，各陣営が第1撃を考慮する可能性があるのは，攻撃によって勝利することを期待するからではなく，相手側が攻撃を準備していることを恐れ，第1撃の利益を自ら得たいと考えるからである。こうした恐怖は，悪循環して互いに積み重なり，奇襲の恐怖を相互に作り上げていく。こうして，どちらかが勝利できると考えるからではなく，それぞれが相手の攻撃を恐れるために，核戦争が勃発する可能性が生じる。

この議論は，モデルに対していくつかの制約を置くことになる。まず，どちらの側も，攻撃を開始するかどうかを決定するときに，相手側が攻撃しないことにコミットしていることを知っていてはいけない。また，両陣営とも攻撃しない場合には，現状維持（両陣営にとって最良の結果）が生じるはずである。さらに，第1撃が行われた場合には，相手側は報復を行うが，最初に攻撃した側のほうが被害は少ない。図6.6のゲームは，このような議論に基づく1つのモデルである。行動 $A$ と $a$ は核の第1撃攻撃であり，行動 $D$ と $d$ は第1撃の開始を延期する。利得 $a$ は第1撃開始に対するものであり，利得 $r$ は第1撃を受け，その後報復する場合のものである。2つの利得の差は，第1撃の優位さを測っている。すなわち，$(r-a)$ が大きいほど，第1撃の利益が大きい。両

1　シェリングはいくつかの他の解釈も示しているが，ここでは，奇襲の相互恐怖に絞ることにする。

図 6.6　奇襲攻撃の相互恐怖のゲーム

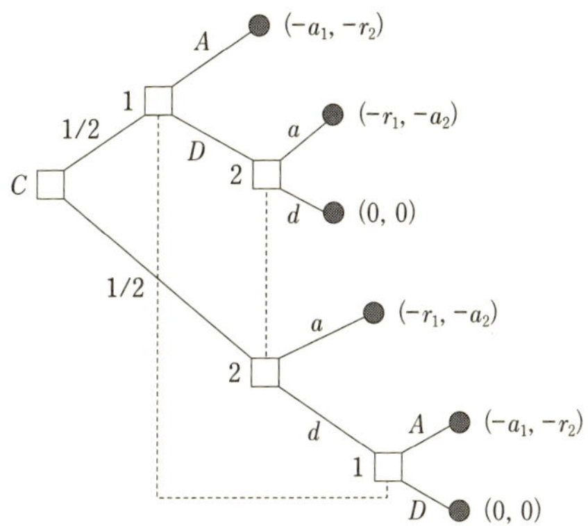


プレイヤーが攻撃しない場合には，現状維持が成立し，利得は 0 である。最初に自分が攻撃することは，第 1 撃を受けるよりも好ましい。しかし，核戦争がないことは，いかなる核戦争よりも望ましい（すなわち，$0>-a_1>-r_1$ および $0>-a_2>-r_2$）と仮定する。偶然手番と情報集合は，各プレイヤーが自ら第 1 撃を行うかどうかを選択しなければならないときに，相手が第 1 撃の準備をしているかどうかを知らないということを表している。すなわち，どちらのプレイヤーも，攻撃を延期することによってゲームを現状維持で終了させるのか，あるいはそのことが相手に攻撃の機会を与えることになるのかを知らない。

図 6.6 のゲームの均衡を，（プレイヤー 1 の手番，プレイヤー 2 の手番，情報集合に到達したときに自分が最初の手番であると考えるプレイヤー 1 の信念，情報集合に到達したときに自分が最初の手番であると考えるプレイヤー 2 の信念）によって明記しよう。このゲームには，以下の 3 つの完全ベイジアン均衡がある。

$$(A;\, a\colon 1;\, 1)$$

$$\left(D;\, d\colon \frac{1}{2};\, \frac{1}{2}\right)$$

$$\left[\left(\frac{2a_2}{a_2+r_2}A,\ \frac{r_2-a_2}{a_2+r_2}D\right);\ \left(\frac{2a_1}{a_1+r_1}a,\ \frac{r_1-a_1}{a_1+r_1}d\right)\colon\ \frac{a_1+r_1}{2r_1};\ \frac{a_2+r_2}{2r_2}\right]$$

最初の均衡では，両者は，自分が攻撃しなければ，相手がその手番で攻撃してくることを知っているので，くじ引きに勝てば攻撃を行う。この均衡では，奇襲の相互恐怖に歯止めがきかなくなる。各プレイヤーは，自分が攻撃しないと相手が攻撃してくるという恐怖から攻撃する。第2の均衡においては，互いに相手が自分の手番で攻撃してこないことを知っているので，どちら側も攻撃しない。ここでは，「抑制に対する相互信頼」がある。両者ともに，相手が攻撃を開始しないと信じているので，いずれも攻撃を行わない。

最初の戦略と信念の組が完全ベイジアン均衡を形成していることを見るために，自分の信念と相手のプレイヤーの戦略を所与として，プレイヤーの最適応答を考えよう。便宜上，そのプレイヤーを$i$と呼ぶ。このプレイヤーは，手番に到達した場合，最初に攻撃を行う主導権を持っていると信じている。攻撃を行う場合の効用は，$-a_i$である。また，攻撃を延期した場合には相手が攻撃を行い，プレイヤー$i$の利得は$-r_i$となる。$-a_i>-r_i$なので，プレイヤー$i$は攻撃を好む。プレイヤー$i$の信念は，プレイヤーの戦略とベイズの定理から導かれる。「$i$ mf」（あるいは「$j$ mf」）は，「プレイヤー$i$が最初に手番をとる」（あるいは「プレイヤー$j$が最初に手番をとる」）ことを表す。この確率は，最初の偶然手番に基づいて1/2となる。「$i$ isr」は，プレイヤー$i$が情報集合に到達したことを示す。もしプレイヤー$i$が最初に手番をとるならば，その情報集合はつねに到達され，$p(i\ \mathrm{isr}|i\ \mathrm{mf})=1$である。もしプレイヤー$j$が最初に手番をとるならば，$j$はつねに攻撃するので，この均衡では$i$の情報集合は到達されない，すなわち$p(i\ \mathrm{isr}|j\ \mathrm{mf})=0$である。プレイヤー$i$が自らの情報集合に到達した場合に，プレイヤー$i$が最初に手番をとる確率を計算すると，次のようになる。

$$p(i\ \mathrm{mf}\mid i\ \mathrm{isr})=\frac{p(i\ \mathrm{mf})p(i\ \mathrm{isr}\mid i\ \mathrm{mf})}{p(i\ \mathrm{mf})p(i\ \mathrm{isr}\mid i\ \mathrm{mf})+p(j\ \mathrm{mf})p(i\ \mathrm{isr}\mid j\ \mathrm{mf})}$$

$$=\frac{\left(\frac{1}{2}\right)(1)}{\left(\frac{1}{2}\right)(1)+\left(\frac{1}{2}\right)(0)}=1$$

第3の均衡では，両陣営は混合戦略を用いる。両者が攻撃を行う確率は，相手の第1撃の優位さ（$r-a$）が減少するにつれて，増大する。この第3の均衡が奇妙に思われる場合には，攻撃と非攻撃に関して相手側が無差別になるように，各陣営の攻撃確率が選択されていることを思い出そう。第1撃の優位さが大きくなるほど，第1撃は魅力的になるだろう。しかしこのモデルには，第1撃の利益を得ることと相手のプレイヤーの反撃に対する恐怖という，攻撃に関する2つの動機づけが存在する。混合戦略の均衡はこの2つの動機づけを相殺している。第1撃を行うことの利益が大きい場合には，恐怖から先に攻撃を行おうとする動機づけは縮小しなければならない。そうでなければ，相手のプレイヤーがつねに第1撃を行う。均衡戦略よりも高い攻撃確率を用いる混合戦略に対しては，最適応答は攻撃を行うことである。敵が第1撃の優位性を利用しようとする強い動機を持っている場合には，相手を挑発しないようにしなければならない。自分が第1撃を行う可能性を低くすることは，挑発のレベルを低くすることになる。

**練習問題 6.8**：以下が，図 6.6 のゲームの完全ベイジアン均衡であることを示せ。

$$\left(D;\ d\!:\ \frac{1}{2};\ \frac{1}{2}\right)$$

$$\left[\left(\frac{2a_2}{a_2+r_2}A,\ \frac{r_2-a_2}{a_2+r_2}D\right);\ \left(\frac{2a_1}{a_1+r_1}a,\ \frac{r_1-a_1}{a_1+r_1}d\right)\!:\ \frac{a_1+r_1}{2r_1};\ \frac{a_2+r_2}{2r_2}\right]$$

図 6.6 のモデルは，奇襲攻撃に対する相互恐怖の論理を定式化している。相手が攻撃しようとしていると恐れるならば，両者は攻撃を行おうとする。両陣営の情報集合を分割して，ゲームを完全情報のもとで行うと，奇襲攻撃の相互恐怖はなくなる。この場合，各プレイヤーは，攻撃すべきかどうかを決定しなければならないとき，手番が最初か2番目かを知っている。2番目に回ってきた場合，相手が攻撃しなかったことを知っている。最初に行動する場合には，相手の手番が回ってきたときに，こちらが攻撃しなかったことを相手が知っているということを知っている。このように，相手側の行動についての不確実性のみが，奇襲に対する相互恐怖を作り出すのである。仮に核戦争がテニスのようなものであったならば，すなわち誰がサーブをするのか，またどのような順序でサーブをするのかを全員が知っているならば，核戦争はさほど問題とはならない。しかし残念ながら，核戦争はテニスではない。

**練習問題 6.9**：$(D, D; d, d)$ が，完全情報で行われる図 6.6 のゲームの唯一の部分ゲーム完全均衡であることを示せ（戦略は，プレイヤー1が最初に選択する場合の手番，プレイヤー1が後で選択する場合の手番，プレイヤー2が最初に選択する場合の手番，プレイヤー2が後で選択する場合の手番と読む）。

図 6.7　奇襲攻撃の相互恐怖のゲームに追加した譲歩の機会

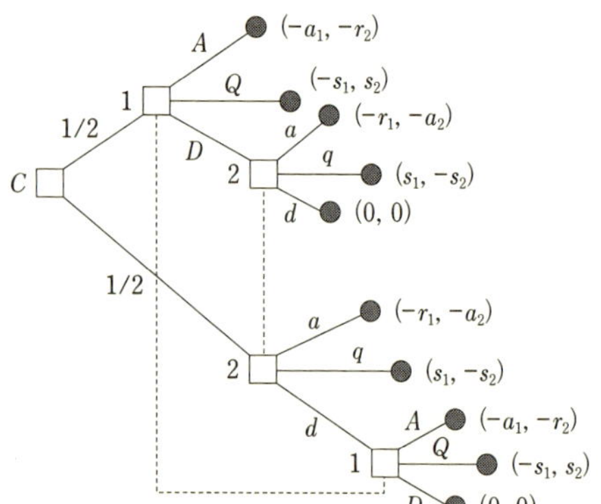


上のモデルでは，最初の段階で核兵器の使用をなぜプレイヤーが考えるのかについて，その理由はわからない。核戦略家が行う典型的な想定は，何らかの危機が核兵器使用に関する検討に先立つというものである。核の威嚇は，危機を有利に解決するための手段として考えられる。図 6.6 のモデルでは，核戦争以外は，両陣営間に懸案が存在しない。核戦争の阻止以外の利害関係をモデルに付け加えてみよう。このとき，各陣営は，その利害関係において相手を有利に扱うことによって危機を終結させるというもう 1 つの選択肢を持つことになる。この選択肢を譲歩と呼ぼう（$Q$ および $q$ と略す)。危機における譲歩の結果は，譲歩した側が，利害関係において相手を有利に扱うことである。有利な結果を得ることは，現状維持よりも望ましい。有利な結果を与えることは，現状維持よりも好ましくないが，いかなる核戦争よりも望ましい。プレイヤー $i$ の有利な結果の値を $s_i$ とする。このとき，$0>-s_1>-a_1>-r_1$ で，$0>-s_2>-a_2>-r_2$ となる。図 6.7 は，このような選択肢を加えたゲームである。

このゲームは，$(D; d: \frac{1}{2}; \frac{1}{2})$ という唯一の完全ベイジアン均衡を持つ（前のゲームと同じ表記法)。有利な結果を与えて危機を終結させるという選択肢を加えると，危機の終結はつねに核戦争の勃発よりも好ましいので，どちらのプレイヤーも攻撃する誘因を持たなくなる。この結果，奇襲攻撃の相互恐怖は両陣営でなくなる。相手が攻撃を計画しているのではないかと不安に思う場合には，第 1 撃を自ら開始するかわりに，危機を終結させるべきである。相互確証破壊の示すところは，自ら第 1 撃を行う場合でさえ，核戦争の勃発は，手元にある有利な結果を引き渡すことも含めて，核戦争以外のいかなる帰結よりも望ましくない。こうして，奇襲攻撃の相互恐怖は取り除かれる。相手が攻撃を計画しているのではと自分が不安に思う場合には，自分は降伏すべきである。それだけでなく，こちらが攻撃を計画しているのではないかと相手が不安に感じる場合には，自分もまた相手が降伏することを期待すべきである。さらにこのモデルでは，相手に有利な結果を引き渡させるために，核の威嚇を用いることはできない。相手が攻撃してこないことを両陣営とも期待している。戦争の脅威をなくすために，有利な結果を引き渡す理由はない。そもそもそのような脅威は存在しないのである。ここで再び，核兵器を用いて，他の利益を擁護したり，相手から譲歩を強要したりすることはできないという議論に戻ることになる。すなわち，拡大抑止や核による強要が可能となるためには，何らかの真の核戦争の脅威がなければならない。

**練習問題 6.10**：$(D; d: \frac{1}{2}; \frac{1}{2})$ が上のゲームの唯一の完全ベイジアン均衡であることを示せ。

a）最初に，$(D; d: \frac{1}{2}; \frac{1}{2})$ がこのゲームの完全ベイジアン均衡であることを示せ。

b）$Q$ は $A$ を強く支配すること（また $q$ が $a$ を強く支配すること）を示せ。その結果，$A$ と $a$ は，完全ベイジアン均衡の戦略になることはできない。

c）どちらのプレイヤーも攻撃（$A$ あるいは $a$ をプレイ）しない場合，$D$ が $Q$ を強く支配する（また $d$ が $q$ を強く支配する）ことを示せ。それゆえに，上の信念と戦略の組だけが完全ベイジアン均衡となりうる。

この例において議論の転換点となったポイントを強調しすぎてはならない。**モデルの結果は，プレイヤーの選択肢やそれをどのように組み立てるかに依存する**。たとえば，情報集合を分割することによってここでの問題は解決したが，こうしたモデルの修正は現実的とは思えない。奇襲攻撃の相互恐怖は，プレイヤーが相手の攻撃準備の有無を知らないということに依存している。こうした不確実性を取り除くことは，議論の核心的な前提を否定するものである。危機を終結させ，有利な結果を犠牲にするという選択肢の追加は，奇襲攻撃の相互恐怖を取り除き，しかもこのようなモデルの修正は，相互恐怖の議論の仮定を侵害していない。しかし，特定の状況ではプレイヤーは譲歩という選択がないかもしれない。したがって，この修正モデルでも，奇襲攻撃の相互恐怖が決して起きないということを証明するものではない。ここで示されているのは，このモデルでは，譲歩の選択が可能な場合には，奇襲による相互恐怖は起きないということである。どれがもっともらしいモデルかを判断するための唯一の方法は，個々の状況を理解し，モデルを組み立て，モデルの結果を解いてみることである。

## 6.5 まとめ

本章では，信念と完全ベイジアン均衡の考え方を導入した。信念によって，複数の節を持った情報集合に後向き帰納法を行うことができる。これが逐次合理性である。各プレイヤーの手番では，自分の信念と他のプレイヤーの戦略を所与として，自分の期待効用が最大化されなければならない。信念によって，複数の節から成る情報集合からの逐次合理性を判断することができる。プレイヤーが行動するとき，情報集合のそれぞれの節にいるとプレイヤーが信じる確率を用いて，各節から始まる手番の効用に重みが付けられる。ナッシュ均衡や部分ゲーム完全均衡と異なり，逐次合理性によって，ゲームの中のすべての情報集合における最適応答を確認することができる。

信念は，プレイヤーの均衡戦略と可能な限り整合的でなければならない。プレイヤーは，均衡戦略とベイズの定理を用いて，複数の節から成る情報集合の各節に到達する確率を計算する。ベイズの定理は，事前信念と新たな情報を最適に結びつけ，確率を更新する。均衡経路外の情報集合に関しては，どのような理由で均衡からの逸脱が生じたのかについてプレイヤーは自由に推測を行う。しかし，プレイヤーはその推測を共有し，逸脱後も引き続きベイズの定理と均衡戦略を用いる。

## 6.6 文献案内

たいていの統計学の教科書にはベイズの定理の説明がある。DeGroot (1970) はベイズ意思決定理論の教科書である。バイアスのある情報への選好に関するモデルは，Calvert (1985) を少し修正したものである。

本章の議論は，Selten (1975) と Kreps and Wilson (1982b) に基づいている。両論文とも，数学的に高度できわめて難しいが，読む価値がある。本書では，彼らが注意深く作り上げた例や解概念についての簡潔な議論を大いに引用した。3人プレイヤーのゲームは，Selten（1975）の有名な例である。非協力ゲーム理論の教科書では，完全ベイジアン均衡がより近づきやすいかたちで扱われている。

核戦争の部分は，Robert Powell の研究，とくに Powell（1990）の第5章に多く依拠している。Powell（1990）の他の章では，核抑止のその他の問題が扱われている。

### 比較政治学

比較政治学における数理分析による研究は，米国政治のモデルに大体は依拠している。応用のもっとも優れた分野は，先進工業諸国の民主的な政治である。ほとんどの民主主義国は多党制である。Laver and Schofield（1990）は，多党制民主主義に関する数理的分析の文献を読み始める際のすぐれた一冊となる。この著書は，数理分析を提示してはいないが，モデルに強く依拠している。多党制は，選挙における競争と政府の形成に変化を与える。Austen-Smith and Banks（1988）は，形成される政府に対して自らの投票が与える影響を有権者が考慮することが，その意思決定にどのような影響を与えるかという問いに取り組んでいる。Austen-Smith and Banks（1990）と Laver and Shepsle（1990）は，政府の形成とポートフォリオ配分のモデルを作成している。Baron（1991a）は，第5章で議論した議会交渉のモデルを修正し，穏健な政党のほうが他の政党よりも，連立政権に入りやすいかどうかを研究している。Baron（1993）は，多党制の存在によって，政党は，選挙運動や政権において異なる政策上の立場を採用するようになることを明らかにしている。Greenberg and Shepsle（1987）は，新党参入の可能性によって，どのように既存政党が異なる立場をとるようになるかを分析している。

各国の選挙制度や立法制度の違いもまた，モデル化されてきた。Palfrey（1989）は，デュヴェルジェの法則――勝者総取りの小選挙区では，各選挙区に2党のみの競争を生み出す――を説明している。Cox（1990）は，異なる選挙法によって，選挙における政党の立場がどのように変化するかを考察している。Huber（1992）は，立法構造に関する数理分析を用いてフランスと米国の立法ルールを比較している。

比較政治学には他の争点のモデルもある。Wallerstein（1989, 1990）は，組合組織とコーポラティズムの問題を研究している。Pool（1991）は，公用語が作り出す戦略的誘因を検討している。Kuran（1991）は，いつ人々が革命の準備を整えるかの判断に関する問題を非数理的に検討している。Bates and Lien（1985）は，家臣に対する政策的譲歩や権限の賦与によって政治指導者が利益を得ることができることを示している。Geddes（1991）の政治改革モデルは第 4 章で扱った。Putnam（1988）の 2 レベルゲームモデルは，国内政治と外交政策を結び付けたものである。Tsebelis（1990）は，指導者が直面する内部と外部の二重の誘因を分析するために結合モデルを用いている。

# 第7章

# 非協力ゲームにおける他の均衡：完全均衡と逐次均衡

本章では，非協力ゲーム理論における均衡をさらに精緻化する。逐次均衡は，完全ベイジアン均衡に似ているが，均衡経路外の信念に対しても制約を課す。均衡行動からの逸脱を説明するすべての仮説は，完全ベイジアン均衡では同様に妥当なものとみなされる。逐次均衡の場合には，均衡経路外の信念に対して最小限の制約を置くことになる。

完全均衡は，逐次均衡とは異なる方法で，ナッシュ均衡の集合の精緻化を行う。完全均衡のアイデアは簡潔できわめて直観的である。すなわち，最適な戦略は，任意の特定の手番において，他のプレイヤーが均衡から逸脱する可能性が微小にある場合でも，最適でなければならない。この微小な可能性は「摂動」と呼ばれる。摂動は，他のプレイヤーの手番での誤り，「非合理性」が生じる微小な確率，あるいは均衡において必要とされる共通の推測に関する知識の欠如とみなすことができる。摂動が生じる理由にかかわらず，完全均衡では，プレイヤーの戦略は摂動に対して最適応答でなければならない。このような完全な戦略は，均衡経路上だけでなく，均衡からの微小な逸脱に対しても最適な反応となる。完全均衡は，このように抽象的に考える限りではきわめて魅力的であるが，ゲームの完全均衡を解くのは困難なことも多い。任意の特定のナッシュ均衡から，多くの異なるタイプの摂動が起きる可能性がある。どのような摂動を分析するかは自由に選択することができる。

完全均衡はまた，弱被支配戦略を伴う均衡の除外という，ナッシュ均衡のもう1つの精緻化を行う。当該プレイヤーにとって弱被支配戦略は，この戦略を支配する戦略よりも望ましいものではなく，ときにより悪い戦略であることを思い出そう。完全ベイジアン均衡には，プレイヤーが弱被支配戦略をとる均衡がある。弱被支配戦略とこの戦略を支配する戦略との間でプレイヤーが無差別である場合にのみ，こうした結果は均衡として現れる。完全均衡はこうした均衡を除外する。なぜなら，完全均衡では，摂動の存在によって，支配戦略をとるほうがより良い結果をもたらす節へとプレイヤーを導く微小な可能性が存在するからである。この場合，摂動に対して，被支配戦略は最適応答とはならない。プレイヤーの 1 人が弱被支配戦略をとっている均衡を除外することによって，こうした完全均衡の帰結を実現することができる。しかし，このような除外によって，通常とは異なる結果が導かれる。

本章は，上の議論とは反対の順序で進める。すなわち，弱被支配戦略を伴う均衡の除外から始め，完全均衡，逐次均衡へと進み，抑止と投票行動の 2 つの例題で締めくくる。これらの概念は，非協力ゲーム理論の発展において歴史的な重要性を持っている。完全均衡はナッシュ均衡の最初の精緻化である。信念の定式化は逐次均衡から始まる。これまでの研究においては，完全ベイジアン均衡が逐次均衡にとって代わることとなった。完全ベイジアン均衡と逐次均衡はともに，完全均衡から派生しており，完全均衡の多くの利点を容易に提供できるように開発された。本書では，ゲームを解くための実践的なツールとして完全ベイジアン均衡を先に扱った。しかし，これら他の均衡概念の背後にある考え方にも通じておく必要がある。

## *7.1*　弱被支配戦略の消去

弱被支配戦略は，これを支配する戦略よりも良いことは決してなく，ときにより悪い戦略である。支配戦略と同等に良い場合もあるが，もしそうでない場合には，この戦略は強く支配される。弱被支配戦略は，これを支配する戦略と同等に良い状況が均衡経路上にあれば，均衡の一部となる。ナッシュ均衡の精緻化の中で簡単な 1 つの方法は，弱被支配戦略を伴う均衡を消去することである。

**例題**：図 7.1 のゲームには，$(L; u)$ と $(R; d)$ という 2 つのナッシュ均衡がある。これを確かめるためには，ゲームの戦略形を書くのがよい。プレイヤー 2 は，$(R; d)$ において弱被支配戦略をプレイする。というのは，$u$ は，プレイヤー 1 が $R$ をとる場合には $d$ と少なくとも同等に望ましく，

図 7.1　弱被支配戦略の消去を図解したゲームの木

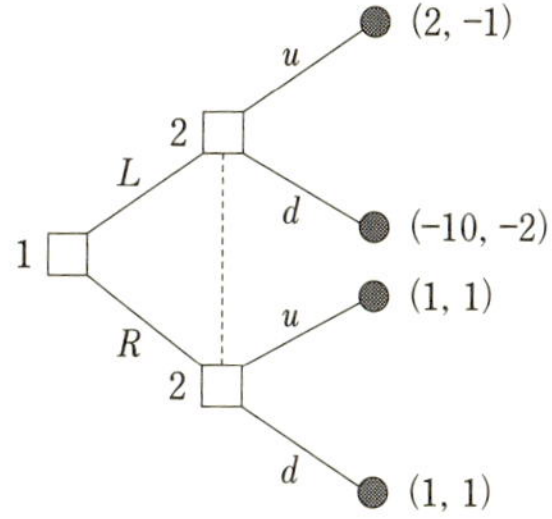


また $L$ をとる場合には $d$ よりも望ましいからである。しかし，$d$ は $R$ とナッシュ均衡を形成している。ここで，この被支配戦略を除外すると，唯一の均衡は（$L; u$）となる。プレイヤー 2 の被支配戦略を除外しても，プレイヤー 2 を害することはない。仮にプレイヤー 1 が $L$ をとった場合には，この除外によってプレイヤー 2 は助けられる。こうして，（$R; d$）がとられている場合，プレイヤー 2 は，$u$ をとることによって，プレイヤー 1 の逸脱に対して自らを保護することになる。もしプレイヤー 1 がこのことを了解し，プレイヤー 2 の被支配戦略を除外するならば，プレイヤー 1 はつねに $L$ をとることを好む。

（$R; d$）は，このゲームの完全ベイジアン均衡である。プレイヤー 1 が $R$ をとることと整合的なプレイヤー 2 の唯一の信念は，下の節にいるというものである。下の節にいるとプレイヤー 2 が信じていることを所与とすると，$d$ はプレイヤー 2 の最適応答である。ここでは，2 つのナッシュ均衡はともに完全ベイジアン均衡である。

この例題の均衡（$R; d$）を取り除くと，プレイヤー 2 には損失がでるので，プレイヤー 2 がプレイヤー 1 に次のように告げると考えられる。「私は $d$ をとるつもりである。というのは，利得−10 を避けるために，あなたが $R$ をとるからである。その場合には，$d$ をとることによって私が損することはない」。しかし，プレイヤー 1 は次のように答えるであろう。「それは正しいかもしれないが，私が誤って $L$ をとる可能性がある。この場合には，あなたは $d$ をとったことを後悔することになる。だから，あなたがそのように言っても，私の誤りから身を守るために，あなたは $u$ をとるだろう。あなたの言葉は，私に $R$ をとらせるための策略に過ぎない。そのような策略は通用しない。私はやは

図 7.2　弱被支配戦略消去の直感的な例

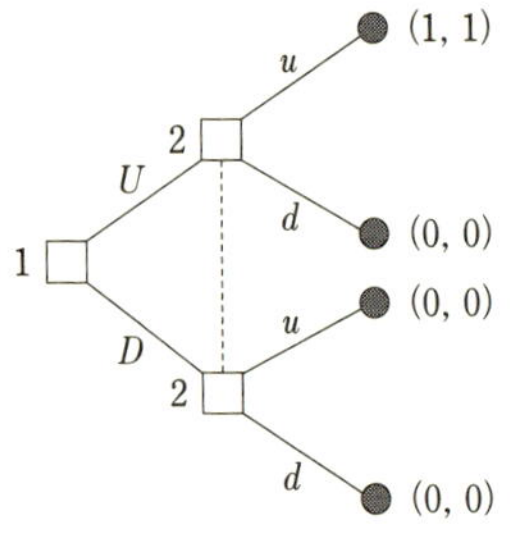


図 7.3　練習問題 7.1

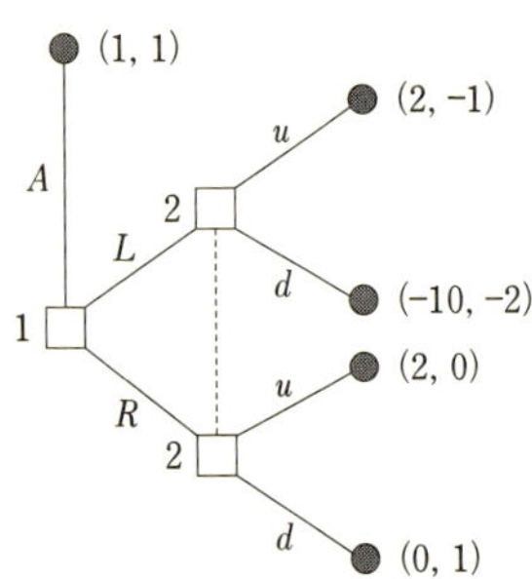


り $L$ をとる」。ここでは，こうした架空のやり取りを解決することはできない。プレイヤー 2 にとって（$R$; $d$）をプレイすることは，プレイヤー 1 が $R$ をとると絶対的に確信する場合にのみ意味をなす。プレイヤー 2 は，自分はそれを確信しているとプレイヤー 1 に告げる誘因がある。プレイヤー 1 は，プレイヤー 2 のそうした言葉には納得しないと答える動機がある。

こうして，弱被支配戦略を伴うナッシュ均衡を消去することによって，均衡からの逸脱を許さない防護が与えられる。被支配戦略を伴う均衡の消去は，ゲームの中のいくつかのナッシュ均衡を消去するための 1 つの戦略的論理を提供している。さらに，弱被支配戦略を伴う均衡を消去した結果には，場合によってはかなり直観的にもっともらしいものもある。

**例題**：図 7.2 のゲームには，（$U$; $u$）と（$D$; $d$）という 2 つの均衡がある。しかし，このゲームでは，（$D$; $d$）をプレイする者はまずいない。両プレイヤーにとって，下（Down）は弱く支配されている。ここでは，上（Up）をとることには，ペナルティーはなく，かなり期待できる報酬がある。前の例題と同じく，この変わったナッシュ均衡（$D$; $d$）も完全ベイジアン均衡である。

**練習問題 7.1**：図 7.3 のゲームのナッシュ均衡を見つけよ。この均衡のうちで弱被支配均衡を伴っているために消去されるものはあるか。

ただし，弱被支配戦略の消去には注意が必要である。第 4 章で述べた合理化可能性では，強被支配戦略の消去が繰り返される。しかし，弱被支配戦略の消去を繰り返すと，奇妙な状況が生じる可能性がある。この場合，戦略消去の順

図 7.4　弱被支配戦略消去の順序が重要なゲーム

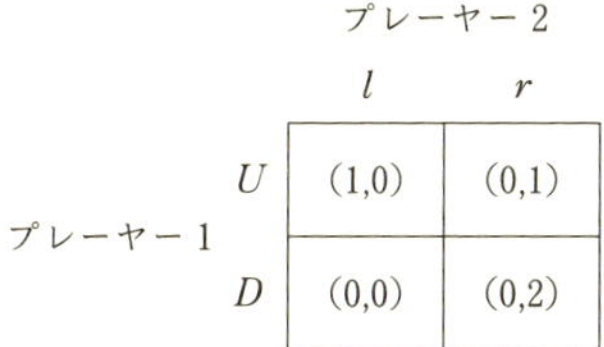

| | | プレーヤー2 | |
|---|---|---|---|
| | | $l$ | $r$ |
| プレーヤー1 | $U$ | (1,0) | (0,1) |
| | $D$ | (0,0) | (0,2) |

序がきわめて重要になる。

**例題**：図 7.4 の戦略形ゲームを考えよう（Fudenberg and Tirole 1991, 461）。プレイヤー1について，$D$ は $U$ によって弱く支配されており，プレイヤー2について，$l$ は $r$ に強く支配されている。ここで，$D$ を先に除外し，その後 $l$ を除外すると，結果は（$U$; $r$）である。$l$ を先に除外すると，結果は（$U$; $r$）と（$D$; $r$）の2つとなる。戦略消去の順序によって，結果が異なる[訳注]。

**練習問題 7.2**：バーニングマネー・ゲームは，弱被支配戦略の繰り返し消去の制約に関するもう1つの例である。バーニングマネー・ゲームにおいては，2人のプレイヤーは，第4章で示した 2×2 の男女の争いゲームを行う。手番の前にプレイヤー1は，コミットメントの合図として，自分の効用の1単位を人前で燃やす（Burn）機会を与えられる。もし燃やした場合には，プレイヤー1のすべての利得は1単位だけ小さくなる。プレイヤー2は，自分の手番の時にプレイヤー1が燃やしたかどうかを知っている。

a）バーニングマネー・ゲームの展開形を書け。

b）このゲームの戦略形を示せ。

c）このゲームの純戦略のナッシュ均衡を求めよ。

d）このゲームにおいて，弱被支配戦略を繰り返し消去せよ。どの利得が実現可能で，どのような行動に帰結するか。

## 7.2　完全均衡*

完全ベイジアン均衡では，信念は，均衡経路上の均衡戦略を反映しなければ

訳注　この部分は，Fudenberg and Tirole（1991）に従って内容を修正した。

*　本節では極限を用いる。

ならないが，均衡経路外では，信念は自由に選択することができる。部分ゲーム完全性においては，部分ゲームを構成する均衡経路外にある情報集合においても，合理的行動が必要となる。しかし，真部分ゲームを構成しない情報集合からの行動には制約がない。以下では，均衡経路外の信念についての問題を考えよう。すなわち，均衡経路外の信念には，どのような最小限の制約が必要だろうか。摂動完全性と信念の整合性という 2 つの概念によって，完全均衡と逐次均衡を導くことができる。これらの概念が取り組むのは，もっとも一般的な意味において均衡経路外の信念がどのように形成されるかという点である。これらの概念は，均衡経路外の信念の整合性について最小限の定義を与える。

ここでの問題は均衡経路外の戦略の安定性である。プレイヤーが均衡経路外の信念を形成する際，どのような推測を用いることが許されるであろうか。その解法を，ここで新たに導入する。すなわち，均衡戦略ときわめて類似した戦略に対する各プレイヤーの最適応答を検討することによって戦略の安定性を検討する。プレイヤーは，任意の特定の手番において，他のプレイヤーが合理的ではなく，ランダムに行動する可能性がわずかにあると仮定する。このわずかなエラーの可能性を**摂動**という。この摂動は，プレイヤーが準最適行動をとる可能性を表している。均衡経路から一度外れても，次の自分の手番において各プレイヤーは，摂動を除いては他のプレイヤーが合理的に行動し続けると想定している。つまり，プレイヤーは，合理性からの逸脱が一度起きても，さらなる逸脱には至らないと想定している。

第 6 章で詳述した図 6.1 の 3 人プレイヤーのゲームに戻ろう。このゲームでは，ナッシュ均衡（D; a; $L$）におけるプレイヤー 2 の戦略は，他のプレイヤーの戦略のわずかな変動に対して頑健ではなかった。プレイヤーは手番をとるとき，将来のプレイについての予想も含めて，その地点での自分の位置だけを考慮する。均衡経路外においては，プレイヤーは，均衡行動からのどのような逸脱がその地点に導いたのかについて仮説を形成しなければならない。ここで求めているのは，均衡行動からのわずかな逸脱があるとき，均衡が安定的であることである。他のプレイヤーの均衡戦略が「揺らぐ」ときに，プレイヤーが自らの均衡戦略を大きく変更しなければならない場合には，完全均衡では，そのような均衡を不安定とみなし放棄する。

摂動の考え方を定式化するために，完全に確率的な戦略という考え方を導入する。完全に確率的な戦略においては，すべてのプレイヤーは，すべての情報集合におけるあらゆる行動に対してゼロでない確率を与える。したがって，完全に確率的な戦略においては，すべての情報集合が到達可能でなければならない。

**定義**：戦略の集合 $S$ が**完全に確率的**であるとは，ゲームのすべての行動 $A$ について，$p(A|S)>0$ であること，すなわち戦略 $S$ の中の任意の $A$ がとられる確率が 0 よりも大きいことである。

完全に確率的な戦略は，均衡戦略の周辺での摂動を表現する方法を与える。これらの摂動は，均衡行動からのすべての逸脱に対して正の確率を与えることが必要とされる。摂動完全性では，均衡は，その均衡からの摂動に対して最適応答とならなければならない。

**定義**：戦略の集合 $S$ が**摂動完全**であるとは，$\lim_{i\to+\infty} S_i = S$ であり，$S$ が各 $S_i$ に対して最適応答であるような完全に確率的な戦略の集合の列 $(S_i)_{i=1}^{\infty}$ が存在することである。

摂動完全性は均衡の頑健性を検証する。プレイヤーの戦略がわずかな逸脱に対して最適応答であるかどうかをチェックする。均衡が摂動完全であることを示すために，その均衡に収束する摂動の列を見つけ出すことになる。均衡戦略がこれらの摂動すべてに対して最適応答であるならば，その戦略は摂動完全である。摂動完全性は信念を用いない。完全に確率的な戦略においては，すべての節が到達されるので，均衡に収束する列の各摂動において，各節が到達される確率を計算することができる。すべての摂動におけるすべての手番に対して，行動をとるプレイヤーの期待効用がその行動によって最大化されるように計算する。

均衡が摂動完全であることの確認は，それほど難しくはない。ゲームの他の手番を「摂動」させ，検討している手番が依然として最適応答であるかどうかを計算することが，摂動完全性をチェックする最良の方法である。しかし，摂動列の的確な選択は重要である。適切な選択をすれば，作業は簡単になる。

**例題**：第 6 章の 3 人プレイヤーのゲームの均衡（D; a; $L$）に戻ろう。図 7.5 に再掲する。プレイヤー 1 の戦略を「摂動させ」，A をとる可能性を作り出すと，プレイヤー 2 の最適応答は d となる。プレイヤー 1 に A を

図7.5 ゼルテンのゲーム

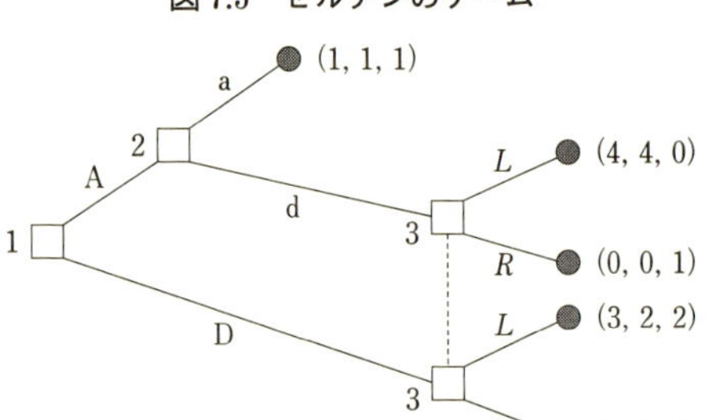


とる確率$\delta$を与えると，$p(\mathrm{D})=1-\delta$となる。プレイヤー3に$R$をとる確率$\varepsilon$を与えると，$p(\mathrm{L})=1-\varepsilon$となる。$\delta$と$\varepsilon$はともに，微小であり，極限において0に近づくと仮定する。ここでプレイヤー2がaをとるとすると，次の利得を得る。

$$(0)(1-\delta)(\varepsilon)+(2)(1-\delta)(1-\varepsilon)+(1)(\delta)=2-\delta-2\varepsilon+2\delta\varepsilon$$

これに対して，プレイヤー2がdをとると，次の利得となる。

$$(0)(1-\delta)(\varepsilon)+(2)(1-\delta)(1-\varepsilon)+(0)(\delta)(\varepsilon)+(4)(\delta)(1-\varepsilon)=2+2\delta-2\varepsilon-2\delta\varepsilon$$

dをとる場合の利得は，aをとる場合の利得を（$3\delta-4\delta\varepsilon$）だけ上回る。したがって，$\varepsilon<3/4$のとき，この均衡の摂動に対して，aは最適応答ではない。

「分別のある」（しかし不運な）均衡（A; a; $R$）が摂動完全であることを示すために，プレイヤー2がdをとる確率を$2\delta/(1-\delta)$，プレイヤー1がDをとる確率を$\delta$とする。このとき，プレイヤー3が$R$をとる場合の利得は，

$$(0)(\delta)+(1)(1-\delta)\left(\frac{1-3\delta}{1-\delta}\right)+(1)(1-\delta)\left(\frac{2\delta}{1-\delta}\right)=1-\delta$$

となり，$L$をとる場合の利得は，

$$(2)(\delta)+(1)(1-\delta)\left(\frac{1-3\delta}{1-\delta}\right)+(0)(1-\delta)\left(\frac{2\delta}{1-\delta}\right)=1-\delta$$

となる。ここで，プレイヤー3は$R$と$L$に関して無差別であり，$R$は最

図 7.6 2 つの摂動完全均衡を持つゲーム

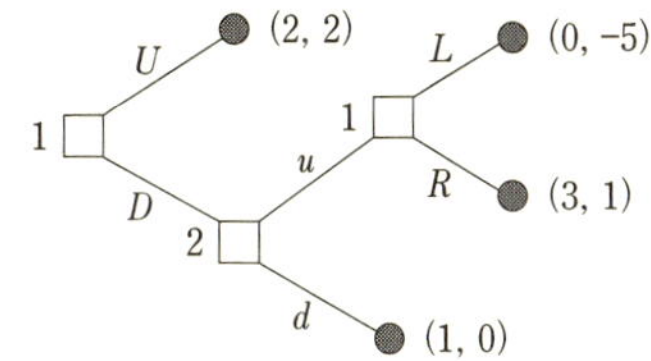


適応答である。

均衡へと収束するあらゆる列に対して最適応答となっていることを示す必要はなく，そのような列が 1 つあることを示すだけでよい。上の例題では，このようにして自由に特定の列を選択した。たとえば，プレイヤー 3 を無差別にするように，プレイヤー 1 と 2 の戦略の摂動を選択した。ただし，どのような摂動の集合が均衡を支持するかを事前に知ることは難しい。列が均衡を支持するかどうかを見るためには，上の例題の最初の部分のように一般的な摂動を試してみることを勧める。

完全に確率的な戦略は摂動列として用いることができるので，完全に確率的な戦略と対戦している戦略は自動的に摂動完全となる。したがって，完全に確率的な戦略のみを持った均衡はすべて摂動完全である。

摂動完全性は戦略形で定義されている。すなわち，摂動完全性は，手番における微小なエラーではなく，戦略における微小なエラーを扱っている。それゆえ，部分ゲーム完全ではない摂動完全均衡が存在する。

**例題**：図 7.6 は，Fudenberg and Tirole（1991, 353）のゲームである。このゲームの部分ゲーム完全均衡は（$D, R; u$）であり，後ろ向き帰納法で確認できる。しかし，このゲームには，（$D, R; u$）と（$U, L; d$）という 2 つの摂動完全均衡がある。（$U, L; d$）が摂動完全であることを示すために，プレイヤー 1 の戦略を「摂動させて」，（$U, L$）の確率を（$1-\varepsilon-\varepsilon^2$），（$D, L$）の確率を $\varepsilon$，（$D, R$）の確率を $\varepsilon^2$ とする。プレイヤー 1 は均衡におけるすべての手番の行動に正の確率を振り分けているので，この戦略は完全に確率的である。この戦略に対して，$d$ がプレイヤー 2 の最適応答であることを示す。この完全に確率的な戦略に対して，$d$ をとることに対するプレイヤー 2 の期待効用は，

$$u_2(d)=2(1-\varepsilon-\varepsilon^2)+0(\varepsilon)+0(\varepsilon^2)=2-2\varepsilon-2\varepsilon^2$$

であり，$u$ をとる場合の期待効用は，

$$u_2(u)=2(1-\varepsilon-\varepsilon^2)+(-5)(\varepsilon)+1(\varepsilon^2)=2-7\varepsilon-\varepsilon^2$$

である。$\varepsilon<5$ のとき，$d$ の期待効用が $u$ の期待効用を上回る。プレイヤー 2 にとって，$d$ は摂動完全であり，この摂動列に対して最適応答となっている。

**練習問題 7.3**：プレイヤー 1 の戦略（$U, L$）が，プレイヤー 2 の戦略 $d$ に対して，摂動完全であることを示せ（ヒント：($U, L$) が，「摂動」戦略に対して，最適応答であることを示せばよい)。

この例題を解く秘訣は，プレイヤー 1 の摂動が相関していることである。プレイヤー 1 が最初の手番で $U$ から逸脱すると，プレイヤー 2 は，プレイヤー 1 が第 2 の手番で $L$ をとる可能性が高いと予想する。しかし，こうした相関関係は，摂動がランダムなエラーであることに反する。この問題を解決するために，完全均衡は手番ごとに独立した摂動を持つと定義する[1]。各手番を別々に「摂動させる」ことによって，過去の手番から将来の逸脱についてプレイヤーが推測することを防ぐ。

**定義**：摂動がプレイヤーの手番の間で独立しており，戦略が摂動完全である場合およびその場合に限り，戦略の集合 $S$ は**完全均衡**である。

完全均衡は部分ゲーム完全性を含んでいる。すべての部分ゲームは，完全に確率的な戦略によって到達されるので，プレイヤーの選択は，各部分ゲームにおけるナッシュ均衡を形成しなければならない。その結果，完全均衡は部分ゲーム完全となる。

完全均衡は有限ゲームの混合戦略につねに存在する。

1 エージェント戦略形における $\varepsilon$-完全均衡を検討することによって，相関関係を持った摂動の問題を解決するためのより注意深い方法が存在する。$\varepsilon$-完全均衡は，最適応答から $\varepsilon$ サイズの逸脱を必要とする。エージェント戦略形は，行動をとろうとしているプレイヤーについて，それぞれ異なるエージェントが各情報集合をプレイするようにゲームを分解する。詳細については，Fudenberg and Tirole（1991, 351–56）を参照。

図 7.7 練習問題 7.5

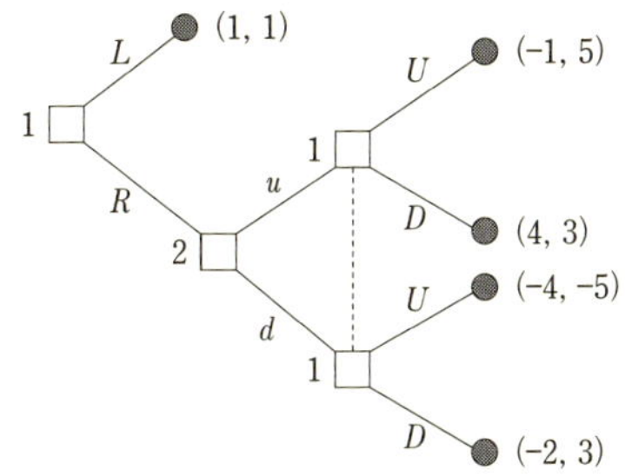


**定理**（ゼルテン）：すべての有限の展開形ゲームには，混合戦略において，少なくとも 1 つの完全均衡が存在する。

十分に微小な摂動に関して，均衡に収束する何らかの摂動列を見つけることができるので，完全均衡はつねに存在する。ゲーム $G$ について摂動ゲーム $G(\varepsilon)$ を，すべての手番が少なくとも確率 $\varepsilon$ で行われ，これら摂動の確率が手番間で独立しているゲームとする。摂動ゲームの列 $G(\varepsilon_n)$ を考えよう。ここで，$\varepsilon_n$ は，$n$ が無限に増加するにつれて，ゼロに近づくとする。第 4 章のミニマックス定理の証明の場合と同様に，不動点定理より，これらの摂動ゲームにはそれぞれ均衡が存在する。ゲームは有限であるので，これら摂動ゲームの均衡列には，$n$ が無限に増加するにつれて収束する部分列が存在しなければならない。さらに，この極限点における戦略は互いに最適応答である。ゆえに，この極限点は完全均衡の定義を満たす。摂動が手番間で独立のとき，極限点は，収束部分列の摂動集合に対して最適応答である。

**練習問題 7.4**：練習問題 5.2（159～60 頁）のゲームの各ナッシュ均衡について，どれが完全均衡かを示せ。

**練習問題 7.5**：図 7.7 のゲームには，3 つのナッシュ均衡があり，そのうち 2 つは部分ゲーム完全均衡である。これらの均衡を求め，どれが完全均衡でどれがそうでないかを示せ。

## 7.3 逐次均衡

完全均衡は適用するのがしばしば難しい。摂動に対する最適応答の計算は冗長となる。とはいえ，均衡経路外の信念が，均衡からの逸脱に関する整合性のある仮説に基づくべきであるという考え方は維持したい。均衡からの逸脱に関する仮説は，完全均衡の場合には摂動列で捉えられた。これに対して，逐次均衡では，完全ベイジアン均衡における信念と摂動の集合との間の整合性を要求することによってこの問題に対処する。逐次均衡は完全均衡よりも解を得やすく，またほとんどすべての逐次均衡は完全均衡でもあるので，逐次均衡は完全均衡よりも好まれる。

ここでは，逸脱を説明する仮説を信念において明示的にする。これらの仮説は，さまざまな以前の逸脱の可能性を明らかにする。信念は，逸脱を説明する何らかの仮説やゲームの構造と整合的でなければならない。これらの制約によって，プレイヤーは，ゲームについて滑稽な信念を採用したり，そうした信念を使って奇妙な行動を起こしたりすることはない。

それでは，信念に対してどのような制約を置くのであろうか。完全ベイジアン均衡のときと同様に，信念は，ベイズの定理や均衡戦略によって可能な限り定められなければならない。均衡経路上では，プレイヤーは，均衡戦略とベイズの定理を用いて信念を更新する。しかし，情報集合の中には，均衡において到達されないものもある。このような情報集合については，更新を行うことはできない。

この問題を解決するために，再び，完全に確率的な戦略の集合を用いる。具体的には，均衡戦略にきわめて近い完全に確率的な戦略という摂動によって，均衡経路外の信念を作り出す。プレイヤーの信念は，均衡に収束するこれら完全に確率的な戦略の列によって作り出される信念の列の極限とされる。信念の整合性の定義は，摂動完全性の考え方を反映したものである。微小なエラーの可能性が，均衡からの逸脱を説明するためにプレイヤーが用いる仮説を与える。

**定義**：信念と戦略の組み合わせの列について，列の各戦略が完全に確率的で均衡戦略に収束し，列の各信念が対応する各戦略からベイズの定理によって計算されるとする。信念と戦略の組が**整合的である**とは，その信念が上記列の極限となっていることである。

**例題**：図 7.5 の 3 人ゲームの均衡（A; a; $R$: 2/3）において，プレイヤー 3 の信念は，均衡戦略と整合的であることを示せ。この均衡では，プレイヤー 3 の情報集合は到達されない。そこで，望ましい信念を作り出すようなプレイヤー 1 と 2 の手番における摂動を見つける必要がある。プレイヤー 1 が D をとる確率を $\delta$，プレイヤー 2 が d をとる確率を $2\delta/(1-\delta)$ とする。ベイズの定理を使って，プレイヤー 3 の情報集合が到達されたことを所与として，上の節である確率を求める。プレイヤー 1 が均衡から逸脱すると，下の節に到達する。プレイヤー 2 が逸脱すると，上の節に到達する。以下では，プレイヤー 1 と 2 の逸脱をそれに対応する行動（それぞれ D と d）で，プレイヤー 3 の情報集合を「3′s inf」で，プレイヤー 3 の情報集合の上の節を「3′s un」で，下の節を「3′s ln」で表す。確率を計算すると，次のようになる。

$$p(3'\mathrm{s\,un} \mid 3'\mathrm{s\,inf}) = \frac{p(d)p(3'\mathrm{s\,un} \mid d)}{p(d)p(3'\mathrm{s\,un} \mid d) + p(D)p(3'\mathrm{s\,ln} \mid D)}$$

$$= \frac{\dfrac{2\delta}{1-\delta}(1-\delta)}{\dfrac{2\delta}{1-\delta}(1-\delta)+\delta(1)} = \frac{2\delta}{\delta+2\delta} = \frac{2}{3}$$

$\delta$ が 0 に近づくにつれて，情報集合に到達した場合に上の節にいるというプレイヤー 3 の信念は，2/3 に近づく。

**練習問題 7.6**：練習問題 7.5 で求めた完全均衡を支持する信念を求めよ。

逐次均衡は，逐次合理性と信念の整合性をともに要求する。信念を所与として各手番が最適であること，また信念が戦略と整合的であることを確かめることになる。形式的には，逐次均衡の定義は次のようになる。

**定義**：**逐次均衡**とは，逐次合理的かつ整合的なすべてのプレイヤーの信念と戦略の集合である。

信念は，均衡戦略からの逸脱と整合的であり，戦略は，信念を所与として最適である。一般的には，戦略が摂動に対して最適応答であるかどうかを見るよ

図 7.8　3 つの逐次均衡の中で 1 つのみが完全均衡のゲーム

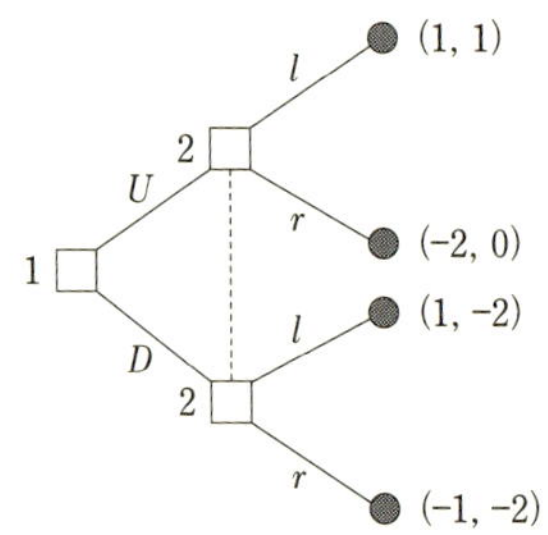


りも，信念が整合的であることを見るほうが簡単である。したがって，逐次均衡のほうが完全均衡よりも見つけやすく証明しやすい。Kreps and Wilson (1982a) は次の 2 つの定理を定式化した。

**定理**：すべての展開形ゲームには，少なくとも 1 つの逐次均衡が存在する。

**定理**：すべての完全均衡は逐次的であり，ほぼすべての逐次均衡は完全である[2]。

最初の定理の証明には，2 番目の定理が必要となる。ゼルテンは，すべてのゲームには混合戦略において少なくとも 1 つの完全均衡が存在することを証明した。したがって，すべての完全均衡が逐次的であるならば，すべてのゲームには逐次均衡が存在する。プレイヤーが弱被支配戦略を用いるような逐次均衡が存在する。完全均衡では，弱被支配戦略を用いた均衡は消去される。よって，このような逐次均衡は完全均衡でない。

**例題**：図 7.8 のゲームには，$(U; l: 1)$，$(D; l: 0)$，$(D; r: 0)$ という 3 つの逐次均衡が存在する。ここで，最後の要素は，プレイヤー 2 が自分の情報集合に到達したときに上の節にいると考える信念とする。これら 3 つの均衡のうち，$(D; l: 0)$ のみが完全均衡である。プレイヤー 1 は $D$，プレイヤー 2 は $l$ という弱支配戦略を持っている。

2　本書では述べないが，「ほぼすべて」は技術的な言い方である。逐次均衡と完全均衡の関係に関する技術的な記述については，Fudenberg and Tirole (1991, 355) を参照。

逐次均衡は，完全ベイジアン均衡とどのように異なるのであろうか。逐次均衡の場合には，均衡経路外の信念に対して多少強い制約が課される。これらのより強い制約は，プレイヤーが 2 つ以上の節から成る情報集合を持ったり，2 つ以上の手番をとったりするゲームにおいて重要となる。Fudenberg and Tirole（1991, 345–349）では，両概念の相違についてより完全な議論が行われている。本章の残りでは，これらの応用問題を検討しよう。

## 7.4 抑止と決意のシグナリング*

展開形ゲームを説明するために第 3 章で用いた抑止ゲームに戻ろう。本節では，このゲームの解を求め，国際政治学における抑止研究に対して均衡が持つ含意について検討する。このゲームは，第 8 章で議論する限定情報ゲームにおいて信念が用いられる方法の導入部分ともなっている。このモデルから引き出すことができるような，威嚇やはったりがどのように作用するかについての教訓は，立法府と行政府の関係や交渉における最後通牒といった，主体が互いに威嚇を用いる他の多くの状況にも当てはまる。

図 7.9 は抑止ゲームの展開形を示す。アクターは 2 人で，挑戦国 (*CH*) と防衛国 (*D*) である。ゲームでは，挑戦国が最初の選択を行い，挑戦する (*c*) もしくは挑戦しない (*NC*) を選択する。挑戦しない場合，現状維持が継続する (帰結 *SQ*)。挑戦国が挑戦する場合，防衛国は，挑戦に抵抗するか (*r*) あるいは譲歩によって危機を終了させるか (*nr*) を選択しなければならない。挑戦に対して抵抗しないという選択は，挑戦国に対する譲歩となるが，これを結果 *C* と呼ぶ。挑戦に対して抵抗が行われると，挑戦国が戦争と平和に関する最終決定を行う。挑戦を押し通すならば（図の行動 *P*），戦争となり，帰結 *W* となる。威嚇から後退する行動 *BD* が選択されると，戦争は回避されるが，防衛国に対する譲歩，ことによると挑戦国が「面子」を失うというコストが生じる。

各陣営の選好は，ほとんどの場合に上の結果の説明から得られる。挑戦国は，戦争には至らない防衛国による譲歩を現状維持よりも好み，これらの結果を後退よりも好む。定式的には，$1=u_{CH}(C)>u_{CH}(SQ)>u_{CH}(BD)=0$ となる。ただし，防衛国の譲歩を戦争よりも好むという点以外は，挑戦国が選好の中で *W* をどこに置くかについて確定的なことを言うことはできない。つまり，挑

* 本節では積分を用いる。

図7.9 2つのタイプの防衛国について不確実性のある抑止ゲーム

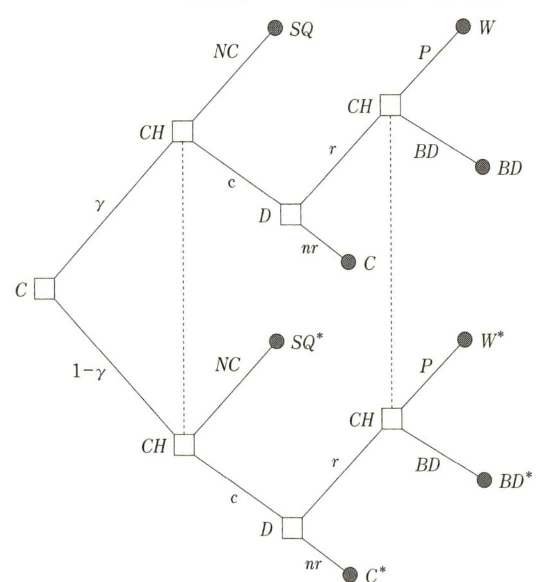


戦国は，戦争を現状維持よりも好む可能性もあるし，また現状維持を戦争よりも好むが，戦争を後退よりも好む可能性もある。さらに後退を含めてあらゆる平和的帰結を戦争よりも好む可能性もある。$u_{CH}(C)$ と $u_{CH}(BD)$ をそれぞれ1と0にすることによって，効用を正規化し，計算を簡単にしている。結果の解釈において注意すべき点は，$u_{CH}(SQ)$ が，譲歩と後退に対する挑戦国にとっての現状維持の価値を表しているということである。

次に，防衛国は，現状維持よりも挑戦国の後退を好み，自らの譲歩よりも現状維持を好む。定式化すると，$1=u_D(BD)>u_D(SQ)>u_D(C)=0$ である。防衛国についても，他の結果との関係で戦争をどのように位置づけるかについて明確な仮定は置いていない。防衛国には，戦争は現状維持よりも好ましい可能性があるし，戦争は譲歩よりも望ましくないかもしれない。防衛国の効用も正規化している。

モデルでは，防衛国の決意（戦争に対する防衛国の効用）に関する仮説を立てるかわりに，これを不確実にしている。このゲームは，防衛国の選好を決定する偶然手番から始まる。偶然手番から伸びるゲームの木の上方の枝は，強く決意した防衛国のケースであり，$u_D(W)>0=u_D(C)$ である。これに対して，下方の枝は，決意の弱い防衛国のケースであり，$u_D(C^*)=0>u_D(W^*)$ である。偶然手番の結果は防衛国には知らされるが，挑戦国には知らされない。上下の枝で挑戦国の節をつないだ情報集合は，挑戦国が防衛国の決意を知らないことを表している。挑戦国は，防衛国の決意を確かめることはできないが，そのかわりに防衛国の決意に関する信念を持っており，ゲームが進展するにつれてその信念を更新していく。こうした不確実性の表現は，第 8 章で扱う限定情報ゲームの基本的な仕組みである。

防衛国の決意が固いと考える挑戦国の初期信念は，最初の偶然手番の上方の枝の確率と同じであり，この確率を $\gamma$ で示す。信念は，偶然手番も含めてゲームの構造と整合的でなければならない。防衛国の選好を決定する偶然手番からゲームが始まると考えるのは，奇妙に思われるかもしれない。要するに，防衛国は決意が固いか弱いかのどちらかである。このモデルを形式どおりに解釈するのではなく，挑戦国が確信できない状態を表すものとしてこのゲームを考えるのがいいだろう。挑戦国は，防衛国の決意が固いかどうかを知らない。挑戦国は，行動に際して両者の可能性を考慮しなければならない。このゲームの構造はこうした挑戦国の確信のなさを示している。このような構造によって，分析者は，決定に際してアクターが考慮する事実とは異なる場合についても考察することになる。相手はどのように反応してくるのであろうか。相手の動機づけを正確には知らないアクターは，可能性があれば，そうした相手の反応も評価しなければならない。このゲームの構造は，こうした問題を考察する手段を与えるものである。

同様にして，戦争に対する挑戦国の効用について防衛国が確信を持てないというようにすることもできる。仮に決意の固い挑戦国と決意の弱い挑戦国がいるとすると，偶然手番によって，決意の強弱が異なる挑戦国と防衛国の各組み合わせについて 4 つの結果が実現可能となる。この場合，両プレイヤーは，自らの利得に関する知識と相手の利得に関する無知を反映した情報集合を持つことになる。

しかしここでは，このようにはせず，挑戦国の決意は共有知識としておく。戦争と後退に関する挑戦国の選好は，防衛国の決意に依存するとする。ある国の戦争に対する決意は，軍事力や戦闘コストを受け入れる意思が大きくなるにつれて強くなる。したがって，決意が強いほど，勝利する可能性は高まり，また相手が勝利する可能性は小さくなる。このように考えると，防衛国の決意が固い場合，防衛国はより強いので，挑戦国が勝利する可能性は小さくなる。そこで，決意の固い防衛国に対しては，挑戦国は，後退を好むと仮定する。アスタリスク（＊）のない結果は決意の固い防衛国の場合を表すので，$u_{CH}(BD) = 0 > u_{CH}(W)$ となる。これに対して，決意の弱い防衛国の場合，挑戦国が勝利する可能性は高まるので，挑戦国にとって戦争はより魅力的となる。そこで，決意の弱い防衛国に対しては，挑戦国は後退よりも戦争を好むと仮定する。アスタリスクを付けた結果は決意の弱い防衛国の場合を示すので，$u_{CH}(W^*) > 0 = u_{CH}(BD^*)$ となる。挑戦国の選好を完成させるために，現状維持，譲歩，後退の各結果は，防衛国の決意にかかわらず同じとすると，$u_{CH}(SQ) = u_{CH}(SQ^*)$，$u_{CH}(C) = u_{CH}(C^*) = 1$，$u_{CH}(BD) = u_{CH}(BD^*) = 0$ となる。以上より挑戦国の選好全体をまとめると，$u_{CH}(C) = 1 > u_{CH}(SQ) > u_{CH}(W^*) > u_{CH}(BD) = 0 > u_{CH}(W)$ となる。

こうした選好は，各陣営の決意の強さが相手の開戦への意思に影響を与えるという議論を捉えたものである。これに対して，挑戦国の戦争に対する価値は，防衛国の決意の度合いでは変化しないと考えることもできる。その場合には，戦争と後退に関する挑戦国の選好は，2 つの枝で変化しない。またここでは，挑戦国は，決意の弱い防衛国に対しても，戦争よりも現状維持を好むとしている。こうした仮定は，挑戦国が防衛国の決意を探っているような状況に相当する。挑戦国は，防衛国から譲歩を求めており，そのために戦争の威嚇を用いるかもしれない。後の練習問題では，挑戦国がときに現状維持よりも戦争を好む場合を考える。練習問題の場合のほうが挑戦国の決意は固い。直観的に考えれば，この本文の場合のほうが，練習問題の場合よりも抑止が可能なはずである。

まず，完備情報のもとで各枝を解くことから分析を始めよう。対応する完備情報ゲームを最初に解くと，限定情報ゲームを解く場合の手助けとなることがよくある。またこうした完備情報ゲームの解は，限定情報ゲームとの比較を行う際の基準を与える。ゲームにおいて，プレイヤーが確信を持てない状況が加わると，プレイヤーの行動に影響があるだろうか。図 7.10 は，防衛国の決意が固く，挑戦国がそれを知っているゲームを表す。このゲームは，後向き帰納法で解くことができる。挑戦国は，最後の手番において，$W$ よりも $BD$ を好むので，この手番に到達した場合には，挑戦国は後退する。これを予想して，防衛国は，自分の手番で譲歩よりも抵抗を好む。最初の手番の挑戦国は，防衛国が抵抗し，その後，自分が後退することを予想する。$BD$ よりも $SQ$ を好むので，挑戦国は挑戦しない。均衡は $(NC, BD; r)$ となり，これは図 7.10 の矢印で示されている。

図 7.10　決意の固い防衛国の後向き帰納法

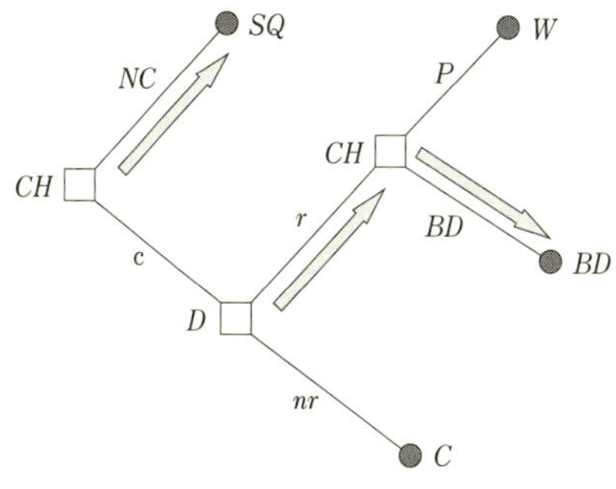


**練習問題 7.7**：防衛国の決意が弱い場合，完備情報のもとでの抑止ゲームの均衡を求めよ。

完備情報下のこれらの均衡が持つ含意を考えよう。どちらの場合も戦争は起きない。防衛国の決意が固い場合には，危機は起こらない。挑戦国は，防衛国が抵抗することを知っており，決意の固い防衛国に対する戦争かあるいは後退かという不愉快な選択が示される。不愉快な選択が待ち受けていることがわかる場合，どうして危機を始めるだろうか。防衛国の決意が弱い場合，挑戦国が必要ならば戦争に訴えることを両陣営は予想できる。防衛国は，戦争を回避するために譲歩を行う。この譲歩を予想して，挑戦国は，譲歩を得るために挑戦しようとする。ただし，これら 2 つの均衡での行動は，実際の危機における行動の描写とはかなり異なっている。各陣営は，相手の将来の行動を明確に予想しており，それゆえ，どのような行動をとるべきかを知っている。しかし，危機における抑止に関する多くの実証研究が強調するのは，相手側がどのように反応してくるかを予想することがいかに困難かという点である。また実証研究で強調されるのは，アクターが，しばしば自分の立場に自信過剰であり，相手が戦争に乗り出す可能性を過小評価し，さらに相手の決意の強さに関するシグナルを無視することである（たとえば，Lebow (1981)）。このモデルに不確実性を加えると，こうしたよく耳にする事実を説明できるようになるであろうか。

この問いに答える前に，モデルを解く必要がある。信念を使い，後向き帰納法を用いてさらに進めよう。威嚇を押し通すかどうかに関する挑戦国の最終決定から始めよう。まず，後退と威嚇の継続とを無差別にする臨界点となる信念を計算する。挑戦国が，自らの最後の手番において，防衛国の決意が固いと考える信念を$\bar{\gamma}$とする。この信念は，防衛国の決意が固いとした挑戦国の初期信念から更新されたものである。ガンマ（$\gamma$）の上のバーは，この信念が更新された信念であることを示す。挑戦国が，後退と威嚇の継続とに関して無差別であるとき，臨界点となる信念$\bar{\gamma}_{crit}$が得られる。挑戦国に関して，後退の場合の期待効用を威嚇の継続の場合の期待効用と等しくして，この臨界信念を求めると，次のようになる。

$$0 = \bar{\gamma}_{crit}[u_{CH}(W)] + (1 - \bar{\gamma}_{crit})u_{CH}(W^*)$$

$$\bar{\gamma}_{crit} = \frac{u_{CH}(W^*)}{u_{CH}(W^*) - u_{CH}(W)}$$

$\bar{\gamma} > \bar{\gamma}_{crit}$の場合，挑戦国は，威嚇の継続よりも後退を好む。これに対して，$\bar{\gamma} < \bar{\gamma}_{crit}$の場合には，挑戦国は，後退よりも威嚇の継続を好む。この結果は直観とも一致する。防衛国の決意が固いという挑戦国の信念が高いほど，挑戦国が威嚇を押し通す可能性は低くなる。また上式からは，この帰結に対する挑戦国の効用の変化とともに，挑戦国が開戦に踏み切る可能性がどのように変化するかについても導き出すことができる。この効用を観察可能な指標と関連付けることができれば，このモデルの検証可能な仮説を見つけることもできる。

そうした仮説は第2章で示した抑止の論理と本質的に同じなので，ここではその導出をしない。以下で展開形ゲームと期待効用の計算との類似性を指摘する場合には，本章のモデルと第2章の意思決定理論の抑止モデルとの類似性を意味している。制限情報の展開形ゲームの解の基底にあるのは，期待効用の計算である。本章での違いは，防衛国は決意が固いという挑戦国の信念がもはや外生的ではないという点である。外生的であるかわりに，この信念は，ゲームの中で防衛国の行動によって変化していく。こうしたゲームを解く上での困難は，どのように行動が選択され信念が作り出されるのかを確かめるときや，どのように信念が更新されるかを考察しなければならないときである。信念を作り出す戦略的選択は，見た目よりも複雑な可能性がある。

防衛国の手番に向かって，後向き帰納法でさらに進もう。ここでは，決意の固い防衛国や弱い防衛国が，どのような手番をとるかを考えなければならない。どちらの防衛国も，自ら譲歩して危機を終結させるよりも，挑戦国が後退することを好む。また，決意の固い防衛国は，譲歩よりも戦争を好むので，つねに抵抗を選択する。抵抗した場合の帰結はいずれも，決意の固い防衛国にとっては譲歩よりも望ましい。しかし，決意の弱い防衛国の場合には，挑戦国の反応をみなければならない。挑戦国が後退するならば，抵抗を好む。しかし，挑戦国が威嚇を押し通すならば，譲歩して危機を終結させたほうがよい。挑戦国が威嚇を押し通す確率を $r$ としよう。決意の弱い防衛国が抵抗と譲歩に関して無差別になる確率 $r$ を求めると，次のようになる。

$$0 = r[u_D(W^*)] + (1-r)(1)$$
$$r = \frac{1}{1-u_D(W^*)}$$

挑戦国が威嚇を押し通す確率が上の無差別な確率よりも大きい場合には，決意の弱い防衛国は譲歩する。これに対して，その確率が無差別な確率よりも小さい場合には，防衛国は抵抗する。

挑戦国が，上のような無差別な確率で威嚇を押し通し，1 からこの無差別な確率を引いた確率で後退するという混合戦略を採用する場合には，決意の弱い防衛国は抵抗と譲歩の間で無差別になる。挑戦国がこのような混合戦略をとるためには，挑戦国は $\bar{\gamma}_{crit}$——威嚇の継続と後退に関して無差別な信念——に等しい信念を持たなければならない。そこで，挑戦国のこのような更新された信念を作り出す防衛国の混合戦略を計算しよう。決意の弱い（irresolute）防衛国が抵抗する確率を $q$ とし，挑戦国の臨界信念を作り出す $q$ を求めると，次のようになる。

$$\bar{\gamma}_{crit} = \frac{p(D \text{ resolute})p(r \mid D \text{ resolute})}{p(D \text{ resolute})p(r \mid D \text{ resolute}) + p(D \text{ irresolute})p(r \mid D \text{ irresolute})}$$
$$= \frac{\gamma(1)}{\gamma(1)+(1-\gamma)q}$$
$$q = \frac{\gamma(1-\bar{\gamma}_{crit})}{(1-\gamma)\bar{\gamma}_{crit}} = \frac{\gamma[-u_{CH}(W)]}{(1-\gamma)[u_{CH}(W^*)]}$$

$\gamma$ は，防衛国の決意が固い（resolute）と挑戦国が考える初期信念である。上の計算の最後に，帰結に対する挑戦国の効用で表した $\bar{\gamma}_{crit}$ の値を代入している。この混合戦略は，$\gamma > \bar{\gamma}_{crit}$ のときには支持されない。この場合には，決意の弱い防衛国が抵抗する確率は，1 よりも大きくなってしまう。この解析の背後には単純な直観がある。$\gamma > \bar{\gamma}_{crit}$ の場合には，決意の弱い防衛国が抵抗するか否かにかかわらず，挑戦国はつねに後退する。挑戦国は，防衛国の決意について当初から確信している。決意の弱い防衛国は，挑戦国が後退するのを予想しているので，つねに抵抗する。

ここまで，ゲームの最後の2つの手番に対する最適応答の対応をみてきた。挑戦国の最後の手番の対応は，挑戦国の更新後の信念に依存している。防衛国の手番の対応は，最後の手番に到達した場合に挑戦国がどのような手番をとるかに依存する。分析を完成させるためには，最初の手番で挑戦国がどのような行動をとるかを確定しなければならない。挑戦国はいつ挑戦し，またいつ現状維持を選択するのであろうか。$\gamma > \bar{\gamma}_{crit}$ の場合，挑戦国は防衛国の抵抗を予測する。$u_{CH}(SQ) > u_{CH}(W^*)$ という仮定，すなわち，挑戦国は，決意の弱い防衛国との戦いも含めて，いかなる戦争よりも現状維持を好むという仮定を思い出そう。すべての防衛国が抵抗することを考えると，$\gamma > \bar{\gamma}_{crit}$ のときには，挑戦国は現状維持を選択すべきである。こうして，防衛国の決意が固い可能性が高いと挑戦国が信じている場合に，抑止が成立する。抑止のために挑戦国が必要とする信念の正確な度合いは，結果に対する挑戦国の効用の大きさに依存する。

$\gamma < \bar{\gamma}_{crit}$ の場合には，挑戦国が現状への挑戦を自動的に思いとどまることはない。挑戦国は，挑戦の価値と現状維持の価値を比較することになる。挑戦を選択した場合の価値は，防衛国の混合戦略から計算することができる。防衛国が挑戦に対して抵抗する場合には，挑戦国は，威嚇の継続と後退に関して無差別である。最後の手番における挑戦国の混合戦略の期待効用を計算するかわりに，単純に $u_{CH}(BD)$（仮定から0）を用いる。挑戦国は，威嚇の継続と後退に関して無差別であるので，2つの選択肢の効用は等しい。最後の節から得られる挑戦国の期待効用を表すために，どちらの選択も用いることができる。$u_{CH}(BD)=0$ なので，このほうが簡単である。現状維持の期待効用が挑戦の期待効用よりも大きいとき，挑戦よりも現状維持が好まれるが，それは次のようになる。

$$\begin{aligned} u_{CH}(SQ) &> \gamma[u_{CH}(BD)] + (1-\gamma)\{q[u_{CH}(BD)] + (1-q)u_{CH}(C)\} \\ &> \gamma(0) + (1-\gamma)\left(0\left\{\frac{\gamma[-u_{CH}(W)]}{(1-\gamma)[u_{CH}(W^*)]}\right\} + 1\left\{\frac{(1-\gamma)u_{CH}(W^*) - \gamma[-u_{CH}(W)]}{(1-\gamma)[u_{CH}(W^*)]}\right\}\right) \end{aligned}$$

$\gamma$ について解くと，挑戦国の初期信念について，次の条件を得る。

$$\gamma > \frac{[1-u_{CH}(SQ)]u_{CH}(W^*)}{u_{CH}(W^*) - u_{CH}(W)} = [1-u_{CH}(SQ)]\bar{\gamma}_{crit}$$

$\gamma$が上の不等式の右辺よりも大きい場合，挑戦国は現状に挑戦しない。このとき，挑戦国は，防衛国が譲歩する可能性が，戦争と後退の選択に自分が後に直面するリスクを正当化するほどには大きくないと考えている。$1>1-u_{CH}(SQ)>0$から，この臨界信念は，$\bar{\gamma}_{crit}$よりも小さくなければならない。このモデルでは，挑戦国が現状維持に与える価値が大きいほど，危機の一般的な抑止の可能性は高まる。上の不等式は，$u_{CH}(SQ)$が大きいほど，成立する可能性が高まる。$u_{CH}(SQ)$の値が大きくなるにつれて，挑戦を抑止するのに必要な信念の閾値は小さくなる。

以上の分析から均衡を求めると，次の2つの場合がある。なお以下の均衡は，（$CH$の最初の手番，$CH$の最後の手番；決意の固い$D$の応答，決意の弱い$D$の応答：最後の手番における$CH$の信念）の順に示している。第1に，以下の場合には

$$\gamma > \frac{[1-u_{CH}(SQ)][u_{CH}(W^*)]}{u_{CH}(W^*)-u_{CH}(W)}$$

（$NC, BD; r, r: p$）は完全ベイジアン均衡である。ただし，次の関係を満たす。

$$p > \bar{\gamma}_{crit} = \frac{u_{CH}(W^*)}{u_{CH}(W^*)-u_{CH}(W)}$$

第2に，以下の場合には

$$\gamma < \frac{[1-u_{CH}(SQ)][u_{CH}(W^*)]}{u_{CH}(W^*)-u_{CH}(W)}$$

$$\left\{C, \left[\frac{1}{1-u_D(W^*)}P, \frac{-u_D(W^*)}{1-u_D(W^*)}BD\right]; r, \left[\frac{\bar{\gamma}_{crit}-\gamma}{(1-\gamma)\bar{\gamma}_{crit}}nr, \frac{\gamma(1-\bar{\gamma}_{crit})}{(1-\gamma)\bar{\gamma}_{crit}}r\right]: \bar{\gamma}_{crit}\right\}$$

は完全ベイジアン均衡である。ただし，以下の関係を満たす。

$$\bar{\gamma}_{crit} = \frac{u_{CH}(W^*)}{u_{CH}(W^*)-u_{CH}(W)}$$

**練習問題 7.8**：$u_{CH}(C)=1>u_{CH}(W^*)>u_{CH}(SQ)>u_{CH}(W)>u_{CH}(BD)=0$とし，他の選好についてはすべてこれまでと同じとする。このモデルの完全

ベイジアン均衡を求めよ。

a）最後の手番における挑戦国の最適応答の対応を求めよ。

b）防衛国の決意が固い場合と弱い場合の双方について，その手番における最適応答を計算せよ。

c）最初の手番において挑戦国が $c$ と $NC$ に関して無差別となる臨界確率を求めよ。

ゲームの各結果が生じる確率を計算するために，上でみてきた均衡を用いることができる。$\gamma$ のすべての値は，均等に発生する（より厳密にいうと，$\gamma$ は $[0, 1]$ で一様に分布している）と仮定しよう。また挑戦国が現状に挑戦する場合にはいつでも，危機が発生するとしよう。このとき，

$$\gamma > \frac{[1-u_{CH}(SQ)][u_{CH}(W^*)]}{u_{CH}(W^*)-u_{CH}(W)}$$

の場合には，危機は発生しない。

$$\gamma < \frac{[1-u_{CH}(SQ)][u_{CH}(W^*)]}{u_{CH}(W^*)-u_{CH}(W)}$$

の場合には，危機がつねに起きる。したがって，危機の確率とは，後者の条件が生じる確率である。

$$p(\text{crisis}) = p(\gamma < \gamma^*) = \frac{\int_0^{\gamma^*} 1dx}{\int_0^1 1dx} = \frac{\gamma^*}{1} = \gamma^*$$

ただし，$\gamma^*$ は以下の通りである。

$$\gamma^* = \frac{[1-u_{CH}(SQ)][u_{CH}(W^*)]}{u_{CH}(W^*)-u_{CH}(W)}$$

上の分子は，$\gamma<\gamma^*$ の確率であり，分母は，すべての実現可能な $\gamma$ の確率である。$\gamma$ は $[0, 1]$ の一様分布なので，定積分を使って計算する。この確率は，$\gamma^*$ よりも下にある $\gamma$ の値域という値域全体の一部分となる。$\gamma$ は一様分布（すべての値が均等に発生する）なので，値域の部分が確率となる。

危機が発生する場合の防衛国の譲歩，挑戦国の後退，さらに戦争発生の確率

の計算は，より複雑である。これらの事象の確率は$\gamma$とともに変化する。すべての実現可能な$\gamma$に関して各事象が生じる可能性の計算は，これら変化する確率を説明できるものでなければならない。これらの確率を計算するためには，積分が必要になる。防衛国は，次の確率

$$(1-\gamma)\left[\frac{\bar{\gamma}_{crit}-\gamma}{(1-\gamma)\bar{\gamma}_{crit}}\right]=\frac{\bar{\gamma}_{crit}-\gamma}{\bar{\gamma}_{crit}}$$

で譲歩を行う。ただし，$(1-\gamma)$は，防衛国の決意が弱い確率であり，

$$\frac{\bar{\gamma}_{crit}-\gamma}{(1-\gamma)\bar{\gamma}_{crit}}$$

は，決意の弱い防衛国が譲歩する確率である。危機が発生した場合に，防衛国が譲歩する確率は，

$$p(\text{nr} \mid \text{crisis})=\frac{\displaystyle\int_0^{\gamma^*}\frac{\bar{\gamma}_{crit}-x}{\bar{\gamma}_{crit}}dx}{\displaystyle\int_0^{\gamma^*}1dx}=\frac{\dfrac{\gamma^*\bar{\gamma}_{crit}-(1/2)\gamma^{*2}}{\bar{\gamma}_{crit}}}{\gamma^*}=\frac{2\bar{\gamma}_{crit}-\gamma^*}{2\bar{\gamma}_{crit}}$$
$$=\frac{1+u_{CH}(SQ)}{2}$$

である。また，ある$\gamma<\bar{\gamma}_{crit}$に対して，戦争が勃発する可能性は，

$$p(D\,\text{resists})p(CH\,\text{presses})=\left(\frac{\gamma}{\bar{\gamma}_{crit}}\right)\left[\frac{1}{1-u_D(W^*)}\right]$$

となる。防衛国の決意が固いという挑戦国の信念が大きくなるにつれて，防衛国が抵抗する可能性が高まるので，この確率は$\gamma$とともに大きくなる。防衛国の決意に対する信憑性が高まるほど，決意の弱い防衛国がはったりをする可能性が高まる。危機が発生した場合の戦争の確率は，次のようになる。

$$p(\text{war} \mid \text{crisis}) = \frac{\displaystyle\int_0^{\gamma^*} \frac{x}{\bar{\gamma}_{crit}[1-u_D(W^*)]}dx}{\displaystyle\int_0^{\gamma^*} 1dx} = \frac{\dfrac{\gamma^{*2}}{2\bar{\gamma}_{crit}[1-u_D(W^*)]}}{\gamma^*}$$

$$= \frac{\gamma^*}{2\bar{\gamma}_{crit}[1-u_D(W^*)]}$$

$$= \frac{1-u_{CH}(SQ)}{2[1-u_D(W^*)]}$$

決意の弱い防衛国が戦争に対して持つ価値が大きくなるにつれて，また，挑戦国が現状維持に対して譲歩獲得の価値を高めるにつれて，戦争の可能性はより高まる。

**練習問題 7.9**

a）練習問題 7.8 で求めた均衡をもとに，危機が発生する確率，危機が発生した場合に挑戦国が防衛国から譲歩を得る確率，危機が戦争にエスカレートする確率を計算せよ。$\gamma$ のすべての値は均等に生じるとする。

b）挑戦国の戦争に対する効用の増大はその決意の強化を表している。決意の強化は，軍事力の増強やコスト負担の意思の高まりによる。練習問題 7.8 の均衡と本文の均衡を比較して，このような決意の強化によってどのような行動を予想すべきかを検討せよ。挑戦国の決意の強化は，同国が戦争を回避し，防衛国からの譲歩を確保する可能性を高めるであろうか。あるいは，挑戦国の決意の強化は，戦争の可能性をより高めるであろうか。

もしアクターがこの均衡をプレイするとすれば，どのような行動が観察されるであろうか。第1に，観察される危機の集合は，起こりうる危機すべての集合とは異なる。本文の均衡の中の第1の場合には，危機は発生しない。防衛国の威嚇は，挑戦国を抑止するのに十分な信憑性がある。危機は，防衛国の決意に疑いを持つときにのみ発生する。しかしその場合でも，防衛国は，挑戦国に対して自らの決意を確信させることは可能であり，挑戦国はときに後退する。したがって，危機に関する実証研究では，観察される事象において生じるこうした選択効果を考慮する必要がある。観察される事象は，実現可能な事象の全集合からのランダム・サンプルとは異なる。

第2に，モデルにおいて戦争が勃発する場合には，挑戦国は，防衛国が発する決意に関するシグナルを無視しているように思われる。モデルにおける戦争の場合だけを見ると，防衛国の決意が固いという可能性がかなり高かったとしても，挑戦国は威嚇を押し通している。戦争となった多くの場合では，防衛国は決意が固く，もし挑戦国がそれを知っていれば，挑戦国は後退を好む。しかしそれはどうあれ，戦争は起きている。このような行動は，危機の実証研究においてしばしば見出される「誤認」に似ている。挑戦国は，防衛国からの決意のシグナルにもかかわらず，戦争に突き進むのである。しかし反対に，防衛国の決意に関して確信が持てない状況に直面している挑戦国の立場を考えてみよう。防衛国が，当初の威嚇に抵抗することによって自らの決意のシグナルを送ったとしても，挑戦国もまた，決意の弱い防衛国でも威嚇に抵抗するものがいることを知っている。決意の弱い防衛国のこうしたはったりによって，決意の固い防衛国が威嚇への抵抗によって送るシグナルの信憑性は低くなる。挑戦国は，対峙している防衛国のタイプを区別することができない状況で，その決意を判断しなければならない。決意の弱い防衛国の中には抵抗するものもいることを知っているので，挑戦国は，決意のシグナルとして防衛国の抵抗を部分的に割り引いて考えるはずである。しかしそれにもかかわらず，このシグナルは，挑戦国に対して何らかの情報を伝達している。すなわち，防衛国の決意に関する挑戦国の信念は，防衛国の抵抗を観察した後に変化する。場合によってはこうした防衛国の抵抗は，挑戦国に後退を選択すべきことを確信させる。しかし，戦争の場合だけをみると，決意の固い防衛国が送る決意のシグナルにもかかわらず，挑戦国が戦争へと向かう場合を多く目にする。

このモデルは，不確実性が，「誤認」や「ボルスタリング」のようにみえる行動を作り出すことを示唆している。前者は，挑戦国が防衛国の決意について認識を誤ることを意味し，後者は，挑戦国が防衛国の決意を無視することを意味する。これらの2つは，挑戦国が決意の固い防衛国と戦争を行う場合に起きる[3]。つまり，挑戦国は，仮に防衛国の決意を知っている場合には行わない戦争に突き進むのである。さらに挑戦国は，防衛国の決意のシグナルを無視するようにも思われる。防衛国もまた，挑戦国の意図を誤認する可能性がある。決意の弱い防衛国は時に挑戦に抵抗し，挑戦国はその抵抗に直面して時に威嚇を押し通す。モデルでは，危機が生じるとき，どちらの陣営も，相手が次の手番

3　あるいは，挑戦国が，決意の弱い防衛国に対して後退するときに起きる。誤認は，戦争だけでなく，平和も導く可能性がある。

でどのような行動をとるかについて確信を持っていない。モデルに何らかの不確実性が加わるとき，完全情報モデルが持つ明確な予想はなくなる。この場合，両陣営は，完全情報下ではとらないような行動をとる可能性がある。しかし後から考えると，分別に欠けたと思われる行動をプレイヤーがとるにしても，プレイヤーたちは驚かないし，われわれも驚くべきではない。

この点をさらに推し進めようとしても，この単純なモデルで現実を描き出すには限界がある。誤認や心理的間違いは，危機においてはきわめて一般的な出来事である。この問題を完全に扱うのは，このモデルの範囲を超えている。誤認が危機の中心をなすという考えを支持する事例研究は，しばしば政府内の意思決定の政治に注目する。このモデルでは国内政治は捨象されている。ここでのポイントは簡単である。すなわち，不確実性下のゲーム理論モデルは，アクターが互いの意図を誤認しているようにみえる均衡行動をしばしば作り出すということである。どのような証拠があれば，戦略的不確実性の効果と心理的誤認の効果とを区別できるかは明確ではない。最低限言えることは，観察される証拠が戦略的選択によってどのように形作られるかについて，ゲーム理論モデルはより注意深く考察することを要求するということである。またこれらのモデルは，「非合理的」行動の発生を論じようとする人々にとっては洗練された基準として役立つ。

このモデルには，読者に関係する2つの要点がある。第1に，2タイプのみの防衛国という仮定は人工的であるが，これによってここで用いたいくつかの代数学を可能にしている。第8章では別の抑止モデルを示すが，そこでは防衛国の決意は連続的なタイプによって表される。連続的なタイプを持った不確実性をモデル化することによって，決意が強まることの影響についてより適切な分析が可能になる。こうしたモデルは，本章のモデルでみた均衡の場合分けをなくすことにもなる。

第2に，このモデルにはもう1つの均衡がある。$p>\bar{\gamma}_{crit}$ のもとで（$NC, BD; r, r: p$）もまた完全ベイジアン均衡である。挑戦国の最後の手番は均衡経路外にあるが，完全ベイジアン均衡では均衡経路外の信念については自由に選択できる。ここでは，防衛国の決意は固いという挑戦国の信念を十分に高くして，挑戦国に後退すべきことを確信させている。挑戦国が後退するならば，決意の弱い防衛国を含めすべての防衛国が抵抗する。挑戦国は，自らが後退することを予想し，現状維持を好む。$\gamma>\bar{\gamma}_{crit}$ の場合，すなわち，防衛国の決意が固い可能性が高いと信じて，挑戦国がゲームを開始する場合には，この均衡は理にかなっている。しかし，この均衡は，挑戦国が持つ任意の初期信念において成立する。挑戦国は，その挑戦によって防衛国の決意を試す以前から，抵抗する防衛国の決意は固いと確信している。

この論理はきわめて奇妙であるが，均衡となっている。ここで，$\gamma<\bar{\gamma}_{crit}$ の場合にはこの均衡を除外しよう。挑戦国の信念は，自分の信念が誤りであるという証拠を確認した場合にだけ変化すべきである。均衡経路外の信念については，そのまま変化しないとすることもできる。信念をこのように制限するとき，この均衡は $\gamma<\bar{\gamma}_{crit}$ において支持されない。この制約を置くと，$\bar{\gamma}<\bar{\gamma}_{crit}$ となり，挑戦国は威嚇を突き通すことを好む。挑戦国のこうした行動を予想するとき，決意の弱い防衛国は譲歩する。このような論理によって，$\gamma<\bar{\gamma}_{crit}$ である場合の均衡が導かれる。この例は，信念の制限に関する考え方であり，完全ベイジアン均衡の1つの精緻化を示している。

## 7.5 「なぜ投票するのか？」再考*

第2章では，簡単な効用モデルを用いて投票参加の問題を論じた。このモデルから得られた最初の観察は，誰も投票すべきではないというものであった。しかし，膨大な数の人々が投票をし続けている。測定誤差がこれらの観察との不一致を説明すると主張するのは難しい。第2章ではまた，これに対する2つの解決方法を示した。1つは，投票行動それ自体から得られる利益である。人々は，これら一般的利益を得るために投票する。もう1つの解決方法は，プロスペクト理論に依拠するものであり，人々は自分の投票が決定的なものである確率を過大評価するということである。本節では，Ledyard (1984) をもとにこのパラドクスに対する別の解決方法を示す。

本章での解決方法は簡単な観察から生まれる。もしすべての人が投票を行うならば，1人の投票が結果に対して無意味なことはほぼ確実である。この場合，投票のコストが，結果に及ぼす影響から得られる期待利益よりも大きいので，個人は投票しない。これに対して，誰も投票しないならば，結果を自分で決定することができるので，個人はつねに投票することを望む。これらの両極端はいずれも均衡とはなりえない[4]。これら極端の間に，他の有権者が投票を行う

* 本節では，二項定理を用いる。

4 この結論は，勝利候補者を決定する利益が投票のコストを上回ることを仮定している。言うまでもなく，すべての有権者に関して，投票コストが勝者決定の利益を上回るならば，誰も投票しない

かどうかについての各有権者の期待と，自分の投票が結果にもたらす限界効果とが一致する均衡が存在する。投票に前向きな有権者にとっては，投票のコストはより小さい。より高いコストに直面している有権者は投票しない。そしてこの限界有権者は，投票することと投票しないことの間で無差別となっている。限界有権者にとっては，投票のコストと，選挙結果に対して自分の投票がもたらす限界効果から得られる利益とが一致している。

ここで示すモデルは，このような投票率に関する議論のみに焦点を当てる。候補者そのものや，候補者の立場が有権者の候補者に対する評価をどのように動かすかという点については捨象する。もちろん，完全な選挙モデルは，候補者が行う選択やこれら選択が候補者に対する有権者の選好をどのように形成するかという点を含まなければならない。しかし，問題を単純化するために，本節では，候補者の決定は考えないことにする。

第 2 章の投票における計算で示した決定とほぼ同様に，有権者は投票すべきか否かの意思決定に直面する。候補者は $C1$ と $C2$ の 2 人とする。有権者の利得は，自分が好む候補者が当選した場合に $B$ とし，便宜上，1 に固定する。有権者が $C1$ を好む確率を 1/2，$C2$ を好む確率を 1/2 と仮定する。有権者は，自分の選好は知っており，候補者に対する他の有権者の選好に関しては等確率であることを知っている。有権者 $i$ が $C1$ を好む場合，$C1$ が勝利すれば $B$ を得るが，$C2$ が勝利すれば 0 となる。また有権者は $C_i$ の投票コストに直面し，$C_i$ は [0,1] の一様分布から選択されるとする。これらのコストは，正規化された利益に対する相対コストとみなすことができる。投票コストは 0 から 1 に分布し，すべての値は等しく生じる。ここでも，有権者は自分の投票コストを知っている。すべての有権者は，他の有権者のコストについてその分布の形を知っている。最後に，全部で $n$ 人の有権権者がいるとする。全員が投票するわけではないが，$n$ 人が投票できる。

投票コストが 0 よりも小さいとか，1 よりも大きいということはないとする。負のコストを持った有権者はすべて，つねに自分が選好する候補者に投票を行う。すなわち，負のコストを持った有権者は，投票という行動自体に正の純利益を持っている。ここでは，結果を決定する有権者の限界確率の計算を簡単化するために，こうした可能性を除外する。こうした可能性の除外によって，分析結果から導かれる特性を変えることなく，計算をかなり簡単にすることがで

---

というのが均衡である。

きる。他方，1よりも大きいコストを持った有権者は，投票の利益よりも大きい投票コストにつねに直面する。自分の投票が決定力を持つ場合でさえ，このような有権者は決して投票しない。それゆえ，モデルにこうした有権者を含める意味はない。

同様に，有権者が各候補者を選好する確率を1/2にしているが，この仮定は，有権者が激戦を予想している場合を捉えている。各候補者を支持する有権者の割合が等しいとき，投票率はもっとも高くなると考えられる。有権者が$C1$を選好する他の確率を選択することによって，勝利候補者に対する期待確率を変えることができる。この点については，後に練習問題で扱う。

投票するか否かについての有権者の決定を考えよう。有権者が実際に投票する場合には，明らかに，その有権者が好む候補者に投票が行われる（この点については，第2章で示した投票の効用理論モデルで証明したが，ここでの議論も同じである)。有権者$i$が，投票するか否かに関して無差別であるとする。$C_j<C_i$であるすべての有権者$j$は投票し，$C_k>C_i$であるすべての有権者$k$は投票しない。予想投票者数は，$C_in$であり，ここで$i$は限界有権者である。有権者$j$が投票する確率は，$C_j<C_i$となる確率に等しい。0と1の間にある$C_j$のすべての値は等しく生じるので，この確率は$C_i$となる。もし$n$人の有権者がいる場合には，予想投票者数は$C_in$となる。説明の簡略化のために，$C_in$を奇数とする[5]。有権者$i$が投票しない場合，$i$が好む候補者（たとえば$C1$）は，$(C_in+1)/2$もしくはそれ以上が$C1$に投票すれば勝利する。$(C_in-1)/2$が$C1$に投票する場合には引き分けとなり，勝利候補者は各候補が1/2の確率で選ばれるとする。投票を行わない場合には，この有権者の選挙結果に対する期待効用は次のようになる。

$$\sum_{j=\frac{C_in+1}{2}}^{C_in-1}\binom{C_in-1}{j}\left(\frac{1}{2}\right)^{C_in-1}+\left(\frac{1}{2}\right)\binom{C_in-1}{\frac{C_in-1}{2}}\left(\frac{1}{2}\right)^{C_in-1}$$

第1項は，$(C_in+1)/2$もしくはそれ以上の有権者が$C1$に投票する確率を与える。第2項は，$(C_in-1)/2$の有権者が$C1$に投票する確率を表す。$C1$が勝利することによるこの有権者の利益は1である。第2項には1/2を掛けて，引き分けであった場合の$C1$勝利の確率を説明している。他の場合には，すべ

5　$C_in$が整数であることは，きわめて起こりにくい。かわりに，$C_in$をもっとも近い整数に切り上げる。$C_in$（あるいは切り上げた整数）が偶数の場合については，練習問題として示す。

て $C2$ が当選し，この有権者の利得は 0 となる。

この有権者が $C1$ に投票を行った場合の期待効用は，次のとおりである。

$$\sum_{k=\frac{C_in-1}{2}}^{C_in-1}\binom{C_in-1}{k}\left(\frac{1}{2}\right)^{C_in-1}-C_i$$

第 1 項は $C1$ の勝利による利益であり，これは，少なくとも $(C_in-1)/2$ の他の投票者が $C1$ に投票する場合に生じる。第 2 項はこの有権者にとっての投票コストであり，どちらの候補者が勝利するかにかかわらず支払う。他の投票者のうち $(C_in-1)/2$ よりも少ない者が $C1$ に投票するとき，$C2$ が勝利する。このとき，この投票者は利益を得ることなく，投票コストを支払うことになる。

この有権者は無差別であると仮定したので，上の 2 つの式を等号で結び，$C_i$ について解こう。等式において，$(C_in-1)/2$ よりも多くの他の有権者が $C1$ に投票する場合にはいつでも，利益が相殺されることに注意しよう。このような場合には，この有権者は決定力を持っていないので，この相殺は容易に予想される。このとき，この有権者の行動にかかわらず，$C1$ は勝利する。これらを相殺すると，次のようになる。

$$C_i=\frac{1}{2}\binom{C_in-1}{\frac{C_in-1}{2}}\left(\frac{1}{2}\right)^{C_in-1}=\left[\left(\frac{1}{2}\right)^{C_in}\right]\frac{(C_in-1)!}{\left[\left(\frac{C_i-1}{2}\right)!\right]^2}$$

上の等式は，$C_i$ についての均衡条件を与えている。残念ながら，均衡コスト $C_i$ について，この式を明示的に解くことはできない。しかし，上の式から投票率について次のような 3 つの結論を導くことができる。

第 1 に，投票率は正である。上式の右辺は，つねに正であるので，$C_i$ が均衡において 0 になることはない。

第 2 に，何人かの有権者は投票を行わない。右辺は 1/2×他の投票者すべてが候補者間で等しく票を分ける確率であり，これはつねに 1 よりも小さい。

第 3 に，有権者が増えるにつれて，投票率は低下する。$C_i$ を一定とすると，$n$ の値が大きくなるにつれて，右辺は減少する。予想投票 $C_in$ に有権者 2 人を追加すると，右辺には，

$$\left[\left(\frac{1}{2}\right)^2\right]\frac{(C_in+1)(C_in)}{\left(\frac{C_in+1}{2}\right)^2}=\frac{C_in}{C_in+1}<1$$

を掛けることになる。したがって，$C_i$ およびそれに伴う投票率は，均衡において $n$ が増加するにつれて，減少しなければならない。

**練習問題 7.10**：$C_i n$ が偶数の場合，投票に関する均衡条件を求めよ。

このモデルは，合理的モデルによって正の投票率が生じることを明らかにしている。しかし，選挙における投票率の正確な描写とは信じられないような結論を含んでいる。このモデルでは，投票コストによって誰が投票するかが決定される。もし投票に伴う時間と労力が投票コストであるならば，このモデルによれば，ひと綴りの選挙人名簿に登録している人々だけが投票行動をするという結論になる。もう少し正式に言えば，このモデルは，投票に対する単純な障壁が，なぜさまざまな集団による投票を効果的に阻止できるのかを説明している。投票による利益が大きいと考えられるときでさえ，投票のために登録する機会を制限することによって，人々の投票を妨げることができる。とはいえ，どのようにすれば投票コストを観察できるかを知ることは難しい。勝者の決定とは別に投票の利益の要素を含めるならば，投票コストの測定は困難に思われる。

このモデルではまた，投票率は，つねに 1/2 よりも低い，おそらくかなり低いことが予測される。この結論については，投票の利益を小さくしたことに起因するとみられる。このモデルには，自らの投票に決定力があると知るとき，投票の利益とコストが等しくなる投票者が存在する。これまでの議論では $B$ を 1 とすることによって，自らに好ましい候補者が当選することの利益を小さくしてきた。$B$ を大きくして，均衡投票率がどのように変化するかをみることができる。投票のコストに比べて利益が増加するにつれて，投票率が上昇すると予想される。米国の投票率は，中間選挙よりも大統領選挙のほうが高い。米国の地方選挙は，一般的に国政選挙よりも投票率が低い。国際比較では，投票率は，一般的に投票に対する障壁（たとえば，選挙人登録法）が低い国のほうが高い。

**練習問題 7.11**：一般化した $B$ について，均衡関係を示す等式を求めよ。$C_i n$ は奇数とする。$B$ が増加するにつれて，投票率は上昇するだろうか。

モデルを完全にするためには，候補者による立場の選択もまたモデル化する必要がある。候補者が中位投票者の立場に収斂するならば，自分にとって好ましい候補者が当選することによる有権者の利益は小さくなる。第4章で示した空間モデルでみたように，候補者たちが全く同じ立場をとるならば，2人の候補者に対する有権者の好みはなくなる。各候補者が，選挙後の政策について異なる結果をもたらすと有権者が信じるような理由をきちんと説明できないとしよう。このとき，勝利候補者の選択について非常に小さな利益を仮定することは，きわめて理にかなっている。候補者は，互いに異なる立場をとることによって有権者のそのような信念を作り出すこともできる。有権者は，たとえ候補者が選挙期間中に中位投票者の立場をとっていたとしても，勝利後は中位投票者の立場を実施するのを信じないこともできる。結局のところ，大統領は，自由に自分で政策を作成することはできない。

理想的には，選挙と政府の包括的モデルには，これらすべての要因が含まれるべきである。そのようなモデルであれば，なぜ有権者は投票に向かうのかという問いだけでなく，次のような問いも説明できるだろう。公職に就いた場合に各候補者が採用する政策に対する期待を有権者がどのように形成するのか。将来の政策に対する有権者の期待を作り出す戦略を候補者はどのように選択するのか。公職に就いた候補者が実施する政策が，これらの戦略によってどのように導かれるのか。こうしたモデルはまだ存在しない。しかし，このグランド・モデルの部分モデルのいくつかは存在する。第9章では，業績評価投票モデルを示す。このモデルでは，現職の行動が業績評価投票によって，いかに統制されるかという問いが扱われる。また，本書では扱わないモデルであるが，候補者が当選すると，期待される政策という観点から有権者が公約をどう解釈するかという点に取り組んでいるモデルもある。

## 7.6　まとめ

本章では，完全均衡と逐次均衡について説明した。これらの均衡では，プレイヤーが戦略において「揺らぐ」かもしれないと仮定することによって，均衡の頑健性が検証された。これらの微小で独立した離脱の可能性によって，均衡行動からの逸脱を説明できる仮説が作り出される。完全均衡は，そのような摂動に対して戦略が最適応答となっているかどうかを検証する。逐次均衡は，摂動を用いて均衡経路外の信念を作り出す。完全均衡は，弱被支配戦略がとられている均衡を除外するが，逐次均衡は，そうした除外をしない。

表 7.1 異なる均衡概念の比較

| 均衡概念 | 最適応答の判断 | 最適応答の頑健性 | 信念の使用 | 均衡経路外の信念 |
|---|---|---|---|---|
| ナッシュ均衡 | 均衡経路上 | 全戦略の比較 | 不使用 | 無関係 |
| 部分ゲーム完全均衡 | 真部分ゲーム | 部分ゲーム内の戦略の比較 | 不使用 | 無関係 |
| 完全ベイジアン均衡 | すべての情報集合 | すべての情報集合での逐次合理性 | 使用 | 自由に選択可能 |
| 逐次均衡 | すべての情報集合 | すべての情報集合での逐次合理性 | 使用 | 摂動と整合的 |
| 完全均衡 | すべての情報集合 | 摂動に対して；弱被支配戦略なし | 不使用 | 無関係 |

完全ベイジアン均衡のほうが完全均衡や逐次均衡よりも使いやすいために，応用においては前者の均衡が一般的に用いられる。直近の 4 つの章のまとめとして，異なるタイプの均衡概念を表 7.1 にまとめた。この表は，最上段のもっとも弱い概念，すなわちナッシュ均衡から始まり，下へ行くほど強い概念となり，完全均衡で終わっている。第 1 列は均衡概念を示す。第 2 列は，ゲームのどこで最適応答が判断されるかを述べている。第 3 列は，最適応答の頑健性を示している。第 4 列は，その均衡概念が信念を用いているかどうかを示す。最後の列は，均衡経路外の信念がどのように判断されるかを述べている。この列の「無関係」は，その均衡概念では信念が使われていないことを示している。

ナッシュ均衡は，均衡経路上のみで最適応答を判断する。そこでは，均衡経路上の手番が最適応答であることが求められるだけである。均衡経路外の手番については，手番をとるプレイヤーにとって最適でない可能性がある。部分ゲーム完全性は，真部分ゲーム内の最適応答を検証する。部分ゲーム完全性においては，各部分ゲーム内でプレイヤーが最適応答をとっていることが要求される。完全ベイジアン均衡は，信念を導入し，すべての手番の逐次合理性を判断する。信念は，均衡経路上の均衡戦略とつねに整合的となる。しかし，均衡経路外では，信念を自由に選択することが，完全ベイジアン均衡では一般的に許される。逐次均衡では，均衡経路外の信念が均衡戦略からの摂動と整合的であると仮定される。完全均衡は，すべての情報集合において摂動に対する戦略の頑健性を検証する。完全均衡では信念は用いない。

本章ではまた，抑止と投票という完全ベイジアン均衡の 2 つの例を示した。投票の例では，投票に正のコストがかかるにもかかわらず，有権者が投票を行う均衡を示した。抑止の例は制限情報のゲームである。危機において，挑戦国は，防衛国の動機づけについて確信が持てない。制限情報ゲームは次章のトピックである。こうしたゲームでは，完全ベイジアン均衡の概念がきわめて有効である。

## 7.7　文献案内

標準的なテキストには完全均衡や逐次均衡の優れた説明がある。Selten（1975）と Kreps and Wilson（1982a）は，それぞれこれらの概念の原著論文である。これらの概念に関する完全な議論については，Fudenberg and Tirole（1991）を勧める。

抑止のモデルは，危機における交渉の制限情報モデルに関する多くの文献に依拠している。これら先行研究の中のどれか特定のモデルには基づいていない。第8章の文献案内において，危機における交渉モデルをサーベイしている。

投票均衡モデルは Ledyard（1984）に依拠している。Palfrey and Rosenthal（1985）はこのモデルの拡張版である。

### 選挙研究

選挙の理論は，市民は誰になぜ投票するのかと，候補者はどのように選挙を戦うのかという，2つの関連する問題に取り組んでいる。Coughlin（1990）は選挙に関する数理的な研究をサーベイしている。Aldrich（1993）は，投票率について合理的選択モデルから何が明らかになるのかをレヴューしている。この2つの文献はともによい出発点である。また第6章の比較政治の文献も読むべきである。第6章では，多党制のもとでの選挙に関する研究をサーベイしている。

候補者間競争は，一般的には空間的枠組みでモデル化されている。Enelow and Hinich（1990）は空間理論についての近年の論文を集めている。McKelvey and Ordeshook（1985）は制限情報のもとでの候補者間競争と投票行動を検討している。自分の相対的位置を見極めるために，候補者は世論調査を用い，有権者は候補者の支持者を見る。Kollman, Miller, and Page（1992）は限定合理性のモデルを用いて政党間競争を検討している。

Ledyard（1984）のモデルは，モデルの中に，空間的競争における候補者の位置選択を含んでいる。このモデルは，本書で示した単純化したモデルよりも一般化されている。また，候補者の立場が収斂するにつれて，勝者決定に対する有権者の利益は小さくなるために，投票率についてはより悲観的なものになっている。Palfrey and Rosenthal (1985) は Ledyard モデルを拡張し，大選挙区での投票の説明としてはそのモデルに限界があることを示している。Lohmann (1993) の政治的行動主義のモデルは，これら選挙における投票率のモデルと密接に関係している。このモデルは，政治行動をシグナリングの過程としてモデル化している。

大衆選挙における投票に関する別のアプローチに，業績評価投票がある。これは，有権者が，在職中の業績に基づいて現職を再選するかどうかを決定するものである。Ferejohn (1986) は，業績評価投票に関する最初のゲーム理論モデルであり，第9章で論じる。Austen-Smith and Banks (1989) は，業績評価投票についてのより発展的なモデルである。Alesina and Rosenthal (1989) は，この議論を新たな方向に展開し，経済が選挙を動かすのではなく，選挙が経済状態に影響を与えると論じている。業績評価投票は，公職者による政策形成を対象とする多くのモデルにとって共通のものとなっている。Morrow (1991) は，業績評価投票によって軍備管理政策がいかに動かされるかに関する1つの例を示している。

選挙に関する多くの他の面についてのモデルも作成されてきた。Austen-Smith (1992) は，選挙民による公職者へのロビイングを検討している。Lupia (1992) は，シグナリングのモデルを用いて市民の発案手続きのモデル化を行っている。Myerson and Weber (1993) は，投票ルールが選挙における競争にどのような影響を与えるかを検討する一連の研究の中で最新のものである。Snyder (1990) は，選挙における競争の1つの形態として，選挙献金と支出パターンを分析している。

# 第 8 章

# 制限情報ゲームと信念に対する制約

制限情報や不完備情報のゲームでは，プレイヤーはゲームの正確な性質に関する情報を持たない。プレイヤーは，ゲームの構造や他のプレイヤーの効用関数あるいは自らの手番がもたらす正確な結果を知らないことがある。第 7 章の抑止ゲームは制限情報ゲームである。挑戦国は防衛国の決意を知らなかった。

一般的に，プレイヤーは，これらの基本的な不確実性について異なる情報を持っている。前章までは，ゲームのすべての側面が共有知識であると仮定してきた。もしすべてのプレイヤーがある情報を知っており，すべてのプレイヤーは残りのプレイヤーがその情報を知っていることを知っており……というのであれば，情報は共有知識である。あるプレイヤーの**個人情報**とは，そのプレイヤーだけが持つ情報である。防衛国の決意，つまり戦争と後退の間の防衛国の選好は，抑止ゲームにおいて防衛国の個人情報であった。各プレイヤーの個人情報は，そのプレイヤーの**タイプ**を決定する。各プレイヤーはいくつかのタイプの中のいずれかであり，プレイヤーは自分のタイプを知っているが，残りのプレイヤーが知っているのはそのプレイヤーがとりうるタイプの集合のみである。抑止ゲームでは，防衛国は決意の固いタイプか決意の弱いタイプかのいずれかであった。防衛国は，自分がどちらのタイプかを知っていたが，挑戦国は，防衛国が 2 つのタイプのいずれかであるということしか知らなかった。

制限情報ゲームでは，プレイヤーは他のプレイヤーのタイプについて判断しようとする。その判断は，完全ベイジアン均衡ではプレイヤーの信念によって表される。あるプレイヤーの信念とは，他のプレイヤーがどのタイプであるかという確率のことである。抑止ゲームでは，挑戦国は自身の両方の手番で防衛国の決意について信念を形成した。

プレイヤーの個人情報は自分自身の手番に影響を及ぼす。抑止ゲームでは，決意の弱い防衛国は抵抗することも抵抗しないこともあるが，決意の固い防衛国は威嚇に対して必ず抵抗する。あるプレイヤーの手番は，他のプレイヤーに対して自分の個人情報を明らかにすることがある。プレイヤーは，他のプレイヤーの手番を見て，そのプレイヤーのタイプについての信念を更新する。プレイヤーは，相手のプレイヤーの各タイプがゲームの均衡においてその観察された手番をとる確率を比較する。相手のあるタイプが特定の手番をとり，別のタイプがその手番をとらないのであれば，その手番によって相手のタイプは明らかになる。抑止ゲームでは，防衛国が威嚇に抵抗した後，挑戦国は，防衛国の決意が固いという信念を上方修正する。決意の固い防衛国ほど抵抗する可能性が高い。

プレイヤーは，自分の個人情報を手番によって相互に伝え合い，戦略的な策略を練ったり，空脅しをしたり，シグナリングを行ったりする。制限情報ゲームの完全ベイジアン均衡は，戦略で示されるゲームのプレイや，ゲームのプレイによって形成されるプレイヤーの信念の変化を表す。制限情報ゲームの均衡は，すべてのタイプのプレイヤーについて戦略と信念を特定しなければならない。抑止ゲームの均衡では，決意の固い防衛国と決意の弱い防衛国の両方の戦略が特定された。防衛国の一方のタイプの戦略しか特定されていない状況では，挑戦国は，防衛国が手番をとった後に信念を更新することができない。挑戦国は，防衛国の一方のタイプがどれくらいの確率で抵抗してくるのかはわかっているが，もう一方についてはわからない。挑戦国は防衛国のタイプを知らないので，均衡は，決意の固い防衛国と決意の弱い防衛国の両方について求めなければならない。挑戦国は，防衛国の両タイプの行動について考えなければならない。というのは，挑戦国はどちらのタイプの防衛国を相手にしているのかを知らないからである。挑戦国の意思決定問題をモデル化するためには，そのような扱いが必要になる。

均衡経路上では，均衡戦略とベイズの定理が信念を定義する。しかし完全ベイジアン均衡では，均衡経路外の信念が自由に選択される。この自由のために制限情報ゲームでは深刻な結果につながる。挑戦国が決して威嚇しない抑止ゲームの均衡を考えよう。防衛国の応答や，威嚇を押し通すかどうかについての挑戦国の意思決定は，均衡経路外にある。これらは均衡では生じない手番である。挑戦国の更新された信念によって，威嚇を押し通すかどうかの意思が定まる。この行動が均衡経路外にあるので，防衛国の決意が固いという信念を挑戦国が威嚇を決して押し通さないのに十分な高さにとることができる。挑戦国が決して威嚇を実行しないならば，どちらのタイプの防衛国もあらゆる威嚇に対して抵抗するだろう。このような結果を予想して，挑戦国は決して威嚇しない。他のプレイヤーのタイプに関するプレイヤーの信念は，制限情報ゲームにおけるそのプレイヤーの手番を決定する。したがって，均衡経路外の信念は，制限情報ゲームにおける均衡経路上の奇妙な行動を導き出すことがある。信念に対する制約は，こうした問題に対処する試みである。

第3章では，ゲームが共有知識であると仮定していた。この仮定をそのまま維持し，Harsanyi（1967–1968）によって開発された巧妙な仕掛けを用いて不完備情報ゲームをモデル化しよう。制限情報ゲームは，プレイヤーのタイプを決定する偶然手番から始まる。プレイヤーは自分のタイプを知っているが，他のプレイヤーのタイプについては知らない。また，偶然手番は，他のプレイヤーのタイプについてのプレイヤーの初期の信念を表している。すべてのプレイヤーは，偶然手番での各プレイヤーのタイプの確率を知っている。これらの確率が，他のプレイヤーのタイプについてのプレイヤーの初期の信念となる。不完備情報ゲームは同一のゲームの集合から成る。これらのゲームはそれぞれ，プレイヤーのタイプの組合せによってプレイされ，その完全な集合はプレイヤーのタイプの組合せすべてによって定義される。偶然手番は，これらのゲームのどれが実際にプレイされるのかを決定する。他のプレイヤーのタイプに関するプレイヤーの不確実性は，情報集合によってモデル化される。情報集合とは，自分のタイプは同じだが他のプレイヤーのタイプが異なる並行な節どうしを，ゲームをまたぐ形でつないだものである。抑止ゲームでは，防衛国には2つのタイプがあり，挑戦国には1つのタイプがあった。そして，挑戦国と決意の固い防衛国のゲームと，挑戦国と決意の弱い防衛国のゲームという2つのゲームが存在した。偶然手番は，これら2つのゲームのどちらがプレイされるのかを決定する。どちらのゲームがプレイされるのかを，防衛国は知っているが，挑戦国は知らない。挑戦国の不確実性は，2つのゲームの中の挑戦国の手番をつないでいる2つの情報集合によって表される。このような仕掛けにより，不完全情報ゲーム（つまり，情報集合が複数の節から成るゲーム）を用いて不完備情報ゲームをモデル化することができる。

この章では，5つの異なる制限情報ゲームを紹介する。最初に，裁判前の交渉ゲームによってシグナリング・ゲームを紹介する。これは制限情報ゲームの特殊型に分類される。第2のモデルでは，議会内の委員会が情報面で果たす役割を，シグナリング・ゲームによってモデル化する。合意をめぐって交渉を行う当事者は，互いの合意に対する評価を概して知らない。第3のモデルは，このような不確実性下での交渉に関する簡単なシグナリング・ゲームである。第4のモデルでは，危機における行動がその国の評判にどのように影響を及ぼすのかについて検討する。抑止行為は，このモデルでは将来の意思についてのシグナルとなる。第5のモデルは，均衡経路外の信念の問題を説明する。さらに本章には，チープトークに関する節もある。チープトークは，戦略的な意図を持ったコストのかからないシグナルである。このゲームは制限情報ゲームではないが，チープトークを扱うことによって，コストのかかるシグナルとコストのかからないシグナルを比較することができる。

制限情報ゲームは，さまざまな不確実性を数多く表現するために用いられる。プレイヤーは，抑止ゲームでそうであったように，しばしば互いの利得について不確実である。本章にある委員会の機能に関するモデルでは，議会は政策の成り行きについて不確実となっている。プレイヤーが自らの選好を「知らない」ゲームも構築できる（Morrow 1994a）。これらのゲームでは，プレイヤーはゲームの結果に対する自分たちの選好について不確実である。プレイヤーは，それぞれの結果を達成する方法を知っているが，どの結果が自分たちにとって最善であるのかについては不確実である。各プレイヤーは，結果に対する評価について何らかの個人情報を持っている。このようなゲームは，政策の結果が非常に不確かな状況を表している。

不完備情報ゲームによって，戦略的なコミュニケーションの分析が可能になる。ここで，コミュニケーションは，ゲームにおいてプレイヤーが送ることのできるメッセージとして扱われる。メッセージを送るというのは，まさにゲームにおける手番のことである。メッセージは，ゲームに関する信念を動かすことによって，プレイヤーの将来の手番を変えるかもしれない。このような設定のもとで，コミュニケーションや行動が互いにどのように影響するのかを研究することができる。コミュニケーションがゲームのプレイに影響を及ぼすためには，不確実性の存在が前提になる。不確実性がなければ，プレイヤーはコミュニケーションによって動かされる信念を持たないことになる。コミュニケーションは，不完備情報ゲームにおいてプレイヤーが他のプレイヤーのタイプを識別するための一助となる。その他にも，コミュニケーションは，ゲームの複数均衡の1つにプレイヤーが互いに調整するのに役立つかもしれない。不完全情報，つまりゲームの履歴についての不確実性は，調整がその役割を果たすう

図 8.1　調整ゲーム

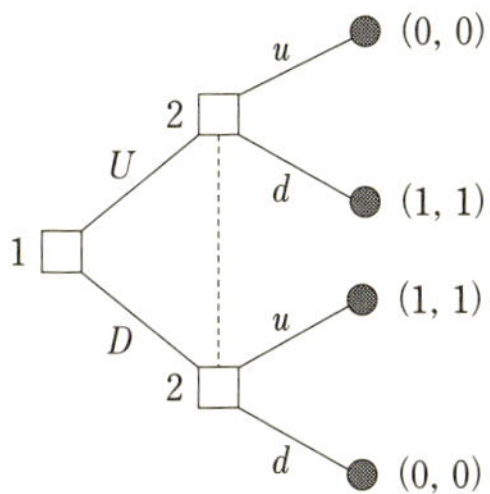


えで必要になる。これがなければ，各プレイヤーは，自分の手番において他のプレイヤーがどのような手番をとったのかを確かめることができる。このとき，プレイヤーは，自分の手番のシグナルを送るのにコミュニケーションを必要としない。「チープトーク」の節では，そのような調整を分析する。

コミュニケーションは，ゲームの均衡に重大な影響を及ぼすことがある。プレイヤーがコミュニケーションをとれるのか，またコミュニケーションをどのようにするかについて特定化しなければ，どの均衡が生じるのかを明らかにするのは難しい。ナッシュ均衡では，どの均衡をプレイするのかに関してプレイヤーがなぜ同じ予想を持つのかを，共通の推測によって説明できることが要求される。コミュニケーションは，そのような共通の推測を与える 1 つの方法である。図 8.1 のゲームを考えてみよう。プレイヤーがコミュニケーションをとれないならば，彼らは混合戦略均衡 $[(\frac{1}{2}U, \frac{1}{2}D); (\frac{1}{2}u, \frac{1}{2}d)]$ をプレイすると予想される。プレイヤーがコミュニケーションできれば，2 つの純戦略ナッシュ均衡 $(U; d)$ あるいは $(D; u)$ のうちの 1 つに彼らが調整すると予想される。このゲームの結果は，プレイヤーが手番を選ぶ前にコミュニケーションできるかどうかに依存している。

ゲームにおけるコミュニケーションを定式化するには，どのようなコミュニケーションが可能かを明確にしなければならない。これによって，異なる形式のコミュニケーションがゲームの均衡や結果にどのように影響するのかを分析できる。プレイヤーの間で交わされるコミュニケーションは，メッセージをやり取りする正式な機会だけではなく手番を通しても行われる。行動は，それを行うプレイヤーの意思を表しており，それは言葉よりも雄弁である。そのようなコミュニケーションは，しばしば暗黙のコミュニケーションと呼ばれる。というのも，プレイヤーは互いの真意をその行動から推測しているからである。正式なコミュニケーションが可能であれば，ゲームの展開形は，コミュニケーションを行う機会や伝達可能なメッセージの内容を明確にするだろう。暗黙のコミュニケーションは，どのような制限情報の動学ゲームにおいてもおそらく生じるだろう。

## 8.1 シグナリング・ゲーム

シグナリング・ゲームは，コミュニケーションについて考える際の最初の簡単な方法である。シグナリング・ゲームでは，プレイヤー1（しばしば送り手と呼ばれる）が個人情報を持っており，この情報がプレイヤー2（受け手と呼ばれる）の意思決定に影響を及ぼす。プレイヤー1は，プレイヤー2の意思決定よりも前に，個人情報に関するシグナルをプレイヤー2に送る機会を持つ。ここで，被告は自分に過失があったかどうかを知っているが，原告はそれを知らないような法的訴訟を考えてみよう。被告は裁判前に原告に対して，少額か多額かいずれかの示談金を提示できる。裁判に持ち込まれると費用がかかる。それゆえ，被告は，裁判費用を負担するよりも，裁判になる前に多額の示談金を支払うことを選好する。しかし，被告にとって示談金は多額よりも少額のほうがより好ましい。被告によって提示される示談金の額は，原告に対する被告の優位性を示すシグナルとなり，原告がその提示を承諾するかどうかの意思に影響する。もし原告によって示談金の提示が拒否されると，その訴訟は裁判に持ち込まれ，被告の個人情報が明らかになる。もし被告に過失がある場合には，原告に多額の示談金と同額が支払われることになる。

図8.2はBanks and Sobel（1987）のゲームを表したものであり，この状況を定式化している。プレイヤー1は被告（defendant）であり，ここではプレイヤー$D$と呼ばれる。プレイヤー2は原告（plaintiff）であり，ここではプレイヤー$P$と呼ばれる。被告は上側の枝では過失がなく，下側の枝では過失がある。被告の手番$B$と$S$は，それぞれ多額の示談金と少額の示談金の提示である。原告の手番$a$と$r$は少額の示談金の提示を承諾するか拒否するかを表し，手番$a'$と$r'$は多額の示談金の提示を承諾するか拒否するかを表している。

$(S, S; a, a')$は，このゲームのナッシュ均衡である。ただし，手番の表し方は（過失がない場合の$D$の提示，過失がある場合の$D$の提示；少額の示談金の提示に対する$P$の反応，多額の示談金の提示に対する$P$の反応）である。原告が必ず提示を承諾するとしたら，被告は少額の提示を選好する。原告は少額の提示でも必ず承諾する。なぜなら，確実な示談金3の提示は，被告の提示

図 8.2　訴訟のシグナリング・ゲーム

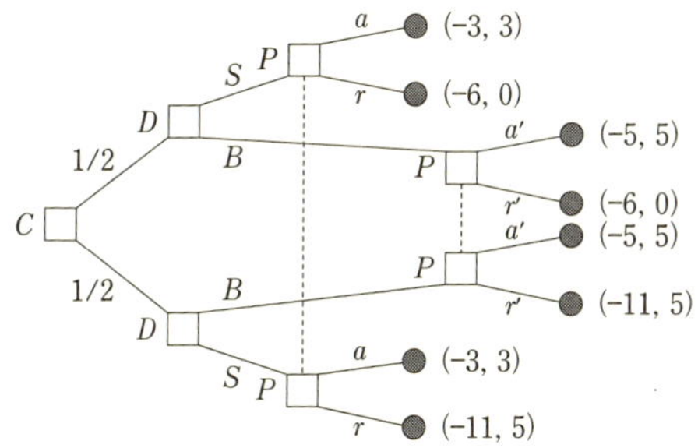


を拒否して裁判に持ち込むというギャンブルよりも原告にとって好ましいからである。示談金の提示を拒否する場合の $P$ の期待効用は，$\frac{1}{2}(0)+\frac{1}{2}(5)=2\frac{1}{2}$ であり，この値は 3 よりも少ない。均衡では $D$ は決して多額の提示を行わないので，$P$ が多額の示談金の提示を承諾するか否かは，このナッシュ均衡とは関係ない。

**練習問題 8.1**：上のゲームの残り 2 つのナッシュ均衡を求めよ（ヒント：このゲームには純戦略ナッシュ均衡しか存在しない。なぜ均衡経路上に混合戦略ナッシュ均衡が存在しないのか）。

次の段階は，上記のナッシュ均衡をそれぞれ支持するような信念を見つけることである。これらの信念と上記の戦略の組合せによって，ゲームの完全ベイジアン均衡が形成される。原告の信念は，提示を受けた後に被告に過失があると，原告がどれほど強く信じているのかを明らかにする。被告は 2 つの情報集合を持つので，多額の提示に対する信念と少額の提示に対する信念という 2 つの信念の集合を示さなければならない。信念は，均衡において到達される任意の情報集合に対して戦略から求められる。均衡経路外では，信念は自由に選ばれる。原告の戦略を支持する信念を選ぶことにしよう。

$(S, S; a, a')$ という均衡において，少額の提示 $S$ がなされた後の情報集合は均衡経路上にあり，多額の提示に対する情報集合は均衡経路外にある。少額の提示がなされた後の原告の信念は，ベイズの定理を用いることによって均衡戦略から求められる。被告は，過失があるタイプも過失がないタイプも必ず少額の提示を行うので，原告の信念は，偶然手番において被告の各タイプに与えられた初期の確率と変わらない。したがって，次の結果を得る。ここで，$D$

negligent は過失がある被告，$\sim D$ negligent は過失がない被告を表す。

$$p(D\,\text{negligent} \mid S)$$
$$=\frac{p(D\,\text{negligent})p(S \mid D\,\text{negligent})}{p(D\,\text{negligent})p(S \mid D\,\text{negligent})+p(\sim D\,\text{negligent})p(S \mid \sim D\,\text{negligent})}$$
$$=\frac{\left(\frac{1}{2}\right)(1)}{\left(\frac{1}{2}\right)(1)+\left(\frac{1}{2}\right)(1)}=\frac{1}{2}$$

この均衡において，被告は決して多額の提示をしない。この均衡で，もし原告が多額の提示を受けたとしたら，原告は，被告に過失があるか否かについて何を信じればよいのだろうか。この均衡では多額の提示は決して起こらないので，完全ベイジアン均衡において原告は，多額の提示を受けた後，被告に過失があるか否かについて任意の信念を持つことができる。多額の提示をすべて承諾するという原告の戦略を支持するような信念の範囲を求めよう。この均衡は，求められた範囲の任意の信念によって支持される。多額の提示のもとで被告に過失があるという原告の信念を $p$ としよう。多額の提示を承諾したときと拒否したときの原告の期待効用を計算し，両者の値を等しいとおく。このとき，多額の提示に対する承諾と拒否が原告にとって無差別となるような信念の値が求められる。

$$U_p(a' \mid B)=p(5)+(1-p)(5)=5$$
$$U_p(r' \mid B)=p(5)+(1-p)(0)=5p$$

よって，承諾 $a'$ と拒否 $r'$ が無差別になるのは，$p=1$ のときである。

$p<1$ ならば，多額の提示を承諾したときの期待効用5は，拒否したときの期待効用 $5p$ よりも大きいので，原告は多額の提示を承諾する。すなわち，原告が多額の提示を拒否するのは，被告に間違いなく過失があると信じている場合だけである。その場合でも，多額の提示に対する承諾と拒否は原告にとって無差別である。被告の過失について確実ではないという任意の信念（つまり $p<1$）は，原告が多額の提示をすべて承諾することを意味する。均衡経路外の信念は自由に選択可能なので，$p\leqq 1$ となる任意の値が選ばれ，被告は多額の提示を承諾することになる。

以上より，$(S, S; a, a')$ という均衡に対して，被告の信念は $(1/2, p)$ である（ただし，$p\leqq 1$）。信念の表し方は，（少額提示のもとで $D$ に過失があると

いう $P$ の信念，多額提示のもとで $D$ に過失があるという $P$ の信念）である。

**練習問題 8.2**：練習問題 8.1 で見つけたナッシュ均衡のそれぞれを支持する信念を求めよ。各情報集合で $D$ に過失がある条件付確率を求めることによって，上記の信念を明らかにせよ。

3 つの均衡のどれでも，被告は両タイプで同じ提示を行う。すべてのタイプが同じ戦略をプレイする均衡を**一括均衡**という。タイプによって異なる戦略がプレイされるならば，**分離均衡**が生じる。この場合，受け手は送り手の手番を観察した後に，どのタイプの送り手に直面しているのかを判別できる。タイプが一括も分離もしていないときには，**半分離均衡**が生じる。半分離均衡では，提示を受けた後に被告の信念が変化するが，どのタイプに直面しているのかは判別できない。

図 8.2 のゲームには一括均衡のみが存在する。過失がある被告は，原告に少額の提示を承諾してもらうために，原告に自分には過失がないように思わせたい。原告の初期の信念により，過失がある被告は，あたかも自分に過失がないかのように行動できる。被告に過失がないという原告の初期の信念は十分に強く，それゆえ，原告は被告の一方のタイプが行う任意の提示を承諾する。一括均衡では，原告が被告のタイプについて学習することはない。被告の責任に関する原告の信念は，被告からの提示を受けた後も変化しない。これは，すべてのタイプが同じ提示をするからである。しかし，初期の信念が異なる場合には，このゲームでも分離均衡が存在することになる。

**練習問題 8.3**：図 8.2 のシグナリング・ゲームにおいて，被告に 1/4 の確率で過失がなく，3/4 の確率で過失があるように偶然手番を変える。

a）このとき，$(S, S; a, a')$ と $(S, S; a, r')$ は完全ベイジアン均衡ではないことを示せ。

b）このゲームの混合戦略完全ベイジアン均衡を求めよ。過失のある被告が 2 種類の提示の両方を行い，原告が時として少額の提示を拒否するような均衡である（ヒント：混合戦略を求めるには，他のプレイヤーが 2 つの戦略の間で無差別となるように計算したことを思い出そう）。

練習問題 8.3 の半分離均衡は，被告のタイプに関する情報を原告に伝える。

多額の提示を行う過失のある被告がいるので，少額の提示が行われた後に，被告の責任に関する原告の信念は変化する。被告に過失がある可能性はより低くなる。新たな情報が得られた結果，原告は裁判に持ち込もうとしなくなる。しかし，原告は少額の提示を受けた後でも，時には裁判に持ち込むことがある。原告が必ず少額の提示を承諾するなら，すべての被告は少額の提示しか行わないだろう。裁判に持ち込むという威嚇によって，過失がある被告はつねに少額提示というわけにはいかなくなる。これと同時に，過失のない被告が少額の提示を行うので，原告は少額の提示をすべて拒否しようとも思わない。原告は，過失がない被告からの少額提示を拒否し裁判で敗れるよりも，それを承諾するほうが望ましい。

この例は，シグナリング・ゲームにおける均衡の一般的な原則を描写している。送り手がどのタイプであれ，均衡において異なるタイプのように行動しても利益は得られない。過失がない被告は少額の提示を行うが，過失がある被告は時として多額の提示を行う。この原則は**誘因両立性**と呼ばれる。均衡において，異なるタイプの行動は，彼らの誘因と整合的でなければならない。誘因両立性が満たされなければ，候補にあがった均衡において特定化されたのとは異なるシグナルを送ることを選好するようなタイプが存在することになる。

**定義**：シグナリング・ゲーム $S$ の戦略のペア（$\sigma; a$）が**誘因両立的**であるとは，プレイヤーのすべてのタイプ $t$ と $t'$ について，

$$M_t\{\sigma(t); a[\sigma(t)]\} \geqq M_t\{\sigma(t'); a[\sigma(t')]\}$$

となることである。ただし，$M_t$ はタイプ $t$ の利得関数，$\sigma(x)$ は戦略 $\sigma$ に従ってタイプ $x$ から送られるシグナル，$a[\sigma(x)]$ は戦略 $a$ に従って $\sigma(x)$ のメッセージが観察された後にとられる行動を表す。

一括均衡はつねに誘因両立的である。一括均衡では，すべてのタイプが同じメッセージを送る。受け手は，送り手のタイプにかかわらず同じ行動をとる。言い換えれば，異なるタイプのように行動した結果，同じ行動になるということである（これは均衡経路外の受け手の信念に依存するので，候補にあがった均衡ではどのタイプも送らないようなメッセージを送ることが利益になるかもしれない。もっとも，これは誘因両立性に関するのとは別問題である)。誘因両立性は，分離均衡を検証する上で重要である。分離均衡では，受け手は，送

り手のメッセージを観察した後に異なった行動をとる。戦略のペアが誘因両立的ではない場合，別のタイプに偽装することで利益を得るようなタイプが送り手の中に存在する。分離均衡を探すときには，誘因両立性について確認しなければならない。

シグナリング・ゲームに関する本節を締めくくるにあたって，シグナリング・ゲームとの比較のために，第6章で扱った政治的助言モデルを振り返りたい。このモデルでは，バイアスのある情報に対する選好が導かれた。このモデルにおいて，アドバイザーは戦略的なアクターではない。アドバイザーは，自分の勧告が意思決定者の選択に及ぼす影響を考慮せずに勧告を行う。アドバイザーが戦略的なアクターであるならば，彼らの勧告は，アドバイザーが選好するような選択を意思決定者がとるように選ばれる。次節では，米国議会内の委員会の機能に関するシグナリングのモデルを扱う。委員会は，全体に対するアドバイザーとしての役割を果たす。委員会は，政策の結果に関して本会議よりも多くのことを知っており，その情報の優位性を生かした法案を提出する。もし委員会が本会議によって選好されるものとは異なる政策結果を選好するならば，本会議は，委員会の勧告を額面通り受け入れることに慎重にならなければならない。

## 8.2　議会内委員会の情報面での役割

シグナリング・ゲームは，アクター間のコミュニケーションを分析するための方法を与える。受け手が送り手のシグナルにどのように反応するのかを調べよう。第5章では，議会内の委員会と規則のモデルを示した。構造誘発的均衡から導かれる主張は，議会の構造は「地方助成金」計画によって分配取引を促進する手助けになるというものである。委員会によって委員は，自分たちの利益に反する法律の制定を阻止し，無修正で通過するような法律を本会議に送ることができる。議会の交渉モデルは，時間的圧力が強い場合には，クローズ・ルールが重要な法律の制定を早める方法であることを示している。本節では，議会構造の背後にある3つ目の理論的根拠をモデル化する。これはGilligan and Krehbiel (1987) で示されたものである。

政策の効果は不確実である。メンバーに利益（そのような利益がどのように定義されるかという問題はともかく）をもたらすような政策を立案する場合に，メンバー全員が共通の利益を得るには，情報を集め不確実性を減らすことが求められる。そのような情報収集には，特定の政策分野に精通しているメンバーが必要になる。委員会は，情報を集め，政策分野に関する専門知識を蓄積し，それらの専門知識や情報に一部は基づいて，本会議に送るための法律を作成するために存在する。本会議は，専門知識の育成と委員会の影響の制限という両方の目的のために，議会のルールを利用する。クローズ・ルールは委員会によって作成された法律を支持し，それゆえ，メンバーは特定の政策分野に特化するようになる。オープン・ルールでは，本会議を犠牲にして委員会に特定の利益をもたらす立法を修正する方法が，本会議に与えられる。

本節での単純化したモデルでは，アクターは「自分の選好を変化させる」ことができる。結果は，アクターが制御できない要因と政策とを結びつける。ここで，外生的要因は，政策が改善しようとする問題の詳細のことである。特定の問題についての詳細な知識がなければ，政策は意図したものと全く異なる結果を生み出すかもしれない。選択された政策と外生的な影響とをこのように結びつけることは，数理モデルにおいて政策の不確実性を表すための方法である。メンバーには，自分が達成しようとする理想的な結果が存在する。しかし，結果に影響を及ぼす外生的要因に関する知識がなければ，アクターは，自分がどの政策を選好すべきかを決めることができない。政策の結果に影響を及ぼす外生的要因をメンバーが学習するにつれて，政策に対する選好は変化する。その意味で，アクターの選好は「変化」しうるのである。

政策に対する選好は外生的要因に関する知識に依存するので，メンバーは，政策の結果を判断するために必要な専門知識を得ようとする誘因を持つ。しかし，専門知識を得るには費用がかかり，どのメンバーもあらゆる問題について専門家になることはできない[1]。委員会は，そのような専門知識の習得にかかる負担を分担するために存在する。しかし，委員会の選好は本会議の選好と異なるかもしれない。本会議は，情報を収集しようとする委員会の努力を促すだけではなく，委員会に固有の利益を制限する必要がある。議会のルールは，そのための1つの方法を提供する。

モデルには，委員会$C$と本会議$F$の2人のアクターが存在する。各アクターは，その集団の中位となる立場を表す。中位投票者の概念によって，各集団による選択を1人のアクターによる選択に単純化することができる。このゲームでは単一の争点を分析する。その争点は1次元で表される。現状維持の政策

1　もちろんこれは，メンバーがあらゆる問題に関して専門家になろうとは思っていないということを意味するわけではない。

を$y_{SQ}$とする。本会議の理想点を0とし，委員会の理想点を$x_C>0$とする。議案は政策$y$を与える。最終的な政策と外生的な影響によって結果が得られる。この外生的な影響は確率変数$\varepsilon$で表され，［$-1, 1$］上の一様分布で与えられる。これは，$-1$から1までのすべての値が同じ確率で分布していることを示す。結果は$y+\varepsilon$である。結果に対するプレイヤーの効用は，結果と理想点の差の2乗の負の値となる。結果は，アクターの理想点から離れるほど選好されなくなる。

ゲームは$\varepsilon$の値を決定するための偶然手番から始まるが，その値は各プレイヤーには明らかにされない。次に委員会は，争点に関する情報を収集するために努力するかどうかを決定する。情報収集には委員会に$c_C$の費用がかかり，それによって$\varepsilon$の真の値が明らかになる。その後，委員会は本会議に対して議案$y$を提示する。構造誘発的均衡を用いるモデルとは異なり，このモデルでは委員会は本会議に議案を提出しなければならないとする。それを受けて，オープン・ルールのもとでは，本会議は議案を自由に修正することができる。この修正された議案を$y'$と呼ぶ。本会議は，議案を受け入れるか，現状維持を選択する。最後に結果が明らかとなり，プレイヤーは自らの利得を得る。このゲームのタイムラインは，次の通りである。

1. ［$-1, 1$］上の一様分布に従って，偶然が$\varepsilon$を決定する。
2. $C$は$\varepsilon$を観察するかどうかを決定する。もし観察するならば，$C$は最終的な利得から$c_C$の費用を支払う。$F$は，$\varepsilon$の観察に関する$C$の決定を知る。
3. $C$は議案$y$を提示する。$F$は$y$を受け取った後，$\varepsilon$についての自分の信念を更新する。
4. ゲームがオープン・ルール下でプレイされる場合，$F$は$y$を$y'$に修正できる。クローズ・ルール下でのプレイでは，この手番は$F$にはない。
5. $F$は，$y$（もしくは$y'$）か$y_{SQ}$を選択する。この選択を$Y$と呼ぶ。
6. $\varepsilon$が両方のプレイヤーに明らかにされる。$C$の利得は$\varepsilon$を観察した場合$-(Y+\varepsilon-x_C)^2-c_C$，観察しなかった場合$-(Y+\varepsilon-x_C)^2$となる。$F$の利得は$-(Y+\varepsilon)^2$となる。

このモデルによって，情報収集のために委員会を利用しようとする誘因が，ルール，現状維持，本会議と委員会の間の乖離によってどのように変化するか

図 8.3　情報を持たない委員会のもとでの現状維持と政策 $y$ の比較

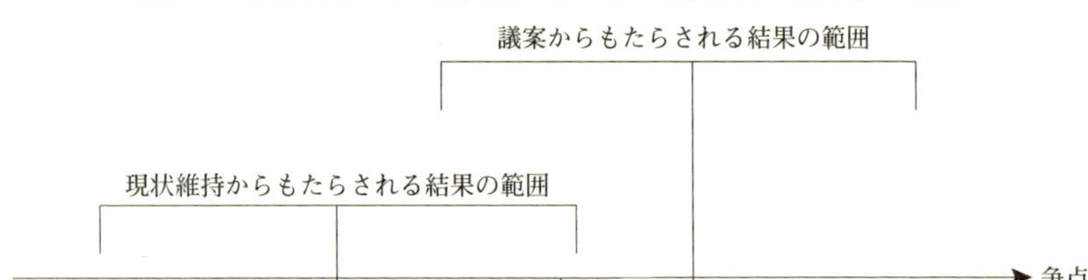


を分析することができる。$x_C$ が大きくなるにつれて，争点の不確実性と比べたときの本会議と委員会の間の理想点の乖離も大きくなる。$\varepsilon$ は $-1$ と 1 の間に限定される。もし $x_C$ が大きく，たとえば 10 を上回るならば，問題の不確実性は選好の乖離に比べて小さくなる。もし $x_C$ が小さく，たとえば 1/4 ならば，不確実性は相対的に大きくなる。情報を得るために委員会を用いようとする誘因は，前者より後者の場合のほうが大きくなるはずである。

ここではクローズ・ルールのもとでモデルを解くことにし，オープン・ルールについては練習問題に残しておこう。問題を，$C$ が $\varepsilon$ を観察することを選択する場合と，$C$ が $\varepsilon$ を観察しないことを選択する場合に分けて均衡を見つけよう。この 2 つの場合を比較することによって，$C$ が争点に関する専門知識を得ることを選好する条件が明らかになる。

$C$ が情報を収集しない場合から始めよう。この場合の分析は，第 5 章の構造誘発的均衡のモデルに似ている。$F$ は，議案 $y$ か $x_{SQ}$ を選択しなければならない。$F$ と $C$ のどちらも $\varepsilon$ を知らないので，両者は，$\varepsilon$ が $[-1, 1]$ 上に一様分布していると思っている。$\varepsilon$ の平均値は 0 であり，$y$ が $x_{SQ}$ より $F$ の理想点である 0 に近ければ，$F$ は $x_{SQ}$ より $y$ を選好する。図 8.3 は，この論理を図解したものである。それぞれの結果の範囲内のすべての点が同様の確率で起きる。それゆえ，$F$ は中点が理想点により近いほうの範囲を選ぶ。図 8.3 においては，$F$ は現状維持より議案を選好する [2]。

委員会は，本会議を通過することができる議案のうち自分の理想点にもっとも近いものを本会議に提出する。$x_{SQ}$ より $F$ の理想点に近い任意の議案 $y$ が，

2　正確には，$y$ と $x_{SQ}$ の期待効用を比較する。

$$EU_F(y) = -\int_{-1}^{1} (y+\varepsilon)^2 d\varepsilon = -(y+\varepsilon)|_{-1}^{1}$$
$$= -(y+1)^3 + (y-1)^3 = -6y^2 - 2$$

図 8.4 情報を持たない委員会のもとで本会議を通過する議案

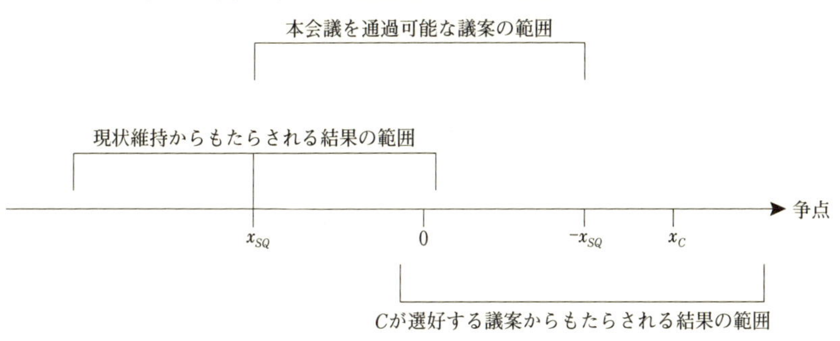


本会議を通過する。委員会には $\varepsilon$ の真の値がわからないので，委員会は現状維持よりも理想点により近い任意の議案を選好する。$x_{SQ} \leqq -x_C$ ならば，$C$ は $x_C$ を議案として提示する。$-x_C < x_{SQ} < 0$ ならば，$C$ は$-x_{SQ}$ を提示する。$0 \leqq x_{SQ} \leqq x_C$ ならば，$C$ は本会議を通過しない議案，たとえば $x_C$ を提示する。$x_C < x_{SQ}$ ならば，$C$ は $x_C$ を提示する。図 8.4 は，上のうち第 2 の場合を図示している。$x_{SQ}$ と$-x_{SQ}$ の間の任意の議案が本会議を通過する。委員会は，自分の理想点 $x_C$ にもっとも近い議案を提示する。

**練習問題 8.4**：委員会が情報を収集しない場合，オープン・ルール下の均衡を求めよ。

a) 本会議が現状維持よりも選好するような議案の集合を求めよ。

b) 修正する必要があるとすれば，$F$ は $y$ をどのような議案 $y'$ に修正するだろうか。

c) $C$ は $F$ に対してどのような議案 $y$ を提出するか。それは重要なことなのだろうか。

クローズ・ルールのもとで，$\varepsilon$ について情報を持たない委員会の場合の結果はどうなるだろうか。クローズ・ルールは，委員会に重大な提案力を与える。現状維持が本会議と委員会のどちらの理想点からも離れている場合（$x_{SQ} \leqq -x_C$ もしくは $x_C \leqq x_{SQ}$）には，委員会は自分の理想点を議案として承認させる

$$EU_F(x_{SQ}) = -\int_{-1}^{1}(x_{SQ}+\varepsilon)^2 d\varepsilon = -6x_{SQ}^2 - 2$$

したがって，$|y| < |x_{SQ}|$ ならば，$F$ は $x_{SQ}$ より $y$ を選好する。

ことができる。現状維持が本会議と委員会のどちらの理想点にも近い場合（$-x_C<x_{SQ}<x_C$）には，委員会は現状からの変更を拒否するか，本会議を犠牲にして委員会の利益となるように現状を変更することができる。したがって，クローズ・ルールは委員会を優位にする。しかし，最終的な結果は，$\varepsilon=0$ というまれな場合を除き，委員会の理想点とはならない。もし $\varepsilon<-x_C$ あるいは $\varepsilon>0$ であり，本会議と委員会がともに $\varepsilon$ の真の値を知っている場合には，両者は $x_C$ 以外の議案を選好するだろう。最終的な結果 $x_C+\varepsilon$ は，両者の理想点に挟まれた集合から外れることになる。$x_C$ を通過させることは事前（提案および通過の時点）においては最適であるが，事後的（$\varepsilon$ の真の値が明らかになった後）には有効ではないかもしれない。政策の結果についての情報が両当事者には欠如しており，それゆえ，自分が望む結果を導くような政策を選択することができない。

**練習問題 8.5**：委員会が $\varepsilon$ について情報を持たない場合，オープン・ルールのもとでの結果はどうなるだろうか。クローズ・ルールと比べて利益を得るのは誰だろうか。委員会と本会議がどちらも $\varepsilon$ の真の値を知っているものとして，両者が別の議案で代替することを選好するような $\varepsilon$ の値を求めよ。

ここまでの $\varepsilon$ について情報がない場合は，第 5 章の構造誘発的均衡に似ている。委員会が $\varepsilon$ について情報を持たないので，シグナリングの問題は存在しない。しかし，委員会が $\varepsilon$ について情報を持っている場合には，問題はもっと難しくなる。本会議は，委員会が提示する議案から情報を得ることができるので，シグナリングの問題が生じる。分離均衡を探すことから始めよう。この均衡が支持されるのは，本会議が現状維持よりも議案を選好し，委員会が $\varepsilon$ のあらゆる値に対して異なる議案を提示する場合だけである。分離均衡では，投票の際に本会議は $\varepsilon$ の値を知ることになる。$\varepsilon$ の値によって委員会のタイプがわかる。分離均衡の定義より，本会議は，委員会が提案する議案から委員会のタイプを知ることができる。よって，本会議は投票する際に $\varepsilon$ についても知ることになる。

図 8.5 は，どのような議案が本会議で承認されるのかを示している。横軸は $\varepsilon$ の値を表し，縦軸は提案される議案を表す。本会議では，図 8.5 において 2 本の破線に挟まれた影付き部分にある任意の議案が通過する。横軸に平行な線

図 8.5　情報を持つ委員会が発するシグナルによって本会議を通過する議案

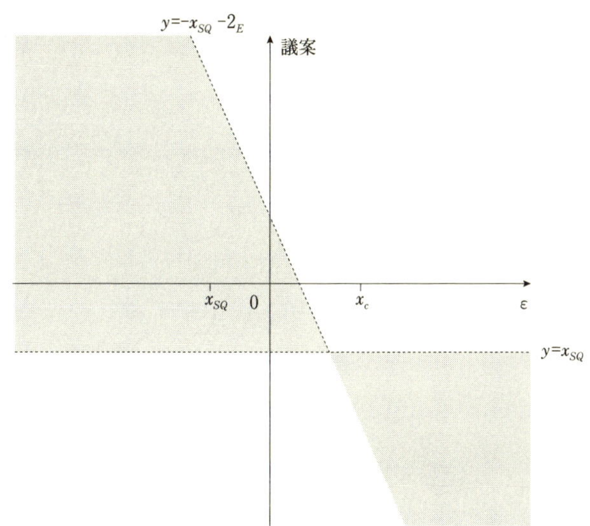


の等式は，$y=x_{SQ}$ である。つまり，この線は，現状維持と，現状維持を支持するような議案が本会議にとって無差別であるような状態を示している。斜線の等式は，$y=-x_{SQ}-2\varepsilon$ である。この線上において，議案による最終的な結果は $-x_{SQ}-\varepsilon$ となり，それは現状維持による結果 $x_{SQ}+\varepsilon$ と対称的な位置にある。

本会議におけるこの投票ルールのもとで，委員会はどのような議案を提出すべきだろうか。図 8.6 は，その論理を図解したものである。実線の斜線は，所与の $\varepsilon$ に対して委員会の理想点を導く議案を表している。この斜線の式は $y=x_C-\varepsilon$ である。委員会は，最終的な議案をできる限りこの線に近づけようとする。$\varepsilon<-x_C-x_{SQ}$ もしくは $\varepsilon>x_C-x_{SQ}$ の場合には，$F$ は $C$ が選好する議案を通すだろう。したがって，$C$ は自分が選好する通りの議案を提示すべきである。$-x_C-x_{SQ}<\varepsilon<x_C-x_{SQ}$ の場合には，本会議は，委員会が選好する議案を通さないだろう。そのため，$C$ は，本会議を通過する議案の中から，自分の選好にもっとも近いものを提示する。図 8.6 の太線は，ここで候補となる分離均衡において委員会が提案すべき議案を表している。$F$ は，提案された議案から後向きに考えることによって，$\varepsilon$ の値を見つけだすことができる。

しかし，$-x_C-x_{SQ}\leqq\varepsilon\leqq x_C-x_{SQ}$ の場合には，この戦略は誘因両立的ではな

図 8.6　情報を持つ委員会が本会議に提出しようとする議案

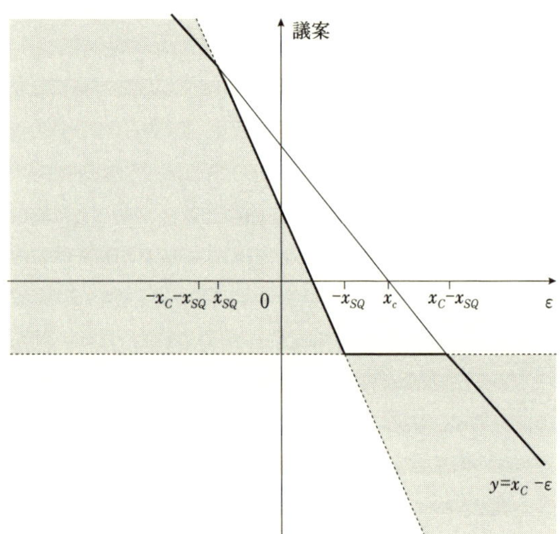


い。委員会は，この戦略によって与えられる議案とは異なる議案を送ることを選好する。たとえば，$\varepsilon=-x_{SQ}$ としよう。上の戦略では議案 $x_{SQ}$ が提案され，この議案による最終的な結果は $0<x_C$ となる。しかし，$C$ にとってより望ましいのは，$x_C+x_{SQ}$ を提案することである。委員会のタイプが，上のように議案を提示するという戦略に応じて分離されるならば，$F$ は，提案された議案を観察した後に $\varepsilon=-\frac{1}{2}x_C-x_{SQ}$ であると推測する。それゆえ，$F$ は，提案された議案の最終的な結果が $\frac{1}{2}x_C$ となり，現状維持の最終的な結果が $-\frac{1}{2}x_C$ となると信じるので，$x_C+x_{SQ}$ を受け入れる。$\varepsilon=-\frac{1}{2}x_C-x_{SQ}$ というタイプを模倣することによる最終的な結果は $x_C$ である。これは，分離戦略によって提案される議案の0という結果よりも委員会にとって好ましい。すべての $-x_C-x_{SQ}\leqq\varepsilon\leqq x_C-x_{SQ}$ について同様の議案を見出すことができる。この議案は，$\varepsilon$ の値について本会議を欺くことによって $x_C$ の結果を導くことになる。

ここでの知見は単純である。結果に対する外生的な影響 $\varepsilon$ が，本会議と委員会が選好する結果の差異に比べて大きい場合，委員会が提出する議案はこの外生的な影響についての信憑性のあるシグナルとなる。外生的な影響が大きい場合には，本会議は，現状維持という政策によってもたらされる結果よりも，委員会の理想的な結果を受け入れることを選好する。外生的な影響が選好する結果の差異に比べて小さい場合には，本会議は，提案された議案が外生的な影響を正確に反映したものか信用できない。本会議が信用すれば，委員会は，本会議の信用を利用し，本会議を犠牲にして委員会にとってより望ましい最終的な結果へと導くことができるからである。

**練習問題 8.6**：委員会が$\varepsilon$について情報を持っている場合，オープン・ルールのもとで分離均衡となる可能性について検討せよ。オープン・ルールでは，本会議は，委員会の議案を本会議が望む形に修正できるので，クローズ・ルールとは異なる。

a）本会議が$\varepsilon$の真の値を知っているならば，所与の$\varepsilon$の値に対して，どのように修正された議案が本会議を通過するだろうか。

b）委員会の提案した議案がタイプによって分離したものであり，そのことによって本会議が$\varepsilon$の真の値を知ることになる場合，委員会の誘因について考察せよ。この場合，分離均衡は委員会にとって誘因両立的となるだろうか（委員会の議案が，単純に$\varepsilon$の値を直接表すものと仮定してもよい）。

タイプの分離は，$-x_C-x_{SQ}\leqq\varepsilon\leqq x_C-x_{SQ}$においては支持されない。この範囲の中に一括均衡は存在しなければならない。さらに言えば，この範囲の中にあるすべてのタイプの委員会が同じ議案を提示し，本会議はつねにその議案を拒否する。$-x_C-x_{SQ}\leqq x_0\leqq\varepsilon\leqq x_1\leqq x_C-x_{SQ}$において，$x_0$から$x_1$の間のすべてのタイプの委員会が同じ議案$B$を提出し，$F$がその議案を承認するような半分離均衡が存在すると仮定しよう。タイプ$x_0$の委員会，タイプ$x_1$の委員会，および本会議は，政策として$x_{SQ}$より議案$B$を選好する。もしタイプ$x_0$やそれより大きいタイプの委員会が議案を選好するとすれば，その結果である$B+x_0$は$x_C$より小さく，かつ$x_{SQ}+x_0$より大きくなければならない。そうでなければ，$x_0$より大きなすべてのタイプが$B$より$x_{SQ}$を選好することになる。しかし，この場合，$-x_C-x_{SQ}$と$x_0$の間のすべてのタイプも同じように，現状維持より議案を選好する。したがって，$x_0=-x_C-x_{SQ}$となる。もしタイプ$x_1$の委員会が議案を選好するとすれば，$x_C-x_{SQ}-x_1\geqq B+x_1-x_C$となる（議案の結果は，現状維持の政策による結果よりも委員会の理想点に近くなる）。$B+x_1$と$x_{SQ}+x_1$という2つの結果は，その間に$x_C$を含まなければならない。そうでなければ，$x_1$より大きなタイプは$x_{SQ}$より$B$を選好しなければならないからである。この不等式から次式が得られる。

$$B \leqq 2x_C - 2x_1 - x_{SQ}$$

$x_1 < x_C - x_{SQ}$ の場合，等号が成立する。議案に対する本会議の期待効用は，現状維持に対する期待効用を上回らなければならない。議案によって起こりうる結果の中位点が，現状維持によって起こりうる結果の中位点よりも本会議の理想点である 0 に近い場合，本会議は議案を選好する [3]。これは次式で表される。

$$B + \frac{x_0 + x_1}{2} \leqq -x_{SQ} - \frac{x_0 + x_1}{2}$$

この不等式を簡単化して，次式を得る。

$$B \leqq -x_{SQ} - x_0 - x_1$$

ここで $x_1 < x_C - x_{SQ}$ ならば，$B = 2x_C - 2x_1 - x_{SQ}$ となる。2 つ目の不等式にこの $B$ に関する式を代入すると，$x_1 - x_0 \geqq 2x_C$ を得る。しかし，$x_0 = -x_C - x_{SQ}$ であるので，$x_1 \geqq x_C - x_{SQ}$ となり矛盾が生じる。以上より，これら 2 つの不等式は $x_1 = x_C - x_{SQ}$ であることを意味する。したがって，$-x_C - x_{SQ}$ と $x_C - x_{SQ}$ の間のすべてのタイプの委員会は，同じ議案を提出することによって一括りにされる。

本会議は，この範囲で一括りとなった委員会から提出される任意の議案を拒否する。委員会がそのような議案を提示すると，本会議は，$-x_C - x_{SQ}$ と $x_C - x_{SQ}$ の間にあるすべての $\varepsilon$ の値が等しい確率で起きると信じる。一括りとなった議案を観察した後に本会議が現状維持から予想する結果の範囲は，$-x_C$ から $x_C$ までである。$\varepsilon$ の真の値についての本会議の不確実性を所与として，どのような議案も，この範囲内になる結果を本会議で打ち負かすことはできない。

以上で示されたのは以下の 2 点である。第 1 に，タイプによる分離は，$-x_C - x_{SQ}$ より小さい，もしくは $x_C - x_{SQ}$ より大きいすべてのタイプにとって誘因両立的である。第 2 に，上記の 2 つの値の範囲内にあるすべてのタイプが同一の議案を提示し，その議案は本会議によって拒否される。ここで観察された 2 つの点から，完全な均衡を見つけるための最後の問題が明らかになる。それは，自らの議案が拒否されることを一括りの範囲内のタイプが知っている場合，彼らは $-3x_C - x_{SQ}$ から $-x_C - x_{SQ}$ までの範囲内にあるタイプのふりをする誘因を持つということである。たとえば，$\varepsilon = -x_{SQ}$ の場合を考えよう。一括戦略のもとで，このタイプの委員会は 0 という結果を予想する。そのかわりに委員会

3　$\varepsilon$ は一様に分布し，かつ $F$ の選好は $F$ の理想点からの距離によって与えられるので，この記述は正しいことがわかる。このとき，すべての $x_0 \leqq \varepsilon \leqq x_1$ は等しい確率で起きる。

が $2x_C+x_{SQ}$ の議案を提示することによって，本会議は，$\varepsilon=-x_C-x_{SQ}$ であると信じ，現状維持に勝るこの議案を承認するだろう（誤った信念を所与としたとき，現状維持と議案の承認の最終的な結果は，互いに 0 から対称的な位置にある)。しかし，この偽り行為のもとで真の最終結果は $2x_C$ である。この結果は，委員会にとって現状維持の政策による結果と無差別である。

本会議は，$4x_C+x_{SQ}$ から $2x_C+x_{SQ}$ の間の任意の議案に対して，分離均衡が示す上記の推測をしないことによって，こうした偽り行為を阻止する。本会議がそのような推測をするならば，$\varepsilon$ が $-x_C-x_{SQ}$ から $x_C-x_{SQ}$ の間にある場合，委員会は上記の推測を自分に有利となるよう利用することができる。タイプによる分離と委員会の情報の完全なコミュニケーションが可能となるのは，$\varepsilon<-3x_C-x_{SQ}$ もしくは $\varepsilon>x_C-x_{SQ}$ の場合だけである。これらを満たす均衡は次のようになる。

**委員会の議案**：$\varepsilon<-3x_C-x_{SQ}$ ならば，$x_C-\varepsilon$ を提出する。$-3x_C-x_{SQ}\leqq\varepsilon\leqq-x_C-x_{SQ}$ ならば，$4x_C+x_{SQ}$ を提出する。$-x_C-x_{SQ}\leqq\varepsilon\leqq x_C-x_{SQ}$ ならば，$4x_C+x_{SQ}<B<x_{SQ}$ となるような $B$ を提出する。$\varepsilon\geqq x_C-x_{SQ}$ ならば，$x_C-\varepsilon$ を提出する。

**本会議の信念**：$B>4x_C+x_{SQ}$ ならば，$\varepsilon=x_C-B$ となる。$B=4x_C+x_{SQ}$ ならば，$\varepsilon$ は $[-3x_C-x_{SQ}, -x_C-x_{SQ}]$ に一様分布する。$4x_C+x_{SQ}>B>x_{SQ}$ ならば，$\varepsilon$ は $[-x_C-x_{SQ}, x_C-x_{SQ}]$ に一様分布する。$B<x_{SQ}$ ならば，$\varepsilon=x_C-B$ となる。

**本会議の投票**：$B\geqq 4x_C+x_{SQ}$ あるいは $B<x_{SQ}$ ならば，$B$ を承認する。そうでなければ，$B$ を拒否する。

この均衡は，本会議の利益になる情報を収集するために，委員会がどのように利用されるのかを表している。と同時に，委員会制度には，いつそれがもっともうまく機能し，それが誰の利益になるかという点で限界があることも示している。現状維持の政策結果が本会議と委員会の双方の理想点から離れている場合には，委員会は自分が持っている情報をすべて明らかにする。この範囲は非対称的である。すなわち，委員会の個人情報が自らの利益に反して機能する場合（つまり，$\varepsilon>x_C-x_{SQ}$）には，正確なシグナリングがより容易になる。委員会は，政策の結果を本会議の理想点から離し，自分の理想点へと近づけるために，$\varepsilon$ の効果を過大に示そうとする誘因を持つ。本会議は，偽り行為のために用いられた議案をすべて無視することによって，そのような過大提示を阻止する。もちろん，この対応は双方の利益を損なうことになる。というのは，個人情報を正直に明らかにすることが双方にとってより望ましい結果をもたらす（つまり，$-3x_C-x_{SQ}<\varepsilon<-x_C-x_{SQ}$）にもかかわらず，本会議が提出された議案の成立を阻止するからである。$\varepsilon$ の絶対値が大きい場合には，委員会は情報を開示することによって利益を得る。委員会は自分の理想点が結果となるような政策を作成し，クローズ・ルールは，本会議がその利益のためにその議案を修正するのを妨げる。しかし，こうしたルールは双方にとって利益となる。委員会は，自分が利益を得ることがなければ，その情報を開示しないだろう。本会議は，現状維持の政策がもたらす結果よりも，委員会の理想点のほうがより望ましい。

委員会と本会議が結果について類似した選好を持つ場合には，委員会制度は，情報のコミュニケーションにおいてより効果的である。$x_C$ が 0 に近づくにつれ，委員会が情報を開示する値の範囲は大きくなる。本会議に利益をもたらすためのコストが小さいほど，委員会が本会議を欺こうとする誘因は小さくなり，本会議が利益を得る可能性が高まる。こうした誘因はすべて，委員会が情報を正直に開示しようとする誘因を強める。この結果は，第6章で議論したバイアスのある情報に対する選好に似ている。送り手と受け手が同じ選好を持つ場合，シグナリングはより有効になる。両者の選好が異なる場合には，送り手は受け手を欺こうとする誘因を持つ。受け手は，このことを知っているので，送り手のシグナルを割り引いて受け取る。

$\varepsilon$ について情報を持っている委員会は，不確実性がもたらす非効率性をいくぶんか解消するが，完全にではない。委員会が $\varepsilon$ について情報を持たないときでも，事後的に委員会と本会議の双方にとってより好ましい状態になる場合が多く存在する。最終的な結果が 0 と $x_C$ の外側にある場合，その結果は非効率的である。$-3x_C-x_{SQ}<\varepsilon<-x_C-x_{SQ}$ となる場合には，$\varepsilon$ について情報を持っている委員会があることによって非効率性が生じる。このとき最終的な結果は，$4x_C+x_{SQ}+\varepsilon>x_C$ となる。他のすべての場合には，最終的な結果は 0 と $x_C$ の間の値になるが，典型的には $x_C$ に落ち着く。

**練習問題 8.7**：練習問題 8.6 では，タイプ別の分離は，オープン・ルールのもとでは支持されないことが示された。オープン・ルール下での半分離均衡を求めよ。とりうる $\varepsilon$ の範囲を，$x_0(=-1), x_1, \cdots\cdots, x_n(=1)$ 上の区間としよう。$C$ は，$\varepsilon$ が存在する区間に関するシグナルを送る。このとき $F$ は，$\varepsilon$ がその区間に一様分布すると信じているとする。

a）本会議は，$\varepsilon$ が $[x_i, x_{i+1}]$ 上に一様分布すると信じているとする。このとき，本会議が承認する議案を求めよ。

b）$\varepsilon = x_i$ の場合，$C$ にとって無差別な条件を求めよ。$x_{i-1}$ と $x_i$ の間に $\varepsilon$ が存在するというシグナルを送ったときに承認される議案に対する $C$ の利得が，$x_i$ と $x_{i+1}$ の間に $\varepsilon$ が存在するというシグナルを送ったときに承認される議案に対する利得に等しい，とすればよい。

この b）で求めた $x_i$ の関係を用いて，各区間の正確な範囲を求めることができる。

オープン・ルールのもとでは，委員会から本会議への情報のコミュニケーションは，クローズ・ルールのもとほど効率的に機能しない。本会議はつねに，委員会の利益よりも自分の利益に合致するような議案を選択する。委員会は，情報保有の優位性を利用して，自分の利益に則った形に立法を動かすことはできない。それゆえ，情報を開示しようとする委員会の誘因は小さくなる。委員会が開示する情報によって示されるのは，可能な政策の結果に関する大まかな外枠のみである。委員会が開示する情報は，本会議と委員会の双方に利益を与える。双方の利害対立が大きいほど（つまり，$x_C$ が大きいほど），伝わる情報は少なくなる。

ここでの観察は，本会議における修正を制約するルールについて別の論拠を提示する。そのようなルールは，不確実な分野において政策結果に関する情報を委員会が求めようとする動機づけにつながる。そのような情報によって，本会議は，悲惨な結果を招く法律の制定を避け，利益を得られる。クローズ・ルールは，政策結果に関する情報を委員会メンバーに収集させたり開示させたりすることによって，彼らに利益をもたらす。オープン・ルールは，委員会が提出した議案を修正する本会議の権限を増大させるが，保有している情報を開示しようとする委員会の誘因を損なうというコストも生じる。

このモデルを第 5 章における委員会制度に関する構造誘発的均衡モデルと比較し，これらの競合する仮説を検証しよう。後者のモデルでは，ルールはメンバー間の分配上の取引を強いるための方法であった。メンバーは，自分の利益に沿った委員会の立場を受け入れ，その利益に合致した法律の制定を推進した。

クローズ・ルールは，本会議の一般的利益からそのような法律の制定を守る助けとなった。情報モデルでは，委員会は，クローズ・ルールからも特別の利益を得ることができた。しかしこの2つの話では，想定される委員会の構成が異なっている。構造誘発的均衡モデルでは，委員会のメンバーは，本会議とは異なるものとして扱われている。メンバーは委員会に，全体の利益よりもメンバーに固有の利益を求める。情報モデルでは，委員会のメンバーは本会議の構成員と同じとされている。委員会と本会議が選好する結果がほとんど乖離しない場合，シグナリングは広範囲で有効になる。ここで重要なのは，委員会が扱う問題について委員会のメンバーの選好する結果が，本会議のメンバーが選好する結果とつねに乖離しているかどうかを検証することである。

ここでは，そのような難しい検証を行うつもりはない。それはかなり重要な問題であり，検証における問題点の1つについてはSnyder（1992）を見てほしい。ここで指摘したいのは，両者のモデルの結果を理解したり，これらのモデル間の重要な検証を理解したりするうえで，モデルが手助けになるということである。一般的な用語で述べられるとき，これらの見解は双方ともに説得力を持っている。両者は恐らく，議会政治における現実のある側面を示している。しかしモデルがなければ，それぞれの見解の戦略的な論理的帰結を理解するのは難しい。一方のある見解を支持したり，こうした2つの見解を区別すべきではないとするその他の見解を支持したりするために，多くの根拠が用いられてきた。たとえば，両方のモデルにおいて，委員会の議案はクローズ・ルールのもとで優遇される。その上，そのような優遇は，本会議を犠牲にして委員会に分配上の利益をもたらす。このように，モデルによって，どのような見解が現実に即しているのかを判断する根拠を見分けることができる。

## *8.3*　不完備情報下の交渉

完備情報下の交渉は，きわめて不自然なものとなる傾向がある。もし一方の当事者が最終提案の承諾か交渉の決裂かという最終選択に直面し，もう一方がそのことを知っている場合には，合意が可能なら両者は必ず合意に至る。提案と応答の順番が完全情報でかつ完備情報のゲームに組み込まれており，どちらも任意の手番で任意の提案をしたりそれを承諾したりできるならば，両者は即座に合意に達するだろう。第5章のルービンシュタイン・モデルは，これらの両方の特徴を備えている。これらの観察は両方とも，どのようにして交渉が実際に行われるのかとは異なる。交渉の立会人のほとんどは，双方にとって受け入れ可能な合意が存在しているにもかかわらず，当事者間で合意に至らない場合を目にしている。これらの場合に交渉が失敗するのは，交渉において一方あるいは双方があまりにも「厳しく」当たり，相手側に交渉が不可能だという信念を抱かせ，交渉をやめさせるからである。その上，どちらも自分の立場を固持し，できるだけ最善の取引結果を得るために，譲歩することに抵抗する傾向がある。

完備情報下の交渉モデルは，交渉におけるこうした振る舞いが合意の妨げとなることを説明するのに失敗しており，それゆえ，不完備情報下の交渉モデルが求められる。これらのモデルの基礎をなす考え方は単純である。交渉の本質はコミュニケーションである。プレイヤーがゲームに関するすべての事柄をすでに知っている場合には，情報を伝え合う必要は無く，交渉も必要ない。別の取引の魅力についてプレイヤーが個人情報を持つ場合に，プレイヤーがどのように交渉すべきかをこれらのモデルは検討している。提案と拒否は，他のプレイヤーに対するシグナルとして作用し，提案の承諾か拒否かというプレイヤーの意思に影響を及ぼす。

不完備情報下の交渉モデルは多数存在する。その大抵のモデルは，技術的に複雑であり，すべて非常に単純な交渉状況のもとで機能する。この分野では，何を交渉と大抵の人が考えているのかを捉えるのは難しい。にもかかわらずこの分野は，理論でも応用でもゲーム理論においてもっとも将来性のある領域の1つである。

上記のモデルを描写するために，不完備情報下の簡単な交渉モデルを考えよう。まず，完備情報モデルから始めよう。このゲームを解いた後で，若干の不確実性を追加する。2人のプレイヤー，買い手（$B$）と売り手（$S$）がいる。買い手は，2種類の価格である高価格（7単位）と低価格（5単位）を売り手に提案する。売り手は，その提案を受け入れることも拒否することもできる。最初の提案が拒否されれば，買い手は7または5という最終提案をすることができる。プレイヤーの割引因子は2/3である（もし第2期に取引が成立すれば，プレイヤーは元の価値の2/3しか得られない）ので，同じ取引なら最終ラウンドよりも最初のラウンドの取引を選好する。彼らが取引している商品は，ゲームの終了時に売り手には0の価値があり，買い手には12の価値がある。図8.7はこのゲームの展開形を示している。利得は，最初に買い手の利得，次に売り手の利得の順である。提案の行動には7と5が付けられ，その提案に対

図 8.7　売り手が 2 度提案可能な交渉ゲーム

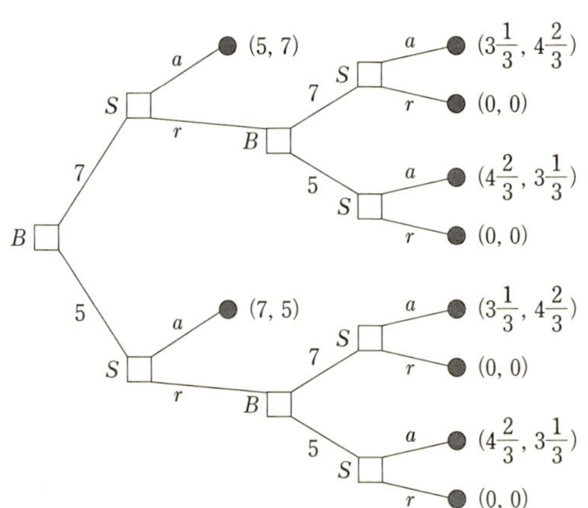


する売り手の反応には承諾 $a$ と拒否 $r$ が付けられている。すべての提案ならびに応答を区別していない。

**練習問題 8.8**：図 8.7 で示された完備情報下における交渉ゲームの部分ゲーム完全均衡を求めよ。

以下では，交渉に不確実性をいくつか追加する。売り手には 2 つのタイプがある。一方は，商品に価値を付けず軟弱な売り手と呼ばれるタイプ，もう一方は，商品に 6 の価値を付ける強靭な売り手と呼ばれるタイプである。強靭な売り手は，低価格では決して承諾しない。強靭な売り手の利得はゲームから得られる純益である。図 8.7 における軟弱な売り手が強靭な売り手に代わると，次のように利得が変化する。7 は 1 に，5 は −1 になる。第 2 ラウンドにおける（7 の提案に対応している）$4\frac{2}{3}$ は $\frac{2}{3}$ になり，$3\frac{1}{3}$ は $-\frac{2}{3}$ になる。0 は 0 のままである。タイムラインによる分析のほうが展開形よりも容易なので，不完備情報ゲームを展開形ではなく以下のようなタイムラインとして記述する。

1. 偶然は，$r_S=6$（売り手が強靭）である確率を 1/4 とし，$r_S=0$（売り手が軟弱）である確率 3/4 として売り手の利得を決定する。売り手（$S$）は自分の利得を知っている。
2. 買い手（$B$）は，高価格（7）か低価格（5）かのいずれかを提案する。

この提案を $\Omega_1$ と呼ぶ。

3. $S$ は $\Omega_1$ を承諾するか拒否する。承諾すれば，$u_B=12-\Omega_1$，$u_S=\Omega_1-r_S$ でゲームは終了する。
4. $S$ が $\Omega_1$ を拒否すれば，$B$ は高価格（7）か低価格（5）かのいずれかを $\Omega_2$ として提案する。
5. $S$ は $\Omega_2$ を承諾するか拒否する。承諾すれば，利得は $u_B=\frac{2}{3}(12-\Omega_2)$，$u_S=\frac{2}{3}(\Omega_1-r_S)$ となる。提案を拒否すれば，$u_B=0$，$u_S=0$ となる。

このゲームは，確率 1/4 で売り手が強靭であり，確率 3/4 で売り手が軟弱であるとする偶然手番から始まる。売り手は自分にとっての商品の価値を知っており，自分の利得を明確にする。売り手にとっての価値は個人情報となる。売り手が強靭であるという買い手の初期の信念は，偶然手番の確率によって与えられる 1/4 である。

均衡において，強靭な売り手は必ず 5 の提案を拒否し，7 の提案を承諾する。軟弱な売り手は，最終ラウンドでは任意の提案を必ず承諾し，最初のラウンドでは 7 の提案を必ず承諾する。これらの手番は，代替的な手番を支配する。均衡を特定するために，両方のラウンドにおける買い手の提案，最初のラウンドにおける 5 の提案に対する軟弱な売り手の応答，最終ラウンドにおいて売り手が強靭であるという買い手の信念に注目しよう。このモデルの完全ベイジアン均衡は（5, 7; $\alpha$: 1）であり，読み方は（買い手の最初の提案，買い手の最終提案；最終ラウンドにおいて買い手が 5 の提案を行うときの軟弱な売り手の応答：最終ラウンドにおいて売り手が強靭であるという買い手の信念）である。

この均衡では，最初の低価格提案に対する彼らの応答は，売り手のタイプごとにわかれる。それが完全ベイジアン均衡であることを証明しよう。最初の提案に対して売り手が応答した後の買い手の信念から見ていくことにしよう。均衡戦略に従うと，強靭な売り手はその提案をつねに拒否し，軟弱な売り手はつねに承諾する。強靭な売り手だけが最初のラウンドの後に残る。したがって，$\bar{\beta}$（買い手の更新された信念）は 1 でなければならない。ここで，$S$ tough は強靭な売り手を，$S$ soft は軟弱な売り手を表す。

$$
\begin{aligned}
&p(S\ \text{tough}\mid \Omega_1\ \ \text{rejected})\\
&=\frac{p(\text{S tough})p(\Omega_1\ \text{rejected}\mid S\ \ \text{tough})}{p(S\ \text{tough})p(\Omega_1\ \text{rejected}\mid S\ \ \text{tough})+p(S\ \text{soft})p(\Omega_1\ \text{rejected}\mid S\ \ \text{soft})}\\
&=\frac{\left(\frac{1}{4}\right)(1)}{\left(\frac{1}{4}\right)(1)+\left(\frac{3}{4}\right)(1)}=1
\end{aligned}
$$

売り手が強靭であるという信念を所与として，買い手は，最終ラウンドにおいて必ず高価格（7）を提案する。なぜなら，強靭な売り手は低価格（5）を承諾しないからである。最初のラウンドでは，5 の提案から得られる買い手の期待利得は $\frac{3}{4}(7)+\frac{1}{4}(3\frac{1}{3})=\frac{73}{12}=6\frac{1}{12}$ である。最初のラウンドにおいて 7 の提案から得られる買い手の期待利得は，どの売り手もその提案を承諾するので 5 である。最初のラウンドにおいて，買い手は最初の低価格を選好する。売り手が軟弱な場合，買い手は，最初の提案を承諾すれば 5 を受け取り，最終提案まで待てば $4\frac{2}{3}$（つまり，$\frac{2}{3}(7)$）を受け取る。したがって，買い手は，最初の提案を承諾する。

最初の提案を受け入れる軟弱な売り手がいると，買い手は，売り手の 2 つのタイプを見分けるために低い付け値を利用する。強靭な売り手だけが第 2 ラウンドまで残るので，買い手は最初の提案から学習する。これが，プレイヤーが交渉を通じて暗黙裡に情報を伝達する方法である。ここでは，交渉が非効率であることに注意しよう。両者は 2 回目の提案に進むとき，価値を失うことになる。

**練習問題 8.9**

a）初期の偶然手番が，強靭な売り手である確率を 2/3 とするとき，このゲームの完全ベイジアンの一括均衡を求めよ。このような初期の信念の変更は，両者の交渉力のバランスをどのようにシフトさせるか。

b）一括均衡を支持するような買い手の初期の信念の範囲を求めよ（ヒント：最初のラウンドにおいて，買い手が高価格提案と低価格提案の間で無差別となるような信念を見つけよ）。

**練習問題 8.10**：2 つのタイプの買い手と 1 つのタイプの売り手が存在する場合を考えよう。買い手の一方のタイプは軟弱であり，商品に 12 の価値を付ける。このタイプを軟弱な買い手と呼ぶ。もう一方のタイプは強靭であり，商品に6の価値を付ける（強靭な買い手は商品に決して7を提案しないことに注意せよ）。売り手は軟弱である。したがって，つねに商品に対し0の価値を付ける。プレイヤーの共通の割引因子を2/3とする。強靭な買い手である初期の確率は1/2としよう。

a）このゲームをタイムラインの形で記述せよ。

b）このゲームの完全ベイジアン均衡を求めよ。

不完備情報下の交渉モデルは，ここでのモデルよりもっと複雑になる。本章の終わりの文献案内でいくつかの参考文献を挙げておく。さしあたり，これらのモデルのいくつかの一般的な結果について簡単にまとめておこう。これらのモデルの1つでは，一方の側が提案し，もう一方の側がその提案を承諾もしくは拒否する。一般に，前者は，後者の留保水準について知らされていない。こういったモデルの一般的な帰結は，「一歩ずつの提案」である。最初のアクターが低い提案から始め，後者のアクターが提案を承諾するまでラウンドごとに提案の値を増やしていく。後者のプレイヤーは，自らの留保水準よりも望ましい任意の提案を承諾する。これとは別のタイプのモデルでは，ルービンシュタイン・モデルに割引因子に関する不確実性を加えて修正し，似たような結果を導いている。これらのモデルはどちらのタイプも，取引がつねに可能であることを仮定している。たとえば，買い手の留保価格が50ドルであり，売り手の留保価格が20ドルと40ドルの間であるとしよう。両方のプレイヤーが双方にとって望ましい取引が存在しない可能性があることを知っていたら，合意はずっと困難である。双方が提案可能なモデルでは，なおいっそう困難である。このモデルでは，複数均衡が大きな問題となる。なぜなら，両方のプレイヤーが，提案側の留保水準についての相手側の信念に自分たちの提案がどのように影響を及ぼすかを考えなければならないからである。経済学では，この交渉モデルはストライキに応用されてきた。政治学では，戦争前の交渉やその他の国際交渉を研究するために用いられてきた。次に別のトピックに移り，評判や抑止について検討しよう。

## 8.4　抑止と均衡外の信念

多くの研究者によれば，評判は，国際政治においてコストのかかる行動の背後にある重要な動機である。国際危機において，国家は，当面の問題に対処するためではなく，むしろ挑戦国に対応するという評判を築くことによって，自らの利益に対する将来の挑戦を抑止するために行動するかもしれない。たとえば，一部の研究者によれば，1975年の南ベトナムの陥落後も米国が引き続き武力行使の意思を示すことは重要であった。この議論によれば，カンボジアに捕縛された船舶マヤグエースを解放するためにフォード大統領が海兵隊を投入したことは，米国による武力行使の意思を示したものであった。上記の議論が意味しているのは，米国がこうした小さな問題に武力を行使すれば，それはより重大な挑戦に対する武力行使の準備であると明確に理解され，それゆえ，そのような挑戦を抑止するということである。

しかし，この主張にはパラドックスがある。重大な威嚇を抑止するためには，そのような威嚇と戦うために高いコストを負担するという意思に関する評判が求められる。低コストの武力行使がそのような評判形成に必ず成功するならば，必要なコストとは関係なく，すべてのタイプの抑止国が低コストで武力行使することを望むことになる。長期的な利益は，短期的なコスト負担を正当化する。しかし，抑止国が，必要なコストにかかわらずデモ的な武力行使をするならば，そのデモ的な行動は信憑性を失う。すべてのタイプの抑止国がデモ的な行動をするので，コストを正しく負担しようという意思を示しても威嚇する側はそれに納得しない。

信憑性に関するこうした問題には，さらなる問題がある。行動はまた，意思の弱さのシグナルとも解釈できる。強大な威嚇を阻止するために，いかなるコストでも負担しようとする場合には，抑止国は戦う意思を示す必要がない。そのようなデモ行動を行う必要があるのは，信憑性の疑わしい抑止国だけである。したがって，とるに足らない威嚇に対抗して戦うことは意思の弱さのシグナルを送ることになり，威嚇を退けるために高コストを負担する抑止国でさえ，コストの低い威嚇と戦おうとは思わないだろう。

このような信憑性のパラドックスというのは，均衡外の信念に関する問題である。他の諸国は，抑止国が必ず介入すると予想する場合，非介入から何を推測すべきだろうか。ある場合には，戦うタイプの抑止国と戦わないタイプの抑止国があり，均衡経路外の信念が存在しないので，こうした逆説は生じない。しかし，意思のデモ行動として抑止国がつねに戦うか決して戦わない場合には，パラドックスが生じる。本節では，Nalebuff（1991）で描かれた単純なモデルを紹介する。このモデルは，上記のパラドックスと，均衡経路外の異なる信念がどのようにして均衡経路上の信念に影響を及ぼすのかについて検証している。

潜在的な抑止力を持つ国 $D$ の行動に焦点をあてよう。$D$ は，当面の危機に介入するか否かを選択しなければならない。$D$ が危機から得られる利益は $x$ である。$D$ は介入すれば直ちに $x$ を得るが，同時にコスト $c$ もかかる。このコストは $D$ の個人情報であり，それは0から1の間の一様分布で与えられる。$D$ は $c$ の真の値を知っているが，威嚇国 $T$ は知らない。

$T$ にとっての不確実性の存在は，当面の危機に介入することによって $D$ が評判を高める可能性を生じさせる。ここでは，将来の危機を直接，動学的にモデル化することはしない。そのかわりに，介入に要する $D$ のコストについての $T$ の信念の集合が，評判に対する $D$ の評価を与えると仮定する。$D$ のコストに関する $T$ の信念の平均が $\bar{c}$ ならば，$D$ の評判は $1-\bar{c}$ である。ここで，その評判に対する $D$ の評価を $a(1-\bar{c})$ としよう。$T$ が信じる $D$ の介入コストが低ければそれだけ，$D$ の評判が高まる。$T$ が信じる $D$ のコストが低いほど，$T$ は，$D$ が将来の危機に介入してくる可能性がより高いと信じるようになる。それゆえ，$T$ が将来において危機を起こす可能性は低くなる。現在の危機と比べた将来の危機に対する $D$ の評価は $a$（ただし，$a>0$）で与えられる。$a$ の値が大きいほど，$D$ は，現在の危機よりも評判に対してより高い評価を与えることになる。

$D$ の評判を考慮しなければ，介入から得られる利益が介入に要するコストを上回るとき，すなわち $x-c>0$ のとき，$D$ は介入するだろう。評判を考慮すると，問題は複雑になる。$D$ は，この簡単な計算に，自分の評判に対して介入が及ぼす影響を付け加える。しかし，$D$ の評判に対して付け加えなければならないのは，介入の影響と不介入の影響の両方である。介入後の $D$ のコストの平均を $c_i$，不介入後の $D$ のコストの平均を $c_n$ としよう。このとき，$D$ が介入するのは以下の場合である。

$$x-c+a(1-c_i)>a(1-c_n)$$

これをまとめると，次式を得る。

$$x+a(c_n-c_i)>c$$

上の不等式が等式に改められるとき，$D$ は介入と不介入の間で無差別となる。この臨界コストを $c^*$ と呼ぼう。$D$ は，$c<c^*$ ならば介入し，$c>c^*$ ならば介入しない。$D$ のコストが大きいほど，介入は起きなくなる。

$c$ がある値のときに $D$ が介入し，それ以外の値のときに介入しないならば，介入後と不介入後の $D$ の評判を計算することができる。ベイズの定理を用いて，$D$ のコストに関する $T$ の信念を更新しよう。$c_i$ の値は，$D$ が介入するようなすべての $c$ の値の平均である。この平均は，$c$ が一様に分布しているので，0 と $c^*$ の中間点 $c^*/2$ である。同様に，$c_n$ は $c^*$ と 1 の中間点 $(1+c^*)/2$ である。3 つの未知数 $c_i$，$c_n$，$c^*$ について，次の 3 つの方程式を得る。

$$c^* = x + a(c_n - c_i)$$

$$c_i = \frac{c^*}{2}$$

$$c_n = \frac{1 + c^*}{2}$$

$c_i$ と $c_n$ に関する 2 つの方程式から $c^*$ を消去できる。それらの差について解くと，$c_n - c_i = 1/2$ となる。この値を $c^*$ の方程式に代入すると，$c^* = x + \frac{1}{2}a$ を得る。$c_i$ と $c_n$ に関する方程式に $c^*$ を代入すると，$c_i = \frac{1}{2}x + \frac{1}{4}a$，$c_n = \frac{1}{2} + \frac{1}{2}x + \frac{1}{4}a$ となる。

以上のモデルは，評判形成に関するある種の直観と整合的である。第 1 に，コストのかかる行動をとることによって，コストを積極的に負担するという評判が高まる。$D$ のコストが低いほど，$D$ の介入はいっそう起きやすい。もし介入すれば，$D$ の評判は高まる。介入は，$D$ のコストに関するノイズのあるシグナルである。$T$ は，$D$ が介入したときの $D$ のコストを正確に判定することができない。しかし $T$ は，そのコストが最初に自分の信じたものよりも低いことを学習する。一方で，介入しないと，$D$ は評判を下げてしまう。第 2 に，現在の危機と比べて将来の価値が大きいほど，現在における $D$ の介入はより起きやすくなる。すなわち，$a$ が大きいほど，$c^*$ も大きくなる。最後に，コストと比べて現在の危機の評価が大きいほど，$D$ の介入はより起きやすくなる。すなわち，$x$ が大きいほど，$c^*$ も大きくなる。

この均衡において，$D$ はあるコストでは介入し，それ以外のコストでは介入しない。もし $D$ がつねに介入する（もしくは決して介入しない）ならば，不介入（もしくは介入）に対する $T$ の信念は均衡経路外となり，ベイズの定理を用いて計算できない。上記の 1 つ目の方程式は，当初の危機において $D$ が満たさなければならない誘因を引き続き表している。$T$ の信念に対する方程式も一方は成立している。この式はすべての $D$ がとる行動に依存している。どの $D$ も介入しない場合を検討しよう。すべての $D$ が介入する場合は練習問題に残しておく。均衡経路外の信念が均衡行動に及ぼす影響を示すために，これら両極端な場合のおのおのについて誘因と信念を調べていこう。

どの $D$ も介入しない場合には，$T$ は介入から意思の弱さを推測することになる。モデルはそのような解釈を支持するだろうか。どの $D$ も介入しないという均衡は見つかるのか。どの $D$ も介入しなければ，$c^* \leqq 0$ となる。上記の3つ目の方程式を $c_n$ について解くと，$c_n=1/2$ となる。ここで予想されるのは次のような解釈である。すなわち，どの $D$ も介入しなければ，$T$ は，不介入を観察した際に $D$ のコストについて学習できなくなるはずである。しかし，$c_i$ に関する方程式はもはや成立しない。というのは，この均衡では $D$ は決して介入せず，ベイズの定理を用いて $c_i$ を計算できないからである。そのかわりに，$c_i$ として0から1の間の任意の値から適当なものを選ぶことができる。1つ目の方程式から，$x+a(\frac{1}{2}-c_i)<0$ が得られる。なぜなら，$c_n=1/2$ であり，また $c=0$ のときには不等号が成立しなければならないからである。$c_i=1$ とすれば，この不等式は $x>a/2$ となる。このような信念は，威嚇国にはきわめて楽観的なものである。$T$ は $D$ の介入を観察すれば，$D$ が可能なタイプの中で最弱であると判断する。$x<a/2$ という条件は，不介入均衡のために必要になる。$x>a/2$ の場合，現在の介入にコストを要しない $D$ は（つまり，$c=0$），たとえ評判を落としても，現在において介入することを選好する。彼らは，現在の危機を克服するほうが評判の維持よりも価値があると信じている。$x$ が小さいほど，不介入均衡を支持するような介入後の信念（$c_i$）の範囲は大きくなる。たとえば，$c_i \geqq 1/2$ は，$x \leqq 0$ において不介入均衡を支持する。この例は，評判の影響がなければ，どの $D$ も現在の危機に介入しないような状況も含まれる。介入のコストは，その直接的な利益を必ず上回る。

**練習問題 8.11**：すべての $D$ が現在の危機に介入するような完全ベイジアン均衡を求めよ。

a）すべての $D$ が介入するために満たすべき $x$，$a$，$c_n$ の間の関係を求めよ。

b）もし $T$ が不介入からより楽観的な推測をするならば，つまり $c_n=1$ のとき，この均衡に必要な関係を求めよ。

c）不介入均衡と全介入均衡の両者が生じるような任意の $a$ と $x$ の値は存在するだろうか。存在するならば，これらの場合を記述せよ。

どちらの自己充足的均衡も可能である。両者には，起きるはずのない行動から威嚇国が行う推測に本質的な違いがある。均衡経路外の信念は，どのような行動が均衡経路上で合理的であるのかに影響する。しかし，均衡経路外のすべての信念が等しく妥当な推測なのだろうか。次節では，均衡経路外での推測に対して課すことのできる妥当な制約とはどのようなものかを検討する。

## 8.5 信念に対する制約の導入

信念を導入することによって後向き帰納法の考え方は変化する。後向き帰納法とは，選択可能な手番 1 つ 1 つが生み出す結果を直接比較するものである。均衡の結果と，均衡経路外のすべての結果を比較する。しかし，手番は信念を変化させ，信念はどの手番が最適かに影響する。信念を加えると，代替的な手番の評価はそれほど簡単ではなくなる。均衡経路外の信念を自由に選べるので，均衡経路外で奇妙な行動をとらせるような奇妙な信念を選ぶこともできる。その結果，こうした奇妙な行動のせいで，他のプレイヤーは均衡経路上で異様な行動を選ぶことに納得してしまう。

信念に対する制約は，このような問題を解決するための 1 つの方法である。ナッシュ均衡が判断するのは均衡経路に沿った行動の最適性のみであり，均衡経路外の行動は自由に選ぶことができる。完全ベイジアン均衡もまた，均衡経路外の行動が最適であることを要求するが，均衡経路外の信念については自由に選ぶことができる。信念に対する制約は，均衡経路外の信念の妥当性を判断するものである。

図 8.2 の訴訟のシグナリング・ゲームに戻って，$(B, B; r, a')$ という均衡を支持するような信念を考えよう。この均衡は，$p \geqq 3/5$ のときの $(p, 1/2)$ によって支持される。しかし，このような信念は整合的なのだろうか。この信念の持つ含意は，過失のない被告よりも過失のある被告のほうが，少額の提示を行うことによって均衡から逸脱する可能性が高いということである。しかし，過失のない被告は，過失のある被告が逸脱するときはいつでも逸脱することから利益が得られるが，その逆は成り立たない。ここで言っておきたいのは，この均衡経路外の信念は合理的なものではなく，この信念とそれが支持するような均衡を排除するということである。この分野における近年の研究の関心は，均衡経路外の信念に対して，完全ベイジアン均衡や逐次均衡における弱い制約に加えて課すべき制約はどのようなものかという点である。

図 8.8　ビール＝キッシュ・ゲーム

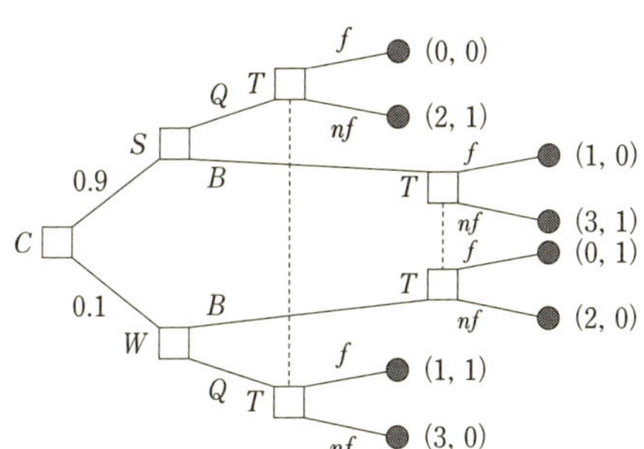


信念に対する制約の背景にある考え方を紹介するために，非協力ゲーム理論における日常的な例の 1 つであるビール＝キッシュ・ゲーム（Cho and Kreps 1987）を見てみよう。バー＆グリル・ゲーム理論では，朝食のメニューはビールとキッシュの 2 品だけである。威張り屋と弱虫という 2 つのタイプの常連客が，バー＆グリル・ゲーム理論にやって来る。威張り屋は朝食にキッシュよりもビールを好み，弱虫はビールよりもキッシュを好む。しかし両方のタイプともに，自らの朝食を楽しむために平穏であることを望み，何を食べるかよりも平穏であることに関心がある。

一方，読者（あなた）はトラブルメーカーである。読者は，争いを求めてバー＆グリル・ゲーム理論に入店するが，同時にボクシングの細かい技術を見分けられる玄人でもある。威張り屋は強靭であり，弱虫はそうではない（結局のところ，これが彼らを弱虫と呼ぶ理由である）。読者は弱虫とは争いたいが，威張り屋とは争いたくない。読者は，弱虫よりも多くの威張り屋が食事をしていることを知りながらバーに入る。厳密には，読者はバー＆グリル・ゲーム理論の常連客の 90 パーセントが威張り屋であると信じている。だが，読者は，可能な攻撃目標がとっている朝食が何であるかを観察できる。ここでの問題は，読者が朝食から彼らのタイプについて何を学習できるかである。

図 8.8 における展開形ゲームはこの問題を表している。ゲームは，バーの常連客のタイプが威張り屋か弱虫かを決定する偶然手番から始まる。0.9 の確率で威張り屋（Surly Guy）がおり，0.1 の確率で弱虫（Wimp）がいる。表現を簡単にするため，威張り屋に対応する上方の枝には $S$ を付け，弱虫に対応する下方の枝には $W$ を付ける。常連客は自分の朝食にビール（beer）かキッシュ（quiche）を選ぶが，これらにはそれぞれ $B$ と $Q$ を付ける。トラブルメー

カー $T$ は，バーに入り，常連客のとっている朝食を観察した後，常連客と争う（fight）か否か（争うは $f$, 争わないは $nf$）を選択する。利得は，（常連客，トラブルメーカー）の形で表記される。常連客は，争った場合に 0，争わなければ 2 の利得を受け取り，さらに自分の好みの朝食をとっていれば追加で 1 の利得を受け取る。たとえば，威張り屋が朝食にキッシュをとり，争いに巻き込まれなければ，0+2=2 の総利得を受け取る。トラブルメーカーは，弱虫と争うか，または威張り屋と争わなければ 1 を得て，逆の結果なら 0 を得る。

ビール＝キッシュ・ゲームの均衡の 1 つは（$B, B; f, nf$: 0, 0.9）であり，表し方は（威張り屋の朝食，弱虫の朝食；キッシュを観察した後のトラブルメーカーの選択，ビールを観察した後のトラブルメーカーの選択：キッシュ観察後において常連客が威張り屋であるというトラブルメーカーの信念，ビール観察後において常連客が威張り屋であるというトラブルメーカーの信念）である。この均衡では，弱虫は，争いを避けるために威張り屋のふりをする。威張り屋に遭遇する確率は，トラブルメーカーに争いの開始を思いとどまらせるのに十分な大きさである。弱虫は，争いを避けるために朝食にビールをとる。彼らは，キッシュを食べると叩きのめされてしまう。キッシュを食べる人は，ここでは均衡経路外となる。トラブルメーカーは，すべての客が朝食にビールをとっているときに，キッシュをとるのは弱虫だけであろうと推測する。それゆえ，トラブルメーカーは，キッシュを食べる人となら誰彼構わず争うことを選好する。

**練習問題 8.12**：（$B, B; f, nf$: 0, 0.9）は，ビール＝キッシュ・ゲームの完全ベイジアン均衡であることを示せ。

しかしこのゲームには，威張り屋がキッシュを食べる（$Q, Q; nf, f$: 0.9, 0）という別の完全ベイジアン均衡が存在する。トラブルメーカーは，キッシュを食べる常連客を見て争いを思いとどまる。常連客が威張り屋である確率は，争うにはあまりに高すぎる。この場合，朝食にビールを飲むのは均衡経路外である。完全ベイジアン均衡では，誰かがビールを飲んだ後，トラブルメーカーの信念を自由に選ぶことができる。朝食にビールを飲む人はすべて弱虫であると，トラブルメーカーが結論づけるような信念を選んでみよう。このときトラブルメーカーは，朝食にビールを飲むような誰とでも争いをしようと望むはずである。この場合誰もがキッシュをとる。というのも，好きな朝食よりも平穏であることのほうがより重要だからである。弱虫にとって好ましいのは，朝食にビールを飲む均衡よりもキッシュを食べる均衡である。彼らは平穏のうちにキッシュを食べることになる。威張り屋もキッシュを食べる。なぜなら，朝食にビールを飲めば，常連客が弱虫であるとトラブルメーカーに確信させてしまうからである。実際，誰もがおそらくキッシュを食べるだろう。

**練習問題 8.13**：($Q$, $Q$; $nf$, $f$: 0.9, 0) がビール＝キッシュ・ゲームの完全ベイジアン均衡であることを示せ。

ここでの 2 つ目の均衡は，妥当ではないように思われる。1 つ目の均衡では，弱虫は争いを避けるため朝食にビールを飲むことによって代償を支払う。トラブルメーカーは，朝食にキッシュをとることを常連客が弱虫であるというシグナルと捉える。1 つ目の均衡では，キッシュを食べる常連客はいないので，常連客の行為に関するこうした解釈は均衡経路外の信念となる。2 つ目の均衡では，トラブルメーカーは，ビールの朝食を弱虫のシグナルと捉える。つまり，朝食にビールを飲めば，弱虫な常連客ということになる。この解釈はきっと奇妙に思えるだろう。ここで，均衡経路外のより妥当な推測は，ビールは，常連客が威張り屋だというシグナルであるというものである。威張り屋は朝食にビールを選好するが，弱虫はキッシュを選好する。どちらかのタイプが均衡から逸脱するとしたら，それは威張り屋でなければならない。弱虫は朝食にビールを飲んでも，利益は得られない。なぜなら，均衡での彼らの利得は 3 であるが，彼らがビールを飲んだときの最大の利得は 2 だからである。もし逸脱によってトラブルメーカーが常連客を威張り屋であると確信するとしたら，威張り屋は逸脱によって利益を得ることができる。威張り屋の利得は 2 から 3 に上がる。このとき，逸脱者が弱虫であるとは推測できないだろう。ここでの考え方で重要なのは，弱虫は均衡からの逸脱によって利益を得られないが，威張り屋はそれが可能だということである。

1 つ目の均衡では，その逆が成り立つ。弱虫は，ビールよりもキッシュを選好するので，逸脱によって利益を得ることができる。威張り屋は，たとえ穏やかにキッシュを食べたとしても，利益を得ることはできない。この場合，逸脱者が弱虫であるという均衡経路外の推測は妥当である。朝食にビールを飲む均衡から逸脱する誘因が弱虫にはあるが，威張り屋にはない。

この考え方は一般化できる。均衡経路外の信念では，均衡行動からの逸脱によって全く利益を得ることができないタイプの確率は 0 としなければならない。

この制約によって，すべての常連客がキッシュを食べるという均衡の謎が解明される。この制約に従うと，2つ目の均衡において常連客が朝食にビールを飲む場合には，常連客が弱虫であるというトラブルメーカーの信念を0としなければならない。弱虫は，朝食にビールを飲んでも，均衡での利得を上回る利益は得られないからである。しかしこのとき，ここでの均衡において常連客が朝食にビールを飲むとすれば，トラブルメーカーの最適応答は争うよりも争わないことである。弱虫と遭遇する確率が0であるならば，その常連客は間違いなく威張り屋であり，トラブルメーカーは威張り屋と争おうとは考えないからである。結局のところ，朝食にビールを飲む常連客を観察した後に，トラブルメーカーが彼らと争うことを選ばないとしたら，威張り屋は朝食にキッシュよりもビールを欲する。逸脱から利益が得られそうもないタイプのウェイトを0とするように均衡経路外の信念に制約を課すことによって，$(Q, Q; nf, f\text{: } 0.9, 0)$という均衡は排除される。朝食にビールを飲む常連客と争おうとする無謀な行為は，この均衡から逸脱しそうなのはどのタイプなのかについての受け入れがたい推測に基づくものである。

信念に対する上述の制約は妥当である。しかし，この制約を用いても，受け入れがたい信念に基づく均衡を排除できないようなゲームや均衡も数多く存在する。それがいくつかの方法で強化されることを，以下で簡潔に示す。ここでの目的は，信念に対する制約を完璧に扱うことではない。この制約の背後にある考え方は，直感的なものであり，数学的なものではない。さらに，信念に対する制約の集合として共通に受け入れられるものは存在しない。こうした考え方を非数理的に扱うことによって，均衡経路外のどの信念が排除されるのかを理解する上での手助けとなるはずである。

第1の制約は，均衡経路外の信念に対する上述の基準を拡張し，起こりうる逸脱に対する当事者双方の反応の合理性を検討するものである。これまでと同様に，2つのタイプの送り手$t$と$t'$を考える。均衡からの逸脱による利益は，逸脱に対する受け手の反応にどちらのタイプも依存している。送り手にとって逸脱を魅力的なものにしうる反応だけが均衡から外れ，それらは均衡経路外で生じる。そうでなければ，均衡は均衡でなくなる。なぜなら，送り手のうち少なくとも一方のタイプは，逸脱によって利得が高まることになるからである。信念に対する第2の制約は，送り手のタイプを超えて逸脱を引き起こすような反応の範囲を考慮したものである。タイプ$t'$が逸脱したいと思う任意の反応に対してタイプ$t$が逸脱したいと思うならば，逸脱に続く節での受け手の信念

図 8.9　金銭取引のあるビール＝キッシュ・ゲーム

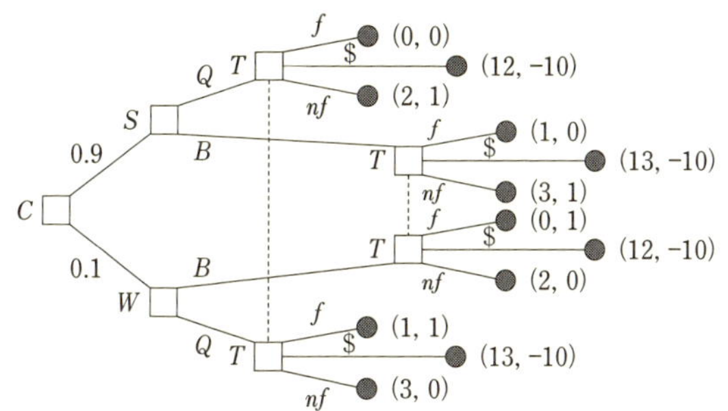


は，タイプ $t$ に対するタイプ $t'$ の相対的な確率を引き上げることはできない。受け手は，タイプ $t$ が少なくともタイプ $t'$ と同じだけの確率で逸脱すると信じるはずである。

ひとつの例がこの考え方を明確にするのに役立つだろう。ビール＝キッシュ・ゲームにもう 1 つ反応を追加しよう。トラブルメーカーは常連客に 10 ドル支払うことができる。この修正ゲームは図 8.9 で示される。$ 印は，常連客への支払いという手番を表す。

このゲームには，ビール＝キッシュ・ゲームと同じ 2 つの均衡，$(B, B; f, nf$: 0, 0.9) と $(Q, Q; nf, f$: 0.9, 0) がある。各節におけるトラブルメーカーの信念がどうであれ，トラブルメーカーにとって争うことと争わないことは，常連客への支払いを支配している。信念に対する第 1 の制約は，修正ゲームのキッシュを食べる均衡に対して拘束力を持たない。このゲームには，常連客への支払いというトラブルメーカーによる反応が存在しており，この反応に対して弱虫は，均衡よりも逸脱したほうが利得を高められる。しかし，キッシュを食べる均衡から弱虫を逸脱させるような任意の反応は，威張り屋をも逸脱させることになる。トラブルメーカーが $p+q \leqq 1$ かつ $2p+0q+12(1-p-q) \geqq 3$ となるような確率 $p$ と $q$ で混合戦略 $(p\, nf, q\, f, 1-p-q\$)$ をプレイする場合，弱虫は朝食にビールを飲むことを選好する。2 つ目の不等式の各辺に 1 を加えると，$3p+1q+13(1-p-q) \geqq 4 > 2$ を得る。これは，$(p\, nf, q\, f, 1-p-q\$)$ に対して威張り屋も朝食にビールを選好することを意味する。第 2 の制約のもとで，均衡経路外のトラブルメーカーの信念は，自分の初期の信念から弱虫の確率を引き上げることができない。なぜなら，弱虫が逸脱するときは，威張り屋も必ず逸脱するからである。トラブルメーカーは，少なくとも 0.9 の確率で威張り屋が存在すると信じなければならない。それゆえ，常連客が朝食にビールを飲むとしたら，もはや争いを選好しない。したがって，先の場合と同様に，威張り屋は朝食にビールを飲みたいと考える。

**練習問題 8.14**：修正ゲームの（$B, B; f, nf$: 0, 0.9）という均衡が，信念に対する第2の制約を適用した後も排除されないことを示せ。

a）威張り屋がビールを飲む均衡から逸脱したいと考える場合を表す不等式を求めよ。

b）威張り屋が逸脱する場合，弱虫も必ず逸脱を望むだろうか。

c）どのような信念が制約と整合的か。

d）前問の信念を所与として，トラブルメーカーの最適戦略となるのはどのような戦略か。また，この均衡を支持するのはどのような信念か。

e）弱虫は，なぜ朝食にビールを飲み続けるのだろうか。

信念に対する第3の制約は，先の考え方を繰り返し用いることによって，妥当な信念の集合を絞り込むというものである。最初に，上述の第2の基準を満たす信念の範囲を求め，起こりうる信念の範囲を更新する。次に，それらの信念を所与として，受け手の最適応答の集合を求める。最後に，どちらのタイプの送り手が2つ目の手順で求めた応答に対して逸脱したいと考えるのかを求め，信念に対する第2の制約をもう一度適用する。信念や応答の集合が変化しなくなるまで，これら3つのステップを繰り返す。

ビール＝キッシュの修正ゲームに戻り，（$B, B; f, nf$: 0, 0.9）という均衡における信念の妥当性を検証しよう。朝食にキッシュを食べる常連客が威張り屋であるというトラブルメーカーの均衡経路外の信念を$p$としよう。第2の制約により，上述の通り$p \leqq 0.9$となる。トラブルメーカーの最適応答は，$p < 0.5$ならば争うことであり，$p > 0.5$ならば争わないことである（$p = 0.5$ならば両者は無差別となる）。$p > 0.5$ならば弱虫はキッシュへと逸脱するが，威張り屋は逸脱しない。$p$を更新すると，$p = 0$となる。信念に対する制約をこのように繰り返すことによって，すべての$p > 0.5$が排除される。したがって，唯一の妥当な信念は$p \leqq 0.5$となる。

**練習問題 8.15**：信念に対する上述の制約を，本章の前節で議論した地政学的な抑止と評判のゲームにおける自己充足的均衡に適用せよ。まず，すべての抑止国（*Ds*）が介入するという均衡から考えよう。

a）不介入によって均衡からもっとも逸脱しそうなのは，*D*のどのタイプか。*D*のタイプは$0 \leqq c \leqq 1$上の介入コストによって定義され，威嚇国*T*の反応は評判$c_n$に要約されることを思い出そう。

b）*D*がこの均衡から逸脱した後に，*T*が持つのはどのような信念か。

c）前問の均衡経路外の信念を所与として，すべての*Ds*が不介入よりも介入を選好するのはどのような場合か。この状況を表現し，信念に対する制約が一連の均衡の集合を狭めるのはどのような場合かを議論せよ。

以下では，いかなる*D*も介入しないという均衡に移ろう。

d）介入によって均衡からもっとも逸脱しそうなのは，*D*のどのタイプか。

e）*D*がこの均衡から逸脱した後に，*T*が持つのはどのような信念か。

f）前問の均衡経路外の信念を所与として，すべての*Ds*が介入よりも不介入を選好するのはどのような場合か。この状況を表現し，信念に対する制約が一連の均衡の集合を狭めるのはどのような場合かを議論せよ。

本節で示されたのは，信念に対する制約の背後にある基本的なある種の考え方である。この話題にさらなる興味を持たれたならば，本章の最後の文献案内であげた参考文献を見てほしい。注意すべきことは，信念に対する制約は高度な数学的技術を要するテーマであるという点である。これらの制約には異なる考え方がいくつか存在するが，それらの違いは微妙なものであり，一般に数学的な表現が用いられる。以下では，シグナリングにおける最後の問題に移ろう。それは，コストのかからないシグナルはどのようにして情報を伝達できるのかというものである。

## 8.6 「チープトーク」と調整

以上のシグナリング・ゲームの例では，コストがかかるシグナルを用いてきた。送り手の利得は，自分が送るシグナルによって変化する。弱虫が朝食でビールを好まないのは，威張り屋のように行動することが自身にとってコストとなるからである。コストのかかるシグナルは，タイプを分離する手助けとなる。あるタイプの中には他のタイプを模倣しようとコストを負担する者もいるし，時にそのコストは模倣によって得られる利益を上回ることもある。本節ではコストのかからないシグナリングを扱うが，それは「言うは易し（Talk is

図 8.10　男女の争いゲームの一般型

| | | プレイヤー2 $s_1$ | プレイヤー2 $s_2$ |
|---|---|---|---|
| プレイヤー1 | $S_1$ | $(a, 1)$ | $(0, 0)$ |
| | $S_2$ | $(0, 0)$ | $(1, a)$ |

cheap)」ということわざから「チープトーク」としてよく知られたものである。チープトークでは，完備情報ゲームにおいてプレイヤーが複数の均衡の中から1つを選び出す際に，コミュニケーションがどのようにその手助けとなるのかを考える。本章のこれまでの例とは異なり，本節では制限情報ゲームは扱わない。

チープトークは，プレイヤー間で戦略を調整する際に有効かもしれない。プレイヤーは，しばしば共通の利益のために戦略を調整し，利益を分かち合う。たとえば，自動車の運転の際に道路のどちら側を通行するかを決めるという問題を考えよう。誰も自動車を所有していなければ，右側通行と左側通行は無差別である。重要なのは，どちら側を通行するかについて全員が合意していることである。ドライバー間で話し合うか，もしくは外部の信号機に合わせて調整すれば，ドライバー全員が道路の同じ側の通行ができるはずである。左ハンドル車の所有者と右ハンドル車の所有者が混在していると，問題はより複雑になる。道路の同じ側の通行に合意すれば，互いにとって利益である。とは言え，左ハンドル車の所有者は，左側通行の合意よりも右側通行の合意を好む（そして，右ハンドル車の所有者については，逆の話が成り立つ）。コストのかからないシグナルは，こうした選好の相違にもかかわらず，ドライバーがどちら側を通行するかについて合意するための手助けとなるだろうか。

第4章で紹介した男女の争いゲームは，この問題の代表的な例の中でもっとも単純なものである。図 8.10 で示されるように，男女の争いは，プレイヤーが戦略の調整を望んでいるが，どちらの戦略で調整するかについては選好が一致していない状況を表している。$a>1$ であると仮定しよう。すなわち，プレイヤー1は（$S_1; s_1$）をプレイすることを選好し，プレイヤー2は（$S_2; s_2$）をプレイすることを選好しているとする。両者は調整しないよりも，相手が選好する戦略で調整することを選好する。

男女の争いには，

$$(S_1; s_1),\ (S_2; s_2),\ \left[\left(\frac{a}{a+1}S_1,\ \frac{1}{a+1}S_2\right);\ \left(\frac{1}{a+1}s_1,\ \frac{a}{a+1}s_2\right)\right]$$

という 3 つの均衡が存在する。このとき，それぞれ

$$(a,\ 1),\ (1,\ a),\ \left(\frac{a}{a+1},\ \frac{a}{a+1}\right)$$

の値が利得としてプレイヤーに与えられる。男女の争いは，プレイヤーの利得構造が同一なので対称的なゲームである。対称的なゲームには対称的な均衡があると信じるならば，選択されるのは混合戦略均衡である。ここでの議論は単純である。純戦略均衡では両プレイヤーに次の点が求められる。すなわち，どちらの戦略がプレイされるのかを事前に知っていること，そして相手のプレイヤーがそれと同じ戦略をプレイすると十分に確信していることである。しかし，どこからそのような共通の推測が生じるのだろうか。戦略を選択する前にプレイヤーが自分の意思を互いに伝達する機会がなければ，こうした共通の推測はほとんど起こりえないだろう。

チープトークは，プレイヤー間で共通の期待を作り出す手助けとなる。戦略を選択する前に，プレイヤーがメッセージを交換できると仮定しよう。さらに，伝達可能なメッセージの集合を，「$(S_1;\ s_1)$ をプレイしたい」と「$(S_2;\ s_2)$ をプレイしたい」の組合せに制限し，これらのメッセージをそれぞれ $\underline{1}$ と $\underline{2}$ と呼ぼう。こうしたコストのかからないメッセージを加えると，次のタイムラインを持つゲームが得られる。

1. プレイヤーは，$(\underline{1},\ \underline{2})$ の集合からメッセージを同時に交換する。両者のメッセージが開示される。
2. 両プレイヤーは，男女の争いゲームにおいて自分の手番を同時に選択する。
3. 手番が明らかとなり，利得を受け取る。

このゲームの均衡では次のことが求められる。すなわち，自分の受け取ったメッセージを所与として，最適な手番を選択すること。さらに，そのメッセージの結果どのような手番がとられるかという予想を所与として，最適なメッセージを選択すること。このゲームには，どのような均衡が存在するだろうか。

第1の均衡は，いささか期待外れなものである。つまり，プレイヤーは自分のメッセージを手番の調整のために用いない。プレイヤー1は必ず$\underline{1}$を送り，プレイヤー2は必ず$\underline{2}$を送る（もしくはその逆である）。そして，両プレイヤーは，どのメッセージを送り，あるいは受け取るかにかかわらず，自分の手番で男女の争いゲームにおける混合戦略均衡をプレイする。各プレイヤーは，相手が手番を決定するのに混合戦略を用いると予想するので，自分の手番を選択する際に混合戦略を用いることが最適応答となる。送ったシグナルは相手の手番の選択に影響を与えないので，任意のシグナルが最適となる。この**バブリング均衡**の重要な特徴は，その名の通り，どちらのプレイヤーもシグナルに応じて手番を調整しないことである。シグナルは，送り手が意図する手番について「無駄口（babble）」でしかない。つまり，シグナルは，プレイヤーが選択する手番について手がかりを与えない。どちらのプレイヤーも，シグナルに応じて手番を調整することができない。

チープトークを持つすべてのゲームには，バブリング均衡が存在する。ゲームにおいてプレイヤーが後から手番を調整するためにシグナルを用いることがないという均衡は，必ず見つけ出すことができる。それよりも，プレイヤーが手番を調整する一助としてシグナルを用いることができるかという疑問は，より興味深いものである。

第2の均衡は，シグナルを直接的に解釈したものである。プレイヤーのシグナルが一致すれば，両者はその戦略をプレイする。シグナルが一致しなければ，男女の争いゲームにおける混合戦略均衡をプレイする。両プレイヤーがともに，シグナルと手番のどちらの選択においてもこのルールに従うことを理解しているとしよう。このとき，均衡はどのようになるだろうか。まず手番の選択から始め，便宜的にプレイヤー1に焦点を当てよう（対称性から，プレイヤー2の選択の計算も同様に得られる）。($\underline{1}$, $\underline{1}$) がメッセージならば――ここでの表し方は（プレイヤー1のメッセージ，プレイヤー2のメッセージ）である――プレイヤー1はプレイヤー2が$s_1$を選択すると予想するので，$S_1$を選択するはずである。そうでなければ，自分の利得を減らすことになる。同様に，($\underline{2}$, $\underline{2}$) がメッセージならば，プレイヤー1はプレイヤー2が$s_2$を選択すると予想するので，$S_2$を選択するはずである。($\underline{1}$, $\underline{2}$) もしくは ($\underline{2}$, $\underline{1}$) がメッセージならば，プレイヤー1は，プレイヤー2が男女の争いゲームにおける混合戦略をプレイすると予想する。この場合，自分の混合戦略が相手の混合戦略に対する最適応答となる。このとき，上記の戦略はシグナルを所与として最適となる。

それでは，プレイヤー1はどのシグナルを送るだろうか。プレイヤー2がシグナル$\underline{1}$を送る確率を$p$としよう。プレイヤー2がシグナル$\underline{2}$を送る確率は$1-p$である。プレイヤー1が$\underline{1}$を送るならば，プレイヤー2も$\underline{1}$を送る確率は$p$であり，両者は（$S_1$; $s_1$）で調整し，プレイヤー1に$a$の利得をもたらす。プレイヤー2が$\underline{2}$を送る確率は$1-p$であり，結果として男女の争いゲームにおける混合戦略均衡が導かれる。この場合，プレイヤー1は$a/(a+1)$という期待利得を得る。プレイヤー1が$\underline{2}$を送るならば，プレイヤー2も$\underline{2}$を送る確率は$1-p$であり，両者は（$S_2$; $s_2$）で調整し，プレイヤー1に1の利得をもたらす。プレイヤー2が$\underline{1}$を送る確率は$p$であり，結果として男女の争いゲームにおける混合戦略均衡と$a/(a+1)$というプレイヤー1の期待利得が導かれる。プレイヤー1にとってシグナル$\underline{1}$を送ることとシグナル$\underline{2}$を送ることが無差別となるような，プレイヤー2の$p$を見つけよう。各シグナルを送ったときのプレイヤー1の期待効用をそれぞれ計算し，両者を等しくしよう。

$$p(a)+(1-p)\left(\frac{a}{a+1}\right)=p\left(\frac{a}{a+1}\right)+(1-p)1$$

$$p=\frac{1}{a^2+1}$$

プレイヤー1にとって$\underline{1}$を送ることと$\underline{2}$を送ることが無差別となるようなプレイヤー2の混合戦略は，次のようになる。

$$\left(\frac{1}{a^2+1}\underline{1},\ \frac{a^2}{a^2+1}\underline{2}\right)$$

対称性より，プレイヤー1の最適なシグナリング戦略は次のようになる。

$$\left(\frac{a^2}{a^2+1}\underline{1},\ \frac{1}{a^2+1}\underline{2}\right)$$

両プレイヤーは，ときに自分が選好しない戦略の組合せ――プレイヤー1にとって，それは（$S_2$; $s_2$）である――によって調整しようとするシグナルを送る。なぜなら，混合戦略均衡をプレイするよりも，そうした組合せでも調整することを両プレイヤーが選好するからである。

このようなチープトーク均衡は，両プレイヤーにとって混合戦略均衡よりも好ましいものとなる。混合戦略均衡において，プレイヤーが手番の調整に成功する確率は

$$\frac{2a}{(a+1)^2}$$

である。各プレイヤーは，混合戦略均衡から $a/(a+1)$ の利得を予想する。チープトーク均衡においては，

$$\frac{2a(a^2+a+1)}{(a+1)^2(a^2+1)}$$

の確率でプレイヤーは手番の調整に成功する。この確率は，混合戦略均衡において手番の調整に成功する確率を

$$\frac{a^2+a+1}{a^2+1}>1$$

倍だけ上回る。チープトーク均衡から得られる各プレイヤーの期待利得は，

$$\frac{a(a^2+a+1)}{(a+1)(a^2+1)}$$

となる。この利得は，混合戦略均衡から得られる各プレイヤーの期待利得を

$$\frac{a^2+a+1}{a^2+1}>1$$

倍だけ上回る。シグナルが一致しなければ，プレイヤーは混合戦略での利得を受け取り，シグナルが一致すれば，それよりも高い利得を受け取る。したがって，チープトーク均衡は両プレイヤーにとってより好ましい。男女の争いゲームに存在する分配上の問題が大きくなるにつれて，チープトークによって得られる利点は減少する。ここでは，$a$ の大きさが分配上の問題を表している。$a$ が大きくなるにつれて，各プレイヤーは，自分が選好する戦略の組合せを得るためにより高いリスクを受け入れるようになる。$a$ が大きくなるにつれて，チープトークによって調整がうまくいく確率の増分や，均衡がもたらす利得の増分は小さくなる。$a$ を極限まで増大させると，先ほどの係数は両者ともに1に近づく。

**練習問題 8.16**：プレイヤーにメッセージの交換を2回認めることによっ

て，チープトークによる成果を改善することができる。ここでもメッセージを集合 $\underline{1}$ と $\underline{2}$ に制限し，2 回目のメッセージの解釈は先と同じとしよう。1 回目のメッセージの解釈は次のように変更する。シグナルが一致すれば，その手番をプレイし，2 回目のシグナルは送らない。一致しなければ，2 回目のシグナルを送り，上述のチープトーク均衡に従う。このとき，1 回目のシグナルにおけるプレイヤー 1 の最適混合戦略を求めよ。プレイヤー 1 が $\underline{2}$ というシグナルを送る確率は，1 回目と 2 回目のどちらがより高いだろうか（ヒント：プレイヤーが 2 回目のシグナルを送る必要があるとすれば，プレイヤーは，上記のチープトーク均衡に従ってシグナルを送るだろう。面倒な代数の計算をいとわなければ，チープトークを 2 回用いることによって，プレイヤーが手番を調整する確率とプレイヤーの利得が求められる）。

チープトークを 2 回行うことによって，チープトークが持つ有効性はより高められる。調整はより行われやすくなり，プレイヤーの期待利得はチープトークを 1 回しか行わない場合を上回る。しかし，プレイヤーが手番の調整に失敗する可能性は，それでもかなり残されている。

チープトークには別の形式が存在し，それはプレイヤーの手番を必ず調整することによって完全な効率性を達成する。シグナルの解釈を次のように変えよう。プレイヤーのシグナルが一致していれば，すなわち（$\underline{1}$，$\underline{1}$）か（$\underline{2}$，$\underline{2}$）ならば，（$S_1; s_1$）をプレイする。一致していなければ，（$S_2; s_2$）をプレイする。プレイヤーは互いにこのルールに従って行動することを予想していると仮定しよう。このとき，シグナルの各組が指示する通りに手番をプレイすることが最適となる。プレイヤー 2 が $s_2$ をプレイするとプレイヤー 1 が信じているならば，プレイヤー 1 は $S_2$ をプレイする。最適なシグナリング戦略はどうなるだろうか。プレイヤー 2 が $\underline{1}$ を送る確率を $p$ とおき，プレイヤー 1 にとって $\underline{1}$ を送ることと $\underline{2}$ を送ることが無差別となるような $p$ を求めよう。

$$a(p)+1(1-p)=1(p)+a(1-p)$$
$$p=1/2$$

プレイヤー 1 は，等しい確率でシグナルを送るはずである。この均衡においてプレイヤーは必ず手番を調整し，期待利得 $(a+1)/2$ を得る。ここでのシグナルの論理は第 3 章のコイン合わせゲームと同じであるので，この均衡を**コイ**

**ン合わせ**均衡と呼ぶ。各プレイヤーは自分が選好する均衡が選ばれることを望んでいるが，いずれの均衡がプレイされるのかを両者のシグナルが確定する。相手がどのシグナルを送るかがわかれば，自分の最適なシグナルは明確になる。したがって，自分の利得を確保するためには，自分のシグナルが相手に予知されないようにしなければならない。

コイン合わせ均衡以外にも，完全な効率性を達成する方法が存在する。男女の争いゲームでの非対称均衡は，いずれも完全均衡になる。しかし，その均衡ではプレイヤー間で分配上の問題が生じる。ゲームが何回か繰り返されるならば，プレイヤーは 2 つの均衡を順次交代することに合意できる。プレイヤーが将来の利得を割り引いて考えるとしたら，順次交代では分配上の問題が生じる。最初に自分が選好する手番の組合せを受け取ったプレイヤーのほうが得をする。なぜなら，その利得の割引は，後から大きいほうの利得を受け取るプレイヤーよりも小さいからである。プレイヤーはまた，手番を調整するのに外部の事象を利用することができる。コインを投げて，裏が出れば（$S_1; s_1$）をプレイし，表が出れば（$S_2; s_2$）をプレイする。このような合意は，事前的な混合戦略均衡をプレイするよりも双方のプレイヤーの利得を改善する。こうした合意で必要なのは，プレイヤーがコミュニケーションを行い，手番を調整する方法について理解を共有していることである。

チープトークに関するこのような例は，ありきたりで抽象的すぎるように思えるかもしれない。しかし，チープトークは，多くの非常に重要な政治問題に対処するための手法である。たとえば，議会での討論は基本的にチープトークである[4]。討論は，似たような選好を持つ議員が投票行動を調整するための手段を提供する。豊富な知識を持ったメンバーによる討論は，知識のないメンバーが複雑な立法に対してどのように投票すべきかに関する手がかりを与える。送り手と受け手が結果に対して似たような選好を持つ場合，チープトークは非常に有効である。メンバーが，自分と大きく異なる価値観を持つ人物から何か手がかりを得ることはほとんどない。「文献案内」で，チープトークとして討論を扱った文献について簡単に紹介している。チープトークはまた，交渉上のいくつかの問題について考察する方法を提供する。男女の争いゲームは，交渉

4 本会議での討論にはコストがかかるので，挑戦者は，将来の選挙運動において自分の意見と異なる現職の討論を利用するという議論も可能である。しかし，議会での討論の一部はこの議論に合っているが，多くはそうでない。この議論ではすべての討論を説明することはできない。それゆえ，こうした一部の討論もチープトークの分野にあてはまる。

問題の単純で代表的な例である。両者はともに合意に至ることを望んでいるが，適切な合意形態について異なる見解を持っている。合意を遅らせることにコストがかかるならば，プレイヤーはチープトークを使って合意を早めることができる。筆者はこの考え方を用いて，国際レジームのもとでの交渉を検証した(Morrow 1994a)。交渉に関する通常のルールは，相互利益となるような合意に至るのに有益な情報を当事者間で交換する際に役立つ。国家はほぼつねに，交渉において自分の立場を偽って伝えようとする誘因を持っている。対立における交渉方法について共通の理解があれば，こうした対立を解決する際の手助けとなる。

## 8.7 まとめ

本章は，シグナリング・ゲームに焦点を当て，制限情報ゲームを対象にしてきた。政治学における重要な問題の中には古典的なゲーム理論では扱うことのできない問題があった。制限情報ゲームは，このような問題について検討するための手法を提供している。制限情報によって，プレイヤー間に誤解や欺瞞および正直なコミュニケーションの可能性が生じる。シグナリング・ゲームは現在，これらすべてのテーマが重要な問題を分析するための標準的な手法である。

制限情報ゲームは，プレイヤーのタイプの組み合わせごとに行われる一連のゲームによってモデル化される。偶然手番は，どのタイプの組み合わせが実際にプレイされるのかを決定する。各プレイヤーは自分自身のタイプだけを知っている。プレイヤーの信念は，ゲームにおける他のプレイヤーのそれぞれのタイプの確率を表している。あるプレイヤーのタイプはプレイヤー自身の手番に影響するので，他のプレイヤーは手番からそのプレイヤーのタイプを推測することができる。

この推測の強さは均衡行動に依存する。一括均衡では，すべてのタイプのプレイヤーが同じ行動をとるので，他のプレイヤーは，行動からプレイヤーのタイプに関して何も新しいことを推測できない。分離均衡では，異なるタイプのプレイヤーがそれぞれ異なる行動をとるので，他のプレイヤーは，行動を観察することによってプレイヤーのタイプを判断することができる。分離均衡は誘因両立的でなければならない。均衡では，どのタイプも，自身の行動よりも他のタイプの行動を選好することはできない。

一括均衡では，均衡経路外における信念の問題が発生する。すべてのタイプが同じ行動をとる場合には，他の任意の行動を観察した後に任意の信念が均衡経路外にある。均衡経路上での奇妙な行動は，均衡経路外の奇妙な信念によってもたらされることがある。状況によっては，いくつかの均衡経路外の信念を不適切と判断することができる。一般的に言えば，均衡経路外の信念は，他のタイプよりも逸脱の誘因が小さいタイプとなる確率を高めることはない。

## *8.8* 文献案内

ここでの文献の多くは簡単には読めない。不完備情報の最初のアプローチは，Harsanyi (1967–1968) によって示されたものである。しかし，このトピックは，逐次均衡の概念と信念の追加だけから始まった。

本書で提示されたシグナリング・ゲームは，Banks and Sobel (1987) から持ってきたものである。Banks (1991) は技術面での優れた紹介であり，またシグナリング・ゲームが政治学の多くの分野でどのように応用されてきたかをまとめたサーベイでもある。

議会構造の情報アプローチは，Thomas Gilligan と Keith Krehbiel による研究に依拠している。本書のモデルは，Gilligan and Krehbiel (1987) からとってきたものである。ここでの彼らのモデルの説明は，Epstein and O'Halloran (1993) の明快な議論の助けをかりている。Gilligan and Krehbiel (1989, 1990) は，彼らの研究を議会内において委員会が果たす情報面での役割に発展させた。Krehbiel (1991) はこの視点を非数理的に示したものである。

非協力交渉理論について最初に読む最良の文献は，Kennan and Wilson (1993) である。くわえて，Sutton (1986) と Wilson (1985) もまた有益である。Binmore (1992)，Fudenberg and Tirole (1991)，Kreps (1990a)，Myerson (1991)，Rasmusen (1989) は，すべて交渉に関する章を設けている。

抑止と均衡経路外の均衡に関するモデルは，Nalebuff (1991) から直接とってきた。Nalebuff は均衡経路外の信念に関するさまざまな考え方と，それらの考え方をどのようにしてモデルに適用するかについて適切な議論をしている。

信念に対する制約についてより多くの文献にあたりたい人のために，教科書の中から1冊を読むことを勧めたい。教科書の中で均衡の精緻化に関する節を探してほしい。Fudenberg and Tirole (1991) の第8章は，教科書の中でももっとも完璧な議論である。信念の制約に関する元の出典は，Banks and Sobel (1987)，Cho and Kreps (1987)，Kohlberg and Mertens (1986) である。Cho and Kreps (1987) はビール＝キッシュ・ゲームの出典元である。

チープトークという用語は Joseph Farrell が生みの親である。チープトークに関する彼の研究は，このトピックの中でも重要である (Farrell 1987; Farrell and Gibbons 1989)。David Austen-Smith は，チープトーク・モデルを議会での議論に適用し，研究を発展させた。Austen-Smith (1990) や Austen-Smith and Riker (1987) を見てほしい。後者を修正したものが，Austen-Smith and Riker (1990) である。Johnson (1993) は，ゲーム理論のチープトークを批判理論における自由公開討論の考え方に結び付けている。チープトーク・モデルを国際協調に適用したのが，Morrow (1994a) である。

**国際政治**

国際政治は，政治学の中でもゲーム理論的研究が求められる主要な分野である。国際政治では，アクターの数が少ないので戦略的相互作用が重要となる。

国際政治における数理モデルの最初のテーマとなったのは，危機と戦争である。O'Neill (1992) は，ゲーム理論を用いて戦争と平和に関する問題を分析した論文の包括的なサーベイである。危機の交渉モデルが注目されるのは，本章で議論された不完備情報下での交渉に関する研究においてである。この研究は，現在非常に膨大なものとなっている。手始めとして，Kilgour and Zagare (1991) を勧めたい。この論文で用いられるモデルは簡単でわかりやすい。Morrow (1989) は，通常兵器の危機を分析するためにこのモデルを用いた最初の論文である。観察された危機における選択効果と，それらがどのようにして実証分析に影響を及ぼすのかが，この論文の主要な論点である。Fearon (1994) は Morrow (1989) よりも選択効果をいっそう明確にしており，選択効果仮説を支持するような実証例に議論を発展させている。Bueno de Mesquita and Lalman (1992) は，危機モデルを用いて国際政治の構造理論について検証しており，そこにはなぜ民主主義国家が他の民主主義国家と戦争しないのかという問いも含まれる。Kilgour (1991) もまた，なぜ民主主義国家が互いに戦争しないのかに注目している。危機交渉に関する他の文献としては，Banks (1990)，Langlois (1991)，Morrow (1992)，Nalebuff (1991) があげられる。Banks (1990) は，挑戦国の決意が強まるときに，危機における成功と戦争の確率がどのようにして上昇するのかに関する一般的な定理を証明した。Langlois (1991) は，危機を安定化させるような罰則に関する一般的なモデルを示している。Morrow (1992) は，決意のシグナルとしてリンケージの信憑性について議論している。本章での抑止と均衡経路外の信念に関するモデルの出典は，Nalebuff（1991）である。

核戦略のモデルは，危機の交渉モデルと深い関係がある。Powell（1990）は，核危機について議論した一連の異なるモデルを提示している。これらのモデルには相互の奇襲攻撃の恐怖，何かを変化させる威嚇，有限の報復などが含まれる。Wagner（1991）もまた，対抗措置の合理性について議論している。

安全保障研究の分野では，Brams and Kilgour（1988）が核危機に始まる一連のモデルを提示している。Downs and Rocke（1990）は，軍縮協定が，その立証が困難なときにいかにして遵守されるかを検証した。Wittman（1989）は，制限情報のモデルを用いて，立証と軍備管理について扱っている。Kilgour and Brams（1992）は，軍縮協定の安定性に関する研究である。Powell（1993）は，2国家間の軍拡競争の非協力モデルを構築した。Morrow（1994b）は，共通の脅威を抑止するための同盟の形成に関するモデルである。

国際政治の構造理論の分野では，Niou and Ordeshook（1989, 1990）の勢力均衡に関する研究が重要である。Niou and Ordeshook は，協力ゲームの枠組みを用いて勢力均衡システムの安定性について分析した。彼らの結論を非協力ゲームに拡張したのが，Niou and Ordeshook（1990）である。勢力均衡論に関する数理モデルの構築は，Wagner（1986）によって始められた。Kim and Morrow（1992）は，権力の移行が戦争をもたらすのはいつかを問うことによって権力移行理論に取り組んだ。

国際政治経済学の分野では，Alt, Calvert, and Humes（1988）が修正されたチェーンストア・パラドックス（第9章で扱う）を用いて，覇権安定論について考察した。Martin（1993）は，経済制裁に関する非協力モデルに非数理的な説明を加えている。Powell（1991）は，2国家間の貿易摩擦に関する単純なモデルである。Morrow（1994a）は，第8章で扱ったチープトークの概念を使って，なぜ協力関係が争点によって変わるのかについてモデル化している。Putnum（1988）の非数理的な議論は，国内政治と対外政策を結びつけた数理分析の契機となった。Iida（1993）と Morrow（1991）は，この問題を扱うために2レベルゲームの枠組みを用いている。国内政治と対外政策は，Bueno de Mesquita and Lalman（1992）における中心的なテーマである。

# 第9章

# 繰り返しゲーム

多くの政治関係は長期にわたって持続する。政治家は長期にわたって有権者と選挙で顔を合わせ，各国は将来的にお互い関係を持つことを予想し，議会の政治的リーダーは新たな問題のそれぞれに支持者を組織しなければならない。プレイヤーが将来的に互いに関係を持つに違いないという予想は，ゲームの戦略的論理を変える。アクターは，自身の選択の当面の結果だけではなく，その選択が長期的な関係に与える影響も考慮しなければならない。良好な継続的関係を築くことによって得られる将来的な利益は，他のプレイヤーを裏切って得られる当面の利益を上回るかもしれない。プレイヤーは，短期的に裏切られないために，長期的な関係を破棄するという威嚇を用いることができるかもしれない。このような威嚇が信頼性を持つのはどのような場合だろうか。そして，このような威嚇によってどのような結果がもたらされるだろうか。

繰り返しゲームは，このような継続的関係をモデル化するための手法である。プレイヤーはゲームを繰り返しプレイする。このゲームは**段階ゲーム**と呼ばれ，そのゲームの個々のプレイ1つ1つは繰り返しゲームの**段階**あるいは**ラウンド**と呼ばれる。繰り返しゲームは，一定かつ既知の回数のラウンドか，無限に繰り返しプレイされるゲームかのいずれかである。後者の場合，プレイヤーの利得が割り引かれるか，あるいは各ラウンド後にゲームの終了する可能性が一定かつ既知の確率で存在することが必要となる。そうでなければ，ゲーム全体のプレイヤーの利得の総和は無限となってしまう。ゲームが無限に繰り返されるならば，そのゲーム全体のプレイヤーの利得は，各ラウンドでの利得を割り引いたものの和となる。ラウンド$t$におけるプレイヤー$i$の利得が$M_i^t$ならば，そのゲームの総利得は

$$\sum_{k=0}^{+\infty} \delta^k M_i^k$$

である。ただし，ゲームは第0ラウンドから始まるものとする。各ラウンド後にゲームの終了する可能性があるならば，この一定かつ既知の確率を$p$としよう。ゲームの利得は，将来の起こりうるすべてのラウンドにおけるプレイヤーの期待利得によって与えられる。プレイヤー$i$の期待利得は，

$$\sum_{k=0}^{+\infty} (1-p)^k M_i^k$$

となる。なぜなら，各ラウンド後にゲームが続行される確率が$1-p$だからである。$\delta$および（$1-p$）のいずれも0と1の間をとるので，無限繰り返しゲームに関するこれら2つの表現は等しくなる。

有限繰り返しゲームには，これとは異なる問題が存在する。ラウンドが一定かつ既知の回数だけ存在する場合，最終ラウンドから後向き帰納法でゲームを解くことができるかもしれない。しかし，後向き帰納法の結果は，この種のゲームにおける直観的解釈や実験結果としばしば矛盾する。有限繰り返しゲームで検討される問いは，プレイヤーの利得に関する不確実性がどのようにして無限繰り返しに近い効果を生み出すかというものである。このような不確実性は，ゲーム内で評判をモデル化する方法を提供してくれる。相手のプレイヤーの利得に関するプレイヤーの信念は，相手のプレイヤーの評判を表す。評判は，あるプレイヤーが相手のプレイヤーの利益に反する行動をとることを抑止するかもしれない。ここで検討するのは，プレイヤーが自分の利益のためにどのように自分の評判を操作しようと試みるかである。こうしたゲームでは，利得がラウンドをまたぐごとに割り引かれると仮定されたり，プレイヤーはすべてのラウンドを通して利得の総和を最大化すると仮定されたりする。有限繰り返しゲームは，必ず終わりがあることがわかっているような長期的な関係を表す重要なモデルである。この種のモデルを使うことによって，関係の終わりが見えてきたときに何が起きるかを検討することができる。

ゲームの繰り返しが有限でも無限でも，繰り返しゲームの戦略集合は，段階ゲームよりもはるかに複雑である。たとえば，2×2ゲームの戦略集合を，同様のゲームが2回繰り返される場合と比べてみよう。2×2ゲームを1回だけプレイする場合には，各プレイヤーの純戦略は2つだけである。そのゲームを

2回プレイすると，各プレイヤーの戦略集合は32の純戦略に増加する。純戦略の完全な記述は，第1ラウンドでの手番と，プレイヤーが第1ラウンドでとりうる手番の組合せ4つのおのおのに対して第2ラウンドでの手番を明記したものである。それぞれの場合に2つの選択肢があると，$2^5=32$が総数となる。第3ラウンドを加えると，純戦略の数は$2^{21}$，すなわち2,097,152にまで増加する。無限繰り返しゲームの戦略集合は，ゲームのラウンドに定数がないので無限となる。多くの場合，無限繰り返しゲームの戦略は集約することができる。というのは，これらの戦略の多くは単純な意思決定ルールによって特徴づけられるからである。これらの戦略は多くの場合均衡を形成し，そのことが繰り返しゲームの分析の中心となる。

繰り返しゲームはまた，現在の行動から得られる利得が将来の利益の中に存在するような状況を分析することを可能とする。たとえば，投票者は，候補者が将来に実施する政策をもとに投票する。現在の選択は，候補者の将来の行動に関する予想に基づいている。現職は，これらの政策が次の選挙においてもたらす影響を部分的にもとにしながら政策を選択する。繰り返しゲームによって，投票者の選択と，候補者が任期中に採用する政策との間の相互作用を分析することができる。プレイヤーはここで，合意を監視するために繰り返しの性質を用いるわけではない。この論理は相互懲罰とは異なる。むしろ，彼らの利得は，ゲームの将来のプレイにおいて得られる。したがって，彼らの選択は，相互作用の将来に関する予想に基づいている。

相互懲罰も将来の判断も，無限の将来にわたる予想をプレイヤーが保持することを要求する。現職は，自分が選好する政策を犠牲にして有権者を満足させることによって得られる価値の大きさを計算しなければならない。相互懲罰を用いて合意を強要するアクターは，合意を破棄することによって得られる価値と懲罰を天秤にかける必要がある。そうでなければ，懲罰は，合意の破棄を抑止するための十分条件ではないかもしれない。所与の戦略に対するゲームのある時点での**継続価値**とは，プレイヤーが，その時点以降にそれらの戦略を用いてゲームをプレイすることで得られる期待利得を表す。継続価値は均衡から計算される。すなわち，継続価値は，ゲームの現在時点がどこかということと同様に，プレイヤーの戦略にも依存することになる。

本書では，第5章のルービンシュタインの交渉モデルで均衡を計算する際に継続価値を用いた。そのモデルは，一方のプレイヤーが1単位を分配する提案を行い，もう一方のプレイヤーがその提案を受け入れるか拒否するかという繰り返しゲームである。最初の提案が拒否されれば，後者のプレイヤーが代案を提示し，前者のプレイヤーはそれを受け入れるか拒否する。2回目の提案が拒否されると，ゲームは繰り返される。各ラウンドは同じ状況で始まるので，ゲームは各ラウンドの開始時点で前者のプレイヤーに対して同じ値を与えるものと想定できる。この値がゲームの継続価値である。ここで継続価値を求めることができたのは，前者のプレイヤーの提案がその継続価値に依存していたからである。継続価値 $M$ を所与として最適な提案を計算し，これら2つの値を等しいとおく。このようにして，継続価値を用いて繰り返しゲームを解くことができる。

本章では扱わないが，もっと複雑な繰り返しゲームも存在する。たとえば，プレイヤーは，ゲームの前のラウンドで相手が何をしたのかを確認することができない状況に直面するかもしれない。モニタリングにおける「ノイズ」は，長期的な関係に関する重要な問題を示している。これからプレイされる可能性のあるゲームが，複数存在するかもしれない。各ラウンドにおけるプレイヤーの手番は，そのラウンドのプレイヤーの利得だけではなく，次のラウンドでプレイするゲームをも決める。これらのゲームの1つ1つは，繰り返しゲームの**状態**と呼ばれる。ゲームの状態の変化は，ゲームの以前のプレイからのプレイヤーの利得や可能な選択肢の変化を表している。一般にプレイヤーは，ゲームの現在の状態も，ある状態から別の状態への移行のルールもわかっている。これらのより一般的な繰り返しゲームでは，プレイヤーは，現在の状態については知らないが，現在の状態についての何らかの個人情報を持っている。ここでは，このような一般的な繰り返しゲームの複雑さのすべては扱わない。繰り返しゲームを理解するためのもっとも容易な方法は，よく知られた繰り返しゲームである繰り返し囚人のジレンマから始めることである。

## 9.1 繰り返しについて考える：繰り返し囚人のジレンマ

囚人のジレンマは通常，合意を裏切る誘因に直面しながら長期的な関係を強化する問題についてのもっとも単純なモデルとみなされている。第4章では，囚人のジレンマとその背景にある話を紹介した。囚人のジレンマ（しばしば，略して *PD*（Prisoner's Dilemma）と呼ばれる）の一般型は，図9.1の2×2ゲームである。この一般型での戦略は，「協力（cooperate)」を $C$,「裏切り（defect)」を $D$ と表す[1]。利得は，誘惑（temptation）には $T$，報酬（reward)

**図 9.1 囚人のジレンマの一般型**

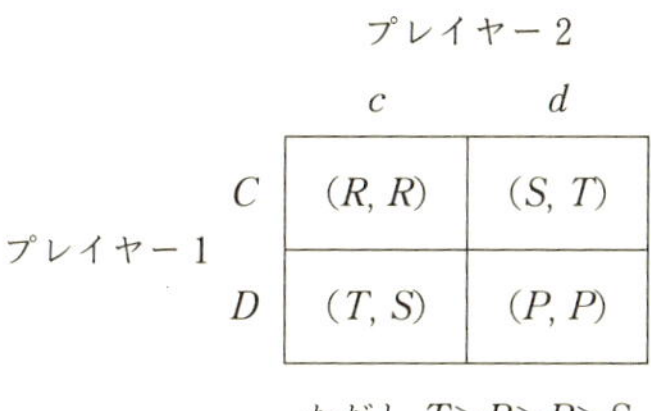

| | | プレイヤー 2 | |
|---|---|---|---|
| | | $c$ | $d$ |
| プレイヤー 1 | $C$ | $(R, R)$ | $(S, T)$ |
| | $D$ | $(T, S)$ | $(P, P)$ |

ただし $T>R>P>S$

には $R$，懲罰（punishment）には $P$，お人好し（sucker）には $S$ が与えられる。また，通常 $R>(S+T)/2$ が仮定される。

囚人のジレンマには支配戦略均衡（$D; d$）があり，（$C; c$）によってパレート支配されている。プレイヤーが協力による共有の利益を分け合っている場合，個人合理性はプレイヤーを裏切りへと駆り立てる。プレイヤーがともに「裏切り」でなく「協力」をプレイするなら，両者はともに利得を高めるだろう。しかし両者は，相手がどちらをとるかに関係なく，「裏切り」をプレイすることで必ず利得を高める。囚人のジレンマは，合意の実施の背後に隠された問題を単純な形で表現している。アクターは多くの場合，合意を取り交わした相手を利用しようという短期的な誘因を持っている。合意による短期的な提携を実施するために，合意の持続による長期的な利益を利用することはできるだろうか。

政治問題の多くは，囚人のジレンマの戦略的ジレンマに似ている。国際貿易のルールは，そうした問題の 1 つである。経済学における古典的貿易理論によれば，すべての国々は相互に関税を課す場合よりも自由貿易のほうが利得を高められる。各国は，比較優位財を生産する。しかし，ある国が自国の関税を引き上げる一方で，貿易相手国が低い関税を維持しているとすれば，前者の国は交易条件を自国に有利にシフトさせることができる。このような交易条件のシフトは，前者の国の利得を自由貿易下よりも高める。前者の国は，その生産財価格の上昇によって，貿易相手国が生産する財をより多く購入することができ

1 ここでこれらの手番を「　」で表記するのは，裏切り（あるいは逸脱）と協力に関する一般的な意味とこれらを区別したいからである。単に裏切り（あるいは逸脱）と表記した場合は，均衡戦略から逸脱することを意味する。単に協力と表記した場合は，相互に利益をもたらすようなプレイヤー間の関係を意味する。当然ながら，「逸脱」が均衡からの逸脱を意味することもあるし，「協力」は一般的に協力的な合意に含まれるものである。しかし，協力と裏切り（あるいは逸脱）に関するこのような一般的な意味を手番と混同させると，議論が紛らわしくなる。便宜上，繰り返しゲームの戦略（たとえば「しっぺ返し」）についても同様に「　」で表記する。

るようになり，厚生が改善される。高関税を「裏切り」，低関税を「協力」と考えれば，関税の設定は囚人のジレンマに似ている。両国にとって，高関税は低関税を強支配する。しかし両国は，ともに高関税を設定するよりもともに低関税を設定するほうが利得を高められる。比較優位による特化の結果，生産は増大し，両国ともに厚生が改善される。$(D; d)$ は囚人のジレンマの唯一の均衡であるので，各国は互いに関税障壁を高めることが予想される。各国は，そうしたほうが関税を低く維持するよりも確実に利得を高められる。しかし，囚人のジレンマとは異なり，国際貿易は将来も続く。国家は，高関税を用いた報復という威嚇によって，低関税を維持することができるだろうか。繰り返し囚人のジレンマは，この問題を次のように提示する。プレイヤーが $(C; c)$ をプレイするような均衡は存在するのだろうか。

最初に，落胆的な結果から紹介しよう。プレイヤーが必ず裏切るという，しばしば All $D$ といわれる戦略の組はナッシュ均衡となる。相手に「裏切り」の意思があることを自分が知っているならば，自分は「裏切り」をプレイするはずである。この均衡は合意の失敗である。相手が必ず「裏切り」をプレイするならば，可能な最善策は自分も「裏切り」で対応することである。この均衡は，繰り返し囚人のジレンマのすべての部分ゲームが任意のラウンドで始まる繰り返し囚人のジレンマであるので，部分ゲーム完全均衡である。これらの部分ゲームはすべて，その全体のゲームと戦略的に同一である。両プレイヤーにとって All $D$ はこれらのゲームのナッシュ均衡であり，ゆえに部分ゲーム完全均衡である。さらに，それは完全ベイジアン均衡でもある。

繰り返し囚人のジレンマでは，両プレイヤーは，すべてのラウンドで「協力」をプレイすれば，利得を大きくできる。しかし，プレイヤーが必ず「協力」をプレイするという All $C$ の戦略の組はナッシュ均衡とはならない。自分の行動にかかわらず，相手が「協力」をプレイしようとするならば，自分は「裏切り」によって利得を大きくすることができる。両プレイヤーにとって All $D$ よりも All $C$ のほうが利得を大きくできるが，両者はともにその戦略から逸脱する誘因を持っている。

All $D$ や All $C$ という戦略は，ゲームの履歴と独立である。自分の手番は，相手や自分の以前の手番に依存しない。しかし，プレイヤーは，ゲームの履歴を繰り返しゲームにおいて手番をプレイする条件とすることができる。1人のプレイヤーが裏切れば「裏切り」をプレイするという威嚇がある場合，両プレイヤーは，互いに「裏切り」をプレイしないように抑止することができるだろうか。まずは，もっとも単純で，よく知られた相互戦略である「しっぺ返し」から始めよう。「しっぺ返し」をとるプレイヤーは，ゲームの最初のラウンドで「協力」をプレイし，その後のすべてのラウンドで直前のラウンドにおける相手のプレイヤーの手番に合わせる。ここでは即時的な相互懲罰が用いられる。すなわち，あなたが裏切るなら，私はその次のラウンドで裏切るだろう。

「しっぺ返し」の組がナッシュ均衡となるのはどのような場合だろうか。この均衡では，両プレイヤーはすべてのラウンドで「協力」をプレイする。この均衡からの逸脱には，あるプレイヤーが「裏切り」をプレイすることが求められる。考えられる逸脱には，2つの極端なタイプがある。第1は，あるプレイヤーがあるラウンドで「裏切り」をプレイし，その後，「しっぺ返し」の暗黙の協力的な合意を回復させるために，次のラウンドで「協力」に戻るというものである。相手のプレイヤーは，逸脱が生じたラウンドでは「協力」をプレイし，その次のラウンドでは「裏切り」をプレイするだろう。均衡から逸脱した者がここでの2つのラウンドで得られる利得は，$T+\delta S$である。この逸脱者が「しっぺ返し」をそのままとっていたとすれば，利得は$R+\delta R$となっていただろう。ここでの2つのラウンドの後は，どちらのプレイヤーもすべてのラウンドで「協力」をプレイすることに戻る。よって，「しっぺ返し」でも逸脱でも，この2つのラウンドの後のすべてのラウンドを通してプレイヤーが得られる利得は同じである。この第1のタイプの逸脱は，後者の利得が前者を上回るときに抑止される。

$$R+\delta R>T+\delta S$$

これを$\delta$について解くと，両プレイヤーの割引因子が十分に高い場合にはいつも，このタイプの逸脱は抑止される。

$$\delta>\frac{T-R}{R-S}$$

$\delta$が上の不等式を満たすとき，どちらのプレイヤーもあるラウンドで「しっぺ返し」から絶対に逸脱しない。

第2のタイプの逸脱は，合意を永久に破り続けるというものである。あるプレイヤーは，将来のすべてのラウンドで「裏切り」だけをプレイするかもしれない。「しっぺ返し」をプレイするプレイヤーは，逸脱が生じた最初のラウンドの後のすべてのラウンドで「裏切り」をプレイすることで応じるだろう。逸脱することによって得られる利得は，$T+\delta P+\delta^2 P+\delta^3 P+\cdots\cdots=T+\delta P/(1-\delta)$ である（無限級数の和を求める方法は補論1の通りである）。「しっぺ返し」を維持することによる利得は，$R+\delta R+\delta^2 R+\delta^3 R+\cdots\cdots=R/(1-\delta)$ である。このような「しっぺ返し」からの永久逸脱が抑止されるのは，

$$\frac{R}{1-\delta}>T+\frac{\delta P}{1-\delta}$$

が成り立つときである。再び $\delta$ について解くと，次の条件が得られる。

$$\delta>\frac{T-R}{T-P}$$

上記の2つのタイプの逸脱がともに抑止されれば，他のどのようなタイプの逸脱も同じように抑止される。1期間のみの逸脱と永久逸脱が両者ともに抑止されていると仮定しよう。つまり，上記の2つの不等式が成立しているとする。くわえて，「しっぺ返し」から $n$ 回逸脱してから協力に復帰することが，「協力」をプレイすることよりも選好されていると仮定しよう。$n$ 回逸脱したことで得られる逸脱者の利得は，協力的な合意を維持し続けることで得られる利得を上回る。すなわち，

$$T+\delta P+\cdots\cdots+\delta^{n-1}P+\delta^n S>R+\delta R+\cdots\cdots+\delta^n R$$
$$T+\frac{\delta(1-\delta^{n-1})}{1-\delta}P+\delta^n S>\frac{1-\delta^{n+1}}{1-\delta}R$$
$$T-\delta T+\delta P-\delta^n P+\delta^n S-\delta^{n+1}S>R-\delta^{n+1}R$$

永久に「裏切り」をプレイすることは抑止されているので，$R>T+\delta P-\delta T$ である。永久逸脱が抑止されるために $\delta$ が満たさなければならない条件を書き換えると，この不等式が導出される。上の不等式の右辺からこの不等式の左辺を引き，上の不等式の左辺からこの不等式の右辺を引くと，次の不等式が得られる。

$$-\delta^n P+\delta^n S-\delta^{n+1}S>-\delta^{n+1}R$$

これをまとめると，

$$S+\delta R>P+\delta S$$

となる。上の不等式の左辺は，次のラウンドまで協力するのを待たずに，現在のラウンドで協力に復することで得られる利得である。逸脱者は現在のラウンドで $S$ の利得しか得られないが，次のラウンドで $\delta R$ を得ることになる。この値は現在のラウンドで「裏切り」のプレイを継続し，次のラウンドで「協力」をプレイしたときの利得 $P+\delta S$ を上回る。無限回の逸脱は抑止されるが，$n$ 回の逸脱は抑止されないとすれば，逸脱者は 1 ラウンド早く逸脱を止めることを選好する。しかし，この議論はその前のラウンドでも成り立つので，逸脱者は 2 ラウンド早く逸脱を止めることになる。この議論は結局 1 ラウンドでの逸脱にまでさかのぼっていく。無限の逸脱は抑止されるが，$n$ 回の逸脱は抑止されないとすれば，1 ラウンドでの逸脱は抑止されない。1 ラウンドと無限ラウンドの逸脱を双方ともに抑止することは，起こりうる他のあらゆる逸脱を抑止することでもある。

「しっぺ返し」の組がナッシュ均衡となるのは，

$$\delta > \max\left(\frac{T-R}{R-S}, \frac{T-R}{T-P}\right)$$

が成立するときである。上の不等式が真ならば，すべてのラウンドで「協力」をプレイするという合意が「しっぺ返し」によって強要される。以下の場合において，協力はより支持されるようになる。(1) プレイヤーの将来利得の価値が高まる（つまり，$\delta$ の増加），(2) 欺くことで得られる利益が減少する（$T$ の減少），(3) 懲罰がより厳しくなる（$P$ の減少），(4) 協力から得られる利益が増加する（$R$ の増加），(5) 協力に復するためのコストが増加する（$S$ の減少）。

「しっぺ返し」という単純かつ直接的な相互作用は，多くの場面で協力をもたらすことができる。しかし，協力を強いる上でもっと有効な相互戦略が他にも存在する。「グリム・トリガー」は，任意の「裏切り」のプレイに対して，ゲームのその先のすべてのラウンドにおいて「裏切り」でもって返すというものである。一度トリガー（引き金）が引かれると，$(D; d)$ という将来は，両方のプレイヤーにとって実際にグリム（不退転）なものとなる。「グリム・トリガー」は，「しっぺ返し」では不可能ないくつかの状況で協力を強いることができる。なぜなら，「グリム・トリガー」に対して 1 ラウンドだけの逸脱は生じないからである。すなわち，一度の「裏切り」が永久懲罰の引き金となるからである [2]。「グリム・トリガー」の組がナッシュ均衡となるのは，

$$\delta > \frac{T-R}{T-P}$$

が成立するときである。上式の右辺が「しっぺ返し」の均衡条件を下回るのは，

$$\frac{T-R}{R-S} > \frac{T-R}{T-P}$$

が成立するときである。「グリム・トリガー」は，「しっぺ返し」では協力が支持されないような割引因子に対しても，協力をもたらすことができる。その意味で，「グリム・トリガー」は「しっぺ返し」よりも有効な威嚇であり，それはまた部分ゲーム完全均衡でもある。一度トリガーが引かれると，両プレイヤーは，それ以降「裏切り」をプレイし続けることを望む。

国際貿易の例に戻ろう。以上の戦略から示唆されるように，関税削減は相互懲罰という威嚇によって支持される。現在相手を欺くことによって得られる利益と比べて，将来の貿易で得られる価値が両国にとって十分に大きい場合には，相互の低関税が実施可能となる。長期的な貿易の価値は，$\delta$（共有の割引因子），$T-P$（懲罰関税の効果），$R-S$（自由貿易からの利益）の増加に伴って増大し，$T-R$（合意を欺くことによる短期的な利益）の増加に伴って減少する。関税引き上げによって欺いた国は，貿易相手国からの報復に苦しむことになる。貿易戦争による損失は，低い貿易障壁を強要するのに十分であろう。

以上で示されたのは，相互戦略を用いることによって，繰り返し囚人のジレンマにおいて（$C; c$）という協力的な合意を実施することができるということである[3]。しかし，この結果には4つの点で重大な限界がある。第1に，この結果は，割引因子の条件が満たされれば，協力が起きることを意味しているわけではない。任意の割引因子に対して，All $D$ は，必ず繰り返し囚人のジレンマの部分ゲーム完全均衡である。繰り返し囚人のジレンマをプレイするときに，プレイヤーがどちらの均衡を選ぶかは知る術がない。

第2に，この均衡選択の問題は，パレート最適性だけに注目して解かれるものではない。パレート最適性は，プレイヤーが（$C; c$）を支持する相互戦略の

2 ここでは，「グリム・トリガー」と細かい点まで明確に対応させることはしない。

3 囚人のジレンマに対する別の解が，数理学者である Jung Joon によって出された。繰り返しゲームに関する Axelrod（1984）を読んだ後に，「囚人を捕まえなければ，ジレンマは存在しない」と彼は提案した。実際に囚人のジレンマに類似した状況は1つだけではないということは，頭にとどめておくべきである。

1つをプレイすることを示している。しかし，相互戦略によって支持される結果の集合はかなり大きなものとなるかもしれない。たとえば，次式が成立するとき，$(C; c)$ と $(D; c)$ を反復することが「グリム・トリガー」によって支持される。

$$\delta > \max\left(\frac{P-S}{R-P},\ \frac{P-S+\sqrt{(P-S)^2+4(T-P)(T-R)}}{2(T-P)}\right)$$

上式の右辺第1項はプレイヤー2による $(D; c)$ からの逸脱を対象とし，第2項は $(C; c)$ からの逸脱を対象としている。無限回の協力的な合意は，ここでの相互威嚇によって支持される。それらの中にはプレイヤー間で対称的に利得を分配するような合意もあれば，対称的に分配しない合意もある。それらの多くはパレート最適である。たとえば，毎ラウンド $(C; c)$ をプレイすることは，$(C; c)$ と $(D; c)$ の反復をパレート支配しない。なぜなら，プレイヤー1にとっては前者より後者のほうが，利得が改善されるからである。パレート最適性だけでは，起こりうる均衡のすべてを網羅したものの中から1つの均衡に絞り込むことはできない。

第3に，共通の推測のもととなる明確な手がかりが存在せず，そのためプレイヤーにはどの均衡がプレイされているのかが判断できない。「しっぺ返し」も「グリム・トリガー」も，均衡では毎ラウンド $(C; c)$ という同じ行動をとる。しかし，均衡からの任意の逸脱に対するプレイヤーの反応は，協力を強いるためにどのような懲罰を用いるかに関する共通の推測に依拠している。協力を強いるために，一方のプレイヤーは「グリム・トリガー」が用いられると予想し，もう一方のプレイヤーは「しっぺ返し」が用いられると信じているような状況を想起しよう。後者は第1ラウンドで「協力」をプレイすることを拒むかもしれない。なぜなら，$(C; c)$ は，「グリム・トリガー」のもとでは強要できるが，「しっぺ返し」では強要できないからである。前者のプレイヤーは，一度逸脱が起きると「協力」をプレイすることを拒むかもしれない。なぜなら，「グリム・トリガー」のもとで協力が回復されることは絶対にないからである。共通の推測が存在しないということは，どのような懲罰が協力を強要するかに関してもプレイヤー間で認識が異なる可能性がある。

第4に，相互懲罰には信憑性がないかもしれない。「グリム・トリガー」が引かれた後のプレイヤーの立場について考えてみよう。彼らはいまや永久に $(D; d)$ をプレイしなければならない。彼らが永久懲罰を止めて協力に復すれば，どちらのプレイヤーにとっても利得は改善される。しかし，このような行為は懲罰の信憑性を弱め，その結果，協力を強要するプレイヤーの能力をも弱めることになる。相手が自分（私）を罰しても相手の利益にならないなら，相手が自分を罰すると，私が信じるわけがない。「しっぺ返し」もまた，「グリム・トリガー」ほど深刻ではないが，同様の信憑性の問題を抱えている。懲罰を与えるプレイヤーが利益を得られるのは，逸脱者が懲罰を終わらせるために「協力」をプレイしたときである。しかし，逸脱者はそのラウンドの間，低い利得に甘んじることにもなる。$P+\delta S>S+\delta R$ ならば，逸脱者は，懲罰を終わらせようと「協力」をプレイする前に，もう1ラウンド待つことによって利得を高められる。あるラウンドでの $S$ の受け入れを逸脱者に強いることなく懲罰を終わらせることに両プレイヤーが合意すれば，どちらのプレイヤーにとっても利得は改善されるだろう。しかし，この主張は懲罰の誘因を完全に弱めることになる。逸脱者が最初の逸脱後に「裏切り」をプレイし続けることを選好するとしよう。このとき，$R+\delta R>P+\delta T$ ならば，懲罰を与えるプレイヤーは逸脱を罰しないことによって利得を高められる。

相互懲罰にはこうした4つの限界がある。以下では，一般的な繰り返しゲームで相互懲罰がどのように用いられるのかを議論することにしよう。ここまでの例では囚人のジレンマについて見てきたが，これはあまりに特殊なゲームである。一般的な話として，互いに利益となるような結果を強要するために相互戦略を用いることはできるだろうか。

## 9.2 フォーク定理

一連のフォーク定理群（多くの場合「フォーク定理」として集合的に扱われる）は，相互威嚇が繰り返しゲームにおいてどのように用いられるかを一般化したものである。本節ではフォーク定理群の一部を紹介する。これらは，さまざまなタイプの相互威嚇を有する繰り返しゲームにおいて，どのような結果が支持されるのかを説明したものである。フォーク定理の名は，誰かが証明を付けてフォーク定理を公刊する前に，ゲーム理論の民間伝承（フォーク）にそれらが入れられてしまったことに由来する。本節で示すように，基本的な考え方についていくつかの興味深くかつ重要な拡張や応用がある。最終的に誰かによっていくつかのフォーク定理が公刊されたことに，筆者としては喜びを感じる。

便宜上，ゲームは2人のプレイヤーだけで無限回行われ，利得は共通の割引因子$\delta$で割り引かれると仮定しよう。ここでの結果は，毎ラウンド後に一定の終了確率を持った無限期間$n$人ゲームに一般化される。プレイヤーに実行可能なものの中で最悪の懲罰と「グリム・トリガー」を用いて，もっとも単純なフォーク定理を扱うことにする。このような懲罰は，信憑性という問題を無視すれば，協力的な結果を強要するという点ではもっとも有効である。永久懲罰のうちでもっとも厳しいということは，プレイヤーが他のプレイヤーに対して使えるもっとも強力な威嚇であるということでもある。この威嚇で合意を強要させることができなければ，どの威嚇をもってしても不可能だろう。しかし，「もっとも厳しい懲罰」の意味は何だろうか。自分は相手に懲罰を与えようとしているが，相手はいまだ各ラウンドで手番を自由に選択できるならば，相手がどのような手番を選択しても，自分は相手の利得を制限するように自分の手番を選ぶだろう。

**定義**：プレイヤー$i$の**ミニマックス利得**（もしくは**ミニマックス値**）$\underline{v}_i$とは，プレイヤー$j$が$i$に与えうる最小の利得のことである。

$$\underline{v}_i = \min_{s_j}\left[\max_{S_i} P_i(S_i; s_j)\right]$$

プレイヤー1をミニマックス利得へと制限するようなプレイヤー2の戦略のことを，プレイヤー1に対するプレイヤー2の**ミニマックス戦略**$\underline{s}_j$と呼ぶ（プレイヤー2および$n$人のプレイヤーに対しても，対応する定義がある）。

プレイヤーのミニマックス利得を決定するために，このプレイヤーは自分にとって最適応答をプレイすると仮定し，このプレイヤーの利得を最小値に引き下げるような他のプレイヤーの戦略を求めよう。こうして求められた戦略から得られる前者のプレイヤーの利得がミニマックス利得であり，他のプレイヤーの戦略がミニマックス戦略である。

**例題**：図9.2の段階ゲームにおいて，プレイヤー1のミニマックス値は1，プレイヤー2のミニマックス値は$2\frac{1}{2}$である。プレイヤー1のミニマックス戦略は（$\frac{5}{6}S_1$, $\frac{1}{6}S_2$）であり，プレイヤー2のミニマックス戦略は$s_1$である。$S_1$はプレイヤー1にとって支配戦略である。プレイヤー2のミニマックス戦略は，プレイヤー1が$S_1$をプレイすることを所与として，プ

図 9.2 段階ゲームの戦略形

| | | プレイヤー2 $s_1$ | プレイヤー2 $s_2$ |
|---|---|---|---|
| プレイヤー1 | $S_1$ | (1, 3) | (4, 2) |
| | $S_2$ | (0, 0) | (−1, 5) |

レイヤー1の利得を最小にするように選ばれる。プレイヤー2の反応は，プレイヤー1の戦略に依存する。プレイヤー2は，プレイヤー1が $S_1$ をプレイすれば $s_1$ をプレイし，プレイヤー1が $S_2$ をプレイすれば $s_2$ をプレイする。プレイヤー1が純戦略をとったときよりもプレイヤー2の利得を低く制限するように，プレイヤー1は混合戦略を用いる。このような混合戦略は，プレイヤー2にとって2つの純戦略が無差別となるように選ばれる。プレイヤー2のミニマックス値は，この混合ミニマックス戦略から求められる。ここでのミニマックス戦略は，段階ゲームのナッシュ均衡 $(S_1; s_1)$ とは異なる。

**練習問題 9.1**：次の図で示された段階ゲームにおいて，両プレイヤーのミニマックス値とミニマックス戦略を求めよ。

a）図 9.3

b）図 9.4

ミニマックス値とミニマックス戦略はラウンドごとに最大の懲罰を与える。それらは，懲罰の大きさに制約を課している。プレイヤーが懲罰を受ける各ラウンドにおいて，他のプレイヤーは，このプレイヤーにミニマックス値よりも低い利得を受け取るように強制できない。あるプレイヤーが相手に対するミニマックス戦略をプレイするということは，可能な限り相手の利得を下げるということでもある。もっとも厳しいペナルティーは，ミニマックス戦略と「グリム・トリガー」を組合せたものである。既定の均衡戦略から逸脱した任意のプレイヤーは，ゲームのその後のすべての期間でミニマックス値による懲罰を受ける。

このような無慈悲な罰則をもってどのような結果が支持されるかは，ゲームのプレイヤーに対してどのような利得の分配を実現できるかによって決まる。

図 9.3　練習問題 9.1a

| | | プレイヤー2 | |
|---|---|---|---|
| | | $s_1$ | $s_2$ |
| プレイヤー1 | $S_1$ | (1, 2) | (5, −2) |
| | $S_2$ | (4, −1) | (3, 3) |

図 9.4　練習問題 9.1b

| | | プレイヤー2 | |
|---|---|---|---|
| | | $s_1$ | $s_2$ |
| プレイヤー1 | $S_1$ | (7, 5) | (−2, 9) |
| | $S_2$ | (10, −4) | (−5, −5) |

プレイヤーがラウンドごとに手番を変えると仮定することによって，プレイヤー間での利得の分配を変化させることが可能になる。繰り返し囚人のジレンマでの（$C$; $c$）と（$D$; $c$）の反復の例のように，起こりうる利得の分配に対して範囲を定めることができる。ラウンドを通したプレイヤーの平均利得を求めることは，繰り返しゲームでどのような利得が達成されるのかを議論するための簡単な方法である。平均利得によって，割り引かれた利得を分配するという困難は排除される。利得の割引和は，プレイヤーが均衡での手番の組合せを通してどのような順序で手番を取り合うのかに依存する。しかし，このような順序の影響は小さいものであり，平均利得は，一部の手番の割引利得によって近似させることができる。

**例題**：先の例であげた段階ゲームを引き続き見ていこう。（$S_1$; $s_2$）と（$S_2$; $s_2$）の反復を（$S_1$; $s_2$）から始めると，プレイヤーは次の期待利得を得ることができる。

$$\left(\frac{4-\delta}{1-\delta^2},\ \frac{2+5\delta}{1-\delta^2}\right)$$

この反復を（$S_2$; $s_2$）から始める場合は，次の期待利得が得られる。

$$\left(\frac{-1+4\delta}{1-\delta^2},\ \frac{5+2\delta}{1-\delta^2}\right)$$

$\delta$ が 1 に近づくにつれ，どちらの手番を先にするかによる違いはなくなる。各プレイヤーは，将来のすべてのラウンドにわたって割引を行い，それらを合計した以下のミニマックス値

$$\left(\frac{1}{1-\delta},\ \frac{5}{2(1-\delta)}\right)$$

よりも，2つの戦略を反復したほうが自分の利得を高められる。両者の反復による平均利得は（3/2, 7/2）である。平均利得は $\delta$ の正確な値に依存しないので，実現可能な利得について考えるための簡単な方法を提供する。

平均利得は，段階ゲームの利得と直接比較することができる。任意の利得分布は，段階ゲームで起こりうる異なる結果の組合せであり，これは平均利得において実現される。ある利得が段階ゲームの異なる結果から得られる利得の組合せであれば，その利得の集合を**実現可能**であると呼ぶ。

**定義**：利得（$M_1, M_2$）が**実現可能**であるとは，$i=1, 2$ について

$$M_i=\sum_{\text{all } S_k,\, s_l} p_{kl} M_i(S_k; s_l)\ \ ただし，\ 0 \leqq p_{kl} \leqq 1$$

かつ，

$$\sum_{\text{all } k,\, l} p_{kl}=1$$

が成立していることである。実現可能な利得は，段階ゲームにおける各利得を加重平均したものでなければならない。

**例題**：先の例を引き続き見てみよう。図9.5はプレイヤーの利得を図示している。図9.5上の4つの点は，段階ゲームの4組の利得である。三角形内およびその辺上のすべての利得は，これら4つの結果の組合せによって実現可能である。実現可能な利得は図の影付きの部分で示される。利得の組（1, 3）は三角形の中にある。代数的には，実現可能な利得の集合は，$5x+y \geqq 0$，$x-2y \geqq 0$，$3x+5y \leqq 22$ を満たすすべての（$x, y$）で構成される。これら3つの不等式が，ここでの三角形の辺を定義している。1本目の不等式が（$-1, 5$）と（0, 0）を結ぶ線，2本目が（0, 0）と（4, 2）を結ぶ線，3本目が（$-1, 5$）と（4, 2）を結ぶ線を表している。

実現可能な利得は，繰り返しゲームの協力によって，どのような利得の分配が達成されるのかを定義している。しかし，どのプレイヤーも，ミニマックス

図 9.5　図 9.2 の段階ゲームにおいて実現可能な利得の集合

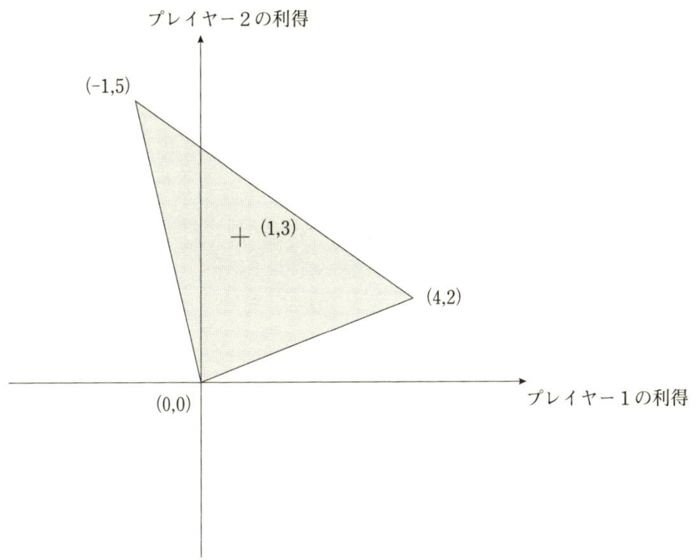


値もしくはそれ以下しか受け取れないような任意の分配には合意しないだろう。協力を拒むことによって，プレイヤーは，ゲームの将来すべてのラウンドにおいて少なくともミニマックス値を確保することができる。どのプレイヤーも，協力的な合意における平均利得として，ミニマックス値やそれ以下の利得を受け入れることはないだろう。プレイヤーがミニマックス値以上に受け取る追加的な量は，協力的な合意に従う誘因をプレイヤーに与える。

**定義**：利得（$M_1, M_2$）が**個人合理的**であるとは，$i=1, 2$ について $M_i > \underline{v}_i$ となることである。

ここで，第 1 のフォーク定理が次のように表現できる。

**定理**（ミニマックス・フォーク定理）：段階ゲーム $G$ と十分大きな $\delta$ からなる繰り返しゲームにおいて，任意の個人合理的で実現可能な利得 $M$ に対して，利得が $M$ となるようなナッシュ均衡が存在する。

この定理は，均衡から逸脱する任意のプレイヤーに対して，ミニマックス戦略

図9.6 図9.2の段階ゲームにおけるミニマックス値と個人合理的な利得

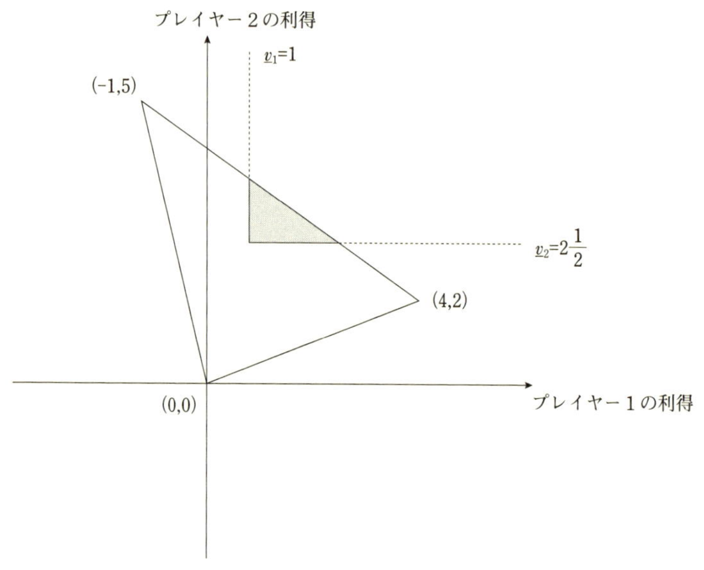


を用いた「グリム・トリガー」による威嚇を用いる。均衡戦略は，ゲームを通して$M$の利得をもたらすような，段階ゲームの結果の組合せを生み出す。当然ながら，この組合せは非常に複雑なものになるかもしれない。しかし，ここで必要とされる組合せは共有知識であることが仮定されている。均衡は，逸脱した任意のプレイヤーに対しては永久にミニマックス利得しか与えられないという威嚇によって実現される。$\delta$が十分に大きければ，いかなる短期的な逸脱から得られる魅力であっても，この威嚇のほうが絶対的に大きいものとなる。ミニマックスによる威嚇が有効となる上で必要な最小限の$\delta$の値は，その段階ゲームに依存する。ここでの計算は，繰り返し囚人のジレンマにおける協力の実施に，「グリム・トリガー」が有効となる条件を求めるために用いられたのと同様のやり方である。

**例題**：先の例を引き続き見ていこう。図9.6は，個人合理的で実現可能な利得の集合を描いている。この集合は，$x>1$，$y>2\frac{1}{2}$，$3x+5y \leqq 22$を満たすすべての$(x, y)$で構成される。最初の2本の不等式は各プレイヤーのミニマックス値を表す。これらは図9.6上の2本の点線によって描かれている。3本目の不等式は，$(-1, 5)$と$(4, 2)$を結ぶ線が等式で与えられ，実現可能な利得の集合に対する制約を表している。図 9.6 上に影付きで示された利得はすべて実現可能であり，この領域で両プレイヤーはミニマックス値以上の利得を得ることができる。

**練習問題 9.2**：練習問題 9.1 のすべての段階ゲームについて，個人合理的で実現可能な利得の集合を求めよ。

しかし，プレイヤーは互いに，ミニマックス戦略のプレイを躊躇するかもしれない。ミニマックス戦略は，相手の利得を損なわせるだけではなく，多くの場合，懲罰を与えるプレイヤーにとっても利得を悪化させる。逸脱者に対してミニマックス戦略をプレイするという威嚇には，信憑性の問題がついて回る。なぜ自分にとって痛みを伴うような威嚇を実行するのだろうか。相手に対する自分のミニマックス戦略がナッシュ均衡の一部でないとしたら，自分は懲罰戦略から逸脱する誘因を持っていることになる。

このような信憑性の問題に対する解決策の 1 つは，懲罰のやり方を変えることである。ミニマックス戦略をプレイして逸脱者に懲罰を与えるのではなく，プレイヤーは段階ゲームのナッシュ均衡をプレイする。どちらのプレイヤーにとっても不愉快なナッシュ均衡をプレイヤーが選択するとしたら，プレイヤーはこの懲罰を有効なものにすることができる。一方のプレイヤーが協力的な戦略から逸脱すれば，プレイヤーは将来のすべての期間でこのようなナッシュ均衡をプレイする。ゲームの均衡は，所望の実現可能な利得をもたらしてくれる協力的な戦略である。段階ゲームでのナッシュ均衡を毎期プレイすることは繰り返しゲームのナッシュ均衡であるので，そのような威嚇には信憑性がある。両プレイヤーは，相手のプレイヤーがナッシュ戦略をプレイすることを予想しているならば，懲罰としてナッシュ戦略をプレイする。ここでの洞察から，以下のフォーク定理が導かれる。

**定理**（ナッシュ威嚇フォーク定理）：段階ゲーム $G$ からなる繰り返しゲームに関して，$(S_k; s_1)$ を，利得が $N(S_k; s_1)$ となるような $G$ のナッシュ均衡とする。$i=1, 2$ について $M_i > N_i(S_k; s_1)$ となるような繰り返しゲームの任意の実現可能な利得 $M$ と，十分に大きな $\delta$ に対して，利得が $M$ となるような部分ゲーム完全均衡が存在する。

各プレイヤーは，実現可能な利得を強要するために用いられるナッシュ均衡において得られるのと少なくとも同じだけの利得を，繰り返しゲームにおいて受け取らなければならない。その均衡は部分ゲーム完全均衡である。なぜなら，その懲罰は，均衡からの任意の逸脱を始点とする部分ゲームのナッシュ均衡であるからである。

**例題**：再び先の例に戻ろう。このゲームには，利得が (1, 3) となる唯一のナッシュ均衡 $(S_1; s_1)$ が存在する。プレイヤー1が1以上を得て，プレイヤー2が3以上を得るような任意の実現可能な利得が，ナッシュ威嚇フォーク定理のもとで支持される。

**練習問題 9.3**：練習問題 9.1 の段階ゲームについて，ナッシュ威嚇フォーク定理のもとで支持される実現可能な利得の集合を求めよ。

相互威嚇によって強要される合意の範囲は，威嚇に信憑性があるための必要条件によって狭められる。ナッシュ威嚇フォーク定理が支持する利得の集合は，ミニマックス・フォーク定理が支持するものよりも小さい。上述の例では，プレイヤー1が1以上の平均利得を得て，プレイヤー2が $2\frac{1}{2}$ から3の平均利得を得るような利得分布は，ミニマックス・フォーク定理のもとでは支持されるが，ナッシュ威嚇フォーク定理のもとでは支持されない。ナッシュ均衡によってもたらされる利得がミニマックス戦略の組合せがもたらす利得を下回ることは，どちらのプレイヤーにとってもありえない。そうでなければ，プレイヤーはミニマックス戦略をプレイすることによって，その「ナッシュ」均衡から利得を高めることができる。しかし定義より，プレイヤーはナッシュ均衡から一方的にその戦略を変えることによって利得を改善することはできないので，そのような「ナッシュ」均衡はナッシュ均衡とはならない。多くの繰り返しゲームでは，ナッシュ威嚇フォーク定理のもとで支持される利得分布の集合は，ミニマックス・フォーク定理のもとで支持されるものよりも小さくなる。

この点で，繰り返し囚人のジレンマは重要な例外である。囚人のジレンマのミニマックス戦略は，ゲームのナッシュ均衡である。囚人のジレンマには，（裏切り；裏切り）という唯一のナッシュ均衡がある。しかし，これはまた両プレイヤーのミニマックス戦略でもある。繰り返し囚人のジレンマにおいて両フォーク定理が同じ利得分布を支持するのは，懲罰が同じだからである。しかし，この性質は繰り返し囚人のジレンマに特有のものであり，したがって，繰り返し囚人のジレンマを長期間の協力に関する一般的なモデルと考えるのは妥当ではない。

ナッシュ威嚇フォーク定理は，弱いけれど信憑性のある威嚇を代用することによって，ミニマックス威嚇の信憑性の問題に取り組む。この信憑性の問題には，これ以外にエスカレーティング懲罰フォーク定理とミニマックス報酬フォーク定理という2つの解が存在する。

エスカレーティング懲罰解では，プレイヤーは，コストのかかる懲罰を実行しようとしないプレイヤーを罰することに合意する。これによって，$n$ ラウンドにわたるミニマックス懲罰を伴うような合意の実施に応じることができる。相手が私の逸脱後 $n$ ラウンドにわたってずっと私を罰しなければ，私が $n^2$ ラウンドにわたるミニマックス戦略のプレイによって相手を罰することに両者は合意する。私が $n^2$ ラウンドにわたってずっと相手を罰しなければ，相手は $n^3$ ラウンドにわたって私を罰し……というように，懲罰がずっと続いていく。このような懲罰を強要するための懲罰はエスカレートしていき，$n^{k-1}$ ラウンドにわたる懲罰の失敗に対しては，$n^k$ ラウンドにわたる懲罰が科されることになる。代替的な対抗懲罰を長く科されるとプレイヤーの利得はより悪化するので，懲罰をエスカレートさせるこのシステムは，コストのかかる懲罰を信憑性のあるものにする。$n^{k+1}$ ラウンドの苦しみに比べたら，$n^k$ ラウンドで済むほうがまだましだからである。

しかし，相手のプレイヤーに対してミニマックス戦略をプレイするときのプレイヤーの利得が自身のミニマックス値を下回る場合には，このようなエスカレーティング懲罰は失敗するだろう。相手を罰するために，相手が私に対して科す最悪の懲罰を下回る利得を受け入れることが私に求められるからである。このとき，このような相互威嚇は，ある水準で信憑性を失う。任意の $\delta<1$ に対して，$n^k$ ラウンドにわたって相手を罰することが，$n^{k+1}$ ラウンドにわたって相手を罰さずにミニマックス値を得るよりも私の利得を悪化させるような有限の $k$ が存在する。このような事態が生じた段階で，相互威嚇の構造がすべて崩れる。各プレイヤーは，$k$ 段階にわたる懲罰が信憑性の無いものと予想することができるので，$k-1$ 段階にわたる懲罰が実施されることはない。それゆえ，$k-2$ 段階にわたる懲罰も信憑性を伴わないものとなり……このような形で信憑性の喪失が続いていく。懲罰を実行するプレイヤーがミニマックス値を下回る利得しか得られない場合，エスカレーティング懲罰のシステムは信憑

図 9.7 プレイヤーごとに懲罰と報酬を使い分けることができない段階ゲーム

プレイヤー3

| | | U: プレイヤー2 u | U: プレイヤー2 d | D: プレイヤー2 u | D: プレイヤー2 d |
|---|---|---|---|---|---|
| プレイヤー1 | U | (1, 1, 1) | (0, 0, 0) | (0, 0, 0) | (0, 0, 0) |
| | D | (0, 0, 0) | (0, 0, 0) | (0, 0, 0) | (1, 1, 1) |

性を失う。

ミニマックス威嚇の持つ信憑性問題への2つ目の解であるミニマックス報酬フォーク定理は，報酬を用いてプレイヤーにコストのかかる懲罰を実行するように動機付けるものである。相手が逸脱すれば，私は $n$ ラウンドにわたって相手に対してミニマックス戦略をプレイすることで懲罰を科すが，このときの $n$ は合意を破棄したことによる利益を打ち消すだけの大きな値となる。懲罰の後，私は報酬部分をプレイし，元の協力均衡のもとで得られるよりも大きな利得を獲得する。報酬部分は，相手を罰するのに要した私のコストが賄われるだけの長きにわたって続かなくてはならない。プレイヤーは懲罰を実行することで報酬が得られるので，懲罰には信憑性が伴う。

プレイヤーが3人以上いる場合，このような報酬が有効となるには，段階ゲームが特別な利得構造を持っている必要がある。報酬が懲罰の動機付けとなるためには，懲罰の引き金を引いた逸脱者には報酬を与えず，懲罰を実行するプレイヤーのみに報酬を与えなければならない。段階ゲームには，自分には報酬を与えないが他のプレイヤーには報酬を与えるような戦略の組合せが，各プレイヤーに対して存在しなければならない。そうでなければ，逸脱者に報酬を与えることなく，逸脱者に対して懲罰を実行するプレイヤーのみに報酬を与えることはできない。

図9.7の段階ゲームはこの基準を満たしていない。各プレイヤーに対するミニマックス戦略は，残る2人のプレイヤーに異なる戦略をとらせる。たとえば，(U; d) はミニマックス戦略であり，プレイヤー3の利得を0とするが，同時にプレイヤー1と2の利得も0に引き下げる。懲罰がすべてのプレイヤーの利得を $n$ ラウンドにわたって0に引き下げ，懲罰が終わるとプレイヤーは $\nu' \leqq 1$ の平均利得を得るものと仮定しよう。プレイヤー3が当初の協力戦略から逸脱すれば，プレイヤー1か2のどちらかはプレイヤー3に対する懲罰から逸脱す

る誘因を持つ。プレイヤー3が$U$をプレイすれば，プレイヤー2は，dからuへと戦略を変えることによって1を受け取る。プレイヤー2にとってこの逸脱の利得は，逸脱をした期には1，$n$期間にわたるプレイヤー2による懲罰では0，プレイヤー2による懲罰後の報酬期では，

$$\frac{\delta^{n+1}}{1-\delta}\nu'$$

である。これらの価値の合計は次のようになる。

$$1+\frac{\delta^{n+1}}{1-\delta}\nu'$$

プレイヤー2にとってプレイヤー3を罰することは，$n$ラウンドにわたるプレイヤー3への懲罰では0，懲罰後の報酬期では

$$\frac{\delta^{n}}{1-\delta}\nu'$$

の価値がある。これらの価値の合計は次のようになる。

$$\frac{\delta^{n}}{1-\delta}\nu'$$

$1>\delta^n\nu'$より，懲罰から逸脱することはプレイヤー2の利得を改善させる。プレイヤーは，罰せられるプレイヤーから区別して，罰するプレイヤーだけに報酬を与えることができない。それゆえ，プレイヤーは，コストのかかる懲罰を実行するプレイヤーに補償を与えることができない。このゲームにおける相互懲罰は，その実行にかかるコストが高すぎて信憑性がない。

一般に，すべてのプレイヤーがミニマックス値以上を獲得するような任意の実現可能な利得の分配は，繰り返しゲームにおいて均衡によって支持される。ある分配を支持する均衡は相互懲罰を用いる。プレイヤーは，その利得の分配を実現するような戦略をプレイすることに合意する。任意のプレイヤーが戦略から逸脱すると，他のプレイヤーは合意された期間だけそのプレイヤーを罰する。各プレイヤーがミニマックス利得以上を受け取る限り，すべてのプレイヤーは協力的な合意に従う誘因を持つ。逸脱に対して懲罰により威嚇することは，協力的な合意に従うよりも利得を悪化させる。

**例題**：初めの2つのフォーク定理を示すために用いられたゲームに戻ろう。図9.6の影付きの領域は，支持される分配の集合を表している。平均利得が$\left(1\frac{1}{2}, 3\frac{1}{2}\right)$となるような分配は，プレイヤーがラウンドごとに（$S_1; s_2$）と（$S_2; s_2$）を反復するという均衡によって実現される。一方のプレイヤーがこの合意から逸脱すれば，もう一方のプレイヤーは合意されたラウンドにわたってミニマックス戦略をプレイする。このときの懲罰の正確な長さは，割引因子によって変化する。懲罰期間の終了後，懲罰を科したプレイヤーには合意された期間にわたって報酬が与えられる。プレイヤー1は，（$S_1; s_2$）をプレイすることによって平均利得にあたる4の報酬が与えられる。プレイヤー2は，（$S_2; s_2$）をプレイすることによって平均利得にあたる5の報酬が与えられる。一方のプレイヤーが想定された懲罰を実行しなければ，そのプレイヤーは報酬を得られない。罰せられたプレイヤーが報酬期間に逸脱すれば，もう一度懲罰を科される。

エスカレーティング懲罰フォーク定理やミニマックス報酬フォーク定理を数理的に表記するには，本書の水準を超えた詳細な技術が求められるので，ここでは扱わない。これらの定理によって，両プレイヤーがともにミニマックス値以上を受け取るような任意の利得の分配が部分ゲーム完全均衡によって支持される。以上の議論では，相互威嚇を用いた繰り返しゲームにおいて実現できることの限界が示された。これらの定理はまた，いかにすればコストのかかる相互威嚇に信憑性を持たせられるかについても示している。

繰り返し囚人のジレンマに関する節で議論した相互戦略の限界は，フォーク定理に対してもあてはまる。第1に，任意のフォーク定理のもとで支持される利得の範囲はあまりにも広い。段階ゲームのすべてのナッシュ均衡が，フォーク定理によって支持される。すべてのプレイヤーがミニマックス値をほんの少し上回るだけの報酬しか得られないような利得でも，フォーク定理によって支持される。それゆえ，任意のフォーク定理の条件が満たされている場合に，アクターが協力するとは断言できない。プレイヤー間の協力的な合意の程度や，プレイヤー間の協力的な行動の水準の変化についても，多くのことはわからない。さらに，戦略のさまざまな組合せの多くが，フォーク定理のもとで実施されうる。したがって，さまざまな行動の多くはフォーク定理と整合的であり，そしてフォーク定理が機能しているという主張を論破することは難しい。

第 2 に，これらの相互威嚇にも信憑性の問題がある。エスカレーティング懲罰フォーク定理やミニマックス報酬フォーク定理は，プレイヤーが一方的な懲罰から逸脱しないことを保証するものである。しかし，何人かのプレイヤーが集団で懲罰から逸脱しないことを保証するものではない。懲罰がすべてのプレイヤーにとってコストがかかるものである場合には，懲罰がすべて完了する前にそれを終わらせることによって，プレイヤーは全員の利得を高めることができる。懲罰からの逸脱に対するこうした集団的な誘因は，相互懲罰の信憑性を弱める可能性がある。私が元の協力的な合意から逸脱するならば，私は相手に私への懲罰を早く止めるように訴えるはずである。それによって両者の利得はともに改善されるだろう。懲罰を早めに終えることに合意する誘因をプレイヤーが持っているという問題は，**再交渉**と呼ばれる。なぜなら，プレイヤーは，協力的な合意を強制するための懲罰について再交渉しているからである。再交渉に関する話題は，本書の範囲を超えている。再交渉に関する進んだ議論については，Fudenberg and Tirole（1991, 174–82）を参照してほしい。再交渉に関する研究も，フォーク定理のもとで支持される利得の集合を狭めることにそのねらいがある。

## *9.3*　有限繰り返しゲーム：チェーンストア・パラドックス

ここまで議論してきたように，無限繰り返しは，コストのかかる威嚇に信憑性を持たせるための手法をいくつか提供する。しかし，相互威嚇に動機づけを与えようとするこれらの手法は，終わりがわかっている繰り返しゲームでは機能しないことがある。複数のナッシュ均衡を持つ段階ゲームでは，相互威嚇が協力的な合意を支持しうる。プレイヤーは，最終段階で喜ばしくないナッシュ均衡をプレイするという威嚇を用いることによって，その前のラウンドでの協力を強要できる。

**例題**：図 9.8 はチキンゲームの戦略形である。プレイヤーがチキンゲームを 3 ラウンドにわたってプレイする場合，彼らは第 1 ラウンドで（$S_1$; $s_1$）をプレイするという合意を強要できる。どちらのプレイヤーも第 1 ラウンドで逸脱しなければ，彼らは第 2 ラウンドで（$S_2$; $s_1$）を，第 3 ラウンドで（$S_1$; $s_2$）をプレイする。全 3 ラウンドを通した彼らの期待利得は（15, 15）である。プレイヤー 1 が第 1 ラウンドで逸脱して $S_2$ をプレイすれば，

**図9.8　チキン・ゲーム**

| | | プレイヤー2 | |
|---|---|---|---|
| | | $s_1$ | $s_2$ |
| プレイヤー1 | $S_1$ | (5, 5) | (0, 10) |
| | $S_2$ | (10, 0) | (−5, −5) |

彼らは第2ラウンドと第3ラウンドで（$S_1$; $s_2$）をプレイすることに合意する。プレイヤー1が逸脱によって得られる利得は合計で10なので，協力的な合意から逸脱することによって利益を得ることはできない。

しかし，一意のナッシュ均衡しか持たない段階ゲームでは，この論理が働かない。20ラウンドにわたってプレイされる繰り返し囚人のジレンマを考えよう。両プレイヤーは，最後のラウンドで「裏切り」をプレイするだろう。「裏切り」は囚人のジレンマにおける強支配戦略であり，最後のラウンドで「協力」の手番を強要できるような未来はない。しかしそれゆえに，プレイヤーは最後から1つ手前のラウンドでも「裏切り」をプレイするはずである。彼らはともに，相手のプレイヤーが最後のラウンドで「裏切り」をプレイすると予想するだろう。よって，最後から1つ手前のラウンドで「裏切り」をプレイしないという誘因はない。最後から1つ手前のラウンドで「協力」をプレイしようという取引を強要するために，プレイヤーが互いに威嚇しあうことはできない。「裏切り」は，最後から1つ手前の手番で「協力」を強く支配する。この論理がゲーム全体を通して続いていく。有限繰り返し囚人のジレンマにはたった1つのナッシュ均衡しか存在しない。それは，両プレイヤーがすべてのラウンドで「裏切り」をプレイするというものである。少なくとも1人のプレイヤーが，少なくとも1つのラウンドで「協力」をプレイするようなナッシュ均衡が存在すると仮定しよう。第$n$ラウンドが最後のラウンドで，そこであるプレイヤーが「協力」をプレイするものとする。しかしこのとき，そのプレイヤーは第$n$ラウンドでの手番を「協力」から「裏切り」へと変えることで，一方的に利得を改善することができる。相互戦略が機能しないのは，どちらのプレイヤーもゲームがいつ終わるのかを知っており，彼らはその最後のラウンドで「裏切り」をプレイすることになるからである。

以上の結果は憂慮すべきものであるが，段階ゲームに一意の均衡しか存在しないような有限の繰り返しゲームでは一般的である。人々が有限の繰り返し囚人のジレンマをプレイするという実験を行うと，彼らはある期間は「協力」をプレイする。たとえ人々が将来の決まった時点で彼らの間の関係が終わることを予想していた場合でも，なお彼らは短期的な利益を求めて合意に到達することができる。両プレイヤーが有限繰り返し囚人のジレンマで数ラウンドにわたって（$C; c$）をプレイすることができるならば，たとえその合意がゲームの終わりが近づくにつれて破棄されるとしても，彼らの利得は高められる。また，有限繰り返しゲームでの協力的な合意に関する問題は一般的なものである。プレイヤーが協力的な合意を強要するような相互懲罰を必要とするならば，一意の均衡しか持たない有限繰り返しゲームにおける懲罰の信憑性は，後向き帰納法の論理から否定される。

この問題には巧妙な解がある（Kreps et al. 1982）。プレイヤーの 1 人が「狂って」おり，繰り返し囚人のジレンマゲームにおいて必ず「しっぺ返し」をプレイする可能性がわずかながら存在すると仮定しよう。定式化すると，2 つのタイプがある制限情報ゲームとして扱われる。一方のタイプのプレイヤーは囚人のジレンマでの利得表に従って行動し，もう一方のタイプは「しっぺ返し」をプレイするように定められている。前者のタイプには，後者のタイプのふりをして，有限繰り返しゲームの始めのラウンドで「しっぺ返し」をプレイする誘因がある。さらに相手のプレイヤーには，後者のタイプのふりをする前者のタイプにプレイを合わせようとする誘因がある。どちらのプレイヤーも，ゲームの始めのラウンドにおいて（$C; c$）をプレイすることで利益が得られる。

この巧妙な解は，プレイヤーが相手のプレイヤーの動機について確信を持てないという発想をモデル化したものである。後向き帰納法の論理は完備情報を必要とする。すべてのラウンドでの（$D; d$）は，完備情報下の有限繰り返し囚人のジレンマにおける唯一のナッシュ均衡である。両プレイヤーはともに，ゲームの終わりとそれまでの互いの手番を予想できるので，互いに対して条件付きの威嚇をすることはできない。後向き帰納法は，「裏切り」をプレイしようという私の誘因だけでなく，私のプレイに関係なく相手が「裏切り」をプレイするという予想にも影響される。しかし，相手が私の「協力」というプレイに報いる可能性が少しでもあれば，一連の後向き帰納法は崩れてしまう。私には，相手がゲームの将来のラウンドすべてにわたって「裏切り」をプレイするとはもはや予想できない。ラウンドの多くで（$C; c$）をプレイすることによって得られる利益には，私にとってゲームの始めのラウンドで「協力」をプレイするという危険を冒すだけの価値がある。

この解は，繰り返しゲームにおける相互威嚇や約束を理解するための第2の一般的なアプローチである。第1のアプローチは，無限の繰り返しによって相互威嚇が信憑性を持つ可能性があることを主張したものである。この第2のアプローチの主張は，プレイヤーが互いの利得を知らないということが，有限繰り返しゲームにおいて信憑性のある威嚇や約束を実現できるというものである。この議論は，ゲームにおいて評判をモデル化する方法を提供する。相手の評判とは，相手が必ず約束や威嚇を実行するタイプである可能性のことである。プレイすべきラウンドが多く残っている場合，わずかな評判であっても威嚇や約束を有効にする。威嚇の実行が威嚇を行うプレイヤーにとってコストがかかるかどうかについてプレイヤーは確信を持てないので，威嚇には信憑性がある。威嚇を実行に移すことが相手にとってコストがかかることを私が知っているならば，私は相手が威嚇を実行しないと予想できる。しかし，威嚇を実行することが相手にとって利益になる可能性があるとしたら，私は懲罰によってどのようなリスクを負うことになるかを考えなければならない。また，懲罰が相手にとってコストのかかるものであったとしても，相手は私に懲罰を与えることを望むかもしれない。なぜなら，私をいまのうちに罰しておくことによって，相手は将来における私の行動を抑止できるからである。

このアプローチを，コストのかかる威嚇の問題に関する古典的な例であるチェーンストア・パラドックスによって説明しよう（Selten 1978; Kreps and Wilson 1982b)。多くの個別市場で参入が生じる可能性に直面している巨大独占企業の立場について考えよう。最善の状況は，誰も市場に参入せず，すべての市場で独占利益が得られることである。万一参入が生じれば，独占企業は，価格競争によって参入者と争うかどうかを決定しなければならない。価格競争は参入者への懲罰であり，市場に参入しない場合に比べて利潤を損なうことになる。しかし，この懲罰は，独占企業にとっても，市場の1つが侵略されることを黙認する以上にコストを伴う。参入者にとって最善の状況は，抵抗されずに市場に参入することである。参入して価格競争になるなら，参入しないほうが利得は大きい。ここで問題は，いつ参入が生じるのかと，いつ参入が抵抗されるのかということである。

ゲームの表記は，独占と価格競争に関するものである。しかし，それはコストのかかる威嚇が信憑性を持つのはどのような場合かという一般的な問題の具体例である。威嚇の信憑性が問題となる状況は数多く考えられる。国際関係論の研究者にとって，チェーンストア・パラドックスは，封じ込め政策や宥和政策に関する着想を提示している。戦争は侵略を防ぐためのコストのかかる方法であるが，時には信憑性を維持するためにこのような威嚇を実行する必要がある。アクターは，威嚇を実行するという評判を維持するために，コストのかかる威嚇を時に実行に移す。さもなければ，将来における威嚇は信頼性を失うだろう。宥和政策は，短期的にはさほどコストがかからないかもしれないが，結果的に1回の戦争よりもコストが高くつくような要求をさらに突きつけられるかもしれない。

チェーンストア・パラドックスはまた，政治的リーダーとその支持者との関係を部分的に表したものでもある（Calvert 1987）。集団は，メンバーが協力して集合財を生産することによって利益を得る。集合財はメンバー全体に利益を与えるが，個々の支持者は自身の献金を支払っている。献金を支払うアクターにとって献金のコストが限界的な利益を上回る場合には必ず，支持者が献金を支払わないという誘因を持つことになる。この集合行為のジレンマの誘因は，囚人のジレンマの誘因と同じである。

リーダーの存在意義は，その一部はこの問題を解決することである。支持者が献金しなければ，リーダーはその支持者を罰することができる。しかし懲罰は，たとえ長期的に献金を強要する一助となるとしても，短期的には多くの場合にコストを伴う。懲罰という行為は当然その報いを伴うものであり，それはチェーンストア・パラドックスと同じである。リーダーは，支持者からの平和的な協力を選好する。しかし，支持者は，後々の懲罰を避けることができるとしたら，献金しないことを選好する。リーダーは支持者による裏切りを観察した後，支持者に対して懲罰を与える。懲罰がコストのかかるものであるならば，懲罰という威嚇は信憑性を持たないかもしれない。

図9.9のゲームは，この状況を定式化したものである。$a>1$ かつ $0<b<1$ を仮定しよう。$E$ は参入者（Entrant），$M$ は独占企業（Monopolist）を表している。参入者は，ゲームのラウンドの始めに，市場に参入する（entering）か参入しない（stayaing out）かを選ぶ。これらの手番を $E$ および $SO$ と略記しよう。参入者が参入しなければ，そのラウンドは終了する。独占企業はその市場で独占利潤として $a$ を獲得し，参入者は0を受け取る。参入者が市場に参入すると，独占企業は参入者に対して価格競争を仕掛けて争うかどうかを決定しなければならない。これらの手番を「争う（Fight）」は $f$,「黙認する（Acquiesce）」は $acq$ と略記しよう。独占企業が参入を黙認すれば，参入者は $b$

図9.9 チェーンストア・パラドックスの段階ゲーム

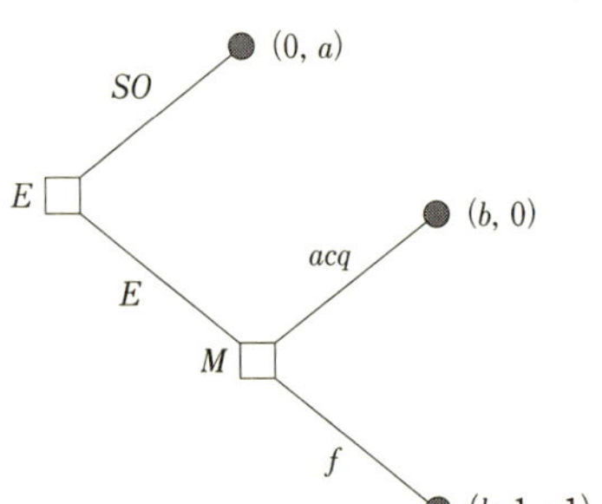


の利潤を得られ，独占企業の利潤は0へと低下する。独占企業が参入者と争うならば，双方ともに1のコストを支払うことになり，独占企業が黙認した場合，もしくは参入者が参入しなかった場合よりも両者の利得は悪化する。

さらなる仮定として，$n$ 個の異なる市場それぞれに1社ずつ，合計 $n$ 社の参入者がいるとしよう。各参入者は順番に自分の市場に参入することを考えている。ゆえに，図9.9のゲームが $n$ 回繰り返されることになる。独占企業の利得は，すべての段階を通した利得の総和である。独占企業は，参入者と争うことによって次の参入者の参入を思い止まらせることができるならば，争いのコストを負担することをいとわないとする。争いのコストは−1であり，参入阻止の成功による利益は $a>1$ である。各参入者が利得を受け取るのは，自身がプレイする段階においてである。

このような段階ゲームはよく知られている。これは，第5章で部分ゲーム完全均衡を示すために用いたゲームである。コストのかかる威嚇の信憑性を説明するもっとも単純なゲームである。独占企業はつねに，参入者に対して争うという暗黙の威嚇をする。この威嚇には信憑性があるだろうか。言い換えると，この威嚇は参入者に市場への参入を思いとどまらせるだろうか。完備情報下で1段階のみのゲームでは，この威嚇には信憑性はない。参入者は，争いが独占企業にとってコストがかかることを知っており，独占企業が参入を黙認すると予想する。1段階ゲームでは，争うという威嚇は部分ゲーム完全均衡ではない。

それでは繰り返しゲームでは，争うという威嚇に信憑性はあるだろうか。$(SO; f)$ は段階ゲームのナッシュ均衡である。独占企業は完備情報下でプレイされる繰り返しゲームにおいて参入を阻止し，この均衡を強要することができるだろうか。答えはノーである。ここでの繰り返しゲームには，唯一の完全均衡しか存在しない。それは，参入者は必ず参入し，独占企業は必ず黙認するというものである。

**練習問題 9.4**

a）チェーンストア・パラドックスの任意のナッシュ均衡において，プレイヤーはすべての段階で（*SO*; *f*）か（*E*; *acq*）のいずれかをプレイしなければならないことを示せ。

b）すべての段階での（*SO*; *f*）が完全均衡でないことを示せ（ヒント：最後の段階について考えよ）。

c）チェーンストア・パラドックスの唯一の完全均衡は，すべての段階において（*E*; *acq*）（すなわち，参入者が参入し，独占企業が黙認する）であることを示せ。

1）ゲームの最後の段階では，（*E*; *acq*）が唯一の完全均衡であることを示せ。

2）（*E*; *acq*）がゲームの最後の段階でプレイされるならば，（*E*; *acq*）が最後の1つ手前の段階における最適戦略であることを示せ。

上記の2）を一般化することによって，（*E*; *acq*）がゲームの残り $k$ 段階でプレイされるならば，（*E*; *acq*）がゲームの第（$n-k$）段階における最適戦略であることが示される。帰納法を用いて，上記の1）と一般化した2）から，すべての段階で（*E*; *acq*）が唯一の完全均衡であると結論づけられる（帰納法による証明に関する簡単な議論については，補論1の数学的証明に関する節を参照のこと）。

ここに，チェーンストア・パラドックスの逆説がある。参入者と争うことは独占企業の利益には決してならず，それゆえ，参入者は必ず参入する。争いが独占企業にとってコストとなることを参入者は知っているので，参入者と争うという威嚇には信憑性がない。最後の参入者が必ず参入するのは，独占企業が争わないからである。独占企業は，最後の参入者を阻止することができず，ゆえに，最後の1つ手前の参入者と争っても何も利益はない。この論理は，独占企業が任意の段階で参入者と争うような任意の均衡を崩壊させる。しかし，この均衡行動は，人々の直観や実験結果に反する。有限ゲームであったとしても，ゲームの後半の段階での参入を阻止するために，独占企業は早期の段階で参入

図 9.10　報復的な独占企業とチェーンストア・パラドックスの段階ゲーム

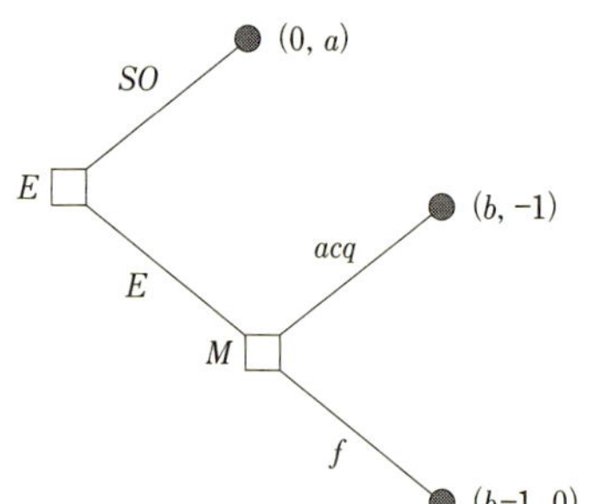


者と争うことが考えられる。独占企業は，報復という威嚇に信憑性を持たせることができないので，このゲームで参入者と争うことは合理的ではない。参入者は，争いが独占企業にとってコストになることを知っている。

しかし，争いが独占企業にとってコストになるか否かを参入企業が確信できなければどうだろうか。参入者は参入するかどうかを決めるにあたって，独占企業が参入者と争うかどうかを判断しなければならない。独占企業はまた，他の潜在的な参入者に対して将来争うということを確信させるために，参入者と争う誘因を持つ。第 2 のタイプの独占企業として，参入者と争うことによって利益を得るような報復的な独占企業を加えることによって，こうした不確実性をモデル化しよう。独占企業が報復的であれば，ゲームの展開形は図 9.10 で表される。先と同様に $a>1$ かつ $0<b<1$ である。このとき，報復的な独占企業は参入者と争うことによって利益を得る。

**練習問題 9.5**：報復的な独占企業との段階ゲームについて，ナッシュ均衡と部分ゲーム完全均衡を求めよ。

不確実性を伴うチェーンストア・パラドックスは偶然手番から始まり，独占企業が報復的な確率が $\varepsilon$ で，独占企業が通常のものである確率が $1-\varepsilon$ で与えられる。通常の独占企業にとって争うことはコストとなるが，報復的な独占企業にとっては参入者と争わない場合にコストをこうむることになる。この手番の結果を知っているのは独占企業だけである。参入者には独占企業のタイプがわからない。独占企業が報復的であるという参入者の初期の信念は $\varepsilon$ に等しい。あらゆる繰り返しゲームと同様に，このゲームの戦略空間は非常に複雑である。

ここで明らかにしなければならないのは，ラウンドごとの参入企業と各タイプの独占企業の手番である。幸運にも，独占企業のタイプが2つ，彼らの利得，各期に異なる参入者という仮定によって，モデルは単純化される。

$n$ ラウンドのチェーンストア・パラドックスを直接分析するのではなく，最初に2ラウンドのモデルを解こう。その後で，求めた均衡を $n$ ラウンドのモデルに一般化しよう。$n$ ラウンドすべてを含んだモデルよりも，2ラウンドのモデルのほうが論理を追いやすい。参入者は2段階のそれぞれで，独占企業が報復的か通常のものかを判断しなければならない。$k=1, 2$ について，独占企業が報復的であるという $k$ 番目の参入者の信念を $\pi(k)$ としよう。ただし，$\pi(1)=\varepsilon$ である。

最後の段階の独占企業の手番から後向きに考えることによって，2ラウンドのモデルを解く。報復的な独占企業は必ず争い，通常の独占企業は必ず黙認する。参入者について，2番目の参入者にとって参入と非参入が無差別となるような信念の臨界値 $\pi(2)$ を求めよう。

$$0=\pi(2)(b-1)+(1-\pi(2))(b)$$
$$\pi(2)=b$$

($0<b<1$ であることを思い出そう)。$\pi(2)>b$ ならば，2番目の参入者は参入しない。$\pi(2)<b$ ならば，2番目の参入者は参入する。

後向きに考えることによって，2ラウンドのモデルの第1段階における通常の独占企業の立場について検討しよう。報復的な独占企業は，任意のラウンドで参入者と争うと仮定する[4]。彼らは，争いが長期的な利益を一切もたらさない場合でさえ，黙認よりも争いを選好する。通常の独占企業の選択は，2番目の参入者を阻止できるかどうかに依存する。$\pi(1)>b$ ならば，第1段階で争うだろう。どちらのタイプの独占企業も必ず争う場合，$\pi(2)=\pi(1)$ となる。このことは，次のベイズの計算によって示される。

4 チェーンストア・パラドックスにはもう1つ，第1ラウンドでの参入者への懲罰が，2番目の参入者による参入をもたらすという別の均衡がある。どちらの独占企業も参入を黙認することによって，第2ラウンドでの参入を阻止する。この均衡は，第8章で取り上げたビール＝キッシュ・ゲームのキッシュを食べるという均衡に類似している。ここでも，均衡経路外の信念に対する制約によってこの均衡は排除される。

$$\pi(2)=\frac{p(VM)p(1f\mid VM)}{p(VM)p(1f\mid VM)+p(NM)p(1f\mid NM)}$$
$$=\frac{\pi(1)(1)}{\pi(1)(1)+[1-\pi(1)](1)}=\pi(1)$$

ここで，$VM$は報復的な独占企業，$NM$は通常の独占企業，$1f$は第1ラウンドでの争いを表している。$\pi(1)>b$でかつ通常の独占企業が第1ラウンドで争うならば，$\pi(2)>b$となる。$\pi(2)>b$の場合，2番目の参入者は参入しない。$\pi(1)>b$のとき独占企業が第1ラウンドで争えば，第2ラウンドで参入を阻止することによる利益は，争いのコストを賄えるだけの大きさとなる。

$\pi(1)<b$のもとで，2番目の参入者にとって参入と非参入が無差別となるような通常の独占企業の混合戦略を求めよう。2番目の参入者にとって両者が無差別となるのは，$\pi(2)=b$のときである。通常の独占企業が第1段階で争う確率を$p$としよう。$\pi(2)=b$となるような$p$の値は，次のように求められる。

$$b=\pi(2)=\frac{p(VM)p(1f\mid VM)}{p(VM)p(1f\mid VM)+p(NM)p(1f\mid NM)}$$
$$=\frac{\pi(1)(1)}{\pi(1)(1)+[1-\pi(1)](p)}$$
$$p=\frac{(1-b)\pi(1)}{b[1-\pi(1)]}$$

$\pi(1)<b$でかつ通常の独占企業が上記の確率で争う場合，2番目の参入者にとって参入と非参入は無差別となる。両者が無差別であるので，2番目の参入者は，第2ラウンドで混合戦略をプレイすることができる。2番目の参入者は，通常の独占企業にとって第1ラウンドでの争いと黙認が無差別となるような混合戦略を見つける必要がある。このとき，第1ラウンドで通常の独占企業が混合戦略をとるには，争いと黙認の両者が無差別とならなければならない。2番目の参入者が参入しない確率を$q$としよう。通常の独占企業にとって，第1ラウンドでの参入者に対する争いと黙認が無差別となるような$q$を計算すると，

$$u_{NM}(acq)=u_{NM}(f)$$
$$0+0=-1+q(a)+(1-q)(0)$$
$$q=1/a$$

となる。通常の独占企業が第1ラウンドで黙認すれば，この独占企業は第1ラウンドで0を受け取り，2番目の参入者は必ず参入する。このとき独占企業は，2番目の参入者とは争わず，よって利得は0となる。この独占企業が第1ラウンドで争ったならば，そのラウンドで−1を受け取った後，2番目の参入者が参入すれば0，参入しなければ$a$を受け取る。

均衡に関する表記を完成させるために，1番目の参入者の戦略を求めよう。$\pi(1) \geqq b$の場合，どちらの独占企業もともに懲罰を与えるので，1番目の参入者は参入しない。各参入者の行動は分離され，それぞれ参入機会は一度だけである。$\pi(1) < b$のもとで，通常の独占企業が混合戦略を用いると仮定しよう。このとき，1番目の参入者にとって参入と非参入が無差別となるような信念の臨界値を求める。

$$
\begin{aligned}
u_E(SO) &= u_E(E) \\
&= u_E(f)[p(VM) + p(NM)p(f|NM)] + u_E(acq)p(NM)p(acq|NM) \\
0 &= (b-1)\left(\pi(1) + [1-\pi(1)]\left\{\frac{(1-b)\pi(1)}{b[1-\pi(1)]}\right\}\right) + (b)[1-\pi(1)]\left\{1 - \frac{(1-b)\pi(1)}{b[1-\pi(1)]}\right\} \\
\pi(1) &= b^2
\end{aligned}
$$

参入者は，$\pi(1) > b^2$ならば参入せず，$\pi(1) < b^2$ならば参入し，$\pi(1) = b^2$ならば混合戦略をプレイする。

この均衡を2ラウンドのチェーンストア・パラドックスにとどめず，$n$ラウンドのモデルの均衡に展開しよう。あるラウンドからその直前のラウンドへの後向き帰納法による計算は，2期間モデルの第1期に関する計算と同様である。

**命題**：以下の信念と戦略の組は，$n$ラウンドのチェーンストア・パラドックスにおいて完全ベイジアン均衡となる。

**独占企業の戦略**：独占企業が報復的ならば，必ず$f$をプレイする。通常の独占企業であれば，第$n$段階で$acq$をプレイする。第$n$段階以前に，$\pi(k) \geqq b^{n-k}$が成立していれば，第$k$段階で$f$をプレイする。成立していなければ，$f$をプレイする確率

$$
\frac{(1-b^{n-k})\pi(k)}{b^{n-k}[1-\pi(k)]}
$$

で $f$ と $acq$ を混合させる。独占企業の情報集合はすべて単一の節で構成されているので，独占企業の信念は問題にはならない。

**参入企業の戦略**：$\pi(k)>b^{n-k+1}$ ならば $SO$ をプレイし，$\pi(k)<b^{n-k+1}$ ならば $E$ をプレイする。$\pi(k)=b^{n-k+1}$ ならば，$SO$ をプレイする確率 $1/a$ で $E$ と $SO$ を混合させる。

**参入企業の信念**：参入が生じなければ $\pi(k)=\varepsilon$，任意の参入が黙認されれば $\pi(k)=0$ である。すべての参入者と争いが起きれば，$\pi(k)=\max(b^{n-m}, \varepsilon)$ となる。ここで $m$ は最後に参入者と争った段階を表している。

上記の信念と戦略の組が均衡であることを示す前に，その背後にある直観的な説明について検討しよう。参入者の信念 $\pi$ は，独占企業が参入者と争うという評判を表している。参入者は自分の信念を用いて，参入に対して独占企業がとる反応を探ることができる。$\pi=0$ の場合，独占企業の評判は地に落ちる。このとき参入者は，争いが独占企業にとってコストになることを知り，必ず参入する。独占企業の評判は任意の黙認の後に崩壊する。通常の独占企業は，参入阻止による将来の利益が現時点での争いのコストを上回っている限り，参入者と争う。ゲームが進むにつれて，評判を確立することによる将来の利益は減少する。後半のラウンドでの参入者は，通常の独占企業が争う可能性はほとんどないと予想する。ゲームが進むにつれて，阻止を成功させるためには，それまで以上に高い評判が必要となる。

参入者は，独占企業の初期の評判が参入を阻止するだけの高さを維持できなくなるまでは参入しない。参入者を阻止するために必要な評判の臨界値は $b^n$ と非常に低い値から始まるが，$b<1$ かつ $n$ が 10 より大きいことから，この値は 0 に近い。ゲームが進むにつれて，第 $k$ ラウンドにおけるこの評判の臨界値 $b^{n-k+1}$ は，独占企業の初期の評判 $\varepsilon$ を上回るまで上昇する。このとき参入が起こり，通常の独占企業はこの参入者と争う。その頻度は，次の参入者にとって参入と非参入が無差別になる程度である。黙認が一度行われると，参入者は，独占企業が通常のタイプであることを知るので，すべての将来のラウンドにわたって参入するようになる。このとき，この独占企業は争いをしない。参入者が時期尚早に参入すれば，任意の独占企業は，自らの評判を維持するために参入者と争う。

さて，均衡の詳しい導出に移ろう。証明は帰納法によって行われる。ゲームの最後のラウンドでの最適戦略は，2ラウンドのモデルと同じである。第$(k+1)$ラウンドでの戦略と信念を所与として，第$k$ラウンドにおける最適な戦略と信念を導出しよう。各ラウンドの最適な戦略と信念を決定するために，ゲーム全体を後向きに解く導出法を用いることができる。上記の戦略と信念が第$(k+1)$ラウンドでの均衡であると仮定しよう。ここで示さなければならないのは，これらが第$k$ラウンドでも均衡となることである。

報復的な独占企業は必ず争う。彼らがすでに黙認していたら，$\pi$は0にまで低下し，将来のすべての参入者が自動的に参入することになる。このとき，報復的な独占企業にとって$f$は$acq$を支配する。なぜなら，$f$は，現在の段階でこの独占企業にとって$acq$よりも望ましく，かつこの先の段階においてもいまよりも悪化することはないからである。

参入企業については，4つの場合を検討しなければならない。$\pi(k) \geqq b^{n-k}$，$b^{n-k} > \pi(k) > b^{n-k+1}$，$\pi(k) = b^{n-k+1}$，$\pi(k) < b^{n-k+1}$の場合である。第1の場合には，独占企業が参入者と争うので（参入者の戦略を確認する場合，独占企業の戦略を所与として考えることを思い出そう），参入者は参入しない。

第2の場合に，参入と非参入のそれぞれの期待効用を計算すると，次のようになる。

$$u_E(SO) = 0$$

および

$$\begin{aligned} u_E(E) &= (b-1)\left(\pi(k) + [1-\pi(k)]\left\{\frac{(1-b^{n-k})\pi(k)}{b^{n-k}[1-\pi(k)]}\right\}\right) + (b)[1-\pi(k)]\left\{1 - \frac{(1-b^{n-k})\pi(k)}{b^{n-k}[1-\pi(k)]}\right\} \\ &= (b-1)\left[\frac{\pi(k)}{b^{n-k}}\right] + (b)\left[1 - \frac{\pi(k)}{b^{n-k}}\right] \\ &= b - \frac{\pi(k)}{b^{n-k}} < b - \frac{b^{n-k+1}}{b^{n-k}} = 0 \end{aligned}$$

この場合には，参入するよりも参入しないほうが好ましい。

**練習問題 9.6**：上の第3と第4の場合，すなわち$\pi(k) = b^{n-k+1}$と$\pi(k) < b^{n-k+1}$の場合に，参入者の戦略が独占企業の戦略に対して最適応答となっていることを示せ。

通常の独占企業の戦略に戻って，$\pi(k) \geqq b^{n-k}$ と $\pi(k) < b^{n-k}$ の2つの場合を考えよう。前者の場合に，懲罰と黙認それぞれの期待効用を比較すると，次のようになる。

$$u_{NM}(acq) = 0$$

および

$$u_{NM}(f) = -1 + a + U_{NM}(\text{stage } k+2 \text{ on})$$

ただし，$U_{NM}(\text{stage } k+2 \text{ on})$ は第 $k+2$ 段階以降に得られる通常の独占企業の利得を表す。黙認によって得られる効用は，現段階およびその後のすべての段階で0である。一度の黙認によって $\pi(k+1)=0$ となり，それはその後のすべての段階で参入を黙認することにつながる。独占企業が争えば，次の参入者は参入しない。次のラウンド以降で独占企業の効用が0より小さくなることはない。というのは，独占企業は，将来すべての段階で黙認しても0の利得を確保できるからである。

**練習問題 9.7**：$\pi(k) < b^{n-k}$ において，通常の独占企業の戦略が $f$ と $acq$ の間で無差別となっていることを示せ（ゆえに，このとき，独占企業の混合戦略は最適応答である）。

信念が，戦略やベイズの定理と整合的であることを示そう。先に示した戦略に従えば，報復的な独占企業は決して黙認しない。それまで $acq$ がプレイされていれば，独占企業は報復的ではなく，それ以降 $\pi=0$ となる。任意の段階 $k$ で参入が起きなければ，参入者はゲームの当該段階において何も学習しないので，$\pi(k)=\pi(k-1)$ となる。段階 $k$ において参入者と争いが起きれば，以下のようになる。

$$\pi(k+1) = \frac{p(VM)p(kf \mid VM)}{p(VM)p(kf \mid VM) + p(NM)p(kf \mid NM)}$$

$\pi(k) < k^{n-k}$ ならば，

$$\pi(k+1)=\frac{\pi(k)(1)}{\pi(k)(1)+[1-\pi(k)]\left\{\dfrac{(1-b^{n-k}\pi(k))}{b^{n-k}[1-\pi(k)]}\right\}}$$
$$=\frac{\pi(k)b^{n-k}}{\pi(k)}=b^{n-k}$$

$\pi(k)\geqq b^{n-k}$ ならば，

$$\pi(k+1)=\frac{\pi(k)(1)}{\pi(k)(1)+[1-\pi(k)](1)}=\pi(k)$$

ここで，*VM* は報復的な独占企業，*NM* は通常の独占企業，*kf* は第 $k$ ラウンドでの争いを表している。$\pi(k)<b^{n-k}$ ならば，通常の独占企業は，混合戦略をプレイする際に，均衡で所望の信念が実現されるように確率を選択する。

最後に，均衡経路外の信念は以下の通りである。報復的な独占企業がこれまでに黙認していれば，それ以降 $\pi(k)=0$ となる。$\pi(k)=0$ のときに独占企業が争えば，$\pi(k+1)=0$ となる。これらは両方とも戦略と整合的である。仮定により，独占企業が黙認によって自分の評判を一度失えば，その評判を再び取り戻すことはできない。

チェーンストア・パラドックスは，繰り返しゲームにおいて潜在的にコストを要する威嚇の信憑性に関する第 2 のアプローチの例である。参入者の頭の中にあるわずかな不確実性により，通常の独占企業は，報復的な独占企業のように振る舞うことによって，威嚇に信憑性を持たせることができる。ゲームの前半では，参入阻止の利益は争いの即時的なコストを上回る。参入者の頭の中にある不確実性は，阻止が有効となる可能性を生み出す。この不確実性によって，完備情報下で阻止を不可能にしていた後向き帰納法の論理は断ち切られる。やがて，参入者はこうした模倣に挑戦するようになり，独占企業にとって模倣を続けることはコストが高すぎるものとなる。最後のラウンドが近づくにつれて，参入の可能性はより高くなり，抵抗の可能性はより低くなる。

次のように反論する者もいるだろう。これは，あまりに明瞭な $a$ の利得のためにうまくいきすぎていると。数理化によって，単なる数学以上のことが評判の議論に加えられている。それは議論の明確さである。たとえば，評判はある時点で消滅する。将来の影は，やがて参入者の気にならなくなる。非数理的な議論は評判の消滅がいつ起きるのかを教えてくれないが，モデルはそれを正確に教えてくれる。潜在的にコストを要する威嚇が信憑性を持つのはいつかという問題こそ，多くの人々にとって重要なのである。このモデルは，この種の威嚇がどのようにして信憑性を持つのかという点について，1つの考え方を示している。

プレイヤーの利得に関する不確実性は，有限繰り返しゲームにおいて威嚇や約束を信憑性のあるものとするために，一般的に用いられるものである。プレイヤーの1人が必ず「しっぺ返し」をするタイプである可能性がわずかでもあれば，有限繰り返し囚人のジレンマにおいて「しっぺ返し」戦略は支持されるかもしれない。通常のタイプのプレイヤーは，ゲームの後半のラウンドに入るまで，「しっぺ返し」戦略をとるタイプのふりをしようとする。彼らは協力から利益を得る。ゲームの前半で相手のプレイヤーは「協力」をプレイする。なぜなら，このプレイヤーは相手の手番に合わせようとするからである。

同様の戦略は，第5章で議論したムカデゲームにも適用できる。ムカデゲームにおいて，プレイヤーは，ゲームを続けるか否かについて逐次的な意思決定を行う。ゲームが長く続けば続くほど，プレイヤーはともに利益を得られる。しかし各プレイヤーは，相手のプレイヤーが次の手番でゲームを終わらせようとするのであれば，自分の手番でゲームを終わらせたほうが利得を高めることができる。後向き帰納法は，最初のプレイヤーが自分の最初の手番でゲームを終わらせるというのが唯一の完全均衡であることを示している。一方のプレイヤーが必ず「続ける」をプレイする確率をわずかでも加えれば，両プレイヤーがいくつかの手番にわたってゲームを続けるような均衡が実現する。この確率は，ゲームに多くの手番が残っていれば，かなり小さなものとなるだろう。多くの手番にわたるゲームの継続による大きな利益は，ゲームの終了によって追加的な利益を得るよりも，「続ける」というプレイに対する両プレイヤーの関心を高める。

このアプローチは一般化され，不完備情報に関するフォーク定理を導くに至った（Fudenberg and Maskin 1986）。他のプレイヤーの利得に関する任意のわずかな不確実性や，彼らのミニマックス利得を上回るような任意の利得の分配について，同じだけの不確実性を持つ不完備情報ゲームを見つけることができる。このゲームには，プレイヤーがそのような利得の分配を受け取るような完全ベイジアン均衡が存在する。無限繰り返しゲームで達成される任意の利得の分配はまた，不完備情報下の有限繰り返しゲームでも達成できる。制限情報は，威嚇や約束を信憑性のあるものにするという点で，無限繰り返しと同じくらい有効である。当然ながら，フォーク定理と同様の限界が制限情報アプローチにもある。こうした結果に従えば，均衡には広範囲の行動や利得の分配が存在する。

威嚇の信憑性に対するこうしたアプローチは，完全均衡の背後にある考え方と似ているが異なるものである。どちらのアプローチも，他のプレイヤーがその均衡戦略に従うことをプレイヤーは絶対に知ることができないと仮定している。最適戦略は，他のプレイヤーによる逸脱に対して頑健でなければならない。完全均衡で用いられる戦略の摂動は，他のプレイヤーが均衡から逸脱する可能性を表現する1つの方法である。完全均衡は，この摂動に対して最適応答ではないナッシュ均衡を排除した。摂動とは，均衡からの逸脱を説明するために立てられた仮説と考えられる。完全均衡において，逸脱はランダムエラーとして扱われる。すなわち，1回逸脱したからといって，逸脱したプレイヤーが後のゲームで再び均衡から逸脱するとは限らない。本節のアプローチもまた，プレイヤーが均衡から逸脱する可能性がわずかながら生じることを認めている。しかし，このアプローチにおける逸脱は，将来の逸脱が起こりうるというシグナルを他のプレイヤーに発する。このような逸脱はランダムエラーではない。プレイヤーが逸脱するのは，そのプレイヤーの所与の利得に対して逸脱が最適であるからである。

## *9.4* 定常性

フォーク定理は，条件付き懲罰戦略をアクターが使用できるならば，広範囲の行動が均衡となりうることを示している。懲罰は，均衡における非常に奇妙な行動を支持するぐらいに厳しいものとなりうる。均衡を強要するために，非常に複雑な懲罰戦略が設計される。このような戦略は非現実的であると信じるだけの理由が，いくつか存在する。フォーク定理に関する節ですでに扱ったように，プレイヤーは複雑な懲罰戦略を実行する誘因を持っていないかもしれない。懲罰戦略の中には，この懲罰が一定のラウンドにわたって続くことをすべてのプレイヤーが知っていなければならないものもある。プレイヤーはどのようにして，全プレイヤーが懲罰の期間を知っていることを保証するのだろうか。フォーク定理のもとで実現可能な均衡が広範囲にあると仮定しよう。どの均衡がプレイされるのかを決定するために，プレイヤーはどのような共通の推測を用いるのだろうか。

アクターが十分な範囲の懲罰戦略を用いることができない場合，結果としてどのような行動が伴うのかを調べるために，相互作用の繰り返しを検討することがしばしば必要となる。プレイヤーがゲームの履歴を自らの戦略の条件とすることはできないものとする。そのかわりに，戦略は，ゲームの現在および将来のラウンドに対してしか反応しない，という制限を課す。プレイヤーは，同一の戦略的状況のもとでは同一の手番をとるはずである。まず，「同一の戦略的状況」が意味することを定義して，この考えを正確なものにしよう。

**定義**：繰り返しゲームの2つのラウンドが**構造的に同等**であるとは，同一の帰結を持つ同一の順序において，同一の手番がプレイヤーにとって選択可能であることである。ここで，帰結が，最終的な結果であるか，段階での利得であるか，あるいはゲームのさらなるラウンドであるかは関係ない。

例をあげて，この定義を明らかにしよう。第5章で取り上げた議会での交渉モデルを思い出そう（Baron and Ferejohn 1989)。議会には3人のアクターが存在する。各ラウンドは，各メンバーが等しい確率で発言を許されることから始まる。発言を許されたメンバーは提案を行い，その提案に対して3人全員による投票が行われる。イエスに2票以上投じられれば，提案は通過し，ゲームは終了する。提案が通過しなければ，発言を許されたメンバーによって新たなラウンドが開始される。利得は，ラウンドを通して共通の割引因子によって割り引かれる。このモデルのすべてのラウンドは，構造的に同等である。各ラウンドの開始時点において，アクターの戦略的立場はつねに同じである。各メンバーは1/3の確率で発言権が認められ，提案を行う。発言を認められたメンバーにとって，同じ提案の集合がつねに選択可能である。同一の提案に対しては，投票の帰結も同一となる。

定常的な均衡での戦略は，ゲームの履歴によって条件付けられていない。かわりに，現在の戦略的環境がそれを決定する。定常的な均衡におけるそれまでの手番は，それが現在の戦略的環境を実現する場合においてのみ重要となる。

**定義**：均衡が**定常的**であるとは，構造的に同等なすべてのラウンドで，すべてのプレイヤーが同一の行動（混合戦略を含む）をとることである。

第5章で取り上げた議会の交渉モデルの均衡は定常的である。プレイヤーの戦略はゲームのすべてのラウンドで同じであり，各ラウンドは構造的に同一である。非定常的な均衡を求めたいのなら，このモデルには他にも多くの均衡がある。議会に少なくとも5人のメンバーがいてかつ$\delta$が十分に大きければ，任意の分配の分布が懲罰戦略によって支持される。発言を許されたメンバーが分配を提案し，全員がそれに賛成票を投じる。提案された分配が通過しなければ，各段階で逸脱したメンバー全員の利得を0にするという懲罰が科される。他のメンバーが懲罰を実行するのは，彼らが逸脱すれば元の逸脱者のかわりに罰せられるからである。懲罰という威嚇は，分配を強要するのに十分である。

定常的な均衡を正当化する議論の1つに，それがフォーク定理によって支持されるすべての均衡の集合の中で自然なフォーカル・ポイントであるというものがある。異なる均衡は異なる懲罰戦略に依存する。均衡の中には，合意されたラウンドの期間だけ懲罰として用いられるナッシュ均衡をプレイヤーがプレイするという共通の推測を必要とするものもある。起こりうる均衡の集合とそれを支持する懲罰戦略が無限集合であると仮定しよう。このとき，プレイヤーが，プレイしている均衡と使うべき懲罰戦略を知ることは困難である。定常的な均衡は，どちらのプレイヤーも相互懲罰を行わないという共通の予想に依拠している。この予想は，どのような懲罰が用いられるのかに関する共通の推測の中で，もっとも単純なものである。許容されるのは，ゲームの1ラウンド内で実行可能な懲罰だけである。

定常的な均衡は相互戦略を排除する。繰り返しゲームは，相互戦略がどのように機能するかを研究するための方法を提供する。しかし，繰り返しによって生じるのは，単なる相互性とは異なる戦略的な誘因である。定常性によって，現在の意思決定が，将来の事象から得られる期待報酬によってどのように形成されるのかを知ることができる。たとえば，合意を達成しようというアクターの意思は，将来の交渉の選択肢に関する自身の予想に影響される。継続価値とは，将来のプレイに関する予想を反映したものである。継続価値を決定するのは均衡戦略であり，均衡戦略もまた継続価値に依存するので，両者は同時に求められる。これによって，将来および現在の選択肢についての予想がどのように相互に関係しているのかを知ることができる。定常的な均衡ではプレイヤーは構造的に同等のラウンドでは必ず同一の手番をとるので，定常的な均衡の継続価値は容易に求められる。以下では，定常性がいかに効果を発揮するのかを具体例で示そう。

## 9.5　業績評価投票と選挙での統制*

第2章と第7章で紹介した選挙行動に関するモデルは，将来を見越してのものである。投票者は，誰に投票するかを決める際に，候補者の将来の業績を考える。彼らは，選挙運動中に候補者が公表する見解から，その候補者の将来の業績を判断する。しかし，投票者の多くは回顧的に投票しているように思われる。彼らは，現職者の在職中の記録を調べることによってどのような候補者かを判断する。在職中の業績は能力や努力の表れかもしれない。

本節では，Ferejohn (1986) のモデルを紹介する。このモデルは，投票者が選出された政治家を統制するために，業績評価投票がどのように利用されるのかについて取り上げている。投票者と現職は，すべての政策について合意しているわけではない。選出された政治家は，投票者が彼らを当選させて実行させようとした政策ではなく，自分が選好する政策を追求する誘惑に駆られる。現職にとって再選挙は，自分が個人的に選好する目標ではなく，投票者が望む目標を追求するための誘因となる。しかし，投票が候補者を業績評価ではなく将来を予測して選ぶとしたら，現職が再選される可能性は本人の在職中の業績では決まらないことになる。投票者が業績評価をもとに投票するのは，そのような投票によって候補者が在職時の業績を高めることにつながるからである。それゆえ，業績評価投票は，いかにして有権者が当選した政治家を統制するかという問題に対する合理的な対応となる。

ここで用いるのはプリンシパル＝エージェント・モデルであり，このモデルは経済学では契約の研究に用いられている。プリンシパルは，エージェントを雇い，彼に仕事を任せる。しかし，プリンシパルは，エージェントの行動を完全に監視することはできない。プリンシパルがエージェントを監視できないので，エージェントには契約をごまかす機会が与えられる。あるプリンシパル＝エージェント・モデルでは，被雇用者が仕事をサボらないように，雇用者が動機付けを与える方法について研究が行われている。報酬や懲罰を業績と結び付けることによって，雇用者は，被雇用者の仕事上の行動をある程度統制することができる。ここでの業績評価投票モデルでは，有権者がプリンシパルで，政治家がエージェントである。有権者は，在職中の政治家の行為について，最終

* 本節では，微分と積分の知識が必要である。

的な結果しか観察することができない。有権者には，政治家が行ったことを正確に判断することができない。最終結果をもとに政治家に報酬を与えることによって，有権者は，在職中の政治家の行動をある程度統制することができる。しかし，その統制は完全なものではない。

モデルには，政治家$P$と投票者$V$の2人のアクターが存在する。モデルの背後にある着想は単純なものである。投票者の厚生は，外生的な事象と政治家による努力の組合せで決定される。しかし，その努力は政治家にとってコストのかかるものである。在職中，政治家は在職による利益を享受する。それゆえ，政治家はこの利益を享受し続けるために，再選されることを望む。在職中，政治家は，投票者の状況を改善する努力をしようとする。そうしなければ，投票者が次の選挙でその政治家を落選させるように投票するからである。

在職による利益は，2つの方法で捉えることができる。一般にそれは，上位の政治職に就くという役得と考えられる。投票者は，現職が自分の時間をすべてキャンプ・デービッドやお気に入りの避暑地で過ごすことなく，国家の舵取りのために時間を使わせようとする。ここでは，こうした利益を観念的なものと考えたい。上位職にある政治家は，有限ながら資源を持っており，それを政策変更のために費やすことができる。たとえば合衆国では，議会を通過するような議案を作成したり，官庁を統制したりするには努力が必要になる。有権者と大統領では優先順位が異なる。大統領は，投票者が選好する政策を犠牲にして，自身の追求したい政策のために努力するのだろうか。

政治家は，後の選挙で職に復帰する可能性があり，また無限に再選される可能性があると仮定しよう[5]。終焉付きゲームの複雑な効果を取り込むよりも，政治家が永久に生き続けると仮定するほうが簡単である。現職が再び選挙に立候補できない場合，投票者には彼らを規律づける手段がない。投票者は，こうした「退職間近の議員（lame duck）」を統制するのは不可能と考えており，よって最後の選挙で彼らを選ぶことはない。しかしこのとき，投票者は，最後から1つ手前の期においても現職を規律付けできない。いまや，残りの後向きの論理は明らかである。「退職間近の議員」である現職は，単に自己利益を追求しているだけのようにみえる。こうした終焉付きゲームの効果についての理解が難しければ，政治家を個人ではなく政党として考えてみよう。政党は将来の展望に関心があり，政党の長期的な利益に無関心な「退職間近の議員」を規律

5 当然，永久に生きられる政治家などいない。そう仮定するという話である。

付けることができる。

現職の単純に同質的な政治家として，もう1人の候補者を取り上げよう。政党や候補者の間の差異は，どの選挙でも重要な要素である。このモデルは，選挙での統制に関するダイナミクスのみに焦点を当て，そのため候補者間のイデオロギーや個人的な差異を捨象して簡単化する。ここでの問題は単に，現職を規律付けるために業績評価投票がどのように用いられるかである。同質的な政治家であるという仮定により，モデルは両者の間で対称的となる。在職中の両者の戦略は，彼らの見解や効用関数が同一であるので，同じものとなる。したがって，1人の政治家について解くだけで，両政治家についてのモデルを解くことになる。ここでの影の政治家を $P'$ と呼ぶ。$P'$ は，2人のうちの一方のみがあるラウンドで在職中であることを除いて，$P$ と同一である。

また，有権者を単純化して単一の投票者としよう。この投票者は，同質的な有権者の1人か，もしくは有権者の中の中位投票者のいずれかを表している。先の場合と同様に，こうした大胆な単純化によって業績評価投票に関する問題のみに焦点を当てることができる。異なるタイプの投票者が多数存在するならば，現職は一部の有権者を「買収」し，残りの投票者を犠牲にしようとするだろう。現職は，犠牲となる投票者から利益を引き出すことによって，選挙に勝利するだけの票を集めようとするかもしれない。この問題は重要かつ興味深いものである。しかし，このモデルは，そうしたいっそう難解な問題に答えようとする以前の，議論の始まりに位置するものである。

第1ラウンドは，現職の政治家である $P$ から始まる。$P$ は，投票者である $V$ の厚生に影響を与える外生的条件 $\theta$ を観察する。この $\theta$ は，$P$ には制御できない基礎的な経済あるいは政治状況と考えてもよい。$\theta$ が［0, 1］上で一様に分布しているとしよう。$P$ は $V$ の厚生を高めるような行動をとることができる。$P$ の努力水準を $A \geqq 0$ としよう。ゲームの所与のラウンドにおける $V$ の効用は，$u_V(A, \theta) = A\theta$ である。$P$ が努力をすればするほど，$V$ の利得は改善される。$P$ は在職中1ラウンドごとに $B$ の利益を得る。この利益は，当該ラウンドの間に $P$ が行う努力に応じて減少する。$P$ が職を外れると，その利益は0である。したがって，在職中なら $u_P(A) = B - A$，職を外れると $u_P(A) = 0$ となる。

ここでの仕掛けは，$V$ が外生的な基礎条件 $\theta$，もしくは努力 $A$ を観察できないことである。つまり，$V$ に観察できるのは結果である $A\theta$ だけである。$P$ が努力水準を選んだ後，$V$ は，その純効果を観察した後で，$P$ を留任させるかどうかを決定する。$P$が留任すれば，ゲームの新たなラウンドは在職中の$P$から始まる。留任しなければ，新たなラウンドは新しい現職の$P'$から始まる。$V$が新たな現職$P'$を外すことを選べば，次のラウンドで$P$が職に戻る。両プレイヤーは将来のラウンドを共通の割引因子$\delta$で割り引く。$P$を最初のラウンドの現職としてゲームのラウンドに関するタイムラインは以下のようになる。

1. 現職の$P$もしくは$P'$が$\theta$を観察する。
2. 現職が$A$を選ぶ。
3. $V$が$A\theta$を観察する。
4. $V$は現職を留任させるかどうかを決定する。
5. $P$は利得$B$を受け取り，$V$は利得$A\theta$を受け取る。$P$が職から外れていれば，$P$は利得0を受け取る。$P$が現職で留任するか，$P'$が現職で落選すれば，現職の$P$から新たなラウンドが始まる。その他の場合は，$P'$が新たな現職となる。

定常性は，このモデルを解く上で重要な役割を果たす。何回かの選挙にわたって懲罰戦略を用いることが投票者に認められるなら，非常に広範囲の均衡が支持される。投票者は，業績の良くない現職を落選させ，二度と職には復帰させないと威嚇することができる。この威嚇を用いることによって，現職の継続価値が逸脱による1回限りの利得$B$を上回り，上回った分の余剰を投票者が受け取るような利得の分布を支持させることができる。何回かの選挙にわたる懲罰戦略は，現実の選挙の一部となっているようである。米国の民主党はいまだに投票者にハーバート・フーヴァーのことを思い出させたがる。仮の話として，ジミー・カーターが大統領選に5度出馬するとしよう。このとき，ロナルド・レーガンやジョージ・ブッシュは，選挙運動で彼の名前に何度も言及することになるだろう。このモデルでは，複数期にわたる懲罰戦略を除外する。

さて，単一ラウンドのゲームという枠内で業績評価投票を実現するような定常的な均衡を求めよう。このゲームには定常的な均衡が存在し，この均衡において政治家は決して努力をせず，投票者は在職中に行った内容にかかわらず必ず現職を落選させる。他者の行動を所与として，どちらのプレイヤーも，一方的に自分の戦略を変更する誘因を持たない。しかし，ここで求めたいのは，業績評価投票が行われるような均衡である。

すべてのラウンドが構造的に同一であるので，両プレイヤーはすべての段階で同じ戦略を採用しなければならない[6]。投票者の戦略は，限界値 $K$ で与えられる。$A\theta \geqq K$ が成立すれば $V$ は現職を留任させ，成立しなければ $V$ は現職を落選させる。こうした限界値投票戦略を所与として，現職は，再選を確実にする上で必要な最小限の努力 $K/\theta$ を行うか，もしくは全く努力しない。その選択は $\theta$ の大きさに左右される。

現職が再選のために必要な努力をするかどうかは，在職し続けることによる利益と比べたときの $\theta$ の水準に依存する。全く努力しない，もしくは確実に再選するための十分な努力を行うという $P$ の戦略を所与として，$V$ は任意のラウンドから得られる期待効用を最大化するような $K$ を選択する。$V$ は $K$ を設定する際に，2つの問題に直面する。1つは，業績の高いほうが好ましいということである。$K$ を大きくすることによって，現職のさらなる努力とより高い業績が実現される。もう1つは，投票者は現職に何らかの努力をする誘因を与えなければならないということである。$K$ を大きくすることによって，現職が再選のために努力をしなくなる確率は高まる。

再選を確実にするために必要な努力をするかどうかという現職の意思決定から考えていこう。現職としてゲームのある期が始まる場合，$P$ の継続価値を $U^I$ とする。職から外れた状態である期が始まる場合，その継続価値を $U^O$ とする。$P$ が $K/\theta$ の努力をするための必要十分条件は，次式で与えられる。

$$B-\frac{K}{\theta}+\delta U^I > B+\delta U^O$$

$\theta$ について解くと，$P$ が再選に必要な努力をするための条件として，次式が得られる。

$$\theta > \frac{K}{\delta(U^I-U^O)}$$

現職の戦略は，この条件で特徴づけられる。この条件が満たされれば，現職は $K/\theta$ の努力をする。満たされなければ，現職の努力は0となる。

定数 $K$ に対する現職の戦略から，投票者にとって最適な $K$ を求めることが

6　この点を注意深く考えると，どちらの政治家も同一であるので，どちらが現職であるかは問題でないことに気づくだろう。どちらの政治家が現職であるかによってラウンドを分けると，2つの構造的に同等な集合にまとめられることが確認できる。ゲームのこのような対称性は，政治家が在職中に同じ戦略に従うことを示している。

できる。ゲームにおける投票者の効用は，各期に現職が達成する業績を将来のすべての期にわたって割り引いた上で足し合わせたものである。現職の努力が0ならばその業績は0となり，努力が$K/\theta$ならば$K$となる。$\theta$は［0, 1］上に一様分布しているので，現職が必要な努力を行う確率は$1-K/[\delta(U^I-U^O)]$となる。ゲームにおける$V$の効用は，

$$U_V=\sum_{t=0}^{+\infty}\delta^t K\left[1-\frac{K}{\delta(U^I-U^O)}\right]$$
$$=\frac{\delta K(U^I-U^O)-K^2}{\delta(1-\delta)(U^I-U^O)}$$

となる。この導関数を計算し0に等しいとおくことによって，$V$の効用を最大化するような$K$を求めよう。最適な$K$は，

$$K=\frac{\delta(U^I-U^O)}{2}$$

となる。この$K$の値を，再選に必要な努力をすることが$P$の戦略として選ばれるための条件に代入しよう。これにより，$P$が必要な努力を行うのは，$\theta>1/2$の場合だけである。このモデルにおいて，現職が再選される確率は1/2である。$K$を$V$の期待効用に代入すると，次式が得られる。

$$U_V=\frac{\delta(U^I-U^O)}{4(1-\delta)}$$

モデルの解の導出を完成させるには，在職時および職から外れているときの$P$の継続価値$U^I$と$U^O$を求めなければならない。この均衡における両プレイヤーのゲームの価値を求めるには，これらの値が必要となる。在職時の価値$U^I$は，この期に現職が得る効用と将来において在職を続けるときの価値の和で与えられる。計算は次の通りである。

$$U^I=\int_{\frac{1}{2}}^{1}\left(B-\frac{K}{\theta}+\delta U^I\right)d\theta+\int_{0}^{\frac{1}{2}}(B+\delta U^O)d\theta$$
$$=B+K\ln\frac{1}{2}+\frac{\delta(U^I+U^O)}{2}$$
$$=B+\frac{\delta(U^I-U^O)}{2}\ln\frac{1}{2}+\frac{\delta(U^I+U^O)}{2}$$

1項目の積分は，$\theta$が限界値$K$を上回る場合，つまり$P$が再選に必要な努力を行うときの$P$の期待効用を表す。2項目の積分は，外生的な条件があまりにも悪くて再選に必要な努力を正当化できず，選挙を見限ったときの$P$の期待効用を表す。職から外れているときの価値$U^O$は次のように計算されるが，この値は復活する確率に依存する。

$$U^O = \int_{\frac{1}{2}}^{1} \delta U^O d\theta + \int_{0}^{\frac{1}{2}} \delta U^I d\theta$$
$$= \frac{\delta(U^I + U^O)}{2}$$

この計算は，$P$が職から外れている場合には必ず復活し，$P'$が選挙で敗れることを仮定している。これら2つの等式によって，$U^I$と$U^O$の値が同時に次のように得られる。

$$U^I = \frac{B(2-\delta)}{(1-\delta)\left(2-\delta \ln \frac{1}{2}\right)}$$
$$U^O = \frac{\delta B}{(1-\delta)\left(2-\delta \ln \frac{1}{2}\right)}$$

モデルが完全に解かれたので，その含意を探ることができる。第1に，在職の利益が大きければ大きいほど，政治家にとって在職や復職への動機は強くなる。$U^I$と$U^O$は，$B$とともに増加する。第2に，投票者が得られる業績の水準$K$は，在職による利益とともに増加する。$U^I$は$B$について$U^O$よりも速く増加し，$K$は$U^I - U^O$に比例する。よって，両者の差は$B$とともに大きくなるので，$B$が増加するにつれて$K$も増加する。第3に，在職の利益が高まるにつれて，投票者はより大きな業績を得るだけでなく，その期待効用も増加する。現職が再選に必要な努力をするために十分な外生的条件は，$B$によって変化しない。$\theta>1/2$ならば，現職は$B$にかかわらず努力する。第4に，現職と投票者は，候補者の努力から得られる利益を共有する。投票者が現職を完全に規律づけることはできない。現職は投票者に対する情報上の優位性を利用し，外生的条件が良いときには，努力水準を下げることができる。しかし，投票者の業績評価投票は，投票者のために現職からある程度の努力を引き出す。

**練習問題 9.8**

a) $P$ は落選したら二度と職に復帰できないとしよう。このときの $U^I$ を求めよ。これを求める際に，$U^O=0$ を仮定せよ。この場合は，多党間競争あるいは現職の政党内で多くの候補者が擁立可能な場合に相当すると解釈できる。

b) 現職や投票者は，このような変更によって利益を得られるだろうか。この変更によって，現職者やその所属政党が在職によって得られる利益を，投票者は高めることになるのだろうか。

このモデルは明らかに，政治家を規律づけるために投票者がどのように業績評価投票を用いることができるかという問題をかなり単純化したものである。このモデルを拡張する 2 つの方向について議論しよう。第 1 の可能性は異質な有権者である（Ferejohn 1986, 20–22）。現職は，有権者の中に支持者を持っている。一般に，在職時の業績とは，自分の支持者に対する「恩恵」の分配を意味している。「恩恵」とは，政府の計画によって実現される所望の政策や単純にお金のことであろう。異質な投票者を考える 1 つの方法は，投票者の関心が自分だけが受け取る「恩恵」であると仮定することである。上述のモデルの $K$ と同様に，投票者は十分な金額を受け取っていれば，現職を再選させるように投票する。現職の問題は，「恩恵」にあたる資金の調達と，投票者間のこれら「恩恵」の分配に還元される。最初に，資金の分配について考えよう。現職は，票を確保できる過半数ぎりぎりの有権者には十分な「恩恵」を提示するが，その他の投票者をすべて無視する。このような戦略によって，再選は確実となるだろう。しかし，少数派のすべての投票者は，自分の票と引き換えに，多数派に与えられるよりも少ない「恩恵」でも受け入れる誘因を持っている。それゆえ，現職は，投票者を互いに対抗させることによって，提供すべき「恩恵」の水準を 0 にまで引き下げることができる。0 以上を要求する任意の投票者は，より少ない要求しかしない別の投票者に代わられ，提携から外される。外された投票者が全員少ない金額を受け入れるのは，そうしなければ何も得られないからである。極限では，現職は自分の努力を 0 にまで引き下げることができる。

以上の観察からは，異質な有権者からなる業績評価投票には，単なる「恩恵」の提示や分配以上のものがあることが示唆される。業績評価投票に関する第 2 の拡張は，業績評価投票における選挙公約の役割について考えることである。候補者は，当選後に何をするのかについて（少なくとも暗黙に）公約している。公約はチープトークであり，候補者に公約を実行する義務はない。しかし，候補者は，公約として在職中に行う努力水準を投票者に示すことができる。投票者は，この公約を参考に候補者を選ぶことができる。現職の実績と前の選挙での公約を投票者は比較できるので，こうした公約には信頼性がある。候補者には，自らの努力水準について「過剰公約」しない誘因がある。なぜなら，候補者は，選挙に勝つと自分の公約に縛られることになるからである。

## 9.6 まとめ

本章では，繰り返しゲームの中心的なアプローチとその結果を紹介した。繰り返しゲームを用いることによって，潜在的にコストを要する威嚇がどのようにして信憑性を伴うのか，そして将来の利得が現在の行動にどのように影響するのかについて検討することができる。繰り返しゲームは，段階ゲームの繰り返しによって構成される。このゲームは，既知のラウンドだけ繰り返されることもあれば，無限に繰り返されることもある。無限の繰り返しは，各ラウンド後の所与の終了確率か，あるいは割引利得を伴う無限回のラウンドによって実現される。継続価値は，任意の時点からゲームを継続することによって得られるプレイヤーの期待利得を表す。その値は，プレイされる均衡戦略に依存する。

フォーク定理群は，無限の繰り返しゲームにおける重要な結果である。相互戦略は，すべてのプレイヤーが少なくともミニマックス値を受け取るような，任意の実現可能な利得分配を支持する。利得の分配に関する合意を強要するために用いられる相互戦略の内容は，特定のフォーク定理によって変化する。単純なミニマックス懲罰には信憑性の問題があるので，より洗練された懲罰戦略が必要となるだろう。当事者が長期的な関係を予想するときには，コストを要する威嚇でも信憑性を伴うことがある。

有限の繰り返しゲームにおいて，段階ゲームに複数のナッシュ均衡が存在すれば，相互威嚇が利用可能となる。ナッシュ均衡が1つしか存在しなければ，その均衡はすべてのラウンドでプレイされることが後向き帰納法によって示される。潜在的にコストを要する威嚇に信憑性を持たせるための第2の方法は，このコストに関する不確実性である。威嚇をつねに実行するというタイプの確率がわずかでもあれば，初期のラウンドですべてのタイプの威嚇に信憑性を持たせることができる。チェーンストア・パラドックスは，不確実性がいかにして潜在的にコストを要する威嚇に信憑性をもたせるかという問いに対する基本的な例である。

定常的な均衡は相互戦略を排除する。定常的な均衡において，プレイヤーは，構造的に同一の状況では同じ手番をプレイする。プレイヤーは，長期利得を定常的な均衡における継続価値で得られるものとして考えなければならない。定常的な均衡は，繰り返しゲームで支持されるすべての利得分配の集合の中でも自然なフォーカル・ポイントである。

## *9.7* 文献案内

繰り返しゲームは，非協力ゲーム理論における中心的な話題である。この分野については，すべての教科書で関連の部分が設けられている。

チェーンストア・パラドックスは，Selten (1978) で最初に示された。本書で示した解は Kreps and Wilson (1982b) によるものである。プレイヤーがともに個人情報を持ち，両者間で挑戦に至る場合についても彼らは議論している。Milgrom and Roberts (1982) は，ゲームから共有知識の仮定を外すことによって，チェーンストア・パラドックスに対する異なる解を示した。*Journal of Economic Theory* の同じ号には，繰り返し囚人のジレンマを興味深く扱った Kreps et al. (1982) も含まれている。

フォーク定理はかなり多くの関心を引いてきた。Axelrod (1984) はもっとも有名なものであり，その一部にコンピューター・シミュレーションの結果や進化的な議論が用いられている。「しっぺ返し」の集団安定性に関する彼の数学的結論は，フォーク定理から直接導かれている。Taylor (1976, 1987) の研究は Axelrod に先立つもので，より厳密なものである。

Bianco and Bates (1990) はフォーク定理を用いて，3人プレイヤーでの集合行為のジレンマにおけるリーダーシップについて議論している。Alt, Calvert and Humes (1988) は修正されたチェーンストア・パラドックスゲームを用いて，国際関係論における覇権安定論のリーダーシップについて議論している。同じ話題で関連したものとして，議会でのリーダーシップに関する Calvert (1987) の論文がある。

業績評価投票のモデルは Ferejohn (1986) からの引用である。この分野の研究は急速に発展してきており，業績評価投票のモデルを用いた優れた論文が数多く入手できる。Austen-Smith and Banks (1989) が提示したモデルは，将来の選挙での業績評価投票によって信頼性を伴うような公約を，候補者が選挙運動中に行うものである。Alesina and Rosenthal（1989）は，業績評価投票の議論をひるがえしたものである。Morrow（1991）は，Ferejohn のモデルを対外政策の統制に応用している。

### 行政学

行政学に関する数理モデルは，議会政治に関するものほど多くはない。最初に読むには，Bendor and Hammond（1992）が良いだろう。Allison（1971）の意思決定に関する3つのモデルを，行政に関する既存の数理モデルをもとに彼らは再評価している。

行政に関するモデルでは，繰り返しゲームがしばしば用いられる。Bendor and Mookherjee（1987）は，組織構造が集合行為の支えとなりうることを示している。Bendor（1987）は，モニタリングの際のノイズが協力を強要するために用いられる相互戦略にどのように影響するかについて議論している。Kreps（1990c）は組織文化を，ある組織が機能しうるようなさまざまな方法をすべて含んだ集合の中のフォーカル・ポイントとして議論している。

議会と行政の間の監視は，数理モデルによって扱われるもう1つの重要なテーマである。制限情報は，監視が必要な古典的問題である。行政府は，自ら取り組んでいる分野や日々の業務について議会よりも多くのことを知っている。彼らは，情報の優位性を利用し，監視者に対して有利な立場を得ることができる。Banks（1989b），Banks and Weingast（1992），Bendor, Taylor, and Van Gaalen（1987）は，すべてこの重要な問題を分析したものである。官僚が監視者よりも情報に関して優位な立場にいることは，必ずしも明らかではない。

# 第10章

# 結論：ここからどこに行くのか？

本書において例として用いられたモデルは，ゲーム理論がどのように政治に関する知識を豊かにするのかを考察するための素材を提供している。本章では，ゲーム理論の持ついくつかの長所や短所について検証する。その短所は，ゲーム理論のいくつかのフロンティアについて議論するための手段として利用される。最後に，どのようにモデルを構築するのかを説明し，読者が自分で文献を読み進めていくことを勧めたい。

## 10.1　数理モデルはいかにして知識を豊かにするのか？

第1章で，数理モデルの優位性について説明した。また，政治学における4つの異なる問題，議会のルール，抑止，選挙での投票，交渉についても議論した。ここでは，他の8つの章の中に分散していたこの4つの問題に関するモデルを用いて，第1章でモデルの価値について示した論点をいま一度検討したい。

第1に，モデルは議論に正確性を求める。仮定・導出・結論，これらはすべてモデルの中で明示的でなければならない。このすべては，読者が検証することができる。論理が弱くても，隠すことはできない。モデルを構築する者は，対象について自ら置いた仮定を明確にしなければならない。たとえば，第6章の核抑止に関するモデルを考えてみよう。最初のモデルは，Schelling（1960）によって描かれた奇襲に対する相互恐怖の論理を捉えていた。そのモデルには，両者が攻撃するという均衡があった。なぜなら，機会があれば相手が攻撃してくると，互いに恐れていたからである。しかし，その結論は，双方とも危機においてどんなに犠牲を払っても戦争を避けられないという仮定に強く依存している。降伏という選択肢を加えることによって，状況は安定化する。降伏という手番が加えられると，攻撃は均衡での手番ではなくなる。数理モデルが取り上げたのは，非数理的な議論が取り上げてこなかった危機回避の問題である。もちろん，奇襲に対する相互恐怖が戦争には繋がらないような別のモデルを示すこともできる。また，人々が関心を持つ状況において，降伏という選択肢が存在しないのが結論かもしれない。しかし，数理モデルは，Schelling の非数理的な議論の限界を明らかにすることによってその議論を発展させた。

第2に，モデルは，なぜ結論が仮定から得られるのかを示している。結果を導出することは——それらの結果が一般的な定理であれ，特定のモデルでの均衡であれ——，どのようにして結論が仮定から得られたのかについて明示的な論理を与える。それによって，議論の中で1つ1つの仮定が果たす役割を理解することができる。異なる仮定を置けば，どのように結論が変わるのかを確認することができる。たとえば，本書を通して展開された4つの交渉モデルは，交渉過程について異なる仮定を置いている。ルービンシュタインの交渉モデルは完備情報を仮定していた。その結果は，交渉が完全に効率的であるということであった。すなわち，両者は最初の提案で，手元にある量を余すことなく分け合うような合意に必ず到達する。最初に提案する側は，相手側が何を受け入れるのかを正確に把握しており，相手が受け入れ可能で，最大の分け前を自分に与えるような提案を行うだろう。第8章では，不完備情報が加えられ，非効率性が交渉過程に導入された。このモデルでは，提案を行う側は，相手に少ない利益を提供し自分の手元には多くを確保するような提案が拒否される危険性を考えなければならない。提案する側は受け取り側の留保水準を知らないので，交渉は非効率なものになるだろう。これらのモデルの明示的な論理は，モデルにおける交渉の効率性を明らかにする。

第3に，モデルはしばしば，モデルが構築されるときの予想を超える結論を導く。論理的構造は，同じ議論から追加的な結果をもたらす。こうして追加された結論は，モデルやその基礎にある理論に関する実証的検証を導くことがある。この点に関する例として，第8章で取り上げた議会の情報委員会モデルを考えよう。そのモデルには，重要ではあるが予想されなかった結論がある。それは本会議は，自分と選好を共有する委員会を選好するというものである。委員会と本会議が結果に対する選好を共有する場合，委員会から本会議への情報の伝達はより効率的となる。本会議は，委員会によって提出される議案が，委員会だけでなく本会議の利益にもなると確信している。それゆえ，委員会の中位のメンバーの選好は，本会議の中位のメンバーの選好と一致するはずである(Krehbiel 1990)。この結論は，委員会の権限について委員会の典型的なメンバーの選好が本会議の選好とは異なるという一般的な理解とは矛盾するものである。

第4に，モデルは直観を規律づける手助けとなる。直観はあらゆる理解にとって重要なものであり，モデル化においてもそれは変わらない。しかし，直観だけでは頼りにならない。多くのモデルの結果は直観と合致するが，すべての直観がモデルで支持されるわけではない。モデルの結果が直感的な予想と異なることが頻繁に起きると，モデルはそのもととなる直観の精緻化を行う。たとえば，シグナリング・ゲームは，行動を通した暗黙の意思疎通をモデル化する自然な方法である。現在の行動は，将来の意図に関するシグナルを送るだろう。しかし，送り手の意図に関する受け手の既存の信念は，送り手のシグナルについての受け手の解釈に影響を及ぼす。シグナリング・ゲームの中心的な知見は，タイプの分離，言い換えるとタイプ別の行動の違いが情報の伝達には重要であるということである。シグナルの強さが重要になるのは，タイプのより大きな分離が強いシグナルによってもたらされる場合だけである。シグナリング・ゲームを用いることによって，この知見はより説得力を持つ。異なるタイプの送り手が分離される場合，受け手の信念の変化を観察することができる。モデルは，送り手の動機をタイプの分離と結び付ける。強い初期の信念を持つ受け手を説得することの難しさを，このモデルは明らかにする。このようなシグナリングに関する論点は，モデルが無くても理解できるが，モデルはその理解をより容易にする。

以上のモデル分析の4つの長所はまた，モデル分析による2つの重要な進歩の特徴を示している。第1に，一連のモデルが理解を深める上で必要である。どのようなモデルも個々には，複雑な現実を表すことは難しい。どのようなモデルに関しても，現実との一致を期待すべきではない。しかし，一連のモデルを通して，単純なモデルの仮定を緩めたり，追加的な仮定をモデルに加えたりすることによって，その論理的な意味を判断することができる。このようにして，ある時点であるモデルによって示された現象をより深く理解することができる。たとえば，空間投票モデルの分析は第4章の中位投票者定理から始まった。第5章では，空間モデルの議会への応用を，互いをもとにして構築された一連の例を通して紹介した。戦略的投票モデルは，議事コントロールにつながる最初の拡張であった。上記の2つの節は，こうしたテーマに関する一連の結果を取り扱っている。これらのテーマはともに，議会の構造誘発的均衡モデルを理解する上で必要となる。この一連のテーマに関する各節の結論から，その次の問題が導かれる。文献案内のいくつかの節では，本書の例に続く別の一連のモデルを紹介した。もっとも単純でもっとも抽象的なモデルによって，複雑な問題を深く理解することが可能となる。

第2に，理解を深めるには，同一の現象について対立するモデルの存在が必要になる。ある状況を正確に記述する単一のモデルは存在しない。異なる多くのゲームが，ある状況についてそれぞれ説得力のある説明を与える。たとえば，国際危機の交渉問題について，明確で最良の説明というものはない。モデルの特定化の相違によって，行動がどのように変化するのかを理解する必要がある。ゲームの定式化における小さな修正が，ある場合には予想される行動を大きく変化させる。他方，こうした修正に対して行動が頑健である場合もある。結論に対する信頼は，その頑健性について検証することによって築かれる。モデルの構築は，どのような修正がありうるかに気づいたり，ある状況を理解する上でどの要素が重要かを考えたりするための手助けとなる。

最後に，政治に関する単一の合理的選択理論は存在しない。ゲーム理論は，ある状況における戦略的な論理を追求するための道具である。ゲーム理論は，政治的状況を特定化する方法を教えてくれるものではなく，そうした状況の特定化を明確にすることを求めるものである。アクターは誰か。彼らがどのような選択肢を持っているか。彼らの選択の帰結は何か。彼らはその帰結をどう評価するか。これらの問題に答えるのは，政治学の理論であり，ゲーム理論ではない。それゆえ，ある現象に関する競合的な理論をさまざまなモデルによって描写することができる。

数理モデルの中でゲーム理論が明確に優れているのは，戦略的な相互作用に焦点を当てている点にある。アクターは政治的状況において行動を選択する。ゲーム理論では，行動が内生的に扱われる。それは当然ながら，均衡経路外の採用されない選択について考えることになる。ゲーム理論は，戦略的相互作用の複雑さについて考察する方法を提供する。相手の選択も同様に結果に影響を及ぼすことについてアクターが考慮しなければならない場合，信念・目標・社会構造は，どのようにして選択される行動を導くのだろうか？

ゲーム理論はまた，社会構造に関する考察をする方法をも提供する。ゲームを書き留める際には，プレイヤーの選択肢やその帰結を明示することになる。それらを明示するということは，社会構造を表現するということである。集団での意思決定に到達するためのルールが構造的なものであるとすれば，ゲームの木はそのルールを表している。結果をもたらす作用が構造的なものであると考えれば，ゲームにおけるアクターの選択の結果はその作用を示している。ある状況において人々の前に現れたり現れなかったりする選択肢が構造的なものであるとすれば，ゲームの木は，アクターが認識する選択肢を明確にしてくれる。ゲームを変えることによって，これらの構造も変えることができる。それゆえ，このような変更は社会構造の因果関係を理解する上で手助けとなる。

## 10.2　ゲーム理論の弱点

ゲーム理論には，あらゆる方法と同様に限界がある。この節では，ゲーム理論の限界やゲーム理論家がその限界についてどのように考えているかについて検討する。理論家は，抽象的な手法についてどのような問題を認識しているのか，またそれらの弱点をどのようにして克服しようとしているのか。ここでは，ゲーム理論のいくつかのフロンティアについて議論する。ここでの議論は広範で一般的なものである。これらのテーマについてさらなる読書を望む読者のために，参考文献をあげておく。

**共通の推測**

ナッシュ均衡は，プレイヤーが互いにどのような戦略をプレイするかについて共通の推測を持つことを前提としている。戦略が互いに最適応答であるというプレイヤーの認識は，この共通の推測によって保証される。第4章において，プレイヤーが共通の推測を持ちうるいくつかの理由や，複数均衡の中からの選択に対するこうした推測の含意について議論した。しかし，この仮定はそれでも非常に強いように思われる。プレイヤーが相手の行動を知っているのはなぜだろうか。

プレイヤーが共通の推測を持っていなければ，プレイヤーはどのようにゲームをプレイするだろうか。第4章で議論された合理化可能性は，共通の推測を持たないプレイヤーがプレイする戦略の組み合わせを制限しようとした。しかし，大部分のゲームでは，複数の戦略が合理化可能である。

代替的なアプローチは繰り返しゲームにおける合理的学習である。このモデルでは，プレイヤーは，他のプレイヤーが用いる戦略について先の推測を持ったままゲームを開始する。プレイヤーは，こうした推測を所与として最適応答をプレイし，他のプレイヤーの行動を観察することによって自分の推測を更新する。このようにして，プレイヤーは，他のプレイヤーがどのようにゲームをプレイするのかを学習する。Kreps（1990b, 158–69）は，この議論に沿った初期の試みについて検討している。Crawford and Haller（1990）は，合理的なアクターが行動を協調させる方法について学習できることを示している。Fundenberg and Levine（1993）や Kalai and Lehrer（1993）は，繰り返しゲームにおける合理的学習が，最終的にはプレイヤーにナッシュ均衡をプレイさせることを示している。推測は，少なくとも均衡経路に沿って収束する。均衡経路外では，推測が収束する必要はない。なぜなら，定義によってプレイヤーは，均衡経路外の手番を観察することはないからである。したがって，プレイヤーは，他のプレイヤーの反応を検証するために，最適応答でない戦略を用いて試そうとするかもしれない。ここでの最後の議論が，部分ゲーム完全性や均衡経路外の信念に対する制約といった合理的学習のアプローチにつながる。

### 複数均衡

どの均衡概念を用いようとも，多くのゲームには複数の均衡がある。一般に，繰り返しゲームには広範囲の均衡が存在する。プレイヤーは，（均衡をプレイすると仮定して）どの均衡をプレイするのだろうか。

複数均衡の存在は，どのような行動も起こりうるとか，このようなゲームには検証可能な仮説は存在しないということを意味しているのではない。たとえば，フォーク定理は，一般に多くの利得の分配が繰り返しゲームのある均衡によって支持されることを示している。しかし同時に，ミニマックスを下回る利得しか得られないプレイヤーは存在しないことも示している。また，フォーク定理で用いられる均衡戦略は，制裁や報酬のパターンについても予測している。

部分ゲーム完全性や信念に対する制約といったナッシュ均衡の精緻化は，複数のナッシュ均衡からの選択に関する1つのアプローチである。一般的に精緻化は，ゲームをプレイするための追加的な合理性の条件であると考えられる。精緻化の条件を満たさない均衡は，考察から排除される。合意が得られた一連の精緻化により，1つを残してすべての均衡が排除されるならば，残った均衡が選択されるだろう。

第4章では，説得力のある共通の推測がどのようなものかをもとに，複数均衡からの選択に関する方法をいくつか考えた。プレイヤーがプレイする前にコミュニケーションが図れるならば，パレート支配される均衡を選ぶことはないだろう。なぜなら，別の均衡をプレイすることによって両者はともに利得を高めることができるからである。プレイヤーが対称的なゲームをプレイしていれば，コミュニケーションをとれなくても，対称的な均衡がプレイされるはずだという主張もある。最後に，プレイヤーは均衡の集合からフォーカル・ポイントを選ぶかもしれない。フォーカル・ポイントとは，利得を対称的に分配する点のことである。ゲーム内で捉えられなかった戦略や結果に対する社会的な区別，あるいは異なる利得によって，他のフォーカル・ポイントを見つけ出すこともできる。慣習や共通の経験も，プレイヤーにフォーカル・ポイントを創り出すだろう。もちろん，ゲームには複数のフォーカル・ポイントが存在しうる。

しかし，均衡選択のための完全な理論は，現時点においてゲーム理論の範囲外にある。ナッシュ均衡の精緻化については，広く合意の得られる方法はない。フォーカル・ポイントの理論について，どの戦略がフォーカル・ポイントであるかという記述以上のことを知るのは困難である。たとえその完全な理論があったとしても，ゲーム理論は分析において重要な役割を果たすだろう。フォーカル・ポイントがどれになるのかという均衡選択の議論では，どのようにゲームがプレイされるかについて共通の推測をプレイヤーが持っていることが仮定される。フォーカル・ポイントの存在は，プレイヤーが共通の推測を共有する理由になるだろう。その一方で，均衡分析はゲームを解く上でやはり欠かせない。均衡ではない戦略の組を選ぶために，フォーカル・ポイントに関する議論を用いようとは思わない。

最後に，いくつかの例において複数均衡からの選択のために使われた議論について考えよう。精緻化は，一部の均衡，とくに信憑性のない威嚇を伴うような均衡を排除するための手助けとなる。チェーンストア・パラドックスの例では，黙認が将来における争いの意思のシグナルを送るような均衡を排除したが，そのような推測は直観に反する。定常性は，繰り返しゲームで支持される均衡の範囲内においてフォーカル・ポイントであった。これらの場合の均衡分析は，どのような戦略の組み合わせがゲームの複数均衡の中でフォーカル・ポイントになるのかを判断するための手助けとなった。可能な均衡の論理を理解すると，均衡からの選択はより容易になる。

### 共有知識

均衡分析では，プレイヤーが十分な共有知識を持っていると仮定している。すべてのプレイヤーがある情報を知っており，他のすべてのプレイヤーがその情報を知っていることをすべてのプレイヤーが知っており……という場合に，情報は共有知識である。そのゲームや，どのようにゲームがプレイされるのかについてプレイヤーが共通の推測を持っているという事実，さらには全プレイヤーの合理性までもが共有知識である。制限情報ゲームは個人情報を導入しているが，互いの個人情報に関してプレイヤーが持つ信念は共有知識である。ゲームにおいて共有知識が欠如していれば，均衡分析の有効性は弱まるだろう。プレイヤーは，互いの行動について何を予想していいのかわからなくなる。均衡における互いの行動についての予想は，均衡とならないかもしれない。送り手のシグナルが受け手の信念に与える効果を送り手が予想できなければ，効果的なシグナリングは不可能になるだろう。

知識水準が低いと状況が複雑になるので，共有知識は分析において有益である。情報は，共有知識でなくても（他のプレイヤーもまたその情報を知っていることをプレイヤーが知らなかったとしても），相互知識（すべてのプレイヤーにとって既知の知識）となる。共有知識ではない情報を分析するのは，ゲーム理論の難しいフロンティアである。共有情報でも個人情報でも，情報に関する数理的な分析では，アクターの情報は世界の状態ごとに分割した形で表現される。プレイヤーの知っていることや，他のプレイヤーの情報についてそのプレイヤーが知っていることを考えなければならない。アクターは，一般に知られている情報から他のプレイヤーの情報を推測する。Geanakoplos（1992）は，この難しいテーマに関する手頃な入門書である。

共有知識はいくつかの驚くべき結論を導く。その中でもっとも知られているのは，合理的なアクターが「合意していないことに合意する」ことはありえない，というものである。同じ事前確率を持つ2人の合理的なアクターが，ある事象について事後確率が異なることは，共有知識になりえない。直観的には，各プレイヤーは，相手の事後確率が異なるという情報を得ると，その事後確率をそれぞれ調整する。ここで，私たち2人が，ある会社について同一の情報を持っている状況から株の取引を始めるとしよう。もしあなたが私にある株を売るという提案をするならば，私は自分の知らない何かをあなたが知っていると疑い，その株に対する評価を下方修正するだろう。私たちの評価が共有知識であるならば，この調整過程は，私たちが同一の評価を持つようになるまで続くはずである。

不完備情報は，ゲームにおいて共有知識に関する必要条件の一部を緩めるための1つの方法を提供する。チェーンストア・パラドックスは，両プレイヤーが合理的であるという共有知識の例外と考えられる。報復的な独占企業というのは「非合理的な」行動の特殊な形を表しており，このタイプのプレイヤーは，たとえそれが自分にとってコストのかかるものであったとしても，敵対者（この場合には市場参入企業）へ罰を科す。独占企業の合理性は，もはや共有知識ではない。参入企業は，市場に参入する際に独占企業が罰を科すことはないと確信することができない。共有知識がなくなると，合理的なプレイヤーに「非合理的な」報復的な独占企業の真似をする動機を与えることになる。

合理性に関する共有知識をなくすと，第5章のムカデゲームにおける後向き帰納法のパラドックスの説明が可能になる。どちらかのプレイヤーがムカデゲームを続ける場合，両プレイヤーが合理的であることは共有知識ではなくなる(Reny 1992)。ひとたびプレイヤーの合理性が共有知識でなくなれば，合理的なプレイヤーでもゲームを続けることで利益を得ることができる。

### 限定合理性

「合意していないことへの合意」の不可能性や，ムカデゲームにおける非合理性の優位さは，合理性の限界という問題につながる。Herbert Simon (1955) は，プレイヤーの思考能力に制約のある目標指向型の行動に対して，限定合理性という用語をつけた。第2章で限定合理性に言及しなかったので，第2章までさかのぼると読者は違和感を持つかもしれない。限定合理性は抽象的には魅力的な概念であるが，合理性もまた同様である。合理的選択への反対意見は，合理的選択によって何を意味するのかを慎重に明らかにした後で出てくる。限定合理性を特定化すると，その特定化された定義への反対意見が出るかもしれない。ゲーム理論家がゲームの中で限定合理性に関する考察を試みるための方法について，この節でいくつか議論しよう。ここでは，限定合理性をゲーム理論に組み入れる方法に関する考え方をいくつか示す。限定合理性とゲーム理論に関する最良の議論は，Binmore (1990, 151–231) と Kreps (1990b, 150–177) である。

仮想プレイの方法という，限定合理性に関する単純な表現から始めよう。ここで，プレイヤーはゲームを繰り返しプレイする。各ラウンドにおいて，各プレイヤーは，相手のプレイヤー（単純化のために2人ゲームと仮定しよう）が以前のラウンドで行っていた頻度で各純戦略をプレイすると仮定する。各プレイヤーは，相手のプレイヤーの混合戦略に対して最適応答をプレイする。このとき，相手のプレイヤーの混合戦略はそれまでの各戦略の頻度で与えられる。

図 10.1 仮想プレイ描写のための 2 人ゼロ和ゲーム

| | | プレイヤー 2 | |
|---|---|---|---|
| | | $s_1$ | $s_2$ |
| プレイヤー 1 | $S_1$ | 3 | 1 |
| | $S_2$ | 2 | 4 |

仮想プレイゲームでは，プレイヤーは，非常に単純な意思決定ルールを用いて相手のプレイヤーの戦略について推測する。彼らは，相手のプレイヤーがどのような戦略をプレイするかを考えようとはしない。合理的学習モデルとは対照的に，プレイヤーは，推測のために互いの戦略の以前の頻度を用いるだけである。

図 10.1 は，混合戦略を紹介するために第 4 章で用いたゼロ和ゲームの戦略形を表している。このゲームには，$[(\frac{1}{2}S_1, \frac{1}{2}S_2); (\frac{3}{4}s_1, \frac{1}{4}s_2)]$ という混合戦略均衡がある。プレイヤーが仮想プレイの第 1 ラウンドで（$S_1$; $s_1$）をプレイすると仮定しよう。第 2 ラウンドにおいて，プレイヤーは，第 1 ラウンドの相手のプレイヤーの戦略に対して最適応答をプレイする。$S_1$ に対するプレイヤー 2 の最適応答は $s_2$ であり，$s_1$ に対するプレイヤー 1 の最適応答は $S_1$ である。したがって，彼らは第 2 ラウンドにおいて（$S_1$; $s_2$）をプレイする。第 3 ラウンドにおいて，プレイヤー 1 は（$(1/2)s_1$, $(1/2)s_2$）に対する最適応答である $S_2$ を選ぶ。というのは，プレイヤー 2 が各純戦略を一度ずつプレイしているからである。プレイヤー 2 は $s_2$ をプレイするが，これは $S_1$ に対する最適応答である。第 4 ラウンドにおいて，プレイヤー 1 は（$(1/3)s_1$, $(2/3)s_2$）に対する最適応答である $S_2$ を選択する。プレイヤー 2 は，（$(2/3)S_1$, $(1/3)S_2$）に対する最適応答である $s_1$ をプレイする。長期的には，各プレイヤーが各純戦略をプレイする確率は，ゲームの混合戦略均衡に収束する。

仮想プレイの合理性は非常に限定的である。プレイヤーは，相手のプレイヤーの戦略について理屈を検討しようとはしない。プレイヤーはむしろ，相手のプレイヤーの長期的な頻度に対して機械的にプレイするだけである。お互いの将来の手番に対する予測は非常に単純である。プレイヤーは，相手の手番の情報を効率的に用いていない。

仮想プレイは，すべてのゲームにおいて収束するわけではない。Binmore (1992, 409–12）は仮想プレイの長期的な頻度が収束しないゲームに関する古典的な例を記している。

限定合理性を考える第2の方法は，有限オートマトン理論である。有限オートマトンとは，以前の手番を記憶する有限の能力を持った理想化されたコンピューターのことである。有限オートマトン理論は，このようなマシンが繰り返しゲームをどのようにプレイするかを調べるものである。有限の状態集合が有限のオートマトンを定義する。各状態は，プレイヤーがその状態にいるときにとる手番を指定する。各手番の後に，プレイヤーは，現在の手番の結果をもとに別の状態へ移動する。たとえば，しっぺ返し戦略をプレイする有限オートマトンには，「協力」と「裏切り」という2つの状態がある。ゲームは「協力」の状態から始まる。ゲームは各ラウンド後に，そのラウンドにおいて他のプレイヤーがとった手番に応じた状態へ移る。相手のプレイヤーが「協力」をプレイするならば，「協力」のままである（「裏切り」の状態なら，「裏切り」へ移る）。相手のプレイヤーが「裏切り」をプレイすれば，「裏切り」の状態へと移る（「裏切り」の状態でその手番が始まれば，そのままである）。有限オートマトン理論では，状態についての有限集合が限定合理性を表している。プレイヤーがゲームのすべての履歴を記憶することはない。仮想プレイの戦略のように，ゲームの完全な履歴に対応するような戦略は，有限オートマトンでは不可能である。より少ない状態は，より単純な選択の手続きとより強い限定合理性を意味している。

有限オートマトン理論は，ゲームの中でこのようなマシンを互いに対峙させる。各プレイヤーは，相手のプレイヤーも有限オートマトンを用いなければならないことを知りながら，有限オートマトンを選択する。それゆえ，プレイヤーがマシンを選ぶ際，有限オートマトン理論における合理性は，ゲームがプレイされる間は限定的であるが，ゲーム以前においてはそうではない。有限オートマトンによって実行される戦略の複雑性に関する定義は明らかではない。その一般的な定義は，マシンの状態の数によって複雑性を判断するというものである。Banks and Sundaram（1990）は，複雑性が状態の数と状態間の移動の両方によって判断されるならば，段階ゲームでの唯一のナッシュ均衡が有限オートマトンの間での繰り返しゲームの均衡になることを示している。

限定合理性に対する第3のアプローチである進化モデルは，戦略の評価や選択についての合理性に対して制約を課す。ゲームの多くのラウンドに渡って，さまざまな戦略を互いに競わせることが認められる状況を想定しよう。その際，おのおのがそれまでどのように競ってきたかを評価する。うまくいった戦略がそうではなかった戦略よりも適応的なメカニズムによって選択され，ゲームは続いていく。時間が経過すると，戦略の集合は進化し，もっともうまくいった戦略が選択される。このような進化モデルのもっともよく知られた例は，Axelrod（1984）のトーナメントである。彼は数多くの社会科学者に呼びかけ，繰り返し囚人のジレンマゲームをプレイするコンピュータープログラムを提出させた。Anatol Rapoport はしっぺ返し戦略をプレイするプログラムを提出し，最初のトーナメントと二度目のトーナメントの両方で優勝した。その後，Axelrod は，進化モデルの設定のもとで戦略としてのしっぺ返し戦略の性質を分析した。Maynard Smith（1982）はゲーム理論の生物進化への応用に関する基礎的な文献である。

進化ゲームは，限定合理性に関する魅力的なモデルである。というのは，プレイヤーは自身の利得を高めようとするが，戦略を評価する能力には制約があるからである。プレイヤーは，適応や模倣を通じて，戦略を変更する。プレイヤーは，戦略が失敗している場合には戦略を変更し，現在の環境において成功している戦略を模倣する。イノベーションは，現在の戦略集合の中で発生した突然変異のメカニズムによって導入される。

こうして見ると，進化ゲームにも限定合理性のモデルとして重大な限界がある。進化モデルでは，当初の戦略の個体構成，選択のメカニズム，選択の頻度，そして突然変異の形式を明確にしなければならない。モデルの結果はこれらの要素のいずれにも依存するだろうし，それらのいずれにも厳密なルールは存在しない。突然変異や模倣は，人為的なイノベーションについては有効なモデルではないだろう。突然変異はランダムな過程であるが，イノベーションは意識的で計画的なものである。模倣は，イノベーションの普及においては明らかに重要な要素であるが，その起源までは説明してくれない。ある意味で，人為的なイノベーションは完全合理性と限定合理性の間にある。完全に合理的なアクターは，自身の環境において，機会費用の制約のもとであらゆる機会を利用する。他方，進化モデルにおけるアクターは，ある規則的なサイクルにのみ従ってイノベーションを行う。現実の人間は，この2つの極端な合理性の間に落ち着く。現実の人間は，さまざまな形でさまざまな時期にイノベーションを行う。失敗はたしかにイノベーションの契機になるが，ある状況では成功も同様である。

Binmore（1990）は，均衡の演繹的過程と進化的過程を区別している。演繹的過程は，アクターによる理由づけをもとにしている。それは論理的であり，他のプレイヤーが何をするのかについての熟考もそこに含まれる。進化的過程は，進化によって均衡に到達する。ゲーム理論の均衡分析は演繹的過程である。戦略を選択するための代替案である進化モデルは進化的過程である。問題は，人間の合理性が上の2つの極の間のどこにあるかということであろう（このコメントは，Binmoreが人間の合理性をどちらか一方にあるように感じていると言っているのではない）。それは演繹的でもあり，進化的でもある。完全なる理解へと進むには，両方の極に関する分析を必要とするだろう。それゆえ，少なくともゲーム理論は，戦略的な状況における合理性を理解する上で重要なステップを与えてくれる。

しかし，限定合理性アプローチが完全に合理的なアプローチにとって代わる前に，限定合理性とは何か，そして限定合理性が何を意味するかについて，より明確な理解が必要となる。3つのアプローチとそれらの持つ問題を，ここでは紹介してきた。合理的選択と同様に，限定合理性は抽象論としては魅力的な概念である。合理的選択によって何を意味するかが明らかになると，その概念に対する反対意見が出てくる。限定合理性は，その意味するところが明らかになっても，それまでと同様に魅力的な概念だろうか。

ゲーム理論の短所に関する本節の結論として，この4つの問題のすべてに関する現在の研究は，ある共通の関心に収斂するように思われるということを指摘しておきたい。合理的学習や限定合理性に関するモデルは，共通の推測が存在する理由に関する説明や，複数均衡からの選択の方法を提供してくれる。これらのモデルはともに，重要な要素が共有知識でないような状況を取り扱えるように拡張されるだろう。しかし，これらのモデルの結果は予備的なものである。それらの結論の一般性はいまだ明らかではない。これらのモデルの応用には，まだしばらく時間が必要であろう。

## *10.3*　どのようにモデルを構築するか？

モデルを構築するには，数多くの選択が要求される。読者はゲームの木を作成し，結果に利得を割り当て，結果として生じるゲームを解かなくてはならない。最良のモデルとは，その主題に関する直観的な議論とうまく結びついたモデルである。ある主題に関する直観的な理解を数理的なモデルへ移動させるのは，簡単な作業ではない。この転換作業において，もっとも重要な要素の1つは創造性である。とはいえ，この創造的な過程においていくつかの指針が役に立つ。モデル化において，これから示す経験則が有益であろう。また本節では，モデルにおいてどれほどの数学的緻密化が適切かという問題も検討したい。

モデル化においてもっとも重要な原則は，単純化し，単純化し，単純化することである。複雑なモデルよりも単純なモデルは，作り手にとっては解きやすく，読み手にとっては理解しやすい。一連の選択肢を描き出すことから，モデル化を始めよう。アクターはどのような選択肢を持ち，その順序はどのようなものだろうか。彼らが選択するとき，彼らはどのような情報を持っているだろうか。これらの選択が結果につながる。次に，これらの結果に対するアクターの適切な選好を考えよう。ゲームの木を描くことによって，これらの問題に向き合わなければならない。最後に作られたモデルを解くことにしよう。ほとんどの場合に，そのモデルのいくつかの選択肢や工夫は，余分なものになっているだろう。よって，それらは捨てることにしよう。筆者の場合には，満足できるモデルにたどり着くまでに，平均して8から10の異なるモデルを考える。完成に至る途中のモデルは，それまでのモデルの特徴を追加したり削除したりしたものである。削除は追加よりも頻繁に行う。これらの改訂を通して，問題の要点をできるだけ単純に捉えるようにする。最初に作ったモデルを解くことは，その問題を理解するために何が不可欠かを知る上での手助けとなる。

第2の戦略は，既存のモデルを修正することである。モデルは解答を与えるだけではない。問題も提供する。候補者たちは，いつも1次元の空間投票モデルに収束するだろうか。そのモデルの仮定の一部を修正したら，何が起きるだろうか。既存モデルを修正したモデルは，多くの場合，まったく新しいモデルよりも解きやすい。というのは，既存モデルをもとに解くことができるからである。このような修正が，本章ですでに議論された一連のモデルを導く。こうした連鎖は概して非常に単純なモデルから始まる。

モデルを単純化するということに関係するが，もっとも洗練された技術を用いようと焦る理由は全くない。ほとんどあらゆる状況において，アクターは何かしら確信を持っていないだろう。そのような観察は，制限情報モデルがあらゆる状況において最良のモデルであることを意味しない。制限情報モデルが自分の問題にとって適切なものだと強く感じても，完備情報下でプレイされるゲームを理解すれば，そのような制限情報モデルを解くことはずっと容易になる。まずは完備情報下で，さまざまなタイプの組み合わせの中ですべての可能なゲームを解いてみよう。そうすれば，分離均衡における各タイプの誘因を読者は理解するだろう。そのとき，タイプ別の分離が誘因両立的かどうかを判断することができる。多くの場合，たとえ無意味な結論をいくつかもたらすとしても，完備情報モデルが，それ自身で興味深い結論を持っていることに気づくだろう。多くの興味深い結論は，後向き帰納法によって発見されてきた。

複雑なモデルは均衡概念の選択を迫る。ナッシュ均衡は，完備情報の静学ゲームを解くには十分である。静学ゲームでは，すべてのプレイヤーは，2×2ゲームでそうであったように1つの選択を同時に行う。完備情報の静学ゲームにおける任意のナッシュ均衡は，部分ゲーム完全均衡であり，完全ベイジアン均衡である。動学ゲームは，ナッシュ均衡よりも強い均衡技術を要求する。動学ゲームでは，プレイヤーは複数もしくは逐次手番を持つ。将来の手番の信頼性が動学ゲームでは重要である。完備情報で完全情報のモデルは，後向き帰納法で解くことができる。完備情報だが不完全情報のゲームは，部分ゲーム完全性で十分である。完全ベイジアン均衡は，不完備情報の動学ゲームにおいて必要になる。ここでもまた，一連のモデルが理解を深める上で重要であり，この連鎖は単純なモデルから始まる。興味深い議論をしようとして最前線の技術を用いようと焦る必要はない。

単純なモデル分析であっても，政治学における多くの非数理的な議論にとって有益なものもある。先に記された通り，多くのゲームは，その問題に関する妥当な表現である。非数理的な議論は，これらの妥当なモデルの間の違いの中で，何が重要な部分かを示してくれない。数理化は，こうした違いや帰結を明らかにするだろう。モデルを書き出す際に，これらの妥当な表現の間での選択が必要となる。モデル化の作業を始める前には，正確な選択は存在しないかもしれない。また同じ問題に関するいくつかのモデルに挑戦した後でも，同様にそれは存在しないかもしれない。しかし，これらの選択やその帰結を意識することは，当初の議論についての理解を深めるだろう。

最後に，本書は，読者が文献を読み始めるための準備となるはずである。政治学者がゲーム理論をどのように用いているかを理解したいならば，彼らの文献を読んでほしい。文献案内で紹介された論文は，読者のいっそうの読書を助ける。これらの文献は，政治学の記述的な研究よりも慎重に読み進めることが要求されるだろう。数理的な理論は，注意深く読むことの報いとなる。自分の力で分析し，なぜその命題がその仮定から導かれたのかを理解してほしい。代替的な仮定や次に類推されることについて考えよう。ある分野についての読書を終えたら，読者はゲーム理論についてより多くのことを知りたくなるかもしれない。その際には，他のテキストを見てほしい。数理的な理論は，可能な方法の中でもっとも簡単なものではないかもしれないが，筆者はもっとも報いのあるものだと思っている。読者も同じように思うことを望みたい。

## 10.4 文献案内

Kreps (1990b) は，この章の話題についての理解が容易な入門書である。Fudenberg and Levine (1993) と Kalai and Lehrer (1993) は，ナッシュ均衡を支持する合理的な学習アプローチを用いている。Crawford and Haller (1990) は，調整ゲームにおける均衡選択について合理的な学習アプローチを与えている。Kreps (1990c) はフォーカル・ポイントを用いて，組織化における重要な問題を考えている。Geanakoplos (1992) は，共有知識に関する容易な入門書であり，また共有知識のない場合も分析している。

限定合理性に関するモデルは，近年ゲーム理論家の間でかなりの関心を引いている。本書で紹介された Binmore (1992) や Kreps (1990b) は初心者に役立つ文献である。進化ゲーム理論に関する2つの優れた論文は，Mailath (1992) と Selten (1991) である。ともに進化ゲーム理論に関する専門雑誌の特別号に掲載された入門的な論文である。Maynard Smith (1982) は進化ゲーム理論の基礎的な文献である。Axelrod (1984) は社会科学における進化モデルのもっとも知られた応用研究である。Sugden (1989) は，進化的な方法でなぜ慣習が生ずるかについて議論している。Young (1993) は，本書で言及した3つのアプローチのすべての要素を組み入れた限定合理性の手法によって，ナッシュ均衡が選択されることを示している。彼は，どのナッシュ均衡が進化的に安定的かも示している。

政治学の限定合理性モデルに興味があるなら，最近の2つの論文，Kollman, Miller, and Page (1992) と Vanberg and Congleton (1992) が手始めにはお勧めである。Kollman, Miller, and Page (1992) は，政党や候補者が限定合理的である場合の選挙競争のモデルを検討している。彼らはさまざまな研究手法を用いて，さまざまな形の限定合理性をモデル化している。主要な結果は，中位への収束が限定合理性のいくつかの変化に対して頑健であるということである。Vanberg and Congleton (1992) は，コンピューター・シミュレーションで実現される進化モデルを用いている。彼らは，多くの有限オートマトンが存在する繰り返し囚人のジレンマゲームにおいて，詐欺を働くアクターとの関係を絶つ戦略が生き残ることを示している。

# 補論 1

# 基礎的な数学知識

この補論では，本書のゲーム理論を理解するための基礎的な数学知識を解説する。代数から始まり，集合論や確率論が続き，微積分学で終わる。数学的な証明とは何かという議論も行う。この補論は，数学の技能が単なる記憶となってしまった読者にとっての簡潔な復習であり，初歩的な数学の課程とは違う。読者の中には，数学が，高校時代に習得できなかった教科という過去の苦い思い出になっている人もいるだろう。そうした読者がこの補論によって過去の古傷を思い出すことなく，むしろ過去に身につけた数学的技能をよみがえらせる手助けになれば幸いである。

便宜上以下では，定数には $a$，$b$，$c$，確率には $p$，$q$，$r$，変数には $x$，$y$，$z$ を用いる。

## A1.1 代　　数

### 指数

指数は，それ自体で複数回掛けられる数を表すための簡略な方法である。

$$x^1=x \qquad x^2=x\cdot x \qquad x^n=x\cdot x\cdot x\cdots\cdots x\ (n\text{ 回})$$

$x^n$ において，$x$ は**底**，$n$ は**指数**と呼ばれる。言い方は「$x$ の $n$ 乗」である。指数は底の乗法，除法，累乗法を容易にする。

$$(x^n)(x^m)=x^{n+m} \qquad x^n/x^m=x^{n-m} \qquad (x^n)^m=x^{nm}$$

慣例に従い，0 という指数は，0 を除く任意の底について 1 を与える。負の指数は底の累乗による除法，分数の指数は底の累乗根を表す。

$$x \neq 0 \text{ ならば，} x^0 = 1$$
$$x^{-1} = 1/x \qquad x^{-n} = 1/x^n$$
$$x^{\frac{1}{2}} = \sqrt{x} \qquad x^{\frac{1}{n}} = \sqrt[n]{x}$$

### 対数

対数は指数の逆関数であり，logs と略される。定数を底とするある数の**対数**は，底をその数までべき乗する指数である。

$$\log_a x = b \text{ は，} a^b = x \text{ を意味する。}$$

指数と同様に，対数でも乗法，除法，累乗法に関する単純な法則が成立する。

$$\log_a(bc) = \log_a b + \log_a c$$
$$\log_a\left(\frac{b}{c}\right) = \log_a b - \log_a c$$
$$\log_a(b^c) = c(\log_a b)$$

10 と $e$（≒2.71828,「イー」と呼ぶ）の 2 つの底が一般に指数として用いられる。底を $e$ とする対数は**自然対数**と呼ばれ，$\log_e$ よりも ln（「リン」と呼ぶ）で表記される[1]。

### 和表記と無限級数

和表記は，多くの数の和を簡単に書き表すための方法である。大文字のシグマ Σ は，和を表す。和の各項は一般に $i$ や $k$ で添え字を付けられ，和の最初と最後の項はそれぞれ，和記号の下と上に表された和の境界によって与えられる。添え字は，足し合わせるべき項の共通の様式を表すために用いられる。以下に例を示す。

$$\sum_{i=1}^{4} x^i = x + x^2 + x^3 + x^4$$

和は次の規則に従う。

1　$e$ の着想はとても不自然に思えるかもしれないが，この表記には意味がある。

$$\sum_{i=1}^{n} a = na$$

$$\sum_{i=1}^{n} ax_i = a\sum_{i=1}^{n} x_i$$

$$\sum_{i=1}^{n} (x_i + y_i) = \sum_{i=1}^{n} x_i + \sum_{i=1}^{n} y_i$$

しかし，積の和と和の積は等しくない。

$$\sum_{i=1}^{n} x_i y_i \neq \left(\sum_{i=1}^{n} x_i\right)\left(\sum_{i=1}^{n} y_i\right)$$

和表記は，無限級数の和を書くための簡便な方法である。和の上限を$+\infty$に置き換えることによって無限の和を表す。ほとんどの無限級数の場合，その和がある有限の値に収束することはない。収束しかつ非常に有益な無限級数として，下記のものがある。

$$0<|x|<1 \text{について，} \sum_{i=0}^{+\infty} x^i = 1 + x + x^2 + x^3 + \dots = \frac{1}{1-x}$$

**1次方程式を解く**

1次方程式は$ax+b=0$という形をとり，より一般的なのは$ax+b=cx+d$である。1次方程式は，変数（ここでは$x$）が1乗の項（つまり，線形の項）しかない。1次方程式は，一方に変数もう一方に定数を集めて解く。

$$ax+b=cx+d$$
$$(a-c)x=d-b$$
$$x=\frac{d-b}{a-c}$$

**2次方程式を解く**

2次方程式は，変数が2乗の項と線形の項を含むが，それ以上の累乗の項は含まない。一般的な2次方程式は$ax^2+bx+c=0$である。2次方程式は，因数分解もしくは2次方程式の解の公式によって解く。方程式の因数分解が可能ならば，各項を0とおくことによって2つの解が得られる。

$$acx^2+(ad+bc)x+bd=0$$
$$(ax+b)(cx+d)=0$$
$$ax+b=0 \quad \text{または} \quad cx+d=0$$
$$x=-\frac{b}{a} \quad \text{または} \quad x=-\frac{d}{c}$$

2次方程式の解の公式は，簡単に因数分解できない2次方程式を解くための方法である。この公式は，平方完成によって等式を因数分解し得られる。

$$ax^2+bx+c=0$$
$$x=\frac{-b\pm\sqrt{b^2-4ac}}{2a}$$

**連立1次方程式を解く**

連立方程式とは，2個以上の未知数を持つ2本以上の方程式からなる体系である。一般に，方程式の本数と未知数の個数が等しければ，連立1次方程式には一意の解が存在する。連立1次方程式を解くためには，まず1つの変数について解く。いくつかの方程式を足し合わせて，他の変数を消去する。

$$\begin{cases} ax+by=c \\ dx+ey=f \end{cases}$$

第1の方程式に $e$ を，第2の方程式に $-b$ を掛け，これら2本を足し合わせることによって $y$ を削除する。$x$ について得られた線形の方程式を解く。

$$\begin{array}{r} aex+bey=ce \\ -bdx-bey=-bf \\ \hline (ae-bd)x=ce-bf \\ x=\dfrac{ce-bf}{ae-bd} \end{array}$$

$x$ の値を元のどちらかの方程式に代入し，$y$ について解く。

$$a\left(\frac{ce-bf}{ae-bd}\right)+by=c$$
$$y=\frac{1}{b}\left[c-a\left(\frac{ce-bf}{ae-bd}\right)\right]=\frac{af-cd}{ae-bd}$$

## *A1.2* 集 合 論

集合論はすべての数学の基礎である。**集合**は**要素**の集まりである。すべての要素からなる集合は**全体集合**と呼ばれ，$U$で表す。ある要素$x$がある集合$S$に含まれているならば，$x$は$S$の**要素**であると言い，$x \in S$と表す。いかなる要素も含まない集合は**空集合**（または**零集合**）と呼ばれ，$\emptyset$で表す。ある集合$S_1$のすべての要素が集合$S_2$の要素であるならば，$S_1$は$S_2$の**部分集合**，あるいは$S_2$は$S_1$を**含む**と言い，$S_2 \supset S_1$で表す。$S_2 \supset S_1$であり，$x \in S_2$かつ$x \notin S_1$を満たすような$x$が存在するならば，$S_1$は$S_2$の**真部分集合**であると言い，$S_2 \supseteq S_1$で表す。$S_2 \supset S_1$かつ$S_1 \supset S_2$ならば，$S_1$と$S_2$は同じ要素を持たなければならない。これを$S_1 = S_2$と表す。

集合論には，基本的な演算が3つ存在する。2つの集合$S_1$と$S_2$の**和集合**とは，$S_1$のみに含まれる要素，$S_2$のみに含まれる要素，$S_1$と$S_2$の両方に含まれる要素のすべてからなる集合であり，$S_1 \cup S_2$で表す。任意の集合$S_1$と$S_2$について，以下の性質が成り立つ。

$$
\begin{aligned}
&S_1 \cup S_2 = S_2 \cup S_1 \\
&S_1 \cup S_1 = S_1 \\
&S_1 \cup \emptyset = S_1 \\
&S_1 \cup U = U
\end{aligned}
$$

$S_1 \subseteq S_2$ならば，$S_1 \cup S_2 = S_2$である。2つの集合$S_1$と$S_2$の**共通集合**とは，$S_1$と$S_2$の両方ともに含まれる要素からなる集合であり，$S_1 \cap S_2$で表す。任意の集合$S_1$と$S_2$について，以下の性質が成り立つ。

$$
\begin{aligned}
&S_1 \cap S_2 = S_2 \cap S_1 \\
&S_1 \cap \emptyset = \emptyset \\
&S_1 \cap S_1 = S_1 \\
&S_1 \cap U = S_1
\end{aligned}
$$

$S_1 \subseteq S_2$ならば，$S_1 \cap S_2 = S_1$である。集合$S_1$の**補集合**とは，$S_1$に含まれないすべての要素からなる集合であり，$S_1^C$で表す。任意の集合$S_1$について，以下の性質が成り立つ。

$$(S_1^C)^C = S_1$$
$$\varnothing^C = U$$
$$U^C = \varnothing$$
$$S_1 \cup S_1^C = U$$
$$S_1 \cap S_1^C = \varnothing$$

2 つの集合 $S_1$ と $S_2$ が共通の要素を持たなければ，それらは**互いに素**である。

**整数**とは，……$-2, -1, 0, 1, 2,$……というすべての数の集合である。**有理数**とは，整数の比として表されるすべての数のことである。**実数**とは，0.4298581……のように無限小数として表されるすべての数の集合である。区間は，実数のある部分集合について考えるための簡便な方法である。$[0, 1]$ は $0 \leqq x \leqq 1$ を満たすすべての実数 $x$ の集合を表し，0 から 1 までの**閉区間**と呼ばれる。$(2, 3)$ は $2 < y < 3$ を満たすすべての実数 $y$ の集合を表し，2 から 3 までの**開区間**と呼ばれる。$(0, 1]$ のような半開区間も存在し，これは $0 < z \leqq 1$ を満たすすべての実数 $z$ の集合である。

## *A1.3* 関係と関数

関係と関数は，集合間の関連性を表すための方法である。一般に，これらの集合は数であるが，集合はどのようなものにもなりうる。本書では，複数の変数からなる関数は全く普通のものである。**順序対** $(x, y)$ は，集合 $X$ と $Y$ において，第 1 の要素 $x \in X$ と，第 2 の要素 $y \in Y$ を定める。**関係**とは順序対の集合であり，$x$ が $y$ と関係があるなら，通常 $xRy$ と表記する。関係は，集合の要素間の関係を分析するための理論的な方法を提供する。たとえば，整数（……$-1, 0, 1, 2$……という数）の間で「より大きい」という関係について考えよう。このとき，$2R1$ とは $2 > 1$ のことである。関係の**定義域**とは要素の中の第 1 座標すべての集合であり，関係の**値域**とは第 2 座標すべての集合である。関係の**逆**とは元の関係を反対にした関係のことである。つまり，$xR^{-1}y$ は $yRx$ と同値である。

**関数**とは，任意の 2 つの異なる第 2 座標が，同一の第 1 座標を共有していないような関係のことである。言い換えると，関数とは，定義域内の各要素を値域内の単一の要素に変換するものである。$f$ が $X$ から $Y$ への関数ならば，$x \in X$ および $x$ が変換される $y \in Y$ について，$f: x \rightarrow y$ や $f(x) = y$ と表す。$f(x) = y$

ならば，$y$ は $x$ の**像**である。$f$ の値域が $Y$ ならば，関数 $f$ は $X$ を $Y$ **上に**変換するという。異なる点が異なる像を持つ――$f$ の逆関係である $f^{-1}(x)$ も関数である――ならば，関数 $f$ は **1 対 1** であるという。

## *A1.4* 確 率 論

本書の目的において，集合論は確率論にとって必要である。確率論では，結果は要素であり，これらの結果の集合は**事象**である。全集合は**標本空間**と呼ばれ，$S$ で表される。これはすべての可能な結果の集合であり，そこではまさに 1 つの結果のみが生じる。2 つの結果の集合 $A$ と $B$ の和集合は，$A$ が生じる，$B$ が生じる，$A$ と $B$ の両方が生じる，これらのいずれかが生じる事象である。2 つの集合 $A$ と $B$ の共通集合は，$A$ と $B$ の両方が生じる事象である。集合 $A$ の補集合は，$A$ が生じない事象である。互いに素な集合は**排反**な事象であり，一方が生じれば，もう一方が生じることはない。$n$ 個の事象からなる集合 $\{A_i\}_{i=1}^{n}$（この表記は，事象 $A_i$ に $i=1$ から $n$ までの番号が振られていることを示す）は，そのうちの 1 つが必ず生じなければならない（言い換えると，それらの和集合が標本空間，$\cup_{i=1}^{n} A_i = S$ となる）ならば**網羅的**である。

事象 $A$ の生じる確率を $p(A)$ で表す。すべての事象 $A$ について，$0 \leqq p(A) \leqq 1$ である。$n$ 個の起こりうる結果の集合 $S=\{e_i\}_{i=1}^{n}$ のうち $i$ 番目の結果を $e_i$ とし，結果 $e_i$ の生じる確率を $p(e_i)$ としよう。このとき，事象 $A$ について，以下が成立する。

$$p(A)=\sum_{e_i \in A} p(e_i)$$

結果の集合は網羅的であり，排反である。ある結果は必ず起こらなければならないので，$p(S)=1$ および $p(\varnothing)=0$ が成り立つ。

任意の事象 $A$ と $B$ について，$A$ もしくは $B$ が生じる確率は，$A$ が生じる確率と $B$ が生じる確率の和から，$A$ と $B$ の両方が生じる確率を引いたものである（この引き算によって，$A$ と $B$ の両方に含まれる結果の 2 重計算を排除する）。つまり，$p(A \cup B)=p(A)+P(B)-p(A \cap B)$ が成り立つ。$A$ と $B$ が排反であれば，$A \cap B=\varnothing$ であるので，$p(A \cup B)=p(A)+P(B)$ が成り立つ。事象 $A$ が生じない確率は，1 から $A$ が生じる確率を引いた値であり，つまり $p(A^C)=1-p(A)$ となる。

**確率変数**は，複数の値の中から 1 つの値が所与の確率に従って実現される変数である。実現可能な値が $\{x_i\}_{i=1}^n$ である確率変数を $X$ としよう。$X$ の**期待値**とは，変数の可能な値にその値が生じる確率を掛けたものの総和であり，$E(X)$ で表される。

$$E(X)=\sum_{i=1}^{n} x_i\,[p(x_i)]$$

事象 $B$ の発生を所与として事象 $A$ が生じる**条件付き確率**は，両方の事象が生じる確率を事象 $B$ が生じる確率で割って得られる。

$$p(A \mid B)=\frac{p(A\cap B)}{p(B)}$$

条件付き確率を用いることによって，ある事象の発生が他の事象の発生確率にどのような影響を与えるのかについて議論することができる。これによって，$B$ が発生したという知識が $A$ の発生確率にどのように影響を与えるかについて議論することができる。

**組み合わせと 2 項定理**

2 項定理は，起こりうる結果が 2 つだけで，何度も繰り返し試行される事象の確率を求めるときに有益である。正の整数 $x$ の**階乗**は，$x$ 以下のすべての正の整数の積であり，$x!$ で表される。すなわち，$x!=(1)(2)\cdots\cdots(x)$ である。$k<n$ において，**1 回の試行で $n$ 個から $k$ 個を取る組み合わせ**は，次のように記される。

$$\binom{n}{k}$$

これは以下と等しい。

$$\frac{n!}{k!\,(n-k)!}$$

この値は，$n$ 個の対象の集合から $k$ 個が選ばれる異なる方法の数を表す。組み合わせは 2 項式の計算に有益である。というのは，組み合わせは，事象の発生回数を順序の違いを考慮せずに計算するからである。

2 項試行では起こりうる結果は 2 つしかなく，これらはしばしば成功と失敗と名付けられる。2 項定理は，同一の成功確率を持つ独立の試行の回数を所与として，成功する回数の確率を計算するものである。成功の確率を $p$ とすると，$k<n$ において $n$ 回の試行で $k$ 回成功する確率は，以下のように求められる。

$$\binom{n}{k}p^k(1-p)^{n-k}$$

**連続型確率分布**

一般に，標本空間は結果の有限集合と仮定される。無限の標本空間は，実数の集合によって表すことができる。たとえば，0 と 1 の間の（これらの値を含んだ）すべての数は，ある標本空間を定義する。このような標本空間上の確率は，**確率密度関数**（**pdf**: probability density function）と呼ばれる関数によって与えられる。pdf は，結果が標本空間上の任意の範囲内にくる確率を示す。結果が標本空間にある 2 つの値の間にくる確率は，これら 2 つの値に挟まれた pdf の下方部分の面積によって表される。pdf である $p(x)$ は 2 つの条件を満たさなければならない。

$$\text{すべての } x \text{ について } p(x)\geqq 0 \text{ であり，かつ}$$
$$\int_{-\infty}^{+\infty} p(x)dx=1$$

（2 つ目の表現にまったく馴染みがない人は，この補論にある積分学の節を見てほしい)。これらの制約のもとで，pdf はしばしば連続型確率分布と呼ばれ，上記で与えられたすべての確率法則に従う。連続型確率分布を持つ確率変数の期待値は，以下で示された積分の形で与えられる。

$$\int_{-\infty}^{+\infty} xp(d)dx$$

## *A1.5*　極　　限

極限を用いると，ある関数が特定の点の近傍でどのような動きをするのかについて議論することができる。関数がその点で定義されていなくても構わない。極限は，導関数や積分，そしてゲームの完全均衡を考える上で必要となる。$z$ の近傍にある $y$ を選んだとき，すべての $y$ に関して $f(y)$ を $L$ に近づけること

図 A1.1 点 $z$ で定義されない関数とその極限

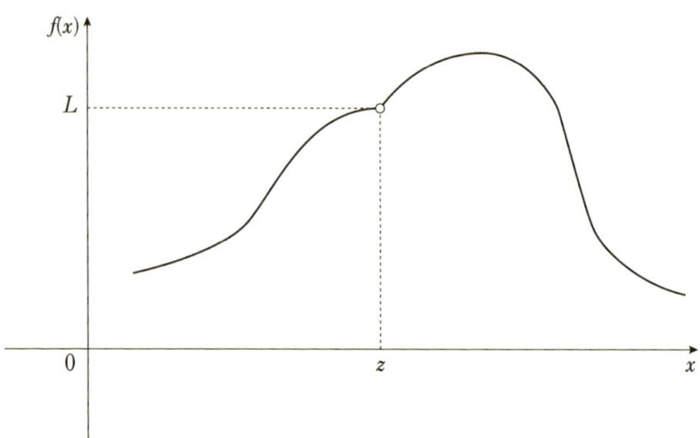


ができるならば，点 $z$ における関数 $f$ の**極限**は $L$ である。図 A1.1 は，上記の極限の考え方を描写したものである。関数 $f$ は図 A1.1 でグラフ化されており，$f(z)$ 上の白丸は，$f$ が $z$ において値を持たないことを示している。$z$ における $f$ の値は，$z$ における $f$ の極限とは無関係である。というのは，極限は $z$ 上ではなく，$z$ の近傍での $f$ の動きに依存しているからである。

$L$ の回りの正確度として $\varepsilon>0$ をとろう。この $\varepsilon$ に対して，$z$ の回りの正確度として $\delta>0$ を見いだす。ここで，$z$ から $\delta$ 内にあるすべての $y$ は，$L$ から $\varepsilon$ 内にある $f(y)$ と対応する。図 A1.2 は，特定の $\varepsilon$ と $\delta$ についてこの考え方を示している。$z-\delta<y<z+\delta$ を満たすすべての $y$ について，$L-\varepsilon<f(y)<L+\varepsilon$ が成り立つ。とりうる $\varepsilon>0$ のそれぞれについて $\delta$ を選ぶことができれば，極限が存在する。このとき，$z$ の近傍にある $y$ を選ぶことによって，$L$ の近傍にある好みの $f(y)$ を得ることができる。

極限は，次の結果に従う。

$$\lim_{x\to a} mx+b=ma+b$$

$$\lim_{x\to a}[f(x)+g(x)]=\lim_{x\to a}f(x)+\lim_{x\to a}g(x)$$

$$\lim_{x\to a}[f(x)g(x)]=\left[\lim_{x\to a}f(x)\right]\left[\lim_{x\to a}g(x)\right]$$

## *A1.6* 微 分 学

微分の計算をすることによって，ある関数の瞬時の変化率を定めることがで

図 A1.2 εとδについて，$z$ における $f$ の極限

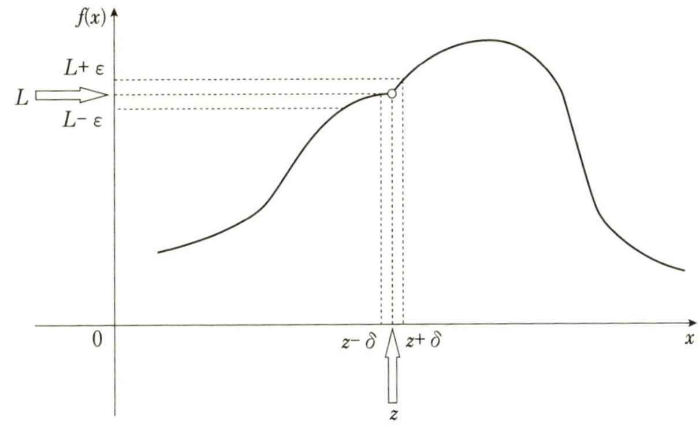


図 A1.3 $x$ から $x+h$ への平均変化率

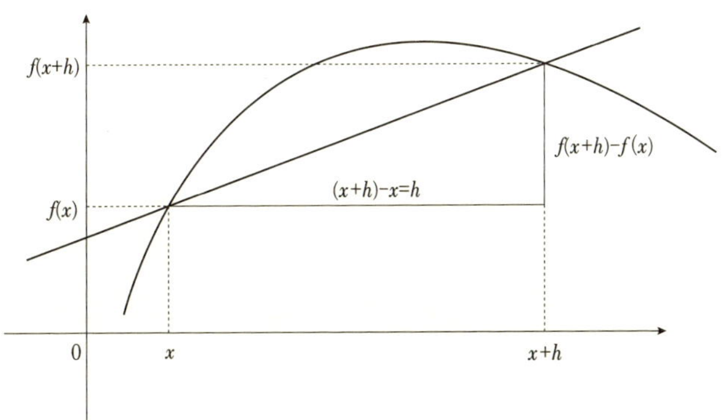


きる。$x$ と $x+h$ という 2 点間における関数の平均変化率は，

$$\Delta f|_{x}^{x+h} = \frac{f(x+h)-f(x)}{x+h-x} = \frac{f(x+h)-f(x)}{h}$$

で表され，図 A1.3 のように図示される。

瞬時の変化率を得るために，$x+h$ を $x$ に近づけよう。これは，$h$ を 0 にすることである。図 A1.4 は，$h$ から $h'$ への変化に伴い $h$ が小さくなるにつれて，平均変化率が $x$ における曲線の傾きに近づくことを示している。瞬時の変化率を求めるために，変化率が測られる区間 $h$ を 0 に近づけたときの平均変化率の極限に注目しよう。点 $x$ における関数 $f$ の**導関数**とは，以下のことである。

図 A1.4　$h$ が $h'$ に向けて小さくなるにつれ，平均変化率は瞬時の変化率に近づいていく

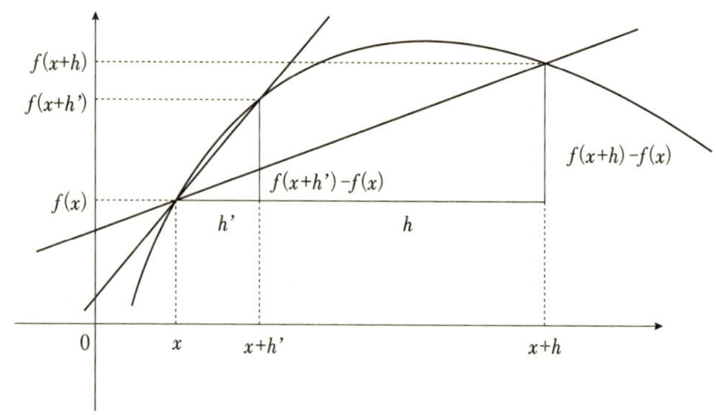


$$f'(x)=\lim_{h\to 0}\frac{f(x+h)-f(x)}{h}$$

導関数はしばしば上のようにプライムを付けて表記され，$f$ の導関数は時として $f'$，エフプライムと呼ばれる。$x$ における $f$ の導関数に用いられる表記として，他に

$$\frac{df}{dx}\text{もしくは}\frac{dy}{dx}$$

さらに，$D_x f$ がある。

多くの一般的な関数の導関数を見つけるための簡単な公式がある。これらのいくつかを以下に示しておく。

$$(c)'=0$$

すべての実数 $n$ について，$(x^n)'=nx^{n-1}$

$$(e^x)'=e^x \qquad (ax)'=\ln(a)a^x$$

$$[\ln(x)]'=\frac{1}{x}=x^{-1}$$

2つの関数 $f$ と $g$ の和，積，商の導関数を計算するために，次のルールを用いよう。

図 A1.5 最大値において導関数は 0 となる

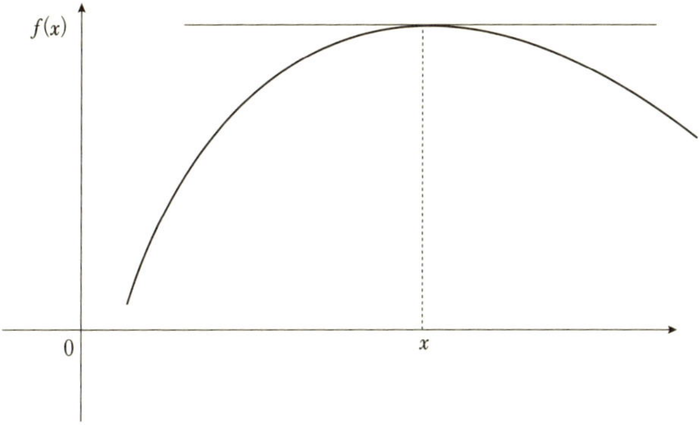

$$[f(x)+g(x)]'=f'(x)+g'(x)$$

$$[f(x)g(x)]'=f'(x)g(x)+f(x)g'(x)$$

$$\left[\frac{f(x)}{g(x)}\right]'=\frac{f'(x)g(x)-f(x)g'(x)}{g(x)^2}$$

2 つの関数の合成関数 $f[g(x)]$ については，鎖法則を用いる。

$$\{f[g(x)]\}'=g'(x)f'(g(x))$$

これらのルールは，導関数を得る方法を読者が思い出すために要約したものである。上のルールの適用に疑問がある人は，微分に関する適当なテキストを参照してもらいたい。

導関数を用いることによって，関数の最大点や最小点を求めることができる。本書の関心は効用最大化にあるので，導関数は意思決定問題において非常に有益である。ある関数の最大点や最小点の候補を見つけるには，その関数の導関数を求め，それが 0 に等しいとおいて解けばよい。この結果の背景には，関数は最大点もしくは最小点で「水平になる」という知見がある。図 A1.5 において，$f(x)$ は $x$ において最大となり，関数の接線の傾きによって示される導関数は $x$ において 0 である。したがって，導関数は点 $x$ で 0 にならなければならない。

導関数が 0 となる点を，その関数の**臨界点**と呼ぶ。しかし，すべての臨界点が最小点や最大点となるわけではない。この手法で求められるのは関数の**極大点**と**極小点**である。これらの点では，関数の値は，周りのすべての点に対する関数の値よりも（極大点の場合）大きくなるか，（極小点の場合）小さくなる。

図 A1.6　最大値における 1 階導関数テスト

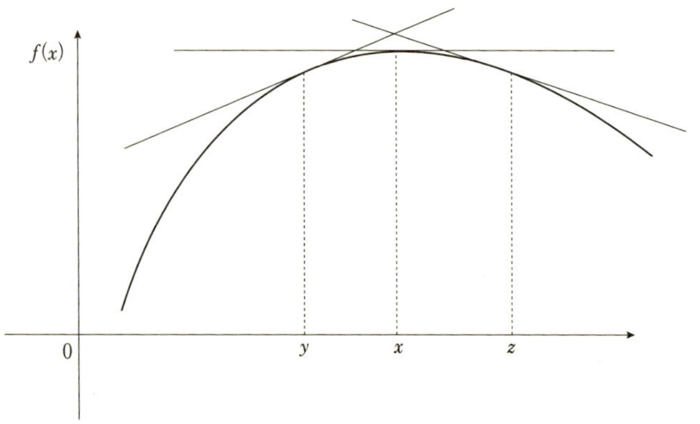


2 つのテストによって，極大点を極小点から区別することができる。1 階導関数テストは，臨界点を上回る点および下回る点における導関数の符号を調べる。臨界点 $x$ よりもわずかに小さなすべての $y$ について $f'(y)>0$，そして $x$ よりもわずかに大きなすべての $z$ について $f'(z)<0$ であれば，$x$ は極大点である（その逆は，極小点について当てはまる)。図 A1.6 は，1 階導関数テストの背景にある直感的説明を図示したものである。接線の傾きは臨界点 $x$ を下回る $y$ において右上がりであるので，導関数は正である。接線の傾きは臨界点 $x$ を上回る $z$ において右下がりであるので，導関数は負である。

2 階導関数テストは，臨界点における導関数の符号を調べる。この導関数は 2 階の導関数と呼ばれ，$f''(x)$ と表される。極大点の場合，1 階の導関数は減少関数となる。すなわち，1 階の導関数は臨界点を下回る数で正となり，臨界点を上回る数で負となる。よって，極大点において 2 階の導関数は負となる。同様に，極小点において 2 階の導関数は正となる。

極大値や極小値は，それらの周りの値と比べたときに，関数のもっとも大きな値あるいはもっとも小さな値である。**最大値**や**最小値**は，関数がその値域の中でとりうるもっとも大きな値ともっとも小さな値である。関数の最大値を求めるには，各極大点と値域の端点における関数の値を計算すればよい。これらの値のうちでもっとも大きなものが最大値である。

導関数はまた，2 つの関数の比率の極限が 0/0 のように定まらない場合，この比率の極限を計算するために用いることができる。ロピタルの定理とは，

$$\lim_{x \to a} f(x) = 0$$
$$\lim_{x \to a} g(x) = 0$$

かつ

$$\lim_{x \to a} \frac{f'(x)}{g'(x)} = L$$

ならば，

$$\lim_{x \to a} \frac{f(x)}{g(x)} = L$$

が成立するというものである。

この定理を言葉で説明しよう。分子と分母の双方を微分し，それらの比率について極限をとる。極限が存在するならば，それは元の関数の比率の極限と等しい。∞/∞のような他の不定形については，別の様式のロピタルの定理が存在する。

## *A1.7*　偏導関数とラグランジュ乗数

偏導関数は，多変数関数の変化率を計算するために用いられる。これは，比較静学分析を行う際に非常に有益である。その考え方は単純である。他の変数をすべて固定する。そして，1 つの変数が動いたときに，関数の値がどのように変化するかを調べる。実際には，他のすべての変数が一定であると仮定し，1 つの変数について関数の導関数を計算する。偏導関数を 1 変数関数の導関数と区別するため，前者を

$$\frac{\partial f}{\partial x}$$

と表し，

$$\frac{df}{dx}$$

とは表さない。偏導関数に関する他の表記として，$D_x f$ や $f_x$ がある。高階の

偏導関数も存在する。$x$についての$f$の偏導関数を$y$について微分した偏導関数は

$$\frac{\partial^2 f}{\partial y \partial x}$$

（もしくは$D_{xy}f$や$f_{xy}$）で表され，**交差偏導関数**と呼ぶ。

多変数関数の最小値や最大値を見つけるには，1階の偏導関数をすべて計算し，それらを0に等しいとおく。1階の偏導関数がすべて0となるような任意の点が，**臨界点**である。1階導関数テストか2階導関数テストのいずれかを行うことによって，臨界点が最大点か最小点かを判断できる。1階導関数テストは，最大点か最小点かについて，すべての変数で同じ結果でなければならないということを除けば，1変数関数に対する場合と同様である。同じ結果でなければ，臨界点は，1つの変数については極大点であるが，別の変数については極小点である。このような点は**鞍点**と呼ばれる。多変数関数に対する2階導関数テストは，1変数関数の場合よりもずっと複雑である。2変数関数について，そのことを示そう。より多変数の場合のテストについては，微積分学の教科書を見てほしい。臨界点における次式の値を計算しよう。

$$\left(\frac{\partial^2 f}{\partial x^2}\right)\left(\frac{\partial^2 f}{\partial y^2}\right)-\left(\frac{\partial^2 f}{\partial x \partial y}\right)^2$$

求めた値を0と比べよう。もし

$$\left(\frac{\partial^2 f}{\partial x^2}\right)\left(\frac{\partial^2 f}{\partial y^2}\right)-\left(\frac{\partial^2 f}{\partial x \partial y}\right)^2 < 0$$

ならば，その臨界点は最大点でも最小点でもない。つまり，鞍点である。もし

$$\left(\frac{\partial^2 f}{\partial x^2}\right)\left(\frac{\partial^2 f}{\partial y^2}\right)-\left(\frac{\partial^2 f}{\partial x \partial y}\right)^2 > 0$$

ならば，

$$\frac{\partial^2 f}{\partial x^2}$$

の符号を確認しよう。もし

$$\frac{\partial^2 f}{\partial x^2} > 0$$

ならば，その臨界点は最小点である。もし

$$\frac{\partial^2 f}{\partial x^2} < 0$$

ならば，その臨界点は最大点である。2 階の偏導関数が 0 に等しいならば，このテストからはどちらか判断できない。

制約条件付き最適化問題を解くためには，ラグランジュ乗数を用いる。制約条件付き最適化とは，関数の値域全体でなく，ある点の集合内における関数の最大点もしくは最小点を見つけることである。制約条件を満たすすべての点を定義するために，関数 $g$ を用いてその制約を定義しよう。$g(x, y)=0$ という制約条件のもとで $f(x, y)$ を最適化するには，$F(x, y, \lambda)=f(x, y)-\lambda g(x, y)$ という新たな関数を作り，前の段落の方法でこの関数の最適点を求めればよい。ラグランジュ乗数は $\lambda$ で表され，いくつかの制約条件付き最適化問題において重要な意味を持つ。複数の制約条件が存在する場合は，制約条件の 1 つ 1 つにラグランジュ乗数を用い，すべての制約条件を新たな関数に含めることになる。

## *A1.8* 積 分 学

積分を使うことによって，曲線の下方部分の面積や関数の平均値が求められる。曲線の下方部分の面積を，底辺が徐々に短くなるような長方形を敷き詰めることによって求めよう。これらの任意の長方形のうちもっとも長い底辺が 0 に近づくにつれて，長方形すべての面積も曲線の下方部分の面積に近づいていく。図 A1.7 は，長方形を使って曲線の下方部分の面積を測るという考え方を図解したものである。影付き部分は，曲線の下方部分に敷き詰めたすべての長方形の面積の和を表す。これらの長方形と曲線に挟まれた白い部分は，誤差である。

任意の長方形のうちもっとも長い底辺が短くなるほど，曲線の下方部分の面積への近似はより適切なものとなる。図 A1.8 は，図 A1.7 においてもっとも長い底辺を持つ 3 つの長方形を分割することによって，曲線の下方部分の面積

図 A1.7　長方形を用いた曲線の下方部分の面積の測定

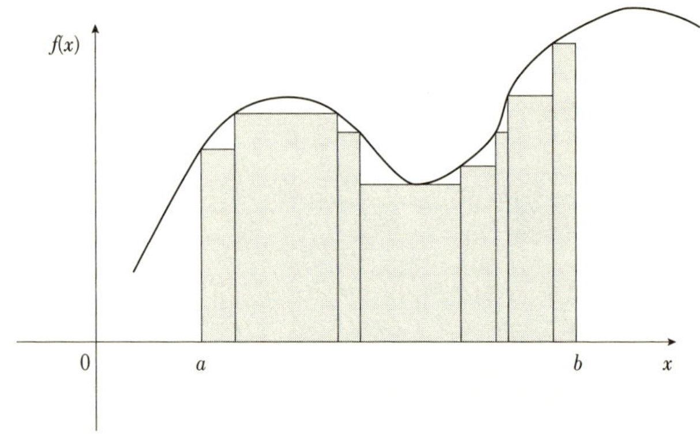


図 A1.8　最長の底辺を短くすることで、曲線の下方部分の面積をより正確に測定できる

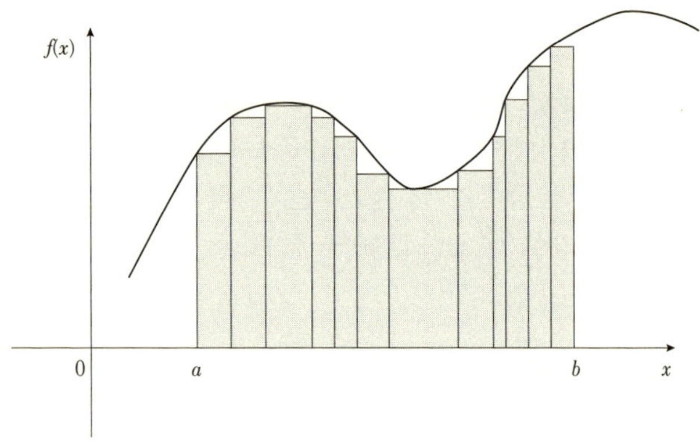


への近似がより正確になることを示す。

曲線の下方部分の面積を求めるために，これらの任意の長方形のうちもっとも長い底辺を 0 となるようにしよう。その和の極限は $a$ から $b$ までの $f(x)$ の**定積分**である。

$$\int_a^b f(x)dx = \lim_{\Delta \to 0}\left[\sum_{i=1}^{n} f(\xi_i)(x_{i+1} - x_i)\right]$$

ただし，$\Delta = \max(x_{i+1} - x_i)$，$x_i \leqq x \leqq x_{i+1}$ について $f(\xi_i) = \min f(x)$。

$a$（**下限**と呼ぶ）から $b$（**上限**と呼ぶ）における関数の定積分は，区間 $a$ と $b$ における $f(x)$ の下方部分の面積である。積分における「$dx$」の記述は，どの変数について積分しているのか（この場合には $x$），そして積分表記の締めくくりがどこかを表す。関数の中には，上記の極限が収束せず，よって積分が存在しないものもある。この極限が存在すれば，関数は区間 $a$ と $b$ において**積分可能**である。説明を容易にするために，本節ではすべての積分の存在を仮定している。

定積分には，次の基本的な性質がある。

$$f(a) \text{ が存在するならば，} \int_a^a f(x)\,dx = 0$$

$$\int_a^b kf(x)\,dx = k\int_a^b f(x)\,dx$$

$$\int_a^b (f(x)+g(x))\,dx = \int_a^b f(x)\,dx + \int_a^b g(x)\,dx$$

$$\int_a^b f(x)\,dx = \int_a^c f(x)\,dx + \int_c^b f(x)\,dx$$

微積分学の基本定理は定積分の計算方法を示しており，微分と積分という微積分学の 2 つの分野を統合するものである。

**定理**（微積分学の基本定理）：すべての $a \leqq x \leqq b$ について，$g'(x) = f(x)$ としよう。このとき，以下の関係が成立する。

$$\int_a^b f(t)\,dt = g(x)\big|_a^b = g(b) - g(a)$$

積分は，微分の逆の操作である。この操作を**不定積分**（または反微分）と呼ぶ。不定積分は，境界の無い積分記号によって記述される。慣行に従い，積分定数 $C$ がすべての不定積分に付け加わる。関数の定積分は，上界で求められた不定積分の値から下界のその値を引いたものである。それゆえ，定積分を計算するときには，積分定数は消える。

$a$ から $b$ における関数の定積分を求めるには，不定積分を計算し，双方の境界での不定積分の値を求め，上限の値から下限の値を引けばよい。不定積分の計算は次の結果に従う。

$$\int kdx = kx + C$$
$$\int x^n dx = \frac{1}{n+1}x^{n+1} + C$$
$$\int [g(x)^n]g'(x)dx = \frac{1}{n+1}g(x)^{n+1} + C$$

最後の等式は，積分における鎖法則を表している。積分の計算はかなり複雑になることがあり，定積分が単純な関数で表されないこともある。本書で扱う積分は，単純なものばかりである。積分の計算で難しいところがあれば，微積分学の教科書を参照することをお勧めしたい。

本書で積分が主に用いられるのは，連続型確率分布の期待値や期待効用の計算においてである。連続型確率分布における積分は，離散型確率分布の和に相当する。

## *A1.9* 数学的証明の考え方

多くの人は，数学とは数に関する学問であると信じているが，それは正しくない。数学とは，注意深い言葉の用い方に関する学問である。数は，量について議論するための注意深い方法にすぎない。量を表すのに使える言葉が「無」と「少」と「多」しかないとしたら，量について考えるのがどれほど難しいかを考えてみよう。「少よりも上回る」と「多よりもやや下回る」は，どこに違いがあるのだろうか。数学者は，言葉の意味を正確に定義することと，その定義から演繹される正確な内容に留意してきた。論証では，一連の仮定や定義から，何が導かれるかを示すことが要求される。数学的な証明とは，数理的な形式を用いて行われる論証である。命題の数学的証明において認められるのは，その命題の仮定から論理的に導出される主張だけである。

多くの人は，高校の幾何学で数学的な証明に出会う。この節では，数学的な証明の考え方について簡単に紹介しよう。また，さまざまなタイプの数学的証明についても説明しよう。ここでの要点を示すために，高校の幾何学や代数学から例を引くことにする。本書の中では数学的な証明を与えることはせず，かわりに主要な定理の背後にある考え方をスケッチすることにとどめてきた。このスケッチは，定理の証明を与えるものではない。さらに進んだゲーム理論を学びたければ，ここで示される以上の論理や数学的証明を理解することが必要になる。こうした理解を得るための最善の方法は，数学の授業を受けることである。

数学的体系を構成するのは，未定義の用語，公理，定義，命題である。用語の中には，どの論理構造においても定義されていないものもある。それがなければ，出発点が存在しないことになる。「点」，「線」，「平面」は，幾何学における未定義の用語である。こうした未定義の用語は，他の概念を定義するために用いられる。角度，三角形，円周，これらはすべて，点と線と平面によって定義することができる。公理は，数学的体系の基本的な仮定であり，その体系を特徴づけるものである。公理を変えれば，体系も変化する。たとえば，ある所与の線に平行であり，その線上にないある点を通るように描かれる線は1本しかないと言うのは，ユークリッド幾何学の公理である。この公理を変えると，非ユークリッド幾何学となる。ある点を通るように描かれる平行な線が存在しないならば，球面幾何学となる。球面幾何学は，平面が球面に，線が球面上の大きな円周に置き換えられた幾何学である[2]。ある点を通るように描かれる平行な線が2本以上存在するならば，双曲（もしくはリーマン）幾何学となる。定義や公理を用いて命題が演繹される。

数学的命題は条件付きであり，絶対的なものではない。数学的命題は，仮定をおき，その仮定が正しければ，どのような結論が導かれるのかを示す。条件文は前提と結論から成り，両者は「前提がこうならば，結論はこうなる」のような形で結びつけられる。条件文が正しいのは，前提が真ならば，必ず結論も真であるときである。命題の仮定は前提にあたるものである。一見絶対的のように思われる命題も，条件付きの主張として正確に述べられる。たとえば，二等辺三角形の等しい2辺で向かい合っている角は，必ず合同である（つまり，等しい）。この命題は，「三角形のうちの2辺が等しければ，その三角形の等しい2辺で向かい合っている角は合同である」と言い換えることができる。命題の仮定が真でなければ，結論はそれでも存在しうるが，必ずしも真とは限らない。

命題の証明は，仮定が真ならば，命題の結論も真でなければならないことを論理的に示す。証明では，仮定が真ならば結論も真でなければならないことを示すために，定義や公理や他の命題が用いられる。高校の幾何学で登場した高

2 非ユークリッド幾何学には，ユークリッド幾何学を学んだ人には奇妙に思えるような命題が存在する。ユークリッド幾何学では，三角形の角度の和は180度である。非ユークリッド幾何学では，三角形の角度の和はつねに180度を上回る。球面幾何学では，3つの直角を持つ三角形が存在する。

度な数式を用いた証明は，このことを思い出させる。この証明は，仮定の 1 つを述べるところから始まる。それに続くのは幾何学的な関係についての主張である。その主張は，いくつかの公理やすでに証明された命題に従って先の仮定から導出される。証明が上記の形式に沿って記述される必要はないが，すべての証明は，前提が真ならば結論も真でなければならないことを示す必要がある。

証明には，構成的証明，背理法による証明（または間接的な証明），帰納法による証明という 3 つの異なる形式がある。構成的証明は結論を前提から直接導く。背理法による証明は，結論が正しくないと仮定することから始まる。この証明では，前提が真で結論が偽である場合に矛盾が生じることが示される。帰納法による証明は，自然数（1, 2, 3,...）で番号が振られた集合の中で結論が成立している命題に対して用いられる。たとえば，2 項定理は任意の試行回数に対して成立する。試行回数は，2 項定理が成立する集合に対して振られる番号である。番号 1 つ 1 つに対して，別々に定理の成立を証明していくことは不可能だろう。帰納法による証明は，最初の場合に命題が真であることを証明することから始まる。次に，$i$ 番目の場合に命題が真であるなら，$(i+1)$ 番目の場合でもその命題が真でなければならないことを示す。この 2 点が成立すれば，命題はすべての場合について必ず真となる。2 番目の場合については，最初の場合から帰納法を用いて演繹することができる。

命題はしばしば他の名前で呼ばれる。**定理**とは主要な命題のことであり，通常，もっとも重要かつ一般的な結果に対して用いられる。非常に重要な定理には名前も付けられる。**補題**は，命題の証明において導出される途中結果のうち，単独で興味深いものを指す。**系**とは，ある定理から直接導出される命題である。

# 補論 2

# 練習問題の解答

この補論 2 では，本書の練習問題の解答を示す。読者に問題の結果を示すように指示したり，モデルについて議論したり再構成したりすることを求めた練習問題の解答は含まれていない。問題を解く意味は，自分で解答を見つけることにある。問題を解く前に解答を見るのは，その意味を損なう。時には，解答から問題を見る作業も，なぜ解答が正しいのかを理解するのに役立つだろう。紙面の関係上，多くの解答には詳細な説明をしていない。

## 第 2 章

2.2：a) $EU(A_3)=0.7+0.3x$

b) $U(C_4)<-1\frac{1}{3}$

2.3：$(0.452C_1, 0.288C_2, 0.26C_3)$

2.4：a) $u(C_1)=1, u(C_2)=0.65, u(C_3)=0.4, u(C_4)=0$（もしくはその線形変換であればいずれも可)。

b) $L_1PL_2$

2.6：$u_1$ に関しては，$L_1IL_2PL_3$ でリスク中立的，$u_2$ に関しては，$L_3PL_1PL_2$ でリスク愛好的，$u_3$ に関しては，$L_2PL_1PL_3$ でリスク回避的。

2.7：a) 11.11 ギルダー

b) $[100(1-\delta)]/\delta$ ギルダー

## 第 3 章

3.1：図 A2.1 を見よ。

図 A2.1 練習問題 3.1

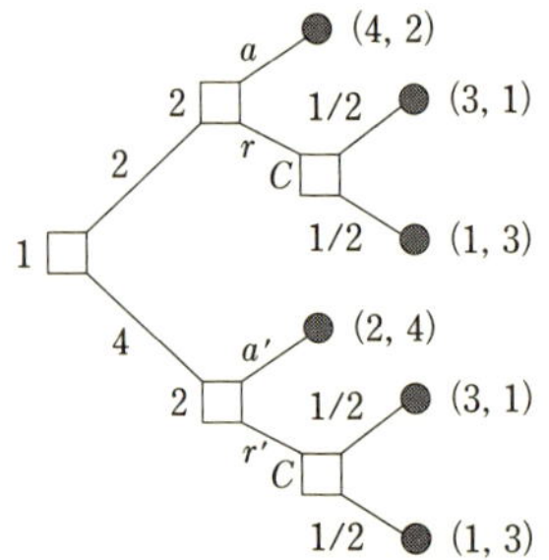


3.2：3 人のプレイヤーが 3 単位（お望みであればドルとしてよい）の対象物の分け方を順々に交渉している。どのプレイヤーもこの交渉を打ち切ることができる。そのためにはプレイヤー 1 は U，プレイヤー 2 は d，プレイヤー 3 は $U$ をとればよい。交渉を打ち切ったプレイヤーはゼロ単位を得る。その次の手番のプレイヤーが 2 単位を得る。第 3 のプレイヤーは 1 単位を得る。これらのプレイヤーが順に D，u，$D$ をとった場合には，それぞれ 1 単位を得る。

3.3：図 A2.2 は 3 目並べのゲームの木の一部を描いたものである。図中の $M$ は中心のマス目を，$C$ は角のマス目を，$MS$ は辺の中央のマス目を，それぞれプレイヤー 1 が選択することを表す。プレイヤー 2 の選択は，$c$ が角のマス目，$s$ が辺のマス目，$m$ が中心のマス目，$oc$ が対角のマス目，$nc$ が近いほうの角のマス目，$fc$ が遠いほうの角のマス目，$os$ が対辺のマス目，$ns$ が近いほうの辺のマス目，$fs$ が遠いほうの辺のマス目を表す。

図 A2.2 練習問題 3.3

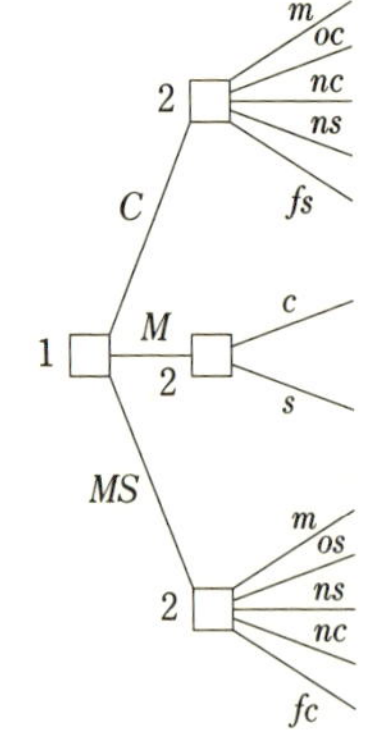

3.4：a）図 A2.3 を見よ。

図 A2.3　練習問題 3.4a

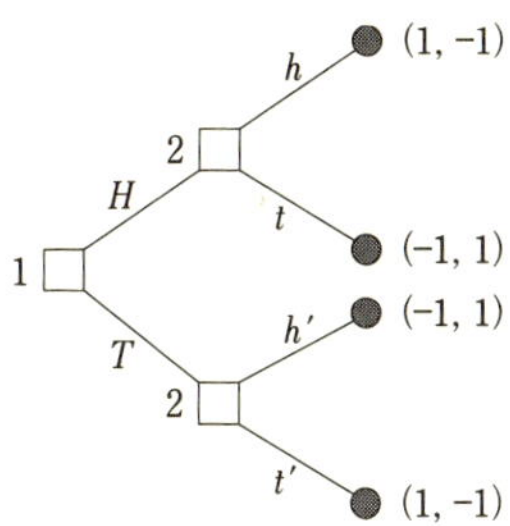


b）図 A2.4 を見よ。

図 A2.4　練習問題 3.4b

| | | プレイヤー 2 | | | |
|---|---|---|---|---|---|
| | | $h, h'$ | $h, t'$ | $t, h'$ | $t, t'$ |
| プレイヤー 1 | $H$ | (1, −1) | (1, −1) | (−1, 1) | (−1, 1) |
| | $T$ | (−1, 1) | (1, −1) | (−1, 1) | (1, −1) |

3.5：a）図 A2.5 を見よ。

図 A2.5　練習問題 3.5a

| | | プレイヤー 2 | | | |
|---|---|---|---|---|---|
| | | $a, a'$ | $a, r'$ | $r, a'$ | $r, r'$ |
| プレイヤー 1 | 2 | (4,2) | (4,2) | (2,2) | (2,2) |
| | 4 | (2,4) | (2,2) | (2,4) | (2,2) |

b）図 A2.6 を見よ。

図 A2.6　練習問題 3.5b

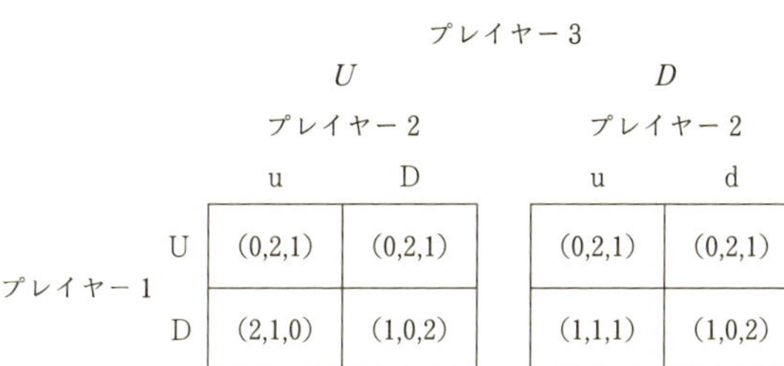

| | | プレイヤー 3: $U$ | | プレイヤー 3: $D$ | |
|---|---|---|---|---|---|
| | | プレイヤー 2 | | プレイヤー 2 | |
| | | u | D | u | d |
| プレイヤー 1 | U | (0,2,1) | (0,2,1) | (0,2,1) | (0,2,1) |
| | D | (2,1,0) | (1,0,2) | (1,1,1) | (1,0,2) |

## 第 4 章

**4.1**：a）$S_2$ は $S_1$ により強く支配され，$s_2$ は $s_1$ により強く支配される。支配戦略均衡は（$S_1; s_1$）。

b）$S_2$ は $S_1$ により弱く支配され，$s_2$ は $s_1$ により強く支配される。支配戦略均衡なし。

c）$S_1$ と $S_2$ は $S_3$ により弱く支配され，$s_2$ は $s_1$ により強く支配される。支配戦略均衡なし。

**4.2**：a）（$S_2; s_2$）

b）（$S_2; s_1$）

c）（$S_1; s_1$）と（$S_2; s_1$）

d）（$S_1; s_1$），（$S_3; s_1$）と（$S_2; s_3$）

e）（$S_2; s_1$）と（$S_1; s_2$）

**4.3**：a）（$S_1; s_2$）

b）（$S_1; s_1$）

c）（$S_1; s_2$）

d）（$S_2; s_1$）

e）（$S_1; s_1$），（$S_1; s_3$），（$S_2; s_1$）と（$S_2; s_3$）

**4.4**：$(\frac{3}{4}s_1, \frac{1}{4}s_2), \nu_1=2\frac{1}{2}$

**4.5**：a）$[(\frac{3}{10}S_1, \frac{7}{10}S_2); (\frac{1}{2}s_1, \frac{1}{2}s_2)], \nu_1=-\frac{1}{2}, \nu_2=\frac{1}{2}$

b）$[(\frac{5}{9}S_1, \frac{4}{9}S_2); (\frac{2}{3}s_1, \frac{1}{3}s_2)], \nu_1=-\frac{5}{3}, \nu_2=\frac{5}{3}$

c）$[(\frac{1}{10}S_1, \frac{9}{10}S_2); (\frac{3}{5}s_1, \frac{2}{5}s_2)], \nu_1=\frac{7}{5}, \nu_2=-\frac{7}{5}$

**4.6**：a）$[(\frac{7}{11}S_1, \frac{4}{11}S_2); (\frac{1}{2}s_1, \frac{1}{2}s_2)], \nu_1=-\frac{1}{2}, \nu_2=3\frac{1}{11}$

b）$[(\frac{8}{11}S_1, \frac{3}{11}S_2); (\frac{3}{5}s_1, \frac{2}{5}s_2)], \nu_1=\frac{3}{5}, \nu_2=1\frac{6}{11}$

**4.7**：$[(\frac{2}{3}S_1, \frac{1}{3}S_2); (\frac{1}{3}s_1, \frac{2}{3}s_2)], \nu=(\frac{2}{3}, \frac{2}{3})$

**4.8**：a）（$S_1; s_2$）と（$S_2; s_1$）

b) あり。$[(\frac{1}{2}S_1, \frac{1}{2}S_2); (\frac{1}{2}s_1, \frac{1}{2}s_2)], \nu=(2\frac{1}{2}, 2\frac{1}{2})$

**4.9**：a) 図 A2.7 を見よ。

**図 A2.7　練習問題 4.9a**

| | | プレイヤー2 | | | |
|---|---|---|---|---|---|
| | | $s_1, s_1'$ | $s_1, s_2'$ | $s_2, s_1'$ | $s_2, s_2'$ |
| プレイヤー1 | $S_1$ | (5,5) | (5,5) | (0,10) | (0,10) |
| | $S_2$ | (10,0) | (−5,−5) | (10,0) | (−5,−5) |

b) $(S_2; s_1, s_1')$, $(S_2; s_2, s_1')$ と $(S_1; s_2, s_2')$

**4.10**：このゲームは支配解決可能である。結果は $(S_2; s_5)$ となる。

**4.11**：a) $M=(\frac{x_1+x_2}{2}$ よりも低い理想点を持つ投票者の数$)-(\frac{x_1+x_2}{2}$ よりも高い理想点を持つ投票者の数)。候補者 1 が候補者 2 よりも上まわる分の得票差は，候補者 1 に投票した全投票者から候補者 2 に投票した全投票者を引いた者である。両候補者の中間点は $(\frac{x_1+x_2}{2})$ であり，この点が境界となってそれぞれの候補者への票が分かれる。

b) $i<n$ のとき，$x_2 \leqq x < 2y_{i+1}-x_2$ となる $x$ を選ぶ。$i>n$ のとき，$2y_i-x_2<x \leqq x_2$ となる $x$ を選ぶ。$i=n$ のとき，$x=y_n$ とする。言葉で言い直すと次のようになる。投票者 $n$ が中位投票者である。候補者 1 がとるべき位置は，中位投票者と候補者 2 の位置の間にいる投票者で，候補者 2 にもっとも近い位置にいる者の票を得られるような位置である。

c) 両候補者とも中位投票者の理想点 $y_n$ を選ぶ。

**4.12**：a) 投票者の分布が連続的である場合には，一般に最適応答は存在しない。候補者 2 が中位投票者の理想点をとらない場合，候補者 1 がとるべき位置は，中位投票者の理想点と候補者 2 の位置との間のうち，候補者 2 にもっとも近い位置である。そのような候補者 2 の位置に「もっとも近い」点というものは存在しないので，最適応答は存在しないことになる。

b) 両候補者が中位投票者の位置をとるというのは，均衡である。

**4.13**：a) 答えは 1/2 である。このような答えが予想されるのは，2 人のプレイヤーの効用関数が線形だからである。2 人のプレイヤーが同一の効用関数を持つように，その効用関数を変形することができる。仮定によって，2 人のプレイヤーは余剰を等分する。

b）$\frac{\sqrt{5}}{5} \fallingdotseq 0.447$

## 第5章

5.1：a）$(U, R; u, r)$

b）$(S, S, S; s, s, s,)$

c）(D, R; d, l; $D$)

5.2：a）$(U; u, l)$，$(U; d, l)$，$(D; u, r)$ と $(D; d,$ r)。$(D; u, r)$ と $(D; d, r)$ は部分ゲーム完全。

b）$(U; u)$ と $(D; d)$。$(U; u)$ と $(D; d)$ は部分ゲーム完全。

c）$(U; d, l)$，$(D; u, r)$と $(D; d, r)$。$(D; d, r)$ は部分ゲーム完全。

d）$(U, L; d)$，$(U, R; d)$と $(D, R; u)$。$(U, L; d)$ と $(D, R; u)$ は部分ゲーム完全。

e）(U; u; $U$; $u$)，(U; u; $D$; $d$)，(D; d; $U$; $u$)，(D; d; $D$; $d$)，(D; u; $(\frac{1}{3}U, \frac{2}{3}D)$; $(\frac{2}{3}u, \frac{1}{3}d)$)，(U; u; $(pU, (1-p)D)$; $(qu, (1-q)d)$)と(D; d; $(pU, (1-p)D)$; $(qu, (1-q)d)$)，ただし $p+q-2pq<\frac{1}{2}$。(D; d; $U$; $u$)，(D; d; $D$; $d$)と (D; u; $(\frac{1}{3}U, \frac{2}{3}D)$; $(\frac{2}{3}u, \frac{1}{3}d)$) が部分ゲーム完全。

5.5：$(y, z; y, w; x, w)$。他の可能性もある。$z$ と $w$ 間の投票では，プレイヤーは誠実に投票すると仮定した。最初の比較において，$y$ が $x$ を負かすと，$z$ と $w$ との間の2番目の比較の結果は，最終結果に影響を与えることができない。すると，$(y, w; y, z; x, z)$ もまた，戦略的投票の均衡である。

5.7：a）$4 \leqq x \leqq 7$ で安定的。$x>5$ では，すべての提議された議案は，本会議の院内総務の位置である5に修正される。$5<x_{SQ}<7$ では，委員会委員長はすべての議案を阻止する。$5>x>4$ では，委員会中央値と院内総務は5を望むが，本会議中央値は4を望む。したがって，委員会は議案を本会議に送らない。$x<4$ では，すべての議案は $8-x$ よりも小さい値もしくは5に修正され，可決される。

b）$x \leqq 3$ または $x>7$ の場合，院内総務の位置である5が，最終結果となる。$3<x<4$ の場合，本会議中央値が賛成し，院内総務にもっとも近い位置にある $8-x$ が最終結果である。

5.8：a）争点1について，$x_{SQ}<4$（本会議中央値）の場合，$x_{SQ}<x<8-x_{SQ}$ であり，また $x_{SQ}>4$ の場合，$8-x_{SQ}<x<x_{SQ}$ である。争点2について，$y_{SQ}<4$（本会議中央値）の場合，$y_{SQ}<y<8-y_{SQ}$ であり，また $y_{SQ}>4$

の場合，$8-y_{SQ}<y<y_{SQ}$ である。

b) 争点1について，$x_{SQ}<4$ の場合，$x_{SQ}<x<8-x_{SQ}$ であり，$x_{SQ}>5$ の場合，$10-x_{SQ}<x<x_{SQ}$ である。また $4<x_{SQ}<5$ の場合，委員会は，議案を送らない（すなわち，委員会は，本会議で可決されるいかなる議案よりも現状を好む）。争点2について，$y_{SQ}<4$ の場合，$y_{SQ}<y<8-y_{SQ}$ であり，$y_{SQ}>5$ の場合，$10-y_{SQ}<y<y_{SQ}$ である。また $4<y_{SQ}<5$ の場合，委員会は議案を送らない。

c) 争点1について，$x_{SQ}<4$ の場合，$x=\min(5, 8-x_{SQ})$，$x_{SQ}>5$ の場合，$x=5$（委員長の位置）である。また $4\leqq x_{SQ}\leqq 5$ の場合，議案なし。争点2について，$y_{SQ}<4$ の場合，$\min(6, 8-y_{SQ})$，$x_{SQ}>6$ の場合，6（委員長の位置）である。また $4\leqq y_{SQ}\leqq 6$ の場合，議案なし。

**5.9**：a) 争点1について，$4\leqq x\leqq 6$。争点2について，$2\leqq y\leqq 6$。

b) 争点1について，$4\leqq x\leqq 8$。争点2について，$0\leqq y\leqq 8$。

**5.12**：第1ラウンドにおいて，$M_1$ は，自らが $1-[\delta n/(2n+1)]$ を受け取り，$n$ 人が $\delta/(2n+1)$ を受け取る提議を行う。正の利益を得るメンバーと $M_1$ は提議に賛成し，可決される。第2ラウンドにおいて，$M_2$ は，自らが1を受け取り，残りが0となる提議を行う。すべてのメンバーが賛成し，可決される。

**5.13**：a) 第1と第2ラウンドにおいて，$M_i(i=1, 2)$ は，自らが $1-\delta/3$，もう1人が $\delta/3$ を受け取る提議を行う。$M_i$ とそのメンバーが賛成し，可決される。最終ラウンドにおいて，$M_3$ が，自ら1を受け取り，他のメンバーが0となる提議を行う。3人すべてのメンバーが賛成し，可決される。

b) 最後に至る以前のすべてのラウンド $i$ で，$M_i$ は，自らが $1-\delta/3$，もう1人が $\delta/3$ を受け取る提議を行う。$M_i$ とそのメンバーが賛成し，可決される。最終ラウンドにおいて，$M_m$ は，自らが1を受け取り，他のメンバーが0となる提議を行う。3人すべてのメンバーが賛成し，可決される。

c) すべてのラウンド $i$ で，$M_i$ は，自らが $1-\delta/3$，もう1人が $\delta/3$ を受け取る提議を行う。$M_1$ ともう1人のメンバーが賛成し，可決される。

## 第6章

**6.1**：a）0.0034

b）0.0546

c）0.7690

**6.6**：a）$(D; u, r)$ と $(D; d, r)$。信念は不要。

b）$(U; u: 1)$ と $(D; d: 0)$。

c）$(D; d, r)$。信念は不要。

d）$(D, R; u: 1)$ と $(U, L; d: p)$，$p<1/6$。

e）$(\mathrm{D}; \mathrm{d}; U; u: p)$，$p>1/3$，$(\mathrm{D}; \mathrm{d}; D; d: q)$，$q<1/3$，および $[\mathrm{D}; \mathrm{u}; (\frac{1}{3}U, \frac{2}{3}D); (\frac{2}{3}u, \frac{1}{3}d): \frac{1}{3}]$。信念は，複数の節からなる各情報集合における上の節に対するものである。

**6.7**：a）$(U; u: 1)$。信念は，プレイヤー2の情報集合が到達された場合の上の節に対するものである。$(A; d)$ は，完全ベイジアンではないナッシュ均衡。

b）$(\mathrm{Y}, \mathrm{Y}'; \mathrm{n}, \mathrm{y}'; Y, N')$。

c）$(A; a: 1; 1)$，$(D; d: \frac{1}{2}; \frac{1}{2})$，および $[(\frac{2}{3}A, \frac{1}{3}D); (\frac{2}{3}a, \frac{1}{3}d): \frac{3}{4}; \frac{3}{4}]$，ただし信念は，各プレイヤーが情報集合に到達した場合に最初に手番をとるほうの確率（すなわち，プレイヤー1の上の節とプレイヤー2の下の節）。

## 第7章

**7.1**：$(A; d)$ と $(L; u)$。除外できる。$L$ は $R$ に弱く支配されており，$(L; u)$ を除外できる。

**7.2**：a）図 A2.8 が展開形の一形態である。他の形態も可能である。男女の争いゲームの手番を上（up）と下（down）としている。

図 A2.8　練習問題 7.2a

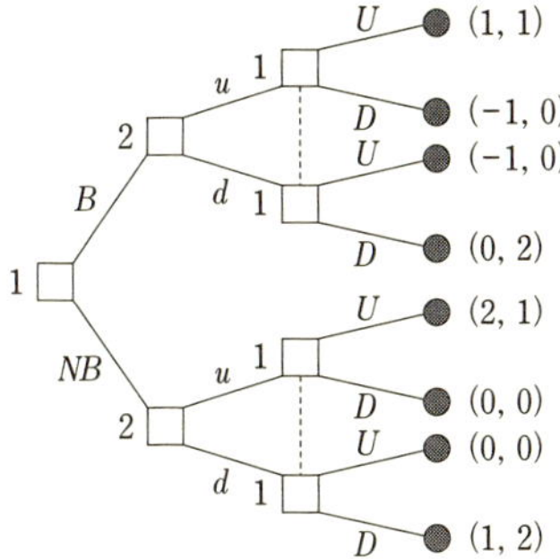


b) 図 A2.9 が戦略形である。プレイヤー 1 の戦略を（燃やす（Burn）あるいは燃やさない（Not Burn），男女の争いゲームの手番），プレイヤー 2 の戦略を（プレイヤー 1 が燃やす場合の手番，プレイヤー 1 が燃やさない場合の手番）としている。

図 A2.9　練習問題 7.2b

| | | プレイヤー 2 | | | |
|---|---|---|---|---|---|
| | | *u, u* | *u, d* | *d, u* | *d, d* |
| プレイヤー 1 | *B, U* | (1,1) | (1,1) | (−1,0) | (−1,0) |
| | *B, D* | (−1,0) | (−1,0) | (0,2) | (0,2) |
| | *NB, U* | (2,1) | (0,0) | (2,1) | (0,0) |
| | *NB, D* | (0,0) | (1,2) | (0,0) | (1,2) |

c)（*NB, U*; *u, u*），（*NB, U*; *d, u*），（*NB, D*; *u, d*），（*NB, D*; *d, d*）と（*B, U*; *u, d*）。

d) 残る唯一の戦略の組は（*NB, U*; *u, u*）で，利得は（2,1）。プレイヤー 1 は，燃やすことのない男女の争いゲームで望ましい結果をつねに得る。

**7.4**：a)（*D*; *u, r*）と（*D*; *d, r*）。

b)（*U*; *u*）。

c)（*D*; *d*; *r*）。

d)（*U, L*; *d*）。

e）(D; d; $U$; $u$)，(D; d; $D$; $d$)，および［D; u; ($\frac{1}{3}U$, $\frac{2}{3}D$); ($\frac{2}{3}u$, $\frac{1}{3}d$)］。

**7.5**：($R$, $D$; $u$) は部分ゲーム完全均衡かつ完全均衡。($L$, $D$; $d$) は部分ゲーム完全均衡だが，完全均衡ではない。($L$, $U$; $d$) はどちらでもない。

**7.6**：($R$, $D$; $u$: 1)，ただし，プレイヤー 1 の信念は，上の節に対するもの。

**7.7**：($C$, $P$; $nr$)。

**7.8**：a）$\bar{\gamma}$ に関わりなく，$P$。

b）決意の固い $D$ は $r$，決意の弱い $D$ は $nr$。

c）$\gamma_{crit}=\dfrac{1-u_{CH}(SQ)}{1-u_{CH}(W)}$

**7.9**：a）$p(\text{crisis})=\dfrac{1-u_{CH}(SQ)}{1-u_{CH}(W)}$，$p(\text{nr}\mid\text{crisis})=\dfrac{1}{2}+\dfrac{u_{CH}(SQ)-u_{CH}(W)}{2(1-u_{CH}(W))}$，

$$p(\text{war}\mid\text{crisis})=\frac{1}{2}-\frac{u_{CH}(SQ)-u_{CH}(W)}{2(1-u_{CH}(W))}$$

b）2 つの均衡集合を通じて $\gamma$ が固定されていると仮定すると，危機は練習問題のほうがより一般的である。

$$\frac{u_{CH}(W^*)(1-u_{CH}(SQ))}{u_{CH}(W^*)-u_{CH}(W)}<1-u_{CH}(SQ)<\frac{1-u_{CH}(SQ)}{1-u_{CH}(W)}$$

挑戦者は，本文の場合のほうが，戦争に至らず譲歩を確保する可能性が高い。

$$\frac{1+u_{CH}(SQ)}{2}=\frac{1}{2}+\frac{u_{CH}(SQ)}{2}=\frac{1}{2}+\frac{u_{CH}(SQ)(1-u_{CH}(W))}{2(1-u_{CH}(W))}$$
$$>\frac{1}{2}+\frac{u_{CH}(SQ)-u_{CH}(W)}{2(1-u_{CH}(W))}$$

危機が発生した場合，どちらの均衡で戦争が起きやすいかは明白ではない。本文や練習問題の $u_{CH}(W^*)$ と $u_{CH}(W)$ の値の選択によって，どちらの均衡でも戦争をより起きやすくさせることができる。これらの均衡のどちらかで戦争をより起きやすくさせる仮定と整合的な値が，それぞれ存在する。エスカレーションの可能性が練習問題のほうで高いとしよう。このとき，危機が発生する確率は，本文よりも練習問題のほうが低くなる。戦争の確率が高くなるほど，それは，危機の開始に対する部分的な抑止力としての効果を持つ[1]。

1　もし決意の変化が，単一のモデルの中の 1 つの均衡でたどることができるならば，練習問題のこの部分の結論は，より説得力を持つことになる。

7.10：$C_i=\frac{1}{2}\binom{C_i n-1}{\frac{C_i n}{2}-1}\left(\frac{1}{2}\right)^{C_i n-1}=\left[\left(\frac{1}{2}\right)^{C_i n}\right]\frac{(C_i n-1)!}{\left(\frac{C_i n}{2}-1\right)!\left(\frac{C_i n}{2}\right)!}$

7.11：$\frac{C_i}{B}=\frac{1}{2}\binom{C_i n-1}{\frac{C_i n}{2}-1}\left(\frac{1}{2}\right)^{C_i n-1}=\left[\left(\frac{1}{2}\right)^{C_i n}\right]\frac{(C_i n-1)!}{\left(\frac{C_i-1}{2}\right)!\left(\frac{C_i n-1}{2}\right)!}$

$B$ が増えると，投票率は上昇する。$B$ が増えると，左辺は減少する。$C_i$ の増加は，左辺を増加させ，右辺を減少させることによって，等式をもとに戻す。

## 第 8 章

8.1：$(B, B; r, a')$ と $(S, S; a, r')$

8.2：$(B, B; r, a')$ について $(p, 1/2)$（ただし $p \geqq 3/5$）であり，$(S, S; a, r')$ について $(1/2, 1)$ である。

8.3：a）両タイプがともに少額の提示をすれば，被告に過失があるという原告の信念は提示後において 3/4 となる。この信念のもとで，原告は少額の提示を拒否するだろう。

b）$[S, (\frac{1}{2}S, \frac{1}{2}B); (\frac{3}{4}a, \frac{1}{4}r), a'; \frac{3}{5}, 1]$

8.4：a）$|y|<|x_{SQ}|$ となる任意の議案 $y$。

b）$F$ は必ず，議案を自らの理想点である 0 に修正する。

c）提出された議案は重要ではない。$F$ は必ず，提出議案を 0 に修正するからである。

8.5：結果は $\varepsilon$ となる。$\varepsilon>0$ もしくは $\varepsilon<x_C$ ならば，両者はともに別の議案を選好する。

8.6：a）$-\varepsilon$

b）タイプによる分離は，委員会にとって決して誘因両立的ではない。$C$ は，$F$ が $\varepsilon=-(x_C-\varepsilon)$ と考えるような議案の提出を選好する。$F$ は，もし $\varepsilon=-(x_C-\varepsilon)$ であると信じていれば，$x_C-\varepsilon$ という議案を可決し，最終的な結果は $x_C$ となる。

8.7：a）$-\frac{x_i+x_{i+1}}{2}$

b）$4x_C=2x_i-x_{i-1}-x_{i+1}$

8.8：$(5, 5, 5; a, a, a, a, a, a)$

8.9：a）$(7, 7; a{:}\, p)$，ただし $p>2/7$

b）$6/11 \leqq \beta \leqq 1$

8.10：a）1. 偶然は，$r_B=6$（買い手が強靭）である確率を 1/2，$r_B=12$（買い手が軟弱）である確率を 1/2 として，買い手の利得を決定する。買い手（$B$）は自分の利得を知っている。

2. $B$ は，高価格（7）か低価格（5）かのいずれかを提案する。この提案を $\Omega_1$ と呼ぶ。

3. 売り手（$S$）は，$B$ のタイプに関する自分の信念を更新する。

4. $S$ は $\Omega_1$ を承諾もしくは拒否する。承諾すれば，$u_B=r_B-\Omega_1$，$u_S=\Omega_1$ でゲームは終了する。

5. $S$ が $\Omega_1$ を拒否すれば，$B$ は，高価格（7）か低価格（5）のいずれかを $\Omega_2$ として提案する。

6. $S$ は $\Omega_2$ を承諾もしくは拒否する。承諾すれば，利得は $u_B=\frac{2}{3}(r_B-\Omega_2)$，$u_S=\frac{2}{3}\Omega_1$ となる。拒否すれば，$u_B=0$，$u_S=0$ である。

b）支配により，$S$ は，任意の高価格提案と，第 2 ラウンドの任意の提案を必ず承諾する。強靭な買い手はつねに 5 を提案し，軟弱な買い手は第 2 ラウンドで 5 を提案する。ここで明示しなければならないのは，軟弱な買い手の第 1 ラウンドでの提案，第 1 ラウンドでの低い提案に対する売り手の反応，最初の提案を受けた後の売り手の信念である。これらを示すと，(5; $a$: 1/2) が完全ベイジアン均衡となる。

8.11：a）$x+a(c_n-1/2)>1$

b）$x+\frac{1}{2}a>1$

c）$a \geqq 1$ かつ $\frac{1}{2}a \geqq x \geqq 1-\frac{1}{2}a$

評判は高い値を持たなければならない。すなわち，すべての $D$ にとって，現在における介入のコストを上回り，かつ現在の危機に対する評価の 2 倍を上回らなければならない。

8.14：a）混合戦略（$p$ $nf$, $q$ $f$, $1-p-q$ \$）について，$2p+0q+12(1-p-q) \geqq 3$

b）その通り。

c）$p \leqq 0.9$

d）$p<0.5$ ならば $f$ であり，$p>0.5$ ならば $nf$ である。この均衡を支持するのは，$p \leqq 0.5$ である。

e）弱虫がキッシュをとれば，常連客が威張り屋であるという $T$ の信念は 0 となり，よって $T$ は必ず争う。

**8.15**：a）$c=1$

b）$c_n=1$

c）$a \geqq 1$ かつ $\frac{1}{2}a \geqq x \geqq 1-\frac{1}{2}a$ の場合である。この条件は，信念に対する制約がない場合と同じである。

d）$c=0$

b）$c_n=0$

f）$x<-\frac{1}{2}a$ の場合である。$-\frac{1}{2}a<x<\frac{1}{2}a$ の場合には，信念に対する制約は不介入均衡を排除する。不介入均衡は，当初の危機の介入にきわめて高いコストを要求する。

**8.16**：
$$\left(\frac{a^4}{a^4+1}\underline{1},\ \frac{1}{a^4+1}\underline{2}\right)$$

プレイヤーが1回目に$\underline{2}$を送る確率は，2回目に$\underline{2}$を送る確率を $\frac{a^2+1}{a^4+1}<1$ 倍だけ下回る。

## 第9章

**9.1**：a）$(\frac{2}{5}s_1, \frac{3}{5}s_2)$ から $\underline{v}_1=3\frac{2}{5}$，$(\frac{1}{2}S_1, \frac{1}{2}S_2)$ から $\underline{v}_2=1/2$ となる。

b）$s_2$ から $\underline{v}_1=-2$，$S_2$ から $\underline{v}_1=-4$ となる。

**9.2**：a）$x>3\frac{2}{5}$，$y>1/2$，$5x+2y \leqq 21$ を満たすような $(x, y)$。

b）$x>-2$，$y>-4$，$4x+9y \leqq 73$，$3x+y \leqq 26$ を満たすような $(x, y)$。

**9.3**：a）段階ゲームには $[(\frac{1}{2}S_1, \frac{1}{2}S_2); (\frac{2}{5}s_1, \frac{3}{5}s_2)]$ という唯一のナッシュ均衡が存在する。このナッシュ均衡は，$x>3\frac{2}{5}$，$y>1/2$，$5x+2y \leqq 21$ を満たすような任意の $(x, y)$ を支持する。

b）段階ゲームには $(S_2; s_1)$，$(S_1; s_2)$，$[(\frac{1}{5}S_1, \frac{4}{5}S_2); (\frac{1}{2}s_1, \frac{1}{2}s_2)]$ という3つのナッシュ均衡が存在する。前者の2つの純戦略均衡は，すべてのラウンドでそれ自体がプレイされたときの利権のみを支持する。混合戦略ナッシュ均衡は，$x>2\frac{1}{2}$，$y>-2\frac{1}{5}$，$4x+9y \leqq 73$，$3x+y \leqq 26$ を満たすような任意の $(x, y)$ を支持する。

**9.5**：$(SO; f)$ が唯一のナッシュ均衡かつ完全均衡である。

**9.8**：a）
$$U^I=\frac{2B}{2-\delta\left(1+\ln\frac{1}{2}\right)}$$

b）投票者の利得は改善される。在職による利益は，政党ではなく現職個人に還元すべきである。現職個人は再選のためにいっそう努力しようとするが，それは投票者の利益になる。

# 補論 3

# ゲーム理論の専門用語解説

この用語解説では，非協力ゲーム理論と効用理論の重要な用語について日常言語での説明を行う。これらの用語の厳密な定義や完全な考察については本文を見て頂きたい。

**一括均衡** (Pooling equilibrium)：不完備情報ゲームの均衡の 1 つであり，すべてのプレイヤーのタイプが同じ戦略をプレイする均衡。「分離均衡」も参照。

**後向き帰納法** (Backward induction)：終節だけに至る選択節からゲームを始め，その後ゲームの木を前の枝へさかのぼることによって，完全で完備した情報ゲームを解く方法。

**枝** (Branch)：選択節の 1 つからプレイヤーがとることができる行動。枝は，ゲームの木の節をつなぎ，ゲームの手番を表す。

**価値** (Value)：ゲームをプレイする際のプレイヤーの期待効用であり，この値はゲームが始まる前に測られる。

**完全記憶** (Perfect recall)：プレイヤーが以前の手番や以前の節で知った情報を憶えているという仮定。

**完全均衡** (Perfect equilibrium)：摂動がプレイヤーの手番の間で独立なときに，摂動完全である戦略の集合。

**完全情報** (Perfect information)：すべての情報集合が単集合ならば，ゲームは完全情報下でプレイされる。

**完全に確率的な戦略** (Completely mixed strategies)：各情報集合において，すべての行動をプレイする確率がすべてのプレイヤーにおいて非ゼロであるならば，戦略集合は完全に確率化される。

**完全ベイジアン均衡**（Perfect Bayesian equilibrium）：所与の信念に対して戦略が逐次合理的であり，可能なときにはいつでもベイズの定理によって均衡戦略から信念が計算される信念と戦略の組。

**完備情報**（Complete information）：すべてのプレイヤーの利得が共有知識なら，ゲームは完備情報下でプレイされる。「不完備情報」も参照。

**期待効用**（Expected utility）：所与の行動が選択される場合に，（各結果に対する意思決定者の効用）×（その結果が生じる確率）を，すべての可能な結果について合計したもの。

**共通の推測**（Common conjecture）：均衡においてプレイヤーが互いの戦略を正確に予想するという仮定。

**共有知識**（Common knowledge）：すべてのアクターがあることを知っており，他のすべてのアクターがそのことを知っていることを，すべてのアクターが知っている……，これが無限に続く場合に，そのあることは共有知識である。

**協力ゲーム**（Cooperative game）：ゲームの前やその最中に，プレイヤー間で拘束的な合意ができたり，コミュニケーションが認められたりするゲーム。

**均衡経路**（Equilibrium path）：「均衡経路外」や「均衡経路上」を参照。

**均衡経路外**（Off the equilibrium path）：実現しない選択，あるいは均衡において到達しないゲームの木の節。これらは均衡経路外にある。「均衡経路上」も参照。

**均衡経路上**（On the equilibrium path（along the equilibrium path））：実現する選択，あるいは均衡において到達するゲームの木の節。これらは均衡経路上にある。「均衡経路外」も参照。

**偶然（自然）**（Chance [or Nature]）：ゲームの木において既知の確率でランダムに手番をとるプレイヤー。

**くじ**（Lottery）：確率と賞金の組の集合。各賞金の確率は，そのくじで賞金を受け取る可能性を特定する。くじは数理的に選択を示す。

**繰り返しゲーム**（Repeated game [or iterated game]）：プレイヤーが段階ゲームを繰り返しプレイするゲーム。

**繰り返し支配消去法**（Iterated dominance elimination procedure）：2 人のプレイヤーにとって強く支配されたすべての戦略を消去する方法であり，これはその後，残りの狭められた戦略集合において強く支配される任意の戦略をさらに消去するように続く。「支配解決可能」,「合理化可能」,「強く支配する」も参照。

**継続価値**（Continuation value）：所与の戦略のもとでゲームをプレイするときに，ある特定の点以降に得られるプレイヤーの期待利得。

**ゲームの木**（Game tree）：プレイヤーがゲームにおいて持つ選択肢のフォーマルな表現。ゲームの木は枝によって結ばれた節からなる。

**結果**（Consequence [or Outcome]）：アクターの意思決定によって可能な最終結果。

**更新**（Updating）：ベイズの定理を用いて，新しい情報を取り込み，事前の信念を事後の信念に変えること。

**構造的に同等**（Structurally identical）：同一の帰結を持つ同一の経路において，プレイヤーが同一の手番を選択可能であるならば，2 ラウンドの繰り返しゲームは構造的に同等である。このとき，その結果が，最終結果であるか，段階の利得であるか，あるいはゲームのさらなるラウンドであるかは問わない。

**後続（後続の節）**（Successor [or succeeding node]）：ゲームの木において，ある節が他の節の後に起きるならば，その節は他の節の後続である。他の節からある節に枝が直接に至るならば，その節は他の節の直接の後続である。

**行動**（Action）：ゲームの中での可能な選択。「枝」や「手番」も参照。

**効用関数**（Utility function）：可能な結果の集合に対する個人の選好を表すために，各結果に数字を割り振る関数。

**合理化可能**（Rationalizable）：繰り返し支配消去法によって最後に残される任意の戦略は合理化可能である。

**個人合理性**（Individually rational）：すべてのプレイヤーがミニマックス利得以上の利得を受け取るような，繰り返しゲームの利得の集合。

**個人情報**（Private information）：共有知識ではなく，あるプレイヤーだけに知られている情報の一部。

**混合戦略**（Mixed strategy）：プレイヤーの純戦略の集合に対する確率分布。「純戦略」を参照。

**最適応答**（Best reply）：相手のプレイヤーの特定の戦略に対して，少なくとも他の任意の戦略と同じだけの利得をつねにプレイヤーに与える戦略。厳密な最適応答は，他の任意の戦略を上回る利得をつねにプレイヤーに与える戦略。

**シグナル**（Signal）：不完備情報ゲームの手番において，手番をとるプレイヤーのタイプに関する情報を伝達するもの。

**事後の信念（事後確率）**（Posterior beliefs ［or Posterior probabilities］）：ベイズの定理によって新しい情報を得た後に，可能な世界の状態についての主観的確率。「事前の信念」や「更新」も参照。

**事象**（Event）：可能な世界の状態集合の部分集合。

**事前の信念（事前確率，初期信念，初期確率**とも言う**）**（Prior beliefs ［or prior probabilities, initial beliefs, initial probability］）：新しい情報を考慮する前の可能な世界の状態についての主観的確率。「事後の信念」や「更新」も参照。

**実現可能**（Feasible）：繰り返しゲームの利得の集合であり，その利得は，段階ゲームにおける結果の組についての利得の加重平均。

**支配解決可能**（Dominance solvable）：各プレイヤーが繰り返し支配消去法を行い，その結果，唯一の戦略が残るならば，ゲームは支配解決可能である。

**支配戦略**（Dominant strategy）：他のすべての戦略を強く支配するプレイヤーの戦略。

**支配戦略均衡**（Dominant-strategy equilibrium）：すべてのプレイヤーの戦略が支配的になる戦略の集合。

**順序選好**（Ordinal preferences）：「選好順序」を参照。

**純戦略**（Pure strategy）：どのような確率的な手番も含まない戦略。「混合戦略」も参照。

**情報集合**（Information set）：1人のプレイヤーの節を結ぶ集合。プレイヤーは，その情報集合から手番をとらなければならないとき，どの節にいるかを確証することができない。

**初期信念**（Initial beliefs）：「事前の信念」を参照。

**信念**（Beliefs）：複数の節を持つプレイヤーの情報集合において，各節に振られた条件付き確率の集合。

**真部分ゲーム**（Proper subgame）：ある1つの節から始まるゲームの一部であり，後続のすべての節を含み，それ自身によってゲームを形成するもの。

**整合的**（Consistent）：ある信念が，ある戦略に収斂する一連の完全に確率的な戦略によって生み出される信念の列の極限ならば，その信念と戦略の組は整合的である。

**世界状態（状態）**（State of the world ［or state］）：意思決定理論において世界

の状態と選択される行動は結果を決定する。世界の状態は，意思決定者の制御できない状況におけるすべての関連する要素を含む。

**節**（Node）：手番がとられる点，あるいはゲームの最終点。手番は選択節（選択点）と呼ばれ，最終点は終節である。各選択節は 1 人のプレイヤーのみに割り当てられる。偶然もプレイヤーに含める。

**摂動完全**（Trembling-hand perfect）：均衡戦略からのわずかな確率での逸脱に対しても均衡が頑健ならば，均衡戦略の集合は摂動完全である。

**ゼロ和ゲーム**（Zero-sum game）：あるプレイヤーによって獲得された利得がすべて，他のプレイヤーの損失によって表されるゲーム。

**先行（先行する節）**（Predecessor [or preceding node]）：ゲームの木において，ある節が他の節の前に起きるならば，その節は他の節の先行である。ある節から他の節に枝が直接至るならば，その節は他の節の直接の先行である。

**選好順序**（Preference ordering）：アクターは，ゲームの結果について選好順序を持つと仮定される。選好順序は完全で推移的である。完全性は，すべての結果が比較可能なことである。推移性は，最初の結果が第 2 の結果よりも選好され，第 2 の結果が第 3 の結果よりも選好されるならば，最初の結果は第 3 の結果よりも選好される，ということである。選好順序は順序選好を導く。

**戦略**（Strategy）：プレイヤーがゲームをプレイする完全な計画。戦略は，ゲームの木におけるプレイヤーの各選択節において手番を特定化しなければならない。

**戦略形**（Strategic form）：すべてのプレイヤーの純戦略の配列であり，配列の各マス目は，戦略の組によって決まる結果に対するプレイヤーの効用が示される。

**相互知識**（Mutual knowledge）：すべてのプレイヤーが知っていること。「共有知識」も参照。

**対称ゲーム**（Symmetric game）：プレイヤーの名前を取り替えたときに，ゲームが変化しないならば，ゲームは対称である。

**タイプ**（Type）：不完備情報ゲームのプレイヤーのタイプは個人情報を集約している。

**タイムライン形**（Time line form）：無限の手番からなる集合のゲームのフォーマルな表現。ただし，その手番は十分に特定されている。

**段階（ラウンド）**（Stage [or round]）：繰り返しゲームにおける段階ゲームの

1つのプレイ。

**段階ゲーム**（Stage game）：繰り返しゲームの各ラウンドでプレイされるゲーム。

**単集合**（Singleton）：情報集合に含まれる節が単一の集合。

**チープトーク**（Cheap talk）：コストのかからないシグナル。

**逐次均衡**（Sequential equilibrium）：逐次合理的で整合的な信念と戦略の集合。

**逐次合理性**（Sequential rationality）：以下の条件を満たすとき，信念と戦略の組は逐次合理的である。信念と戦略の組に関して，どの情報集合においてもすべてのプレイヤーの信念と戦略を利用することによって，手番をとるプレイヤーが残りのゲームの期待効用を最大化する。

**強い選好関係**（Strong preference relation）：他の結果よりもある結果のほうが好ましいなら，アクターは他の結果よりもある結果を強く選好する。「弱い選好関係」も参照。

**強く支配する（厳密に支配する）**（Strongly dominates [or strictly dominate]）：他のプレイヤーの行動にかかわらず，あるプレイヤーにとってある戦略が他の戦略よりも好ましいなら，プレイヤーにとってその戦略は他の戦略を強く支配する。他の戦略は強く支配される。「弱く支配する」も参照。

**定常的な均衡**（Stationary equilibrium）：すべての構造的に同等なラウンドにおいて，すべてのプレイヤーが（混合戦略を含め）同じ行動をとる均衡。

**手番**（Move）：プレイヤーがゲームにおいてとることができる行動。手番はゲームの木の枝によって表現される。

**展開形**（Extensive form）：有限集合の手番を持つゲームのフォーマルな表現。展開形は，ゲームの木，木の選択節のプレイヤーへの分割，終節への結果の割り当て，すべての偶然手番に対する確率分布，結果に対するプレイヤーの効用関数からなる。

**等価戦略**（Equivalent strategies）：プレイヤーの2つの戦略が他のプレイヤーのすべての純戦略に対して同じ結果を導くとき，それらの戦略は等価になる。

**ナッシュ均衡**（Nash equilibrium）：均衡経路上において互いに最適応答になっている戦略の組。

**バブリング均衡**（Babbling equilibrium）：シグナルが意味のあることを伝達しないチープトークゲームの均衡。

**パレート支配**（Pareto dominance）：ある結果が他の結果をパレートの意味で

支配するとは以下のような場合を表す。すべてのプレイヤーが，他の結果よりもある結果において少なくとも同じ効用が得られ，少なくとも 1 人のプレイヤーは効用が改善する。もしすべてのプレイヤーが効用を改善すれば，その結果は他の結果を強くパレート支配する。

**半分離均衡**（Semiseparating equilibrium）：不完備情報ゲームの均衡の 1 つであり，一括均衡でも分離均衡でもないない均衡。「一括均衡」や「分離均衡」を参照。

**非協力ゲーム**（Noncooperative game）：プレイヤーが拘束的な合意をできないゲーム。コミュニケーションは許されることもある。

**フォン・ノイマン＝モルゲンシュテルン効用関数**（Von Neumann-Morgenstern utility function）：結果に対してリスクをとる意思決定者の意思を表す効用関数。

**不完備情報**（Incomplete information）：あるプレイヤーの利得がそのプレイヤーの個人情報のとき，ゲームは不完備情報下でプレイされる。「完備情報」も参照。

**部分ゲーム**（Subgame）：真部分ゲームを参照。

**部分ゲーム完全**（Subgame perfect）：すべての真部分ゲームにおいて，その部分ゲームに限定された戦略がナッシュ均衡となるなら，その戦略の集合は部分ゲーム完全である。

**分離均衡**（Separating equilibrium）：不完備情報ゲームの均衡の 1 つであり，タイプごとに異なる戦略をプレイする均衡。受け手は，手番を観察した後にどのタイプの送り手に直面しているのかを判断することができる。

**ベイズの定理**（Bayes's Theorem）：新しい情報を受け取った後に，条件付き確率を更新するために利用される定理。「事前の信念」や「事後の信念」も参照。

**保証水準**（Security level）：プレイヤーが事前に戦略を宣言するときに，そのプレイヤーがその戦略から得られる最小の利得。

**ミニマックス戦略**（Minmax strategy）：あるプレイヤーをミニマックス利得に制限する他のプレイヤーの戦略。「ミニマックス利得」も参照。

**ミニマックス利得（ミニマックス値）**（Minmax Payoff［or Minmax value］）：あるプレイヤーに対して他のプレイヤーが強いることができる利得の最小値。「ミニマックス戦略」も参照。

**無差別**（Indifference）：一方の結果がもう一方の結果と少なくとも同じくらい

好ましいならば，アクターは 2 つの結果の間で無差別になる。

**誘因両立性**（Incentive compatibility）：不完備情報ゲームにおいて，各タイプのプレイヤーが，他のタイプのプレイヤーによって送られるシグナルよりも，均衡において特定されたシグナルを送ることを選好するならば，誘因両立性が存在する。

**弱い選好関係**（Weak preference relation）：ある結果が他の結果と少なくとも同じくらい好ましいならば，アクターはある結果を他の結果よりも弱く選好する。「強い選好関係」も参照。

**弱く支配する**（Weakly dominates）：ある戦略が他の戦略よりも，少なくともつねに同じで，時にはそれ以上に好ましいならば，他のプレイヤーの行動にかかわらず，そのプレイヤーにとってその戦略は他の戦略を弱く支配する。他の戦略は弱く支配される。「強く支配する」も参照。

**利得**（Payoff）：ゲームの結果に対するプレイヤーの効用。

**履歴**（その点に至るまでの）（History）：ある節に先行する一連のすべての手番。

**割引因子**（Discount factor）：意思決定者が後の報酬に比べ現在の報酬をどのくらい選好するかを表すもの。通常，$\delta$（$0<\delta<1$）で記す。

# 監訳者あとがき

本書は，James D. Morrow（1994）*Game Theory for Political Scientists*, Princeton: Princeton University Press の全訳である。モローは，米国を代表する政治学者であり，スタンフォード大学教授などを経て，現在ミシガン大学教授（オーガンスキー記念世界政治学教授）である。1994 年に国際関係学会（International Studies Association）のカール・ドイッチュ賞を受賞し，2008–2009 年に国際平和科学協会（Peace Science Society）の会長を務めた。2014 年には，米国芸術科学アカデミー（American Academy of Arts and Sciences）の会員に選出されている。専門は主に国際関係の数理分析であり，非協力ゲーム理論の国際関係への応用の先駆者である。モローの著書には，本書以外に以下のものがある。

Bueno de Mesquita, Bruce, Alastair Smith, Rundolph Siverson and James D. Morrow（2003）*The Logic of Political Survival*, Cambridge MA: MIT Press.

Mitchell, Sara McLaughlin, Paul F. Diehl and James D. Morrow eds.（2012）*Guide to the Scientific Study of International Processes*, Malden MA: Wiley-Blackwell.

Morrow, James D.（2014）*Order within Anarchy: The Laws of War as an International Institution*, Cambridge: Cambridge University Press.

本書の原著が米国で出版されたのは 1994 年である。当時米国ではすでに，このようなゲーム理論の教科書が書かれるほどに，政治学の中でゲーム理論は受け入れられていた。1970 年代から 1980 年代にかけて，米国では合理的選択革命が起きた。この中で，経済学を革新しつつあったゲーム理論が，政治学や国際政治学にも積極的に応用されるようになった。原著の特徴は，政治学者向けのゲーム理論の最初の教科書であり，取り上げるテーマや議論の展開および叙述が政治学者向けに工夫されている点である。原著は，いまなお世界中の政治学や国際政治学を学ぶ大学院生や研究者にとって優れた教科書である。

とは言え，この 20 年間にこの分野の研究も発展し，ゲーム理論を応用した政治学や国際政治学の優れた教科書も何冊か書かれている。たとえば，政治学の教科書では，McCarty, Nolan and Adam Meirowitz (2007) *Political Game Theory: An Introduction*, Cambridge MA: Cambridge University Press が出版されている。また国際政治学の分野では，Kydd, Andrew H (2015) *International Relations Theory: The Game-theoretic Approach*, Cambridge: Cambridge University Press がある。これらの作品は，時を経て多少古くなった感のあるモローの原著の議論を補うものとして利用することができるだろう。

20 年以上の年月を経て，原著の翻訳が日本で出版されることになった。日本の政治学や国際政治学には，はたしてゲーム理論を受け入れるだけの学問的土壌があるだろうか。ゲーム理論を応用した研究が日本で行われるようになったのは，1990 年代以降である。最近は，欧米に留学した若手・中堅の研究者によって多くの論文が書かれるようになってきた。また，日本国際政治学会の部会や分科会でも報告者が増えつつある。しかし，2000 人を超える日本国際政治学会の会員の中で，合理的選択理論やゲーム理論を主要な研究手法としているのはきわめて少ないのではなかろうか。

日本国際政治学会の季刊誌『国際政治』の 2015 年秋号（181 号）で，合理的選択理論とくにゲーム理論を応用した論文集が飯田敬輔教授によって編集された。この巻頭論文で飯田教授がゲーム理論を応用した日本での研究を紹介している。現在，日本語で読めるゲーム理論を応用した国際政治学の研究論文は，この学会誌の特集論文と，鈴木基史・岡田章編（2013）『国際紛争と協調のゲーム』（有斐閣）に収められた論文であろう。この翻訳書が，ゲーム理論を応用した政治学や国際政治学の日本での教育や研究の一助になれば，監訳者として大変嬉しく思う。

このような日本の学会状況において，この翻訳書は，ゲーム理論をこれから勉強しようとする政治学の学生や研究者だけではなく，ゲーム理論を批判的に検討しようとする研究者にとっても手頃な手引き書になるだろう。とくに，合理的選択理論やゲーム理論の考え方については，その基本から問題点や限界まで学ぶことができる。モデル分析とはどのようなものか（第 1 章と第 10 章），合理的選択理論やゲーム理論の基礎にある効用理論とは何か（第 2 章），ゲームをどのように特定化するのか（第 3 章），均衡とはどのような概念か（第 4 章），ゲーム理論の問題点や限界はどこにあるのか（第 10 章），このような基本的な問題を考えながら，ゲーム理論を学ぶことができるだろう。

翻訳は，林光・山本和也・山本勝造の 3 人で分担し，翻訳全体を石黒が調整した。翻訳では，原著の誤記や誤植については可能な限り修正した。原著各章の応用部分の議論では，必ずしも厳密ではないと思われる記述も見られる。翻訳書ということで，原著の議論を尊重し，多くはそのままにしている。ただし，第7章の1カ所だけは訳者注を入れ，原著の引用元の文献から引用し直した。練習問題の解答の作成については，全問の解答作成も考えたが，著者の意向を尊重し原著の通りとした。原著に見られるあいまいな点についての検討や練習問題の解答作成は読者の課題としたい。

監訳者が最初に原著を読み始めたのは，20年近く前の神戸大学大学院の国際政治経済学の演習のときである。大学院生のゲーム理論の勉強のために一部を和訳しながら輪読を行っていた。監訳作業をしながら原著を読み返していると，当時の演習の風景を懐かしく思い起こすことがあった。訳者の山本勝造君はそんな演習参加者の1人である。当時の演習参加者は，いまではそれぞれゲーム理論を使いこなす研究者になっている。

翻訳の依頼は5年以上も前に，勁草書房編集部の上原正信氏から頂いた。実はそれ以前にも，他の編集者から同様の相談を受けたことがある。日本の政治学や国際政治学におけるゲーム理論に対する需要を考慮したとき，本翻訳書の刊行が経営的に大丈夫なのかという疑問があった。しかし，原著翻訳の意義は十分にあると判断し，その依頼をお引き受けすることにした。上原氏のメールには，「原著の翻訳は学会の公共財になる」というような言葉が使われていた。ただし，監訳者の怠慢で本書の刊行が遅れ，上原氏や訳者にはたいへんご迷惑をおかけすることになってしまった。刊行を辛抱強く待って頂いたことに感謝致します。

訳者を代表して　石黒 馨

# 参考文献

各文献リストの後の＊印は，その文献の数学的な難易度を示している。＊のない文献は比較的簡単で，その理解にはせいぜい代数が必要な程度である。＊の文献は高度な数学が必要か，数学的な議論に深い注意が必要である。＊＊の文献はきわめて数学的であり，入念な読解が必要になる。


**Ainsworth,** Scott, and Itai Sened. 1993. "The Role of Lobbyists: Entrepreneurs with Two Audiences." *American Journal of Political Science* 37: 834–66.*

**Aldrich,** John H. 1993. "Rational Choice and Turnout." *American Journal of Political Science* 37: 246–78.

**Alesina,** Alberto, and Howard Rosenthal. 1989. "Partisan Cycles in Congressional Elections and the Macroeconomy." *American Political Science Review* 83: 373–98.*

**Allison,** Graham. 1971. *Essence of Decision*. Boston: Little, Brown.

**Alt,** James E., Randall L. Calvert, and Brian Humes. 1988. "Reputation and Hegemonic Stability: A Game-Theoretic Analysis." *American Political Science Review* 82: 445–66.*

**Aumann,** Robert, and Adam Brandenburger. 1991. "Epistemic Conditions for Nash Equilibrium." Working Paper 91–042, Harvard Business School.

**Austen-Smith,** David. 1990. "Information Transmission in Debate." *American Journal of Political Science* 34: 124–52.**

———. 1992. "Explaining the Vote: Constituency Constraints on Sophisticated Voting." *American Journal of Political Science* 36: 68–95.**

———. 1993. "Information and Influence: Lobbying for Agendas and Votes." *American Journal of Political Science* 37: 799–833.**

**Austen-Smith,** David, and Jeffrey Banks. 1988. "Elections, Coalitions, and Legislative Outcomes." *American Political Science Review* 82: 405–22.**

———. 1989. "Electoral Accountability and Incumbency." In *Models of Strategic Choice in Politics*, ed. Peter C. Ordeshook. Ann Arbor: University of Michigan Press.**

———. 1990. "Stable Governments and the Allocation of Policy Portfolios." *American Political Science Review* 84: 891–906.**

**Austen-Smith,** David, and William H. Riker. 1987. "Asymmetric Information and the Coherence of Legislation." *American Political Science Review* 81: 897–918.**

———. 1990. "Asymmetric Information and the Coherence of Legislation: A Correction." *American Political Science Review* 84: 243–45.*

**Axelrod,** Robert. 1984. *The Evolution of Cooperation*. New York: Basic Books.

**Banks,** Jeffrey S. 1989a. "Equilibrium Outcomes in Two-Stage Amendment Procedures." *American Journal of Political Science* 33: 25–43.*

———. 1989b. "Agency Budgets, Cost Information, and Auditing." *American Journal of Political Science* 33: 670–99.**

———. 1990. "Equilibrium Behavior in Crisis Bargaining Games." *American Journal of Political Science* 34: 599–614.*

———. 1991. *Signaling Games in Political Science*. New York: Gordon Breach.*

**Banks,** Jeffrey S., and Joel Sobel. 1987. "Equilibrium Selection in Signaling Games." *Econometrica* 55: 647–62.**

**Banks,** Jeffrey S., and Rangarajan Sundaram. 1990. "Repeated Games, Finite Automata, and Complexity." *Games and Economic Behavior* 2: 97–117.**

**Banks,** Jeffrey S., and Barry R. Weingast. 1992. "The Political Control of Bureaucracies Under Asymmetric Information." *American Journal of Political Science* 36: 509–24.**

**Baron,** David P. 1989a. "A Noncooperative Theory of Legislative Coalitions." *American Journal of Political Science* 33: 1048–84.**

———. 1989b. "Service-Induced Campaign Contributions, Incumbent Shirking, and Reelection Opportunities." In *Models of Strategic Choice in Politics*, ed. Peter C. Ordeshook. Ann Arbor: University of Michigan Press.**

———. 1991a. "A Spatial Bargaining Theory of Government Formation in Parliamentary Systems." *American Political Science Review* 85: 137–64.**

———. 1991b. "Majoritarian Incentives, Pork Barrel Programs, and Procedural Control." *American Journal of Political Science* 35: 57–90.**

———. 1993. "Government Formation and Endogenous Parties." *American Political Science Review* 87: 34–47.*

**Baron,** David P., and John Ferejohn. 1989. "Bargaining in Legislatures." *American Political Science Review* 83: 1181–1206.**

**Bates,** Robert H., and Da-Hsiang Donald Lien. 1985. "A Note on Taxation, Development, and Representative Government." *Politics and Society* 14: 53–70.*

**Bendor,** Jonathan. 1987. "In Good Times and Bad: Reciprocity in an Uncertain World." *American Journal of Political Science* 31: 531–58.*

**Bendor,** Jonathan, and Thomas H. Hammond. 1992. "Rethinking Allison's Models." *American Political Science Review* 86: 301–22.

**Bendor,** Jonathan, and Dilip Mookherjee. 1987. "Institutional Structure and the Logic of Ongoing Collective Action." *American Political Science Review* 81: 129–54.*

**Bendor,** Jonathan, Serge Taylor, and Roland Van Gaalen. 1987. "Politicians, Bureaucrats, and Asymmetric Information." *American Journal of Political Science* 31: 796–828.*

**Bianco,** William T., and Robert H. Bates. 1990. "Cooperation by Design: Leadership Structure and Collective Dilemmas." *American Political Science Review* 84: 133–17.*

**Binmore,** Ken. 1990. *Essays on the Foundations of Game Theory*. Cambridge, Mass.: Basil Blackwell.*

———. 1992. *Fun and Games: A Text on Game Theory*. Lexington, Mass.: D.C. Heath.*

**Black,** Duncan. 1958. *The Theory of Committees and Elections*. Cambridge: Cambridge University Press.

**Brams,** Steven J., and D. Marc Kilgour. 1988. *Game Theory and National Security*. New York: Basil Blackwell.*

**Brandenburger,** Adam. 1992. "Knowledge and Equilibrium in Games." *Journal of Economic Perspectives* 6: 83–101.

**Bueno de Mesquita,** Bruce, and David Lalman. 1992. *War and Reason: Domestic and International Imperatives*. New Haven: Yale University Press.*

**Calvert,** Randall C. 1985. "The Value of Biased Information: A Rational Choice Model of Political Advice." *Journal of Politics* 47: 530–55.*

———. 1987. "Reputation and Legislative Leadership." *Public Choice* 55: 81–119.*

**Cho,** In-Koo, and David M. Kreps. 1987. "Signaling Games and Stable Equilibria." *Quarterly Journal of Economics* 102: 179–222.**

**Coughlin,** Peter J. 1990. "Majority Rule and Election Models." *Journal of Economic Surveys* 3: 157–88.

**Cox,** Gary W. 1990. "Centripetal and Centrifugal Incentives in Electoral Systems." *American Journal of Political Science* 34: 903–35.*

**Crawford,** Vincent P., and Hans Haller. 1990. "Learning How to Cooperate: Optimal Play in Repeated Coordination Games." *Econometrica* 58: 571–95.**

**Davis,** Morton D. 1983. *Game Theory: A Non-Technical Introduction*. New York: Basic Books.

**DeGroot,** Morris H. 1970. *Optimal Statistical Decisions*. New York: McGraw Hill.**

**Dixit,** Avinash, and Barry Nalebuff. 1991. *Thinking Strategically: The Competitive Edge in Business, Politics, and Everyday Life*. New York: Norton.

**Downs,** Anthony. 1957. *An Economic Theory of Democracy*. New York: Harper and Row.

**Downs,** George W., and David M. Rocke. 1990. *Tacit Bargaining, Arms Races, and Arms Control*. Ann Arbor: University of Michigan Press.*

**Eatwell,** John, Murray Milgate, and Peter Newman, eds. 1989. *The New Palgrave:* Vol. 8, *Game Theory*. New York: Norton.

———, eds. 1990. *The New Palgrave*: Vol. 9, *Utility and Probability*. New York: Norton.

**Ellsberg,** Daniel. 1960. "The Crude Analysis of Strategic Choices." RAND Monograph P-2183, The RAND Corporation.

**Enelow,** James M., and Melvin J. Hinich. 1984. *The Spatial Theory of Voting: An Introduction*. New York: Cambridge University Press.*

———, eds. 1990. *Advances in the Spatial Theory of Voting*. Cambridge: Cambridge

University Press.**

**Epstein,** David, and Sharyn O'Halloran. 1993. "Interest Group Oversight, Information, and the Design of Administrative Procedures." Presented at the annual meeting of the American Political Science Association, Washington, D.C.*

**Farquharson,** Robin. 1969. *Theory of Voting*. New Haven: Yale University Press.*

**Farrell,** Joseph. 1987. "Cheap Talk, Coordination, and Entry." *Rand Journal of Economics* 19: 34–39.*

**Farrell,** Joseph, and Robert Gibbons. 1989. "Cheap Talk Can Matter in Bargaining." *Journal of Economic Theory* 48: 221–37.**

**Fearon,** James. 1994. "Signaling versus the Balance of Power and Interests." *Journal of Conflict Resolution*. 38: 236–69.

**Ferejohn,** John. 1986. "Incumbent Performance and Electoral Control." *Public Choice* 50: 5–25.**

**Friedman,** James W. 1990. *Game Theory with Applications to Economics*. 2d ed. New York: Oxford University Press.**

**Fudenberg,** Drew, and David K. Levine. 1993. "Steady State Learning and Nash Equilibrium." *Econometrica* 61: 547–73.**

**Fudenberg,** Drew, and Eric Maskin. 1986. "The Folk Theorem in Repeated Games with Discounting or with Incomplete Information." *Econometrica* 54: 533–54.**

**Fudenberg,** Drew, and Jean Tirole. 1991. *Game Theory*. Cambridge: MIT Press.**

**Geanakoplos,** John. 1992. "Common Knowledge." *Journal of Economic Perspectives* 6, 4: 53–82.

**Geddes,** Barbara. 1991. "A Game Theoretic Model of Reform in Latin American Democracies." *American Political Science Review* 85: 371–92.

**Gibbons,** Robert. 1992. *Game Theory for Applied Economists*. Princeton: Princeton University Press.*

**Gilligan,** Thomas W., and Keith Krehbiel. 1987. "Collective Decision-Making and Standing Committees: An Informational Rationale for Restrictive Amendment Procedures." *Journal of Law, Economics, and Organization* 3: 287–335.*

———. 1989. "Asymmetric Information and Legislative Rules with a Heterogenous Committee." *American Journal of Political Science* 33: 459–90.**

———. 1990. "Organization of Informative Committees by a Rational Legislature." *American Journal of Political Science* 34: 531–64.**

**Greenberg,** Joseph. 1989. *The Theory of Social Situations: An Alternative Game-Theoretic Approach*. New York: Cambridge University Press.**

**Greenberg,** Joseph, and Kenneth Shepsle. 1987. "The Effect of Electoral Rewards in Multiparty Competition with Entry." *American Political Science Review* 81: 525–37.**

**Hammond,** Thomas H., and Gary J. Miller. 1987. "The Core of the Constitution." *American Political Science Review* 81: 1155–74.*

**Harsanyi,** John C. 1967–1968. "Games with Incomplete Information Played by Bayesian Players," Parts 1–3. *Management Science* 14: 159–82, 320–34, 486–502.**

———. 1977. *Rational Behavior and Bargaining Equilibrium in Games and Social Situations*. New York: Cambridge University Press.**

**Harsanyi,** John C., and Reinhart Selten. 1988. *A General Theory of Equilibrium Selection*. Cambridge: MIT Press.**

**Huber,** John D. 1992. "Restrictive Legislative Procedures in France and the United States." *American Political Science Review* 86: 675–87.

**Iida,** Keisuke. 1993. "When and How Do Domestic Constraints Matter? Two-Level Games with Uncertainty." *Journal of Conflict Resolution* 37: 403–26.*

**Jackman,** Robert. 1993. "Rationality and Political Participation." *American Journal of Political Science* 37: 279–90.

**Johnson,** James. 1993. "Is Talk Really Cheap? Prompting Conversation between Critical Theory and Rational Choice." *American Political Science Review* 87: 74–86.

**Kahneman,** Daniel, and Amos Tversky. 1979. "Prospect Theory: An Analysis of Decision Under Risk." *Econometrica* 47: 263–91.*

**Kalai,** Ehud, and Ehud Lehrer. 1993. "Rational Learning Leads to Nash Equilibrium." *Econometrica* 61: 1019–45.**

**Kennan,** John, and Robert Wilson. 1993. "Bargaining with Private Information." *Journal of Economic Literature* 31: 45–104.*

**Kilgour,** D. Marc. 1991. "Domestic Political Structure and War: A Game-Theoretic Approach." *Journal of Conflict Resolution* 35: 266–84.*

**Kilgour,** D. Marc, and Steven J. Brams. 1992. "Putting the Other Side 'On Notice' Can Induce Compliance in Arms Control." *Journal of Conflict Resolution* 36: 395–414.*

**Kilgour,** D. Marc, and Frank C. Zagare. 1991. "Credibility, Uncertainty, and Deterrence." *American Journal of Political Science* 35: 305–34.*

**Kim,** Woosang, and James D. Morrow. 1992. "When Do Power Shifts Lead to War?" *American Journal of Political Science* 36: 896–922.*

**Kohlberg,** Elon, and Jean-Francois Mertens. 1986. "On the Strategic Stability of Equilibria." *Econometrica* 54: 1003–37.*

**Kollman,** Ken, John H. Miller, and Scott E. Page. 1992. "Adaptive Parties in Spatial Elections." *American Political Science Review* 86: 929–37.

**Krehbiel,** Keith. 1988. "Models of Legislative Choice." *Legislative Studies Quarterly* 13: 259–319.*

———. 1990. "Are Congressional Committees Composed of Preference Outliers?" *American Political Science Review* 84: 149–64.

———. 1991. *Information and Legislative Organization*. Ann Arbor: University of Michigan Press.

**Kreps,** David M. 1990a. *A Course in Microeconomic Theory*. Princeton: Princeton University Press.*

———. 1990b. *Game Theory and Economic Modelling*. New York: Oxford University

Press.

———. 1990c. "Corporate Culture and Economic Theory." In *Perspectives on Positive Political Economy*, ed. James E. Alt and Kenneth A. Shepsle. New York: Cambridge University Press.

**Kreps,** David M., Paul Milgrom, John Roberts, and Robert Wilson. 1982. "Rational Cooperation in the Finitely Repeated Prisoners' Dilemma." *Journal of Economic Theory* 27: 245–53.*

**Kreps,** David M., and Robert Wilson. 1982a. "Sequential Equilibria." *Econometrica* 50: 863–94.**

———. 1982b. "Reputation and Imperfect Information." *Journal of Economic Theory* 27: 253–79.**

**Kuran,** Timur. 1991. "Now Out of Never: The Element of Surprise in the East European Revolution of 1989." *World Politics* 44: 7–48.

**Langlois,** Jean-Pierre P. 1991. "Rational Deterrence and Crisis Stability." *American Journal of Political Science* 35: 801–32.**

**Laver,** Michael, and Norman Schofield. 1990. *Multiparty Government: The Politics of Coalitions in Europe*. New York: Oxford University Press.

**Laver,** Michael, and Kenneth A. Shepsle. 1990. "Coalitions and Cabinet Government." *American Political Science Review* 84: 873–90.*

**Lebow,** Richard Ned. 1981. *Between Peace and War: The Nature of International Crises*. Baltimore: Johns Hopkins University Press.

**Ledyard,** John O. 1984. "The Pure Theory of Large Two-Candidate Elections." *Public Choice* 44: 7–41.**

**Lohmann,** Suzanne. 1993. "A Signaling Model of Informative and Manipulative Political Action." *American Political Science Review* 87: 319–33.**

**Luce,** R. Duncan, and Howard Raiffa. 1957. *Games and Decisions*. New York: John Wiley.*

**Lupia,** Arthur. 1992. "Busy Voters, Agenda Control, and the Power of Information." *American Political Science Review* 86: 390–403.*

**Machina,** Mark J. 1987. "Choice Under Uncertainty: Problems Solved and Unsolved." *Journal of Economic Perspectives* 1: 121–54.

———.1989. "Dynamic Consistency and Non-Expected Utility Model of Choice Under Uncertainty." *Journal of Economic Literature* 27: 1622–68.*

**Mailath,** George J. 1992. "Introduction: Symposium on Evolutionary Game Theory." *Journal of Economic Theory* 57: 259–77.*

**Martin,** Lisa L. 1993. "Credibility, Costs, and Institutions: Cooperation on Economic Sanctions." *World Politics* 45: 406–32.

**Maynard Smith,** John. 1982. *Evolution and the Theory of Games*. Cambridge: Cambridge University Press.*

**McKelvey,** Richard D. 1976. "Intransitivities in Multidimensional Voting Models and

Some Implications for Agenda Control."*Journal of Economic Theory* 12: 472–82.**

**McKelvey,** Richard D., and Peter C. Ordeshook. 1985. "Elections with Limited Information: A Fulfilled Expectations Model Using Contemporaneous Poll and Endorsement Data as Information Sources." *Journal of Economic Theory* 36: 55–85.**

**McKelvey,** Richard D., and Raymond Riezman. 1992. "Seniority in Legislatures." *American Political Science Review* 86: 951–65.**

**Milgrom,** Paul, and John Roberts. 1982. "Predation, Reputation, and Entry Deterrence." *Journal of Economic Theory* 27: 280–312.**

**Morrow,** James D. 1989. "Capabilities, Uncertainty, and Resolve: A Limited Information Model of Crisis Bargaining." *American Journal of Political Science* 33: 941–72.*

———. 1991. "Electoral and Congressional Incentives and Arms Control." *Journal of Conflict Resolution* 35: 245–65.*

———. 1992. "Signaling Difficulties with Linkage in Crisis Bargaining." *International Studies Quarterly* 36: 153–72.*

———. 1994a. "Modelling the Forms of International Cooperation: Distribution Versus Information." *International Organization* 48: 387–423.*

———.1994b. "Alliances, Credibility, and Peacetime Costs." *Journal of Conflict Resolution* 38: 270–97.*

**Myerson,** Roger B. 1991. *Game Theory: Analysis of Conflict.* Cambridge: Harvard University Press.**

**Myerson,** Roger B., and Robert J. Weber. 1993. "A Theory of Voting Equilibria." *American Political Science Review* 87: 102–14.*

**Nalebuff,** Barry. 1991. "Rational Deterrence in an Imperfect World." *World Politics* 43: 313–35.*

**Niou,** Emerson M. S., and Peter C. Ordeshook. 1990. "Stability in Anarchic International Systems." *American Political Science Review* 84: 1207–34.**

**Niou,** Emerson M. S., Peter C. Ordeshook, and Gregory F. Rose. 1989. *The Balance of Power: Stability in International Systems.* New York: Cambridge University Press.*

**O'Neill,** Barry. 1992. "A Survey of Game Theory Models of Peace and War." In *Handbook of Game Theory,* Vol. 2, ed. Robert Aumann and Sergiu Hart. New York: Springer-Verlag.

**Ordeshook,** Peter C. 1986. *Game Theory and Political Theory.* New York: Cambridge University Press.*

———. 1992. *A Political Theory Primer.* New York: Routledge.*

**Ordeshook,** Peter C., and Thomas R. Palfrey. 1988. "Agendas, Strategic Voting, and Signaling with Incomplete Information." *American Journal of Political Science* 32: 441–66.**

**Ordeshook,** Peter C., and Thomas Schwartz. 1987. "Agendas and the Control of Political Outcomes." *American Political Science Review* 81: 179–99.**

**Owen,** Guillermo. 1982. *Game Theory.* 2d ed. New York: Academic Press.**

**Palfrey,** Thomas R. 1989. "A Mathematical Proof of Duverger's Law." In *Models of Strategic Choice*, ed. Peter C. Ordeshook. Ann Arbor: University of Michigan Press.**

**Palfrey,** Thomas R., and Howard Rosenthal. 1985. "Voter Participation and Strategic Uncertainty." *American Political Science Review* 79: 62–78.**

**Pool,** Jonathan. 1991. "The Official Language Problem." *American Political Science Review* 85: 495–514.*

**Powell,** Robert. 1990. *Nuclear Deterrence Theory: The Search for Credibility.* New York: Cambridge University Press.**

———. 1991. "Absolute and Relative Gains in International Relations Theory." *American Political Science Review* 85: 1303–20.

———. 1993. "Guns, Butter, and Anarchy." *American Political Science Review* 87: 115–32.**

**Putnam,** Robert D. 1988. "Diplomacy and Domestic Politics: The Logic of Two-level Games." *International Organization* 42: 427–60.

**Quattrone,** George A., and Amos Tversky. 1988. "Contrasting Rational and Psychological Analyses of Political Choice." *American Political Science Review* 82: 719–36.

**Rasmusen,** Eric. 1989. *Games and Information: An Introduction to Game Theory.* Cambridge, Mass.: Basil Blackwell.*

**Reny,** Philip J. 1992. "Rationality in Extensive-Form Games." *Journal of Economic Perspectives* 6: 103–18.

**Riker,** William H. 1990. "Political Science and Rational Choice." In *Perspectives on Positive Political Economy*, ed. James E. Alt and Kenneth A. Shepsle. New York: Cambridge University Press.

**Riker,** William H., and Peter C. Ordeshook. 1968. "The Calculus of Voting." *American Political Science Review* 62: 25–42.

———. 1973. *An Introduction to Positive Political Theory.* Englewood Cliffs, N. J.: Prentice-Hall.

**Rubinstein,** Ariel. 1982. "Perfect Equilibrium in a Bargaining Model." *Econometrica* 50: 97–109.**

**Savage,** Leonard J. 1972. *The Foundations of Statistics.* 2d ed. New York: Dover.**

**Schelling,** Thomas C. 1960. *The Strategy of Conflict.* New York: Oxford University Press.

**Schofield,** Norman. 1978. "Instability of Simple Dynamic Games." *Review of Economic Studies* 45: 575–94.**

**Selten,** Reinhart. 1975. "Reexamination of the Perfectness Concept for Equilibrium Points in Extensive Games." *International Journal of Game Theory* 4: 25–55.**

———. 1978. "The Chain-Store Paradox." *Theory and Decision* 9: 127–59.*

———. 1991. "Evolution, Learning, and Economic Behavior." *Games and Economic Behavior* 3: 3–24.

**Shepsle,** Kenneth A. 1979. "Institutional Arrangements and Equilibrium in Multidimensional Voting Models." *American Journal of Political Science* 23: 27–59.*

**Shepsle,** Kenneth A., and Barry R. Weingast. 1984. "Uncovered Sets and Sophisticated Voting Outcomes with Implications for Agenda Institutions." *American Journal of Political Science* 28: 49–74.**

———. 1987. "The Institutional Foundations of Committee Power." *American Political Science Review* 81: 85–104.*

———. 1994. "Positive Theories of Congressional Institutions." *Legislative Studies Quarterly* 19: 149–79.

**Shubik,** Martin. 1982. *Game Theory in the Social Sciences.* 2 vols. Cambridge: MIT Press.**

**Simon,** Herbert A. 1955. "A Behavioral Model of Rational Choice." *Quarterly Journal of Economics* 69: 99–118.

**Snyder,** James M. 1990. "Resource Allocation in Multiparty Elections." *American Journal of Political Science* 34: 59–73.**

———. 1992. "Artificial Extremism in Interest Group Ratings." *Legislative Studies Quarterly* 17: 319–45.

**Sugden,** Robert. 1989. "Spontaneous Order." *Journal of Economic Perspectives* 3, 4: 85–97.

**Sullivan,** Terry. 1990. "Bargaining with the President: A Simple Game and New Evidence." *American Political Science Review* 84: 1167–95.

**Sutton,** John. 1986. "Non-Cooperative Bargaining Theory: An Introduction." *Review of Economic Studies* 53: 709–24.

**Taylor,** Michael. 1976. *Anarchy and Cooperation.* New York: John Wiley.

———. 1987. *The Possibility of Cooperation.* Cambridge: Cambridge University Press.

**Tirole,** Jean. 1988. *The Theory of Industrial Organization.* Cambridge: MIT Press.**

**Tsebelis,** George. 1990. *Nested Games.* Berkeley: University of California Press.

**Tversky,** Amos, and Daniel Kahneman. 1981. "The Framing of Decisions and the Psychology of Choice." *Science* 211: 453–58.

**Vanberg,** Victor J., and Roger D. Congleton. 1992. "Rationality, Morality, and Exit." *American Political Science Review* 86: 418–31.

**Von Neumann,** John, and Oskar Morgenstern. [1943] 1953. *Theory of Games and Economic Behavior.* 3d ed. New York: John Wiley.**

**Wagner,** R. Harrison. 1983. "The Theory of Games and the Problem of International Cooperation." *American Political Science Review* 77: 330–46.

———. 1986. "The Theory of Games and the Balance of Power." *World Politics* 38: 546–76.

———. 1989. "Uncertainty, Rational Learning, and Bargaining in the Cuban Missile Crisis." In *Models of Strategic Choice in Politics*, ed. Peter C. Ordeshook. Ann Arbor: University of Michigan Press.

———. 1991. "Nuclear Deterrence, Counterforce Strategies, and the Incentive to Strike First." *American Political Science Review* 85: 727–50.*

**Wallerstein,** Michael. 1989. "Union Organization in Advanced Industrial Democracies." *American Political Science Review* 83: 481–501.*

———. 1990. "Centralized Bargaining and Wage Restraint." *American Journal of Political Science* 34: 982–1004.**

**Weingast,** Barry R. 1989. "Floor Behavior in the U. S. Congress: Committee Power Under the Open Rule." *American Political Science Review* 83: 795–815.*

**Wilson,** Robert. 1985. "Reputations in Games and Markets." In *Game Theoretic Models of Bargaining*, ed. Alvin E. Roth. New York: Cambridge University Press.*

**Wittman,** Donald. 1989. "Arms Control Verification and Other Games Involving Imperfect Detection." *American Political Science Review* 83: 923–48.*

**Young,** H. Peyton. 1993. "The Evolution of Conventions." *Econometrica* 61: 57–84.**

**Zagare,** Frank C. 1990. "Rationality and Deterrence." *World Politics* 42: 238–60.

**Zermelo,** E. 1913. "Über eine Anwendung der Mengenlehre auf die theorie des Schachspiels." *Proceedings of the Fifth International Congress of Mathematicians* 2: 501–4.

# 索　引

## ア　行



## カ　行

## サ　行

## タ　行



## ナ　行



## ハ　行



## マ　行

## ヤ 行



## ラ 行



## ワ 行

## 著者紹介

**ジェイムズ・モロー**（James D. Morrow）
1957年生まれ。1978年カリフォルニア工科大学数学科卒業，1982年ロチェスター大学博士課程修了，Ph.D.（政治学）。1994年国際関係学会カール・ドイッチュ賞受賞，2008–2009年国際平和科学協会会長，2014年よりアメリカ芸術科学アカデミー会員。スタンフォード大学教授などを経て，
現在：ミシガン大学教授。専門は国際関係論，数理モデリング。
主著：*The Logic of Political Survival*（MIT Press, 2003, co-author), *Guide to the Scientific Study of International Processes*（Wiley-Blackwell, 2012, co-editor), *Order within Anarchy: The Laws of War as an International Institution*（Cambridge University Press, 2014）など。

## 訳者紹介

**石黒 馨**（いしぐろ かおる）〔監訳，はしがきと謝辞，補論3を担当〕
1954年生まれ。神戸大学大学院経済学研究科博士課程修了，博士（経済学）。
現在：神戸大学大学院経済学研究科教授。専門は国際政治経済学。
主著：『入門・国際政治経済の分析——ゲーム理論で解くグローバル世界』（勁草書房，2007年），『インセンティブな国際政治学——戦争は合理的に選択される』（日本評論社，2010年），『国際経済学を学ぶ』（ミネルヴァ書房，2012年）など。

**林 光**（はやし ひかる）〔第1–4章を担当〕
1967年生まれ。東京大学大学院総合文化研究科博士課程修了，博士（学術）。元早稲田大学高等研究所助教。専門は国際関係論。
主著：『アクセス 安全保障論』（日本経済評論社，2005年，共著），『国際紛争と協調のゲーム』（有斐閣，2013年，共著）など。

**山本 和也**（やまもと かずや）（第5–7章を担当）
1971年生まれ。東京大学大学院総合文化研究科博士課程修了，博士（学術）。東京大学助手，早稲田大学准教授などを経て，
現在：平和・安全保障研究所客員研究員。専門は理論国際政治学。
主著：『ネイションの複雑性——ナショナリズム研究の新地平』（書籍工房早山，2008年），『日本の国際政治学1——学としての国際政治』（有斐閣，2009年，共著），『グローバルな危機の構造と日本の戦略——グローバル公共財学入門』（晃洋書房，2013年，共著）など。

**山本 勝造**（やまもと かつぞう）〔第 8-10 章，補論 1 を担当〕
1977 年生まれ。神戸大学大学院経済学研究科博士課程修了，博士（経済学)。
現在：関東学院大学経済学部准教授。専門は国際貿易論，国際政治経済学。
主著：『大学生の教科書——初年次からのスタディ・スキル』（関東学院大学出版会，2012 年，共著）など。

※補論 2「練習問題の解答」については，各章の担当者がそれぞれの章の解答を訳した。

政治学のためのゲーム理論

2016年12月20日　第1版第1刷発行

著　者　ジェイムズ・モロー

監訳者　石(いし)黒(ぐろ)　馨(かおる)

発行者　井　村　寿　人

発行所　株式会社　勁(けい)草(そう)書房

112-0005　東京都文京区水道2-1-1　振替　00150-2-175253
(編集) 電話 03-3815-5277／FAX 03-3814-6968
(営業) 電話 03-3814-6861／FAX 03-3814-6854
理想社・松岳社



ISBN978-4-326-30252-9　Printed in Japan

http://www.keisoshobo.co.jp